Ullstein Materialien

Ullstein Materialien
Ullstein Buch Nr. 35129
im Verlag Ullstein GmbH,
Frankfurt/M – Berlin – Wien

Originalausgabe

Umschlagentwurf:
Kurt Weidemann
Alle Rechte vorbehalten
© 1982 by Verlag Ullstein GmbH,
Frankfurt/M – Berlin – Wien
Printed in Germany 1981
Gesamtherstellung:
Ebner Ulm
ISBN 3 548 35129 8

Januar 1982

CIP-Kurztitelaufnahme
der Deutschen Bibliothek

Jost, Ekkehard:
Jazzmusiker: Materialien zur Soziologie
d. afro-amerikan. Musik / Ekkehard Jost. –
Orig.-Ausg. – Frankfurt/M; Berlin; Wien:
Ullstein, 1982.
   (Ullstein-Buch; Nr. 35129: Ullstein-
   Materialien)
   ISBN 3-548-35129-8
NE: GT

Ekkehard Jost

Jazzmusiker

Materialien zur Soziologie
der afro-amerikanischen
Musik

Mit 22 Abbildungen

Ullstein Materialien

INHALT

New York, Chicago, New Orleans . . . die Chronologie der Jazzgeschichte rückwärts gelesen. Jede der drei Städte steht bekanntlich für
bestimmte Etappen des historischen Prozesses, für Phasen der Entwicklung, in denen die kreative Energie des Jazz jeweils auf den einen
oder anderen Ort zentriert war. Aber nicht unter einer solchermaßen
historischen Perspektive werden die drei Städte in diesem Buch
angepeilt, sondern vielmehr im Hinblick auf ihre gegenwärtige jazzmusikalische Verfassung. Heutzutage stehen New York, Chicago und
New Orleans für divergierende Teilkulturen des Jazz, für verschieden-
artig strukturierte und funktionierende Typen von *Jazzszene* und –
damit verbunden – auch für unterschiedliche Typen von Musikern, mit
unterschiedlichen Erfahrungen, Chancen und Erwartungen.
Einem groben Raster folgend, repräsentiert New York die Metropole
des Jazz schlechthin und die der Avantgarde im speziellen; Chicago
steht für einen vergleichsweise kreativen Sektor der amerikanischen
Jazzprovinz und New Orleans für die Vermarktung des Jazz im
Tourismusgeschäft. Jedoch ist vor Vereinfachungen zu warnen. Keine
der drei Städte steht ausschließlich für die bezeichnete Tendenz, und
keine steht als einzige dafür. Auch in New York spielt der Jazz im
Tourismusgeschäft eine Rolle; auch in Chicago hat die Avantgarde
ihren Platz; und auch in New Orleans gibt es kreative Impulse, die in
den Informationsbroschüren des Fremdenverkehrsamtes keinen Nie-
derschlag finden. An keinem Ort ist die Jazzszene gänzlich homogen,
und nirgends ist sie ganz und gar einmalig.
Dennoch existieren – wie gesagt – Tendenzen, gibt es regionale
Besonderheiten. Diese ausfindig zu machen und zu zeigen, daß es die
typische Jazzszene, als ein konstantes soziomusikalisches Gefüge,
nicht geben kann, sondern immer nur historisch und sozial bedingte
Konkretionen von ihr, war eines der Ziele meiner Untersuchungen.
Das andere, weiterführende, bestand darin, herauszufinden, wie
Jazzmusiker – als Repräsentanten einer in den USA mit geringem
Prestige besetzten Subkultur – auf ihre je unterschiedliche soziale
Umwelt reagieren, was sie denken und welche Konsequenzen lebens-
praktischer und musikalischer Art sie aus ihren Erfahrungen ziehen.
Der Weg zur Erreichung meiner Ziele führte über Gespräche – mit
Musikern (vor allem), Vertretern der Schallplattenbranche, Clubbe-

sitzern, Jazzkritikern, Jazz-»Lehrern«, Leuten aus dem Publikum . . .
Eine Reihe von diesen Gesprächen ist in diesem Buch wiedergegeben;
sie bilden – als die eigentlichen *Materialien* – seinen wichtigsten Teil.
Die Auswahl fiel schwer, mehr noch die Übersetzung ins Deutsche.
Was das letztere betrifft, so habe ich versucht, soviel wie möglich von
den atmosphärischen und sprachlichen Besonderheiten der einzelnen
Gespräche in meinen Text herüberzuretten. Wenn ich mir im nachhin-
ein von meinem Kassettenrecorder einige der Gespräche noch einmal
anhöre, muß ich freilich feststellen, daß dies nur sehr begrenzt möglich
war. Einen Musiker wie den seinerzeit 70jährigen und inzwischen
leider verstorbenen New-Orleans-Trompeter John Henry McNeil in
seinem südstaatlichen Singsang sprechen zu hören und dann den
übersetzten Text vor sich zu haben, bedeutet zwangsläufig eine
immense Reduktion, und zwar weniger im sachlichen als im emotionalen Gehalt seiner Worte. Entsprechendes gilt für die anderen Interviews: Gleich, ob es sich nun um die fast beschwörende Redeweise von
Muhal Richard Abrams handelt oder um die energiegeladene Elo-
quenz von Monty Waters: die schriftliche Umsetzung erinnert stets ein
wenig an eine als Notentext fixierte Transkription eines improvisierten Jazzsolos.
Bei der Auswahl der in diesem Buch abgedruckten Interviews ging es
mir vor allem darum, von meinen vielen Gesprächspartnern jene
Musiker vorzustellen, die sich über ihre individuelle oder biographische Ich-Identität hinaus als Mitglieder soziomusikalisch bedeutsamer
Gruppen artikulierten. Daß letzten Endes individuelle und soziale
Identität nicht voneinander zu trennen sind, da offenbar ein dialekti-
scher Zusammenhang zwischen beiden besteht, wurde aus *allen* von
mir geführten Interviews deutlich. Auch hier ging es also wiederum
mehr um Akzentuierungen und weniger um Plus-Minus-Entschei-
dungen.
Ich bin – alles in allem – rund ein halbes Jahr lang auf der amerikanischen Jazzszene unterwegs gewesen; viel zu kurz, um mir ein definiti-
ves Bild von ihr verschaffen zu können, und doch lange genug, um
viele der Überzeugungen zu relativieren und der Vorurteile abzubauen, die ich aus der Distanz der Alten Welt dem amerikanischen
Jazzalltag gegenüber im Laufe der Jahre verinnerlicht hatte. Daß dies
möglich war, daß ich in die Struktur und die Dynamik dieser Subkultur
Einblicke erhielt, wie sie mir von meinem Gießener Schreibtisch aus
nie und nimmer gelungen wären, verdanke ich vor allem den Musikern, mit denen ich Gelegenheit hatte zu sprechen. Ohne ihre

Aufgeschlossenheit und Freundlichkeit wäre dieses Buch nicht zustande gekommen. Mein Dank gilt dabei nicht nur jenen Musikern, deren Entgegenkommen sich *expressis verbis* in dieser Arbeit niederschlug und deren Namen als Kapitelüberschriften in Erscheinung treten, sondern ebenso all jenen anderen Bewohnern der Jazzszene, die mir mit Informationen, Rat und Tat weiterhalfen. Dazu gehören in New York Barry Altshul, Hamiet Blueitt, Kent Carter, Bill Ewell, David Eyges, Beaver Harris, Mike Mantler, Dan Morgenstern, David Murray, Cobi Narita, Roswell Rudd, Bobo Shaw, Heiner Stadler, Ron Welburn, Joe Lee Wilson, Phillip Wilson und Reggie Workman; in Chicago William Brimfield, Bob Koester, Charles Suber, Phil Upchurch und Richard A. Wang; in New Orleans Richard B. Allen, James Booker, Harold Déjan, Freddie Kohlman, Ramsey McLean und Frank Puzullo.

Danken möchte ich auch Erna Möller, die mir bei der Abschrift der Interviewübersetzungen behilflich war, und Helgi Jost, die die Erstellung des Manuskripts und die wichtigsten Korrekturarbeiten übernahm und deren Anregungen in allen Phasen der Arbeit an diesem Buch für mich von unschätzbarem Wert waren.

Zu besonderem Dank bin ich der Deutschen Forschungsgemeinschaft verpflichtet und – für seine Hilfsbereitschaft – ihrem Mitarbeiter Sylvester Rostosky. Die DFG finanzierte mir 1976 meine erste Forschungsreise in die USA und lieferte damit die Voraussetzung dafür, daß ich mich heute bei all den vorgenannten Helfern bedanken kann.

Gießen, August 1981

KAPITEL 1

HISTORISCHE VORAUSSETZUNGEN

»Ich wette, wenn ich irgendwie verrückt spielen würde, ein irrer Vogel wäre oder ein Rauschgiftsüchtiger, dann würde man mir eine Menge Aufmerksamkeit entgegenbringen. Aber Typen wie mir, die sich ganz normal auf der Szene bewegen, die zu all ihren Jobs erscheinen und ihre Familie ernähren, denen schenkt man nicht allzuviel Beachtung.«

Diese bittere Bemerkung des Bebopveteranen Roy Haynes (zit. nach Peterson 1965, 248) bezeichnet auf prägnante Weise das traditionelle Klischee vom Jazzmusiker als einem asozialen Exzentriker, wie es lange Zeit nicht nur von den Massenmedien, sondern – in ähnlicher Form – von der amerikanischen Jazzsoziologie propagiert wurde, insbesondere von der als *Berufssoziologie des Jazz* auftretenden empirischen Sozialforschung der 50er und 60er Jahre (dazu Becker 1951, 1953, Stebbins 1964, 1969, Harvey 1967).

Die klischeehafte Darstellung des Jazzmusikers als *romantischer Außenseiter* (Leonard 1975), der mit seinem Publikum im Unfrieden lebt, da er sich stärker an den innermusikalischen Werten als an den außermusikalischen Gratifikationen orientiert, und der sich permanent an den Normen der amerikanischen Mittelstandsgesellschaft reibt, schuf ein Stereotyp, dessen Realitätsbezug in mehrfacher Hinsicht fragwürdig erscheinen muß. Denn wenngleich derartige Stereotype nur selten voll und ganz aus der Luft gegriffen sind, sondern meist einen empirischen Kern – und sei er noch so klein – besitzen oder doch einmal besaßen, so sind sie andererseits aufgrund von einseitigen Akzentuierungen »auffälliger« Merkmale kaum geeignet, komplexe Phänomene angemessen, das heißt sowohl umfassend als auch unverzerrt, abzubilden.

Der jazzerfahrene Studioprofessional, der sein Geld mit der musikalischen Untermalung von Werbespots verdient und Jazz »after hours« zum Zweck psychomusikalischer Regeneration spielt; der international renommierte Solist, der auf den Festivalpodien der Welt zu Hause ist; der junge Avantgardemusiker, der in den Lofts von New York unregelmäßig unterbezahlte Jobs spielt, um seine Musik überhaupt an die Öffentlichkeit zu bringen – all dies sind Repräsentanten divergierender soziomusikalischer Gruppen, die gemeinsam die komplexe soziale

Konfiguration »Jazzszene« besetzen. Daß ihre analytische Zusammenfassung zu einem Typus *Jazzmusiker* nur um den Preis sinnentleerender Abstraktion vonstatten gehen kann, dürfte unmittelbar einleuchten. *Den* Jazzmusiker gibt es nicht, es hat ihn niemals gegeben. Die Konstruktion eines Typus »Jazzmusiker« verbietet sich allerdings keineswegs nur aufgrund der soziomusikalischen Differenzierung der Jazzszene einer Zeit nach verschiedenen, durch unterschiedliche soziale Situationen, Denk- und Verhaltensweisen charakterisierbaren Gruppen von Musikern, sondern vor allem auch die historische Dimension ist relevant. Daß die soziale Situation und das Selbstverständnis des Musikers in New Orleans um 1905 eine grundsätzlich andere war als jene des Bigbandspielers der späten 30er Jahre und diese wiederum von jener des Free Jazzers um 1965 sich radikal unterschied, ist ja nicht *nur* die Folge von jeweils unterschiedlichen musikalischen Gestaltungsprinzipien und situativen Kontexten, sondern vor allem auch das Resultat der allgemeinen historischen Entwicklung und – damit verbunden – jener des funktionalen Bezugsrahmens, in welchem Jazz jeweils produziert und rezipiert wurde.

Anders jedoch als in der Geschichte der artifiziellen europäischen Musik, in der sich die historische Dimension der Musikberufe von einer gegenwartsbezogenen, systematischen Differenzierung legitimerweise trennen läßt, greifen im Jazz beide Aspekte ineinander. Die Ursache hierfür liegt in dem – im Vergleich zur europäischen Musikgeschichte – relativ kurzphasigen Entwicklungsprozeß des Jazz, der es mit sich brachte, daß die älteren Stilbereiche nicht nur lediglich als Reproduktionen historischer Erscheinungsformen gegenwärtig sind (in der Reinterpretation durch junge Musiker oder durch Schallplattenaufnahmen), sondern daß die Musiker, die an der Hervorbringung der historischen Stilbereiche selbst noch beteiligt waren, diese nach wie vor – in mehr oder minder veränderter Form – repräsentieren. Wie gravierend dieser Sachverhalt ist, läßt sich veranschaulichen, wenn man die zeitlichen und entwicklungsgeschichtlichen Proportionen des Jazz zu jenen der europäischen Musikkultur in Beziehung setzt und dabei zu dem vielleicht überraschenden Ergebnis kommt, daß ein gemeinsames Erscheinen von Anthony Braxton (geb. 1945) und Art Blakey (geb. 1919) auf ein und demselben Jazzfestival (zum Beispiel in Moers 1978) seine Entsprechung in der europäischen Musikgeschichte in einem Programm hätte, welches nacheinander »live« Wolfgang Amadeus Mozart (1756–1791) und John Cage (geb. 1912) auf einem Podium präsentierte. Welch abenteuerliche Vorstellung!

Für eine Soziologie des Jazz, selbst wenn sie sich schwerpunktmäßig auf die Gegenwart konzentriert, bedeutet dies, daß die Geschichte nicht nur den Hintergrund gegenwärtiger Tendenzen und Strukturzusammenhänge bildet und in dieser Hinsicht zu deren besserem Verständnis beiträgt, sondern daß die Geschichte unmittelbar – in der Gestalt von lebenden historischen Figuren – in die Gegenwart eingreift. Auf diese Weise sind der sozial differenzierenden, systematischen Dimension der Jazzszene verschiedene historische Schichten überlagert, was sich nicht etwa darin erschöpft, daß – wie zum Beispiel im traditionellen Sinfonieorchester – ältere neben jüngeren Musikern spielen, die jedoch beide einem identischen Traditionszusammenhang verpflichtet sind; sondern mit den Differenzen zwischen alt und jung sind auf der Jazzszene sowohl solche zwischen unterschiedlichen Gestaltungsprinzipien verbunden als auch solche zwischen grundlegend unterschiedlichen Formen der musikalischen Sozialisation und des gesellschaftlichen Selbstverständnisses. Mit anderen Worten: Die Jazzszene der Gegenwart konstituiert sich aus Musikern, die, historisch gesehen, signifikant unterschiedliche Phasen repräsentieren. Schon aus diesem Grund ist für das Verständnis der Situation heute, der das Hauptinteresse dieses Buches gilt, die Analyse der historischen Entwicklung des »Jazzmusikers« essentiell. Eine solche soll, in der gebotenen Kürze, im folgenden versucht werden*.

Seit wann gibt es Jazzmusiker? Zweifellos nicht erst, seitdem sich der Begriff »Jazz« zur Bezeichnung jener Musik durchsetzte, über deren »wirkliche« Ursprünge schon viel spekuliert und immer noch recht wenig Konkretes ans Licht gebracht wurde. Außer Frage steht nach allem, was man weiß, daß Jazz seit jeher eine im wesentlichen *urbane* Musik war, für deren Hervorbringung zwar eine Reihe von ländlichen afro-amerikanischen Musiktraditionen mitbestimmend gewesen sein dürften, für deren erste volle Entfaltung jedoch letztlich die Stadt New Orleans mit ihrer Konzentration der verschiedensten Bevölkerungsgruppen und deren offenbar immensen Bedürfnissen nach musikalischer Unterhaltung aller Art die eigentliche Voraussetzung bildete. Insofern scheint es legitim, die ersten Jazzmusiker, die sich zwar nicht als solche verstanden, es jedoch de facto waren, in New Orleans zu suchen. Über die Männer, die um die Jahrhundertwende die neue, noch namenlose Musik zu *erspielen* begannen, weiß man recht wenig.

---

* Einige Abschnitte der folgenden sozialgeschichtlichen Darstellung habe ich aus meiner »Sozialgeschichte des Jazz in den USA« (Frankfurt 1982) übernommen.

Sicher ist, daß sie keineswegs eine homogene Gruppe bildeten, daß also schon in dieser frühesten Phase der Entwicklung von einem einheitlichen Typus von Jazzmusiker nicht die Rede sein konnte.

Eines der einschneidendsten Differenzierungsmerkmale in der amerikanischen Gesellschaft jener Zeit bestand in der Hautfarbe. Die Südstaatler hatten im Laufe ihrer jahrhundertelangen Sklavenhaltergeschichte ein fein abgestuftes System rassistischer Diskriminierung entwickelt, in welchem der am wenigsten galt, in dessen Adern der stärkste Anteil afrikanischen Blutes floß (Sterkx 1972). Für die Vor- und Frühgeschichte des Jazz war dabei vor allem die Unterscheidung zwischen »schwarz« und »kreolisch« relevant; eine Unterscheidung, die nicht nur zwei in sozialer Hinsicht signifikant unterschiedliche Gruppierungen innerhalb der afro-amerikanischen Bevölkerung gegeneinander abgrenzte, sondern die zugleich zwei stark voneinander abweichende kulturelle, also auch musikkulturelle Sphären markierte.

Die Kreolen waren die farbigen Nachfahren aus den Verbindungen europäischer Männer französischer oder spanischer Herkunft mit afrikanischen Frauen. Die Kreolen bildeten den schwarzen Nachkommen der aus Afrika »importierten« Sklaven gegenüber eine bevorrechtete Kaste, deren Status innerhalb der Gesellschaft der Südstaaten allerdings nicht unproblematisch war. Sie waren mit bestimmten zivilen und ökonomischen Rechten ausgestattet, welche die schwarzen Afro-Amerikaner nicht besaßen. Sie durften Grundbesitz erwerben und sich als freie Handwerker und Kleinunternehmer niederlassen. Jedoch wurden sie den Weißen gegenüber niemals als gleichberechtigt angesehen und bildeten so eine gesellschaftliche Gruppe für sich, mit streng eingehaltenen internen Schichtgrenzen, in denen sich ökonomische und rassische Motive überlagerten (Sterkx 1972).

Zu den wichtigsten abgrenzenden Merkmalen der Kreolen gegenüber den schwarzen Afro-Amerikanern gehörte ihre kulturelle Orientierung. Die Kreolen sprachen in der Regel französisch. Sie gehörten zum größten Teil der römisch-katholischen Kirche an und waren überwiegend urbane Menschen mit städtischen Lebensgewohnheiten und Ansprüchen. Im Gegensatz dazu waren die Schwarzen meist Baptisten oder Methodisten; sie sprachen amerikanisch und waren ländlichen Traditionen verbunden (Frazier 1957, 100).

Die genannten Divergenzen in der kulturellen Orientierung der beiden Bevölkerungsgruppen fanden ihre Entsprechung im Musikalischen. In beiden Kulturen spielte die Musik eine hervorragende

Rolle, jedoch mit ganz unterschiedlichen Akzentuierungen. Für die
Kreolen bedeuteten musikalische Aktivitäten vor allem die Teilhabe
an einem Stück europäischer Kultur; sie waren geeignet, die Affinität
zur herrschenden Schicht zu steigern und so zur Statuserhöhung
beizutragen. Die musikalische Ausbildung der Kreolen erfolgte häufig
bei europäischen Orchestermusikern nach den »legitimen« Standards
der Zeit. Das bedeutete, man lernte Notenlesen, Vom-Blatt-Spielen
und das gängige Repertoire von »leichter« klassischer Musik, Tänzen
und Märschen. Die kreolischen Dilettanten konnten gewöhnlich nicht
improvisieren. Als Mitglieder der katholischen Kirche waren sie
vertraut mit liturgischen Gesängen europäischer Herkunft und unbe-
einflußt von den mit afrikanischen Elementen durchsetzten Gospel-
songs und Ring Shouts der schwarzen Baptisten- und Methodistenge-
meinden. Auf ihren Bällen tanzten sie nach französischen Walzern
und Quadrillen. Auf ihre »unkultivierten« Brüder, die in den Tavernen und Honky-Tonks der schwarzen Unterschicht zum instrumenta-
len Blues ihren Slow Drag tanzten, sahen sie verächtlich herab.
Schwarze Musiker waren meist Autodidakten, die sich ihr instrumen-
tales Handwerk durch Imitationslernen und die bewährte Methode
von Versuch-und-Irrtum beigebracht hatten, die in der Regel nicht
Noten lesen konnten und deshalb auch als »Ohren-Musiker« (ear
musicians) oder »Routiniers« bezeichnet wurden und die in den *fake
bands* improvisierten und »hot« spielten, d. h. mit Ausdrucksmitteln,
die in der afro-amerikanischen Volksmusik ihren Ursprung hatten.

Exkurs
In der Geschichte des Jazz, in dem die beiden musikkulturellen
Traditionen – die kreolische und die schwarze – schließlich aufeinan-
dertrafen und partiell ineinander aufgingen (es wurden auch Elemente abgeworfen), bezeichnet die Polarität »europäisch↔afro-
amerikanisch« mehr als nur zwei ethnisch gebundene Ingredienzien
eines immanent musikalisch interpretierbaren Verschmelzungspro-
zesses. Vielmehr liegt hier das Fundament für zwei miteinander
konkurrierende Traditionen musikalischen Verhaltens; Traditionen, denen – über ihren Einfluß auf die Gestaltungsmittel des Jazz
hinaus – bis in die Gegenwart eine erhebliche soziomusikalische
Relevanz zukommt. Denn hinter der Polarität »europäisch↔afro-
amerikanisch« steht jene von schriftlicher (literater) und schriftloser (nonliterater) Tradition, die im Jazz eben nicht a priori einen
Gegensatz von Können und Nichtkönnen bezeichnet (was sich etwa

in der Fähigkeit, Noten zu lesen und zu schreiben manifestiert), sondern die aus der Herkunft des Jazz aus zwei grundsätzlich unterschiedlichen soziokulturellen Kontexten resultiert und die heute eher eine konzeptionelle Dimension betrifft als eine solche der individuellen Qualifikation. Denn anders als im New Orleans der frühen Jahre, wo die Differenz zwischen »ear musicians« und »heavy music readers« (Schafer 1977), d. h. notenunkundigen Musikern und Notisten, zugleich eine solche der musikalischen Vorbildung (im europäischen Sinne) war, liegt die Differenz zwischen literater und nonliterater Tradition auf der professionellen Jazzszene der Gegenwart bei der Höhe ihrer musikalisch-handwerklichen Standards keineswegs in Kompetenzunterschieden, sondern vor allem in unterschiedlichen Konzeptionen, die wiederum an unterschiedliche Traditionszusammenhänge gebunden sind, liegt in unterschiedlichen Grundeinstellungen, die jeweils entweder die konstruktiven oder die emotionalen, die vorstrukturierten oder die spontaneistischen Aspekte der musikalischen Kreativität in den Vordergrund stellen.

Wenn in den 60er Jahren Musiker wie Charles Mingus oder Cecil Taylor, die sich ausdrücklich als *Komponisten* verstanden/verstehen, darauf verzichteten, ihre Kompositionen ihren Mitspielern schriftlich vorzulegen, und ihnen statt dessen die einzelnen Parts vorsangen oder vorspielten, dann bedeutete dies nicht etwa die mühselige Überwindung eines Defizits, sondern war konzeptionell motiviert. Cecil Taylor nahm in diesem Zusammenhang explizit auf die Jazztradition Bezug, darauf – so Taylor – »wie die Typen um die Jahrhundertwende in New Orleans ihre Stücke lernten« (Jost 1975, 88). Und wenn ein Vertreter der Chicagoer Jazz-Avantgarde, Lester Bowie, heute sagt, er selbst befasse sich – im Gegensatz zur »Branche der neoklassischen Schule der Universitätstypen« (gemeint sind Musiker wie Anthony Braxton, George Lewis und Douglas Ewart) – ausschließlich mit »gutem, altem, ländlichem Arschtreten« (good old country ass-kicking), dann weist dies auf besonders plastische Weise auf ein Insistieren auf diesen nonliteraten, folkloristischen »unzivilisierten«, nichtdomestizierten Zweig der Jazztradition hin (vgl. Coppens 1979).

Die Ursprünge für den Dualismus von literater und nonliterater Tradition liegen ohne Zweifel in der Vorgeschichte des Jazz begründet, in letzter Instanz sind sie auf die Diskrepanz zwischen europäischer und afrikanischer Musikkultur zurückzuführen, die im Jazz eine keineswegs reibungsfreie Synthese eingingen. Daß dieser Dualismus während des jahrzehntelangen Akkulturationsprozesses nicht aufgelöst wurde, sondern – im Gegenteil – in bestimmten Phasen der historischen Entwicklung in verschärfter Form in Erscheinung trat, weist auf die spannungsbildende Kraft dieser beiden Traditionen hin.

Zurück nach New Orleans

Die Annäherung der kreolischen an die schwarzen Musiker zu Ende des 19. Jahrhunderts erfolgte weder aus freien Stücken, noch vollzog sie sich reibungslos, sondern sie war ökonomisch bedingt und stieß auf mannigfache musikalische und ideologische Hindernisse. Politisch war sie die Folge der Sklavenbefreiung und der daran anschließenden Rassengesetzgebung, die unter dem zynischen Motto »seperate but equal« für eine strikte Trennung zwischen »weiß« und »farbig« jeder Art sorgte und dabei die Kreolen ihrer sozialen und ökonomischen Vorrechte beraubte, die sie einstmals gegenüber den Schwarzen besessen hatten. Die ideologischen Hindernisse resultierten vor allem aus dem elitären Bewußtsein der kreolischen Musiker, die sich aufgrund ihrer Ausbildung den schwarzen »Ohrenmusikern« überlegen fühlten, dabei jedoch zugleich zur Kenntnis nehmen mußten, daß es ihnen selbst an bestimmten Ausdrucksmitteln mangelte, die diese »ungebildeten« Musiker besaßen. Dennoch fand eine Integration der beiden Fraktionen statt, geschah zwangsläufig unter dem Druck der Verhältnisse und führte zu einer Synthese, in der die dynamische Relation zwischen der literaten und nonliteraten Tradition für eines der wesentlichsten Antriebsmomente sorgte.

Quer zur ethnischen Schichtung der New Orleanser Musikergemeinde lag eine ökonomische. An der Spitze dieser Pyramide saßen die Pianisten, Professoren genannt, die in Storyville arbeiteten. Sie konnten zwischen 90 und 1000 Dollar in der Woche verdienen (Rose 1974, 124).

Bandleader von Spitzengruppen, wie Kid Ory, Joe Oliver und Freddie Keppard, verdienten – nach Rose – in den Tanzhallen von Storyville bis zu 75 Dollar pro Woche; ihre Mitmusiker bis zu 50 Dollar. In durchschnittlichen Kapellen verdiente man bei regelmäßigen Engagements bis zu 30 Dollar in der Woche. Ein Fabrikarbeiter in den USA verdiente 1909 im Durchschnitt 9,96 Dollar pro Woche; in den Südstaaten sogar nur 7,07 Dollar (Angaben nach Kuczynski 1966, 46). Aus diesen Angaben wird deutlich, daß Musiker – auf welchem gruppeninternen Niveau auch immer – im New Orleans des anbrechenden 20. Jahrhunderts eine privilegierte Gruppe darstellten, zumindest in ökonomischer Hinsicht. Für das Proletariat, und für das schwarze allzumal, konnte Musikmachen nur zur Statuserhöhung führen. Und auch für die kreolische Bourgeoisie war – angesichts der auf Abstieg gepolten sozialen Situation dieser Schicht – die Jazzmusikerexistenz nicht ohne Reiz. Lediglich auf das weiße Bürgertum mußte diese Art von Karriere abschreckend wirken. Die frühen weißen Dixielandmusiker aus New Orleans gingen denn auch häufig aus unbürgerlichen, d. h. proletarischen oder Musikerfamilien hervor, die zudem nicht dem anglo-amerikanisch-protestantischen Kulturkreis angehörten, sondern – wie aus Namen wie LaRocca, Manone, Bonano, Roppolo, Sbarbaro usw. unschwer ersichtlich ist – italienischer Herkunft waren.

Unabhängig davon, ob es sich bei den Innovatoren des frühen Jazz um perfekte Notisten oder um musikalische Analphabeten handelte, kann man bei ihnen von Jazzmusikern im *heutigen* Verständnis kaum sprechen. Dabei ist es unerheblich, daß der Begriff *Jazz* zu diesem Zeitpunkt noch nicht existierte, sondern es zählt vor allem, daß diese Musiker, die in den beiden Jahrzehnten vor und nach 1900 den New Orleans-Jazz entwickelten, sich selbst nicht als Vertreter eines bestimmten musikalischen Genres, geschweige denn eines Stils verstanden. Im großen und ganzen waren sie auf keine eindeutig definierbare Art von Musik festgelegt, sondern spielten, was noch heute die Musiker in New Orleans auf ihre Visitenkarten gedruckt haben: *Music for all occasions* (Musik für jeden Anlaß). Häufig waren sie noch nicht einmal das, was man heute als »Profis« bezeichnet, sondern sie hatten neben ihren musikalischen Aktivitäten einen »ehrlichen« Beruf, der ihnen ökonomische Sicherheit gab und den sie jederzeit wieder zum Hauptberuf machen konnten, wenn die Geschäfte in der Musik einmal schlechtgingen. (Vgl. dazu das Interview mit John McNeil.) Kreolische Musiker waren oft Zigarrenmacher, Schreiner und Maurer; Joe Oliver war Butler, Johnny Dodds arbeitete in einer Reismühle, Buddy Bolden war angeblich Friseur. Durchreisende Zirkuskapellen und Minstreltruppen, die ihre Musiker gerne in New Orleans rekrutierten, erhielten häufig Absagen, weil die einheimischen Semiprofessionals die Sicherheit nicht aufgeben wollten, die ihnen ihr Handwerksberuf gewährte.

Die bürgerlichen Berufe der New Orleanser Jazzmusiker spielten eine bedeutsame Rolle für die Position, die sie in der Gesellschaft einnahmen. In einem wesentlich stärkeren Maße als Jazzmusiker späterer Generationen waren sie in die soziale Gruppe integriert, für die sie aufspielten. Dazu trugen nicht allein ihre außermusikalischen Berufe bei, sondern vor allem auch die Tatsache, daß ihre Musik funktionell eingebunden war in das alltägliche Leben der sie umgebenden Gesellschaft, in der sie die Rolle von urbanen Volksmusikern erfüllten. Natürlich gab es auch schon im New Orleans-Jazz der frühen Jahre so etwas wie eine räumliche Trennung zwischen den Musikern auf dem Podium und dem Publikum im Parkett. Es gab auch eine zeitliche Trennung zwischen dem nachts zum Tanz aufspielenden Musiker und seinem tagsüber arbeitenden Nachbarn. Dennoch war die Demarkationslinie unscharf. Denn die Musiker spielten ebenso auch *in* ihrer Gemeinde und *für* sie: bei Paraden und Picknicks, in Parks und auf Friedhöfen, in der Kneipe und im Ballsaal. Eine wichtige Rolle für die Integration der Musiker in die Gesellschaft kam dabei den Wohltätigkeitsvereinen, Bruderschaften und Logen zu, die in der afro-amerikanischen Teilkultur eine bedeutende gesellschaftliche Funktion erfüllten, indem sie den Bezugsrahmen für die verschiedenartigsten sozialen Aktivitäten lieferten.

Die Entfremdung der New Orleanser Musiker von der sozialen Gruppe, der sie entstammten, und die Annahme einer Außenseiterrolle setzte zuerst dort ein, wo die Distanz zu einer vom Bürgertum als »respektabel« akzeptierten Lebensweise am deutlichsten hervortrat: bei den »professor« genannten Pianisten in Storyville. Männer wie Tony Jackson oder Jelly Roll Morton, die ihren Beruf in Bordellen ausübten, eine Menge Geld verdienten und auf großem Fuße lebten, mußten den Angehörigen der schwarzen wie der weißen Bourgeoisie zwangsläufig als fragwürdige Existenzen erscheinen. Es ist zu vermuten, daß die demonstrativ ausschweifende Lebensweise dieser Musiker, ihr Hang zur Extravaganz und zur verbalen Verstiegenheit nur die offensichtlichsten Symptome einer Kompensationsleistung waren, mit der sie den Ausschluß aus der Gesellschaft bewältigten.

Der Entfremdungsprozeß, in dem sich schließlich auch die Jazzmusiker von der bürgerlichen und/oder proletarischen Sphäre entfernten, verlief prall zu ihrer zunehmenden Professionalisierung. Indem sie anstelle von einzelnen Gelegenheitsjobs längere Engagements in Saloons und Tanzhallen annahmen, indem sie während wochenlanger Fahrten auf Ausflugsdampfern spielten oder mit Showtruppen auf Tour gingen, indem Paraden und Beerdigungen für sie an Bedeutung verloren und sie schließlich ihre Tagesjobs aufgaben, wurde die

Distanz zur einstigen sozialen Bezugsgruppe größer und die Identifikation mit denen, für die sie spielten, geringer. Der entscheidende Bruch vollzog sich dann in dem massenhaften Exodus New Orleanser Jazzmusiker in den Norden der USA. In Chicago war der Verlust der sozialen Bindungen an die »Gemeinde« komplett.

Die Musiker aus New Orleans, die sich im Laufe der 20er Jahre in Chicago niederließen, wirkten dort vorbildhaft für eine Gruppe von jugendlichen weißen Amateurmusikern, die als *Chicagoans* in die Jazzgeschichte eingingen und die in soziologischer Hinsicht eine der interessantesten Erscheinungen auf der Jazzszene dieser Zeit darstellten.

Die Chicagoans entstammten zum überwiegenden Teil anglo-amerikanischen Mittelklassefamilien vom Chicagoer West End. Den harten Kern bildete die *Austin High School Gang*, eine Clique von jazzbegeisterten Absolventen einer Schule gleichen Namens, die von den professionellen Jazzmusikern bisweilen auch der »Wilde West Side Mob« genannt wurde (Hadlock 1965, 109). Die jungen Chicagoans waren vermutlich die ersten typischen Jazzfans im heutigen Sinne. Ihre musikalische Sozialisation vom enthusiastischen Schallplattenhörer über den autodidaktischen, an Vorbildern lernenden Amateur bis hin zum professionellen Musiker war stilbildend für Generationen weißer Jazzmusiker in Amerika und anderswo.

Die Chicagoans waren zweifellos die ersten Musiker, die ihre Hinwendung zum Jazz als Protest gegen ihre bürgerliche Umwelt verstanden. Den New Orleansern – gleich ob schwarz oder weiß – wäre so etwas niemals in den Sinn gekommen. Junge anglo-amerikanische Bürgersöhne aber, die sich für die Musik einer unterdrückten und mißachteten Minderheit engagierten, die sich in einer Zeit höchster Prosperität einer Karriere zuwandten, deren materieller Ertrag äußerst fragwürdig erscheinen mußte, solche Leute mußten sich zwangsläufig in der Rolle von Rebellen gegen die traditionellen bürgerlichen Werte sehen. Und in vieler Hinsicht waren sie dies auch. In ihrem Leben für »kicks«, für Spaß und Nervenkitzel, waren die Chicagoans Nachfahren der europäischen Boheme des 19. Jahrhunderts und Vorfahren der amerikanischen Hipster der 50er Jahre. Zu ihren Kicks, denen sie sich zum Teil in selbstzerstörerischer Leidenschaft hingaben, gehörten endlose Sauftouren ebenso wie Marihuanakonsum, schnelle Autos und die Inszenierung antibürgerlicher, bisweilen etwas schülerhafter Späße. Den größten »Kick« im Leben der Chicagoans bildete die

Musik selbst. Dem Jazz näherten sie sich mit einer geradezu religiösen Inbrunst. Kaum eine andere Gruppe von Jazzmusikern bis dahin hat wohl so permanent über Jazz *geredet* wie die Chicagoans; und in keiner war der Heroenkult gegenüber den großen Vorbildern dermaßen ausgeprägt.

Es ist bekannt, mit welcher Konzentration und Beharrlichkeit die Austin High School Gang die Schallplatten der vorbildhaften *Original Dixieland Jazzband, New Orleans Rhythm Kings* und King Olivers *Creole Jazzband* abhörten und Stück für Stück, Phrase für Phrase kopierten. Bekannt ist auch, wie sie jede – auch die abwegig erscheinendste – Gelegenheit zum Spielen wahrnahmen, keine Jam Session ausließen und, wo immer es möglich war, als unbezahlte »Einsteiger« in Aktion traten. Nicht nur in ihren Aktivitäten, sondern auch in ihrem Weltbild zeigten sie sich dabei forciert unbürgerlich und – bewußt oder unbewußt – der Ideologie der romantisch-genialischen Boheme des 19. Jahrhunderts verpflichtet, aber wohl auch jener der »Lost Generation«. Prägend für ihre Denkweise war unter anderem der geistvoll ironische Pessimismus des Publizisten Henry Louis Mencken, dessen Attacken gegen den »American Way of Live« in der Zeitschrift »American Mercury« sie begierig verfolgten (Mezzrow 1956, 112). Mit Mencken teilten sie eine tiefe Abneigung gegen das Spießbürgertum, zu dem sie auch ihr eigenes Publikum zählten; ein Publikum, von dem sie sich mißverstanden und verachtet fühlten. Frank Teschemacher: »Man rackert sich ab und macht für die Leute eine großartige neue Musik, und sie behandeln einen, als hätte man die Pest, als brächte man ihnen Lepra statt Kunst« (zit. nach Leonard 1964, 59).

Mit den Chicagoans trat zum ersten Mal in der Geschichte des Jazz eine Gruppe von Musikern ihrem Publikum mit unverhohlener Skepsis, gelegentlich mit Feindseligkeit gegenüber. In dem Gefühl, eine Kunst zu schaffen, die von ihren Hörern nicht als solche wahrgenommen wurde, grenzten sie sich von diesem durch Sprache und Verhalten ab. In dieser Zeit und bei dieser Gruppe dürfte sich damit zum ersten Mal jenes Phänomen herausgebildet haben, das man Jahre später zu einer Art Topos der empirischen Jazzsoziologie erhob, dessen historische und gruppenspezifische Dimensionen jedoch kaum reflektiert wurden: die Selbstisolation des Musikers von seinem Publikum. Daß es sich bei diesem Musiker keineswegs um *den* Jazzmusiker handelte, sondern um einen ganz bestimmten Typus in einer ganz bestimmten historischen Situation, das ist in den Untersuchungen wie jenen, die

Howard S. Becker bei einer späteren Generation von frustrierten weißen Jazzmusikern in Chicago durchführte, nicht ausreichend herausgearbeitet worden (vgl. Becker 1951, 1953).

In den Jahren um 1930 vollzog sich die Verlagerung des Schwerpunktes der Jazzaktivitäten von Chicago nach New York. Die Gründe dafür lagen in der Expansion der Massenmedien, die in New York konzentriert waren, sowie in einem florierenden Nachtleben, das zwar während der Wirtschaftskrise erhebliche Einbußen erlitt, jedoch während der Swing-Ära zu neuer Blüte gelangte.

Die Musikszene New Yorks während der 20er und 30er Jahre war, wie jede andere soziale Aktivität, nach den – zum Teil ungesetzlichen – Gesetzen der Rassentrennung organisiert. Schwarze Musiker spielten vor allem im schwarzen Harlem, häufig – wenn es sich um teure Lokale wie *Cotton Club* oder *Connie's Inn* handelte – für ein ausschließlich weißes Publikum. Weiße Musiker spielten so gut wie nie in Harlem, verkehrten dort aber als Gäste, um ihren schwarzen Kollegen zuzuhören. Schwarze Musiker bekamen begrenzt Engagements in einigen Clubs und Tanzsälen von Downtown Manhattan, wo sie für ein weißes Publikum spielten und als Gäste nicht willkommen waren. Weiße Musiker arbeiteten vorzugsweise in den Orchestergräben der Broadway-Theater, in den Ballsälen der feinen Hotels von Midtown-Manhattan und in den Studioorchestern der Radiostationen.

Gemeinsam war all diesen Jazzmusikern, schwarzen wie weißen, daß kaum einer von ihnen ausschließlich vom Jazzspielen lebte, sondern daß fast alle ihren Lebensunterhalt in mehr oder minder jazzfernen Situationen, in Showbands, Tanzkapellen und Rundfunkorchestern, verdienten.

Die Jam Session in den Stunden nach dem »Dienst«, die »After Hours«, in den als Musikertreffpunkte bekannten Flüsterkneipen, entwickelte sich in dieser Zeit zum wichtigsten Aktivposten im psychomusikalischen Haushalt der Jazzmusiker; sie behielten diese Funktion bis weit in die 40er Jahre hinein bei.

Die Hochkonjunktur der Medien mit ihrem ständig wachsenden Bedarf an Werbe- und Unterhaltungsmusik brachte einen neuen Typus von Musiker hervor: den jazzerfahrenen Studiomusiker. Dieser besaß die folgenden Eigenschaften: er war weiß, war ein guter Vom-Blatt-Spieler und war bereit und in der Lage, jede Art von Musik zu spielen – häufig unter Verleugnung der eigenen musikalischen Präferenzen.

Charters und Kunstadt (1962) schreiben über die Studioszene dieser
Zeit: »Die Arbeit in den Studios wurde von einer kleinen Gruppe von
Musikern monopolisiert, die auf Hunderten von Schallplatten jeder
Art auftauchen. Eines der unerfreulichsten Merkmale der ganzen
Angelegenheit war, daß sie fast ausschließlich auf weiße Musiker
beschränkt war; es waren die Leute aus den weißen Orchestern, die
Arbeit bekamen. Die schwarzen Musiker beklagten sich bitter über
die Diskriminierung, aber die weißen Musiker versuchten niemals,
ihnen zu helfen, und die Agenten (contractors) heuerten an, wen sie
wollten. Im ›Nest Club‹ oder im ›Lenox Club‹ (beide in Harlem! E. J.)
kamen sich die Musiker nahe; aber die guten Beziehungen waren in
dem Moment beendet, wenn die weißen Musiker in ihre Hotels am
Times Square zurückkehrten.« Die New Yorker Studioszene brachte
als Problematik erneut den Dualismus der divergierenden, literaten
und nonliteraten, Traditionen des Jazz ins Spiel. Chancen hatte in den
Studios nur, wer vielseitig war, ein versierter Vom-Blatt-Spieler, der
im europäischen Sinne »korrekt« intonierte und ordentlich, d. h.
möglichst swingfrei, zu phrasieren verstand. Daß die Diskrepanz
zwischen den Anforderungen der Studioarbeit und der spezifischen
musikalischen Sozialisation der Jazzmusiker nicht eklatanter wurde,
lag nicht zuletzt daran, daß schwarze Musiker, die den überwiegenden
Teil der Folktradition des Jazz repräsentierten, aufgrund diskrimini-
render Maßnahmen der Musikergewerkschaft und der Kontraktoren
ohnehin nicht in den Studios beschäftigt wurden.

In verschärfter Form trat die Divergenz der Traditionen daher in dem
Moment in Erscheinung, als sich mit der Swing-Ära die Bigband als
dominierende musikalische Organisationsform durchzusetzen
begann. Perfektes Vom-Blatt-Spiel und soundmäßige Einordnung in
eine Satzgruppe war nun in den meisten Orchestern unverzichtbare
Voraussetzung, wohingegen die Fähigkeit zum Improvisieren und der
Drang zur kreativen Selbstverwirklichung vielfach sekundär wurde. In
der Bewertung von Musikern durch Musiker bildete sich dabei ein
seltsam ambivalentes Urteilsmuster heraus, in welchem der Konflikt
zwischen Individualismus und Unterordnung, Kreativität und Disziplin zum Leitmotiv wurde. Wie unter Jazzmusikern insbesondere der
Dualismus von Vitalität versus Professionalität bisweilen geradezu
mystifiziert wurde, geht aus einer Bemerkung des Basie-Posaunisten
Dicky Wells hervor, der über den Tenoristen Herschel Evans
schreibt: »Er las zwar langsam (Noten), aber das war einer der
Gründe, warum er so stark swingte« (Wells 1971, 57). An anderer

Stelle vermerkt Wells: »Wenn man zu sauber (clean) und zu präzise wird, dann swingt man manchmal nicht mehr und der Spaß geht aus der Musik verloren.«

Daß unter dem organisatorischen Dach der Bigband die europäische, schriftliche Tradition im Laufe der Zeit eindeutig das Übergewicht gewann, war weder ein Zufall, noch geschah es aufgrund deren wesensmäßiger Überlegenheit, sondern korrespondierte mit dem rationalistischen Verwertungsinteresse der Kulturindustrie. Für diese bedeutete die schriftlose Tradition der afro-amerikanischen Musik Irrationalismus, Unzuverlässigkeit und damit unter Umständen Zeitverschwendung. Improvisatoren – als Repräsentanten schriftloser Tradition – waren in diesem Rahmen zwar nicht funktionslos, denn sie kamen bestimmten Erwartungen des Publikums entgegen; aber sie waren nicht beliebig austauschbar und damit – organisatorisch gesehen – dysfunktional. Neben der Durchsetzung des »Lesens« als unverzichtbare Vorbedingung für die Arbeit in der Bigband, brachte nämlich die Swing-Ära mit der Standardisierung ihrer Besetzungen eine Rollenspezifizierung mit sich, wie sie sich in konventionellen Jazzorchestern bis heute gehalten hat, wie sie jedoch in den größeren Besetzungen des Jazz der 20er Jahre noch kaum vorhanden war: gemeint ist die strikte Rollenteilung in Satzgruppenmusiker einerseits und Solisten andererseits. Die Satzgruppen- oder Section-Musiker waren gleichsam die Kulis der Swing-Ära, deren Leben ohne Glanz und Gloria verlief und die froh waren, wenn sie nach aufreibenden Jahren »On the Road« einen Job in einem Rundfunk- oder Filmstudio-Orchester bekamen, der ihren Fähigkeiten und Ambitionen womöglich gerechter wurde als die Dienerrolle, die sie im Schatten renommierter Improvisatoren eingenommen hatten.

Der Swing war – bei allen konzertanten Ambitionen einiger seiner bedeutenden Orchesterchefs – in erster Linie Tanzmusik. Genauer gesagt: Swing war ein Jazzstil, dessen primäre Funktion darin bestand, daß die Leute nach ihm tanzten. Diese funktionale Bindung korrespondierte im großen und ganzen mit dem Selbstverständnis der Musiker, die sich – wiederum mit Ausnahme einiger Bandleader – nicht als Künstler begriffen, sondern vielmehr als Entertainer. Für die Musikergeneration, die in den Show- und Tanzorchestern der 20er Jahre ihre ersten Erfahrungen sammelte und in den Swing-Bigbands der 30er Jahre zu erstem bescheidenen Ruhm gelangte, bedeutete ihre Musik kein vom Rezipienten ablösbares, ästhetisches Gebilde, sondern war stets funktionell auf diesen bezogen. Über Gelingen oder

Mißlingen einer Darbietung entschied dabei kein musikimmanentes
Kriterium, sondern das Funktionieren innerhalb eines bestimmten,
durch das Publikum und die Mitmusiker gesetzten Bezugsrahmens.
Das wesentliche Kriterium für das Gelingen einer Darbietung war die
gelungene Stimulation: der Tänzer zum Tanzen, der Zuhörer zum
Fußwippen, der Mitmusiker zum Swingen oder zur Steigerung des
emotionalen Pegels.

In ihrer Identifikation mit der Rolle des Entertainers bewahrten die
Jazzmusiker während der Swing-Ära ein wenig von der Unschuld von
Volksmusikern – inmitten einer hochindustrialisierten Musikland-
schaft, deren Mechanismen sie weder durchschauen, geschweige denn
beeinflussen konnten. Die unbewußte Weigerung, sich als Künstler zu
verstehen, mag dabei als ein lebensnotwendiges Schutzmittel fungiert
haben gegenüber einer Gesellschaft, die ihnen dies ohnehin nicht
zugestanden hätte. Der – weitgehend erfolglose – Kampf um die
Anerkennung dieser Rolle blieb den Bebopleuten vorbehalten.

Die besondere Situation der Bebopper, ihr Selbstverständnis und ihre
Selbstdarstellung, stehen in unmittelbarem Zusammenhang mit den
Eigenarten ihrer Musik. Bebop war erstens eine explizit schwarze
Musik, er war zweitens nichtfunktional in dem Sinne, daß man nach
ihm nicht tanzen konnte (oder dies doch zumindest behauptete), und
drittens war er aus mehreren Gründen kommerziell erfolglos, wobei
neben den beiden vorher genannten Punkten vor allem der Schallplat-
tenboykott von 1942–44, die relative Komplexität dieser Musik sowie
ein allgemeiner Schwenk im emotionalen Klima der Zeit nach dem
Krieg als Ursachen zu nennen wären.

Das Selbstverständnis der Bebopper und – dadurch vermittelt –
bestimmte Komponenten ihres Verhaltens waren geprägt durch die
Außenseiterrolle, die sie im Musikleben ihrer Zeit spielten. Ihre
Musik war, gemessen an der Funktionalität bisheriger Jazzstile,
dysfunktional. Eine solche, vom täglichen Gebrauch sich ablösende
Musik, konnte nach dem allgemeinen Verständnis von Publikum und
Musikern nur eines sein: Kunst. Woraus deutlich wird, daß der dem
Bebop zugeschriebene Kunstcharakter a priori keineswegs in seiner
musikalischen Struktur verankert war, sondern in der Funktion des
Nichtfunktionalen, wie sie ihm in der amerikanischen Gesellschaft der
Zeit zugemessen wurde. Nun beinhaltete das Etikett »Kunst« in den
USA dieser Jahre keineswegs unbedingt etwas Positives. Im Rahmen
einer auf Effizienz und Nützlichkeit gepolten Ideologie, bedeutete

Kunst – zumal wenn sie sich obendrein noch als kommerziell erfolglos erwies – eher etwas Überflüssiges. Wenn sie darüber hinaus von Afro-Amerikanern stammte, denen man – soweit sie sich nicht der euro-amerikanischen »hohen« Kunst anschlossen – allenfalls eine Art von Volkskunst zubilligte, und wenn sie sich dabei auch noch widerborstig gab und mit einem gewissen intellektuellen Anspruch auftrat, dann mußte sie, zumal in der Hysterie des kalten Krieges nach 1945, schon als suspekt und tendenziell gefährlich betrachtet werden.

Die Etikettierung des Bebop als Kunst, unabhängig davon, aus welchen Motiven heraus sie im einzelnen erfolgte und welche Schluß-folgerungen die Etiketteure daraus zogen, hatte für das Selbstver-ständnis der Bopmusiker, die sich mit der Rolle des Künstlers identifizierten, erhebliche Konsequenzen: Wer sich als Entertainer versteht und in Schwierigkeiten gerät, weil er erfolglos ist, wird im allgemeinen die Schuld bei sich selbst suchen, denn ein guter Entertai-ner ist per definitionem einer, der sein Publikum gut unterhält. Wer jedoch als Künstler erfolglos bleibt, muß – in Einklang mit der dem Autonomieprinzip zugrunde liegenden Ideologie – die Verantwortung dafür nicht sich selbst zuschreiben, sondern kann das Publikum verantwortlich machen, das ihn nicht versteht, und von dem er sich darum isoliert.

Genau dies geschah mit den Bopmusikern. Es gibt zahllose Zitate von Musikern wie Monk, Parker und Gillespie, die deren Entfremdung von ihrem Publikum belegen und die Opposition verdeutlichen, in die sie sich gedrängt sahen. Gillespies vielzitierte Aussage, daß er eigent-lich nur für Musiker spiele (I play for musicians only), ist symptoma-tisch für eine Ideologie, in welcher das Publikum als Instanz für die Zuteilung von Erfolg oder Mißerfolg keinen Platz hat. Dabei wird aber gleichzeitig deutlich, daß hier das ästhetische Urteil keineswegs suspendiert oder in den Bereich des rein Subjektiven verwiesen wird; sondern die Instanz, die darüber befindet, was als gelungen und was als mißlungen anzusehen ist, ist die eigene soziale Gruppe, sind die Jazzmusiker selbst. Erfolgreich in diesem Kontext ist, wer innerhalb der eigenen Gruppe Anerkennung findet. Äußerer Erfolg wird – zumindest in der gruppenspezifischen Ideologie – sekundär.

Nun bestimmte die Adoption der Außenseiterrolle durch die Bebop-per keineswegs nur ihre Mentalität und ihr Denken, sondern prägte auch ihr Handeln und die Art, wie sie sich nach außen hin präsentier-ten. Manche ihrer Aktivitäten mußten sich insbesondere für den in »normalen« Bahnen denkenden Bürger zwangsläufig als absurd darstellen, selbst wenn sie aus der Sicht der Akteure von einer zwingenden Logik bestimmt waren.

Zu den Merkmalen und Aktivitäten, durch welche die Bebopper in den Ruf von Exzentrikern gerieten, gehörten erstens ihre Sprache (bop talk), in die freilich sehr viele Elemente des kreativen Sprachverhaltens des schwarzen Ghettos eingingen und die insofern exzentrisch vor allem in Relation zum weißen Amerika war; zweitens ihre Kostümierung mit Baskenmütze und Hornbrille; drittens die Hinwendung einiger von ihnen zum Islam (auch dies keine musikerspezifische, sondern eine spezifisch afro-amerikanische Erscheinung) und schließlich viertens ihre Drogenabhängigkeit, die viele von ihnen kriminalisierte und eine Anzahl von ihnen tötete.

Das Bild des Bebopmusikers als das eines asozialen Exzentrikers, prägte – verzerrt und falsch pauschalierend, wie es war – für Jahrzehnte das Image des Jazzmusikers in der amerikanischen Gesellschaft. Erst der jüngsten Generation von Musikern, jener, die sich seit Mitte der 60er Jahre mit einer neuen Musik und einem neuen Rollenverständnis Gehör verschaffte, gelang es partiell, gesellschaftliche Vorurteile gegen den Jazzmusiker abzubauen. Unter anderem davon wird in den folgenden Kapiteln dieses Buches die Rede sein.

KAPITEL 2

DIE JAZZSZENE

Der Begriff »Jazzszene« ist ebenso geläufig wie unscharf. Francis Newton, der eigentlich Eric Hobsbawm heißt und ein bekannter britischer Soziologe ist (»Sozialrebellen«), benutzte den Begriff 1959 als Titel für ein außerordentlich lesenswertes Buch über den Jazz, ohne sich dabei die Mühe zu machen, uns mitzuteilen, was er damit eigentlich meinte. Die Musiker sprechen von der *scene* als von einem *Milieu*, das dadurch gekennzeichnet ist, daß Jazz in ihm den zentralen Bezugspunkt bildet; ein Milieu, in das sich der junge Musiker einzufügen versucht, in dem er sich »zu Hause« fühlt und von dem er sich unter bestimmten Umständen abwendet, zum Beispiel dann, wenn es ihm nicht mehr in ausreichendem Maße Gratifikationen bereitstellt. Die »Szene« umfaßt jedoch mehr als nur die Musiker. Sie ist ein komplexes Beziehungsgefüge von Individuen, Gruppen und Institutionen, die alle mehr oder minder direkt an der Produktion, Distribution und Rezeption von Jazz beteiligt sind. Die Musiker bilden die zentrale Fraktion innerhalb dieses Systems, ohne daß sie freilich deshalb die Kontrolle darüber hätten. Weiterhin spielen all jene eine Rolle, die an der Vermarktung der »Ware« Jazz beteiligt sind: Agenten und Clubbesitzer, Konzertveranstalter und Schallplattenproduzenten, Jazzkritiker und Rundfunkredakteure. Und es gehören natürlich auch jene dazu, die einigermaßen regelmäßig Jazz hören, auf Festivals, in Konzerten, in Clubs und von Schallplatten: das Jazzpublikum.

Die Beziehungen zwischen den verschiedenen Fraktionen der Jazzszene sind unterschiedlich intensiv, da sie durch unterschiedliche Interessen gesteuert werden. Ebenso sind die Beziehungen der einzelnen Gruppen zum Jazz als dem gemeinsamen Bezugspunkt unterschiedlich eng. Besonders unter denen, die über die meiste Kontrolle über den *Jazz als Ware* verfügen, sind die Beziehungen zum *Jazz als Musik* nicht selten oberflächlich.

Wesentlich für den Umgang mit dem Begriff »Jazzszene« ist, daß es *die* Jazzszene nicht gibt, ebensowenig wie *den* Jazzmusiker oder *den* Jazz. *Jazzszene*, als die Gesamtheit der an der Hervorbringung, der Vermittlung und dem Hören von Jazz beteiligten Menschen und Institutionen ist kein statisches System, kein unveränderlicher Funktionszusammenhang, sondern ist eingefügt in die Dynamik des historischen Prozesses. Auf entsprechende Weise ist es nicht angemessen, für einen bestimmten historischen Moment so etwas wie *eine* Jazzszene vorauszusetzen. Denn ebenso wie das soziomusikalische Interaktionssystem Jazzszene *historisch* variabel ist, ebenso gibt es zu jedem Zeitpunkt der Geschichte erhebliche *regionale* Differenzen, die es nicht erlauben, von *einer* Jazzszene oder *einem* Jazzmilieu einer Zeit zu sprechen. Insofern ist der Titel einer 1964 von Stebbins vorgelegten Dissertation, »The jazz community«, irreführend; er hätte heißen müssen: »A jazz community« oder noch besser »The jazz community of Minneapolis in the early sixties«, denn die in ihr aus der Befragung lokaler Musiker abgeleiteten Verallgemeinerungen dürften zur gleichen Zeit an einer New Yorker Stichprobe kaum verifizierbar gewesen sein.

Im Bewußtsein der historischen Variabilität und der regionalen Differenzierung meines Gegenstandes will ich dennoch versuchen, einige systematische Aspekte der gegenwärtigen Jazzszene(n) in den Griff zu bekommen; Aspekte, die es uns später erleichtern werden, einige prägnante regionale Besonderheiten der Szenen von New York, Chicago und New Orleans zu analysieren.

Warum und wie wird jemand Jazzmusiker? Die historische Entwicklung der sozialen Rolle und des Selbstverständnisses von Jazzmusikern, wie sie im vorigen Kapitel skizziert wurde, legt nahe, daß auch die an der Sozialisation zum Musiker beteiligten Faktoren variabel sind, daß also der soziomusikalische Werdegang bis hin zum professionellen Jazzmusiker nicht zu allen Zeiten und an allen Orten der gleiche war und ist. Dennoch gibt es Gemeinsamkeiten, historische Konstanten, die sich erst in den letzten Jahrzehnten mit einer sich verstärkt durchsetzenden Institutionalisierung der Ausbildung aufzulösen beginnen.

Von Anfang an war die Vorbereitung auf den Beruf des Jazzmusikers in der Regel nicht institutionalisiert, spielte sich nicht in Schulen oder Akademien ab, sondern erfolgte außerhalb des etablierten Bildungssystems. Und wenngleich es im Laufe der Geschichte immer wieder Jazzmusiker gab, die ihr musikalisches Handwerk in Schulorchestern, Music Colleges oder durch Privatunterricht erwarben, so erwarben sie doch eben im wesentlichen immer nur dies: musikalisches Handwerk, insbesondere Instrumentaltechnik, Vom-Blatt-Spiel, Theoriekenntnisse und dergleichen; Kenntnisse und Fertigkeiten, die sie zum Musikerberuf befähigten, nicht jedoch zum Jazzmusiker machten.

Jazzlernen, die Fähigkeit, zu improvisieren, der Erwerb bestimmter Ausdrucksmittel, die Herausbildung einer stilistischen Identität, vollzog sich traditionell außerhalb der Institutionen musikalischer Bildung, war Resultat von unmittelbaren musikalischen Umwelteinflüssen, geschah durch Imitation, vollzog sich als Gruppenaktivität innerhalb von Peer Groups und auf der Basis eines beharrlichen Festhaltens am Prinzip von Versuch-und-Irrtum.

Die mystifizierende Einschätzung des Jazzmusikers als ein mit quasi magischen Zügen ausgestattetes Naturtalent, wie sie unter Jazzfans anzutreffen ist, geht im wesentlichen darauf zurück, daß man in den westlichen, literaten Kulturen Lernen mit Ausbildung gleichsetzt und Lernprozesse, die außerhalb der etablierten Institutionen stattfinden, als solche nicht zur Kenntnis nimmt und darum die daraus resultierenden Fähigkeiten gerne in den Bereich des Irrationalen, Magischen verweist. Mit der – durch eine spezifisch eurozentristische Denkweise bedingten – Unterschätzung der nichtinstitutionalisierten, vor- und außerschulischen Lernprozesse hängt es auch zusammen, daß die »Schwarz-Weiß-Problematik« im Jazz im allgemeinen primär als eine Rassenfrage verstanden und – so oder so – interpretiert wird, und nicht vielmehr als eine Frage unterschiedlicher musikalischer Sozialisationsformen und des Aufwachsens in unterschiedlichen musikalischen Umwelten. Die Vorbereitung auf den Beruf des Jazzmusikers, die Entstehung einer jazzspezifischen, musikalischen Sensibilität und die frühesten Anregungen zur Entwicklung von bestimmten ästhetischen Orientierungen beginnen ja keineswegs erst mit einer zielbewußten Berufsausbildung. Vielmehr lernt das Kind bestimmte Nuancen der Artikulation, bestimmte rhythmische Muster usw. auf die gleiche unbewußte, planlos vorwärtstastende Weise, wie es sprechen lernt. Alles, was es von seinen Eltern, Geschwistern und Spielkameraden hört, ist Sprachunterricht; alles, was es zu Hause, auf der Straße, in der Kirche und durch die geöffnete Tür der Eckkneipe an Musik hört, ist ein Teil seiner musikalischen Erziehung, ist »Schule ohne Wände« (Hauser 1974, 149).

Es ist unausbleiblich, daß sich in einem durch die Prinzipien der Rassentrennung regulierten sozialen System wie jenem der USA eine Differenzierung musikalischer Sozialisationsmuster entlang den Grenzen ethnischer Zugehörigkeit ausbildet. Die musikalische Umwelt im schwarzen Harlem, an der Chicagoer South Side, in Los Angeles' Watts oder in jedem anderen schwarzen Ghetto der USA war und ist nun einmal andersartig, hat einen anderen Sound und

einen anderen Rhythmus als jene in New Yorks Little Italy, in den
weißen Vororten von Nord-Chicago oder in den Provinznestern von
Ohio oder New Jersey. Und das musikalische Ambiente in schwarzen
Baptistengemeinden und Store-Front-Kirchen, das die »musikalische
Früherziehung« zahlloser schwarzer Musiker prägte, war und ist nun
einmal ein anderes als jenes in jüdischen Synagogen oder in den
Kirchen neuenglischer Presbyterianer.

Die durch die Zugehörigkeit zu verschiedenen ethnischen Subkulturen bedingten Unterschiede in der Primärsozialisation afro-amerikanischer und euro-amerikanischer Musiker betreffen in erster Linie die
rhythmischen und artikulatorischen Feinstrukturen jazzmusikalischer
Gestaltung; all jene Aspekte also, die eine gewisse Affinität zur
Sprache aufweisen und nicht im gleichen Maße kodifizierbar sind wie
beispielsweise bestimmte Formen melodisch-harmonischer Entfaltung.

Für einen jugendlichen Harlemiten, der seine frühesten musikalischen
Eindrücke innerhalb eines spezifisch afro-amerikanischen Sozialisa-
tionszusammenhangs erfuhr, ist die Chance, eine Cm^7-F7-Bb-
Sequenz melodisch angemessen und einfallsreich umzusetzen, kein
bißchen größer als für einen jungen Anglo-Amerikaner aus Boston,
wohl aber die Chance, diese Sequenz in einem spezifisch afro-
amerikanischen, sprachnahen Duktus zu phrasieren. Was natürlich
nicht heißt, daß der junge Bostonian diese letztere Chance nicht hat,
er erwirbt sie nur auf andere Weise und meistens später als der
Jugendliche in Harlem. Insofern ist die – insbesondere von Vertretern
des Black Cultural Nationalism der 60er Jahre propagierte – These,
nur afro-amerikanische Musiker seien in der Lage, Jazz zu spielen,
ebenso unhaltbar wie die von einem anthropologischen Gleichheits-
prinzip ausgehende Behauptung liberaler weißer Jazzkritiker, die
ethnische Zugehörigkeit spiele *prinzipiell* keine Rolle. In einer Gesellschaft, in der soziale Ungleichheit und Rassenunterschiede miteinander hoch korrelieren, muß das Insistieren auf ästhetischer Gleichheit
unweigerlich in Ideologieverdacht geraten.

Der ethnisch und – damit verbunden – soziokulturell bedingten
Differenzierung in der Sozialisation weißer und schwarzer Jazzmusiker überlagert ist eine sozio-ökonomische Dimension. Die in der
amerikanischen Jazzsoziologie kursierende und nur schwer übersetz-
bare Sentenz »Jazz selects blacks, whites select jazz« (zit. nach Nanry
1972, 174), die besagt, daß afro-amerikanische Musiker sich mit
einiger Zwangsläufigkeit dem Jazz zuwenden würden (vom Jazz

erwählt werden), während weiße Musiker eher die Freiheit der Wahl
hätten, geht ja nicht primär vom Konzept unterschiedlicher musikim-
manenter Sozialisationsmuster aus, wie sie im vorigen Abschnitt
beschrieben wurden, sondern vielmehr von der unterschiedlichen
sozio-ökonomischen Attraktivität, die der Beruf des Jazzmusikers für
die verschiedenen ethnischen Gruppen besaß. Der Jazz »erwählte«
schwarze Musiker nicht *nur*, weil er ihr eigenes musikalisches Idiom
war, sondern weil er ihnen zugleich ein Maß an sozialem Aufstieg
verhieß, das ihnen in anderen künstlerischen Bereichen aufgrund
sozialer Barrieren vielfach verwehrt war.

Jazz, als ein Teil der Unterhaltungsindustrie, war in den USA – neben
dem Sport – lange Zeit eine der wenigen Domänen, in denen schwarze
Künstler die Aussicht nicht nur auf sozialen Aufstieg hatten, was allein
schon außerordentlich viel bedeutete, sondern darüber hinaus die
Chance erhielten, zu kulturellen Leitbildern (culture heroes) für die
eigene ethnische Bezugsgruppe zu avancieren, oder doch zumindest
für jenen Teil von ihr, der sich noch nicht voll und ganz den
Wertvorstellungen der euro-amerikanischen Mittelklasse angepaßt
hatte. Es überrascht insofern kaum, daß in den frühen bis mittleren
Perioden der Jazzgeschichte die weitaus überwiegende Mehrheit der
schwarzen Jazzmusiker der Unterschicht entstammten. Means und
Doleman kommen aufgrund der Analyse von Biographien schwarzer
Musiker, die zwischen 1920 und 1950 zu Prominenz gelangten, zu
folgendem Ergebnis: »Der soziale Hintergrund von schwarzen Jazzmusikern weist überwiegend auf die schwarze Unterschicht. Das
bedeutet, daß viele dieser Musiker aus Familien stammten, die ein
extremes Maß an Armut aufwiesen, über geringe Bildung verfügten
und unter den schlimmsten Formen der Segregation existierten«
(Means/Doleman 1968, 335). So angreifbar die Ergebnisse von Means
und Doleman aufgrund ihrer geringen Stichprobe (42 Biographien) in
statistischer Hinsicht auch sein mögen, so reflektieren sie doch fraglos
eine reale Tendenz: Jazz als Vehikel sozialer Mobilität war vor allem
für die aus der schwarzen Unterschicht stammenden Musiker attraktiv, während Angehörige der auf Assimilation in die weiße Gesellschaft bedachten schwarzen Bourgeoisie eher als Außenseiter an ihm
partizipierten. Entsprechendes galt für weiße Musiker, die sich dem
Jazz zuwandten; sie taten dies nicht selten um den Preis gesellschaft-
licher Ächtung durch die soziale Gruppe, der sie entstammten.

Ich verwendete für den letzten Abschnitt bewußt die Vergangenheits-
form, da ich es für unwahrscheinlich halte, daß die Befunde, die die

Jazzsoziologie für die ersten fünf oder sechs Jahrzehnte der Jazzgeschichte erbrachte, noch heute gelten. Es gibt außer der verdienstvollen, aber eben doch von methodischen Mängeln belasteten Untersuchung von Means und Doleman bis heute leider keine verläßlichen Angaben über den sozialen Background von Jazzmusikern, weder schwarzen noch weißen. Zu vermuten ist allerdings, daß die These »jazz selects blacks, whites select jazz« in den letzten 20 Jahren beträchtlich an Stichhaltigkeit verloren hat. Dafür gibt es mehrere Gründe:

Erstens hat der Jazz, indem er sich seit dem Bebop, spätestens aber seit dem Free Jazz, zunehmend zu einer Minderheitenmusik entwickelte, deren Resonanz gerade im schwarzen Ghetto minimal ist, gegenüber anderen Genres der afro-amerikanischen Musik erheblich an sozioökonomischer Attraktivität eingebüßt. Der angehende Musiker aus der afro-amerikanischen Unterschicht, der es heutzutage auf Geld und Ruhm, also auf sozialen Aufstieg abgesehen hat, wird sich schwerlich dem Neuen Jazz zuwenden, sondern vielmehr populären Genres wie Soul, Funk, Black Disco usw.

Zweitens sind die Chancen, in den etablierten Bereichen der amerikanischen Musikkultur, in Sinfonieorchestern, in der Oper oder im Bildungswesen, Karriere zu machen, für afro-amerikanische Musiker heute wesentlich größer als noch vor 20 Jahren. Das gleiche gilt für den finanziell äußerst lukrativen Bereich der Studioszene, der noch bis in die 50er Jahre hinein schwarzen Musikern so gut wie verschlossen war.

Drittens hat die Bedeutung der Sekundärsozialisation (in Schule, College, Konservatorium) gegenüber der Primärsozialisation (in der Familie und auf der Straße) für den angehenden Jazzmusiker in den letzten Dekaden erheblich an Bedeutung gewonnen. Dies liegt einerseits an den gestiegenen Bildungschancen für Afro-Amerikaner insgesamt und andererseits daran, daß sich im Neuen Jazz – zumindest partiell – Gestaltungsprinzipien durchgesetzt haben, die ein relativ hohes Maß an »akademischer« (im Sinne von: durch Akademien vermittelter) Vorbildung sowohl instrumentaltechnischer wie auch theoretischer Art voraussetzen.

Eine schlüssige Aussage darüber, aus welchem sozialen Milieu sich Jazzmusiker in den USA *heute* rekrutieren und welcher Art die Motivation ist, die sie in ihr Metier treibt, ist ohne empirische Recherchen nicht zu treffen. Die oben genannten drei Faktoren deuten darauf hin, daß eine hochgradig sozial und/oder ethnisch determinierte Art der jazzmusikalischen Sozialisation, wie es sie in früheren Jahrzehnten zweifellos gab, gegenwärtig kaum noch in gleichem Maße vorauszusetzen ist. Was nicht bedeutet, daß es nicht weiterhin ethnisch differenzierte jazzmusikalische Dialekte geben wird. Denn der Sound in den schwarzen Ghettos ist immer noch ein anderer als der im weißen Suburbia.

Anders als in den durch formalisierte musikalische Studiengänge und -abschlüsse regulierten Werdegängen »klassischer« (»seriöser«, »legitimer«) Musiker, in denen der Abschluß der akademischen Berufsausbildung in der Regel zugleich den Einstieg in die professionelle Laufbahn markiert, die Grenzlinie zum Berufsmusiker also ziemlich deutlich gezogen ist, gestalten sich beim Jazzmusiker die Übergänge zwischen dem amateurischen, dem semiprofessionellen und dem professionellen Musikmachen häufig fließend, insbesondere dann, wenn der musikalische Lernprozeß überwiegend autodidaktisch erfolgt.

Wenngleich der Weg von den ersten wackligen jazzmusikalischen Gehversuchen bis hin zum erfolgreichen Professional eine unendliche Vielfalt von Varianten kennt, die in der Biographie des Betreffenden oder auch in stilspezifischen oder regionalen Faktoren begründet liegen, so sind doch – in aller gebotenen Vorsicht – aus der Fülle des publizierten biographischen Materials und auf der Basis eigener Gespräche und Interviews einige prägnante Regelmäßigkeiten herauszudestillieren; Tendenzen, die zwar keinen »Typus« von Jazzmusiker fundieren, die jedoch geeignet sind, einige der spezifischen Probleme einer Jazzmusikerlaufbahn in den USA der Gegenwart zu skizzieren.

Eine erste Annäherung an die Musik, die später zum Fixpunkt professioneller Aktivitäten wird, erfolgt meist in frühester Jugend, wird häufig durch Eltern, Geschwister oder andere Familienmitglieder oder durch Fremde angestoßen oder durch Medien vermittelt: der Vater besitzt eine Ellington-Aufnahme, die ein musikalisches Aha-Erlebnis auslöst; eine Tante spielt Gospelklavier in der Kirche; ein Freund kommt mit einer frühen Einspielung von Charlie Parker zu Besuch, die das bisherige, am Rock'n'Roll ausgerichtete musikalische Weltbild ins Wanken bringt; und so weiter und so fort . . .

Einen bedeutsamen Anteil an der instrumentaltechnischen Ausbildung haben in den USA traditionsgemäß die Schüler-Brassbands der Sonntagsschulen und High Schools. Legionen von Jazzmusikern – vor allem Afro-Amerikaner – haben in derartigen Orchestern, die regel-

rechte Trainingsprogramme entwickelten, auf diese Weise ihre musikalische Früherziehung absolviert. Einige dieser Kinderorchester
erlangten dabei ein überregionales Ansehen, einige gingen als legendäre »Brutstätten« von Jazztalenten in die Geschichte ein, wie etwa
die »Du Sable High School« in Chicago mit ihrem gestrengen Band-
master Captain Dyett, aus der so renommierte Musiker wie Gene
Ammons, Bennie Green, Johnny Griffin, John Gilmore, Clifford
Jordan, Eddie Harris und Von Freeman hervorgingen. (Zur Bedeutung der Schulorchester für die musikalische Sozialisation von Jazzmusikern siehe auch Wells, 1977, 5ff.)

Neben den Schulorchestern, in denen jugendliche Amateure meist
nicht Jazz spielen lernen, sondern instrumentaltechnische Grundlagen
erwerben (und dies häufig auf Marschmusik-Instrumenten, die sie
später wieder aufgeben), kommt der *Peer Group*, d. h. der Gruppe
gleichaltriger Freunde in Nachbarschaft und Schule, als musikalische
Sozialisationsinstanz im allgemeinen eine entscheidende Bedeutung
zu. Fast jeder Musiker verweist rückblickend auf den prägenden
Einfluß solcher informeller Gruppen, auf Freunde, mit denen er
Erfahrungen austauschte, von denen er Tips zur Lösung bestimmter
improvisatorischer Probleme erhielt und denen er verbunden blieb,
lange nachdem er ins professionelle Lager übergewechselt war. Die
Peer Group, in welcher der angehende Jazzmusiker seinen musikalischen Lernprozeß erstmals als Gruppenaktivität zu erfahren beginnt
und die mit zunehmendem Wir-Gefühl die Form einer hochintegrier-
ten Clique annehmen kann, erfüllt damit – über den unmittelbaren,
regional begrenzten Bezugsrahmen hinaus – in vielen Fällen die
Funktion einer Zeit und Raum überdauernden Bezugsgruppe. Besonders bei der Übersiedlung in die Jazzmetropole New York, einem
Schritt, der sich dem jungen, nach Erfolg und Anerkennung streben-
den Musiker aus der amerikanischen Provinz seit eh und je mit einiger
Zwangsläufigkeit aufdrängt, kommt den Cliquen aus der Heimatstadt, den sogenannten *home boys*, eine entscheidende Bedeutung für
die Integration in die neue Jazzszene zu. Darauf wird im New York-
Kapitel zurückzukommen sein.

Die Phase des Übergangs vom Amateurstatus der noch relativ ziel-
und planlos herumprobierenden Peer Group-Cliquen in das Lager der
semiprofessionellen und professionellen Jazzmusiker wird durch verschiedene Faktoren bestimmt. Zunächst kommt es für den Aspiranten
darauf an, von den anerkannten Schlüsselfiguren einer regionalen
Jazzszene akzeptiert zu werden. Das sind in der Regel ältere, bereits

arrivierte Musiker, die die wichtigsten Jobs einer Szene kontrollieren, die unter Umständen ein überregionales Renommee besitzen, über Beziehungen zu Schallplattenfirmen verfügen und dergleichen mehr. Bedeutsam können auch Kontakte zu gastierenden Musikern und Gruppen von außerhalb sein, die unter Umständen die Kunde vom talentierten Newcomer über die lokale Szene hinaus verbreiten helfen.

Als eine der wichtigsten Instanzen auf dem Weg zur Anerkennung fungierte lange Zeit die Jam Session. Primär eine informelle Zusammenkunft von Musikern zum Zweck des zwanglosen Musizierens, hatte die Jam Session daneben stets die Funktion eines hochgradig stilisierten Initiationsrituals, dem sich der junge Musiker zu stellen hatte, wenn er auf lokaler Szene anerkannt werden wollte. Insofern war die Jam Session keineswegs nur eine von kommerziellen und zeitlichen Zwängen abgelöste Freizeitbeschäftigung spielfreudiger Musiker, sondern sie wirkte zugleich selegierend im Hinblick auf die Zusammensetzung einer regionalen Szene: Wer mit den ungeschriebenen, weil selbstverständlichen, Regularien der Jam Session nicht vertraut war, wer ein bekanntes Standardthema in der »falschen« Tonart vorschlug, die »richtigen« Substitutionsakkorde nicht kannte, das vorgegebene Tempo nicht bewältigte, sich mit seinem Solo vordrängte, der war fürs erste »out«, wobei die Art der Sanktionen mit den Ansprüchen der jeweiligen Szene variierte. Während man in Cleveland oder St. Louis einem voreiligen Einsteiger am Schluß des Stückes vielleicht noch mit gutmütigem Schulterklopfen bedeutete, er möge doch erst noch mal ein bißchen üben, bevor er wiederkäme, konnte es auf der von Konkurrenzdruck geprägten Szene New Yorks ohne weiteres passieren, daß Mitspieler während eines Stückes wortlos und demonstrativ das Podium verließen, wenn sie mit einem ungebetenen Gast nicht zufrieden waren. Umgekehrt konnte ein brillant improvisiertes Solo über ein harmonisch kompliziertes Stück in halsbrecherischem »up tempo« für den Newcomer aus der Provinz wie ein »Sesam öffne dich« wirken und ihn mit einem Schlag als allerseits akzeptierten Angehörigen einer »scene« etablieren.

Die Jam Sessions haben, nachdem sie zwischenzeitlich von Konzertveranstaltern zu pseudospontanen Supershows zweckentfremdet wurden, seit Anfang der 60er Jahre zunehmend an Bedeutung verloren und sind erst zu Ende der 70er Jahre mit dem Aufkommen des Bebop-Revival zu neuem, jedoch sehr reduziertem Leben erweckt worden. Ihr Niedergang stand einerseits im Zusammenhang mit Bemühungen der Musikergewerkschaft AFM, die unbezahltes Spielen mit Geldstrafen ahndete; andererseits wurde er forciert durch die Entwicklung des Free Jazz, in welcher sich mit dem traditionellen Material auch die konventionellen Formen des Zusammenspiels aufzulösen begannen und ihren selbstverständlichen Charakter verloren. Was – nebenbei gesagt – nicht bedeutet, daß es spontanes und zweckfreies, d. h. von kommerziellen Interessen unbelastetes Zusammenspiel im Free Jazz nicht mehr gibt. Allerdings passieren ad hoc anberaumte Sessions im Free Jazz heute im allgemeinen eher im Rahmen von relativ stark integrierten Cliquen von Musikern, die um eine vergleichsweise eng umrissene stilistische Orientierung gruppiert sind und die spontanes Einsteigen von Außenseitern kaum noch zulassen. Die sozialisierende Funktion von Jam Sessions ist damit weitgehend entfallen.

Das erfolgreiche Mitmischen auf der Jam Session-Szene einer Stadt bedeutete für den angehenden Jazzmusiker zunächst vor allem Anerkennung durch die Bezugsgruppe und Erwerb von musikalischen Erfahrungen, Sicherheit im Zusammenspiel und dergleichen. Leben konnte er davon nicht. Der Weg in das professionelle Lager bis hin zu dem Punkt, an dem ein Jazzmusiker durch »seine« Musik, also vom Jazzspielen, zu existieren vermag, führt häufig im Zickzackkurs durch ein komplexes ökonomisches Beziehungsgefüge.

Die spektakulären Fälle, in denen begabte junge Musiker in der Provinz von einem durchreisenden Bandleader-Star »entdeckt« werden und binnen kurzer Zeit zu internationalem Ruhm gelangen, sind recht selten. Darüber hinaus verschweigen entsprechende Berichte in der Jazzpresse im allgemeinen, welches Maß an Energie der »New Star« bereits investiert und welche Enttäuschungen er verkraftet hatte, *bevor* er von seinem »Entdecker« ins Rampenlicht katapultiert wurde. Häufiger als derartige Blitzkarrieren, die es natürlich hin und wieder gibt, sind musikalische Werdegänge, die über Umwege führen. In früheren Jahrzehnten erfüllten die im Lande herumreisenden Jazzbigbands und Tanzorchester sehr häufig die Funktion von musikalischen Lehrwerkstätten, wobei der junge Musiker als Satzspieler im allgemeinen weniger in seiner kreativen Entfaltung gefördert wurde als vielmehr im Erwerb von handwerklicher Routine. Die Funktion der Bigbands, deren Bedeutung seit den 50er Jahren erheblich nachließ, haben heute bis zu einem gewissen Grade die sogenannten Stage Bands der Universitäten übernommen, wobei nicht zu übersehen ist, daß in diesen zum Teil hochgradig technisch versierten

Orchestern an den zeitgenössischen Strömungen des Jazz vielfach systematisch vorbeigearbeitet wird.

Für afro-amerikanische Musiker spielten als Zwischenstation zwischen lokalem Semiprofessionalismus und einer professionellen Jazzlaufbahn neben den Bigbands früher häufig Rhythm & Blues-Formationen wie jene von Earl Bostic, Fats Domino oder Ray Charles eine bedeutende Rolle, was natürlich nicht ohne Auswirkungen auf die Stilistik der betreffenden Musiker bleiben konnte. Heute bieten Jobs als Sidemen in Soul- und Discoformationen bisweilen ein finanzielles Refugium für schwarze Musiker mit Jazzambitionen.

Die geläufigste ökonomische Situation von Jazzmusikern, die weder in Bigbands oder mehr oder minder jazzfernen Ensembles noch in den wenigen existierenden »festen« und regelmäßig arbeitenden Jazzformationen als Wochenlohnempfänger ihr Geld verdienen, besteht seit eh und je im *free lancing*. Ein Free Lance-Musiker wird für einen zeitlich begrenzten Job engagiert. Sein Arbeitsverhältnis endet, wenn er den Job absolviert und die Gage kassiert hat. Sein Arbeitgeber ist entweder ein anderer Musiker, der als *Leader* fungiert und seinerseits einen Vertrag mit einem Vertreter des Jazzbusiness (Clubbesitzer, Konzertveranstalter, Schallplattenproduzent) abgeschlossen hat; oder aber der Musiker ist selbst Vertragspartner eines Agenten oder Veranstalters, etwa dann, wenn er als Solist oder im Studiogeschäft arbeitet oder selbst als Leader auftritt. Die Rolle des Bandleaders ist im Kleingruppen-Jazz nämlich nicht im gleichen Maße fixiert wie beispielsweise die des Dirigenten in der Konzertmusik oder die des Orchesterchefs im Bigband-Jazz. Zwar gibt es ein paar Dutzend herausragende Musikerpersönlichkeiten, die sich entweder als Innovatoren und stilbildende Improvisatoren oder als Komponisten und Vertreter eines bestimmten Gruppenkonzepts einen Namen gemacht und ein für allemal als Leader etabliert haben (man denke an Musiker wie Charles Mingus, Horace Silver, Miles Davis, Cecil Taylor); jedoch für das große Heer der Jazzmusiker ist die Rolle des Leaders eine transitorische: wer heute eine »eigene« Gruppe leitet, kann sich morgen schon als *sideman* eines anderen verdingen. Leader ist, nach den Regeln des amerikanischen Free Lance-Jazzmarktes, wer den Job hat. Dabei stellt sich natürlich ein Rückkopplungseffekt ein: wer mehrfach erfolgreich als Initiator einer Gruppe hervorgetreten ist, für den erhöht sich die Wahrscheinlichkeit, von den Unternehmern des Jazzgeschäfts erneut als *leader* angesprochen und engagiert zu werden. Auf diese Weise verfestigen sich Rollen, die nicht eigentlich in

der Sache selbst begründet liegen, sondern erst durch die Gesetzmäßigkeiten des Marktes und insbesondere durch das in diesem verankerte Starsystem zustande kommen. (Vgl. dazu das Interview mit
Dave Holland.)

Jazzclubmanager in den USA interessieren sich vielfach kaum dafür,
wer alles in einer Gruppe mitspielt, so lange sie ihre Plakate und
Zeitungsanzeigen mit einem »zugkräftigen« Namen versehen können.
Kooperative Gruppen wie *Air*, das *Art Ensemble of Chicago* und das
Revolutionary Ensemble, die sich in den 60er und frühen 70er Jahren
formierten, taten dies nicht zuletzt im Sinne einer dezidierten Absage
an das Leader-Sidemen-System, das insbesondere den demokrati-
schen Spielpraktiken des Free Jazz gegenüber gänzlich unangemessen
schien.

Die ungeschriebenen Regeln, nach welchen das Free Lancing als
Arbeitsmarkt funktioniert, sind für den Außenstehenden nicht ohne
weiteres einsichtig. Wer wen zu welchem Job engagiert, warum der
eine viele Jobs hat und der andere nur wenige, unter welchen
Voraussetzungen sich Gruppen formieren und wieder auflösen – all
dies vollzieht sich nach Kriterien, die keineswegs nur oder überwiegend immanent musikalischer Art sind. Zunächst einmal ist es wichtig
festzuhalten, daß Free Lancing und die Mitwirkung in »festen«, d. h.
mehr oder minder regelmäßig zusammenarbeitenden Gruppen einander nicht ausschließen. Da nämlich nur ein sehr geringer Teil der
existierenden, nach außen hin als »feste« Gruppen in Erscheinung
tretenden Jazzformationen so regelmäßig arbeitet, daß die beteiligten
Musiker ausschließlich von ihrer Mitwirkung in dieser einen Gruppe
leben können, sind sie im allgemeinen darauf angewiesen, sich
nebenher um Jobs im Free Lance-Geschäft zu bemühen oder aber in
mehreren »festen« Gruppen zu spielen. Im letzteren Fall müssen sie
darum bemüht sein, Konflikte zu vermeiden, die sich aus der zeitlichen Überschneidung von Jobs mit den einzelnen Gruppen ergeben
können.

Die Tatsache, daß theoretisch jeder Musiker einmal als Leader
fungieren kann und dann – in dieser Funktion – andere Musiker als
Sidemen heranzieht, ihnen also zu einem »gig« verhilft, bewirkt eine
sehr starke wechselseitige Abhängigkeit der Musiker untereinander,
die für das psychosoziale Klima einer Szene nicht folgenlos ist. Was
sich für den Außenseiter bisweilen als ein hohes Maß an Solidarität
und Herzlichkeit ausnimmt, ist mitunter nichts anderes als ein durch
die Gesetzmäßigkeiten des Free Lance-Marktes verursachter und

gewiß nicht immer bewußter Opportunismus. Charles Nanry hat dieses Phänomen mit dem Terminus »beautiful syndrome« auf den Begriff gebracht. Er schreibt: »Das *beautiful syndrome* bezeichnet die Neigung vieler Jazzmusiker, untereinander auf Kritik zu verzichten. Wenn man einen Jazzmusiker über das Spiel eines anderen ausfragt, dann wird aller Wahrscheinlichkeit nach die Antwort lauten: ›Man, he's beautiful.‹ Zu Anfang meiner Untersuchungen nahm ich an, daß diese Reaktion für Außenseiter reserviert sei. Sie ist es nicht. Jazzleute ›überlisten‹ (jive) sich auf diese Weise ebenso untereinander, weil sie es nicht riskieren wollen, irgend jemanden zu verprellen, eingeschlossen den Musikerkollegen, der Kontrolle über Jobs haben könnte« (Nanry 1972, 169).

Eine zentrale Rolle für den Free Lance-Arbeitsmarkt wie überhaupt für die Sozialstruktur einer regionalen Jazzszene spielen Cliquen, informelle Zirkel von Musikern, die sich um bestimmte gemeinsame Merkmale und Interessen gruppieren. So gibt es stilistische Cliquen; solche von Musikern, die aus der gleichen Stadt oder der gleichen Region der USA stammen (die oben erwähnten *home boys*); Cliquen von Studioleuten und Cliquen, die sich locker um bestimmte Organisationen oder Institutionen gruppieren (wie in New York beispielsweise die *Jazz Interactions* oder die *Jazz Composers' Orchestra Association*), ohne dabei mit diesen direkt organisatorisch oder formell verbunden zu sein.

Die Zugehörigkeit zu mindestens einer solchen Clique ist für den Free Lancer, wenn er nicht gerade zu den international renommierten Stars gehört, absolut lebensnotwendig, wobei es keineswegs unerheblich ist, *welcher* Clique er angehört. Denn es besteht unter den verschiedenen Cliquen einer regionalen Szene gewöhnlich eine gewisse hierarchische Schichtung, die nicht nur den Zugang zu den verschiedenen Typen von Jobs reguliert und damit ökonomisch differenzierend wirkt, sondern die zugleich auch das Prestige ihrer Angehörigen innerhalb des Gesamtzusammenhangs dieser regionalen Jazzszene mitbestimmt. Eine dergestalt an verschiedenen Cliquen festmachbare hierarchische Struktur ist infolgedessen nicht eindimensional, kennt kein einfaches Oben und Unten mit ein paar Stufen dazwischen, sondern ist ein komplexes, durch verschiedene Faktoren bestimmtes System. Die beiden wichtigsten dieser Faktoren, Prestige (Ansehen) und materieller Gewinn (Einkommen), stehen dabei keineswegs in einem direkt proportionalen Verhältnis zueinander, sondern können unter Umständen sogar negativ miteinander korrelieren; ein Sachverhalt, wie er sich etwa im Konzept des *selling out* niederschlägt. »Ausverkauf« in diesem Sinne betreibt beispielsweise einer, der einem Zirkel von schlecht verdienenden Avantgardemusikern den Rücken kehrt und sich um des materiellen Gewinns willen einer Clique von einkommensstarken Studioprofessionals anschließt und dabei seinen Ruf als kreativer Musiker aufs Spiel setzt.

Während den Cliquen als *informellen* Systemen sozialen Handelns, die bestimmte Verhaltensmuster und Wertorientierungen ausprägen, auf der Jazzszene seit jeher eine essentielle Bedeutung zukommt, spielen *formalisierte* Organisationsformen im allgemeinen eine sekundäre Rolle. Die Musikergewerkschaft *American Federation of Musicians* (AFM) erfüllt lediglich auf der – nicht nur in dieser Hinsicht untypischen – Jazzszene von New Orleans eine nennenswerte Funktion. Ansonsten ist sie für den Jazzmusiker weitgehend bedeutungslos. Dies war allerdings nicht immer so. Noch bis in die 50er Jahre hinein mußte zum Beispiel jeder Musiker, der in New York arbeiten wollte, der AFM (Local 802) angehören, bekam jedoch seine *Union Card* erst nach einer Wartezeit von 6 Monaten, in denen er lediglich einmalige Jobs, sogenannte *one nighters* spielen durfte. Auf den negativen Einfluß, den die Union auf das Jam Session-Wesen ausgeübt hat, habe ich bereits hingewiesen. Heute hat die Musikergewerkschaft ihr Interesse an den Jazzmusikern weitgehend verloren, denn diese sind für sie in finanzieller Hinsicht vergleichsweise uninteressant und ihr unorganisierter Free Lance-Arbeitsmarkt bürokratisch zu schwer kontrollierbar geworden. Entsprechend wenig halten die Musiker von »ihrer« Gewerkschaft, die ihnen weder zu Arbeit verhilft noch soziale Sicherheit bietet. (Vgl. dazu die Interviews mit Monty Waters und Jimmy Owens.) »Die Union ist nichts anderes als die Maffia«, war ein Ausspruch, den ich von Jazzmusikern in New York nicht selten zu hören bekam.

Eine wesentlich größere Bedeutung als die Musikergewerkschaft AFM erlangten während der späten 60er und 70er Jahre solche Organisationen, die auf die Initiative von Jazzmusikern selbst zurückgingen und die – mit unterschiedlichen Akzentuierungen – in der Regel darauf abzielten, die Produktionsmittel des Jazz aus den Händen der kommerziellen Verwerter und in die eigene, d. h. musikereigene Regie zu nehmen oder die es darauf abgesehen hatten, sich auf dem Wege einer solchen Institutionalisierung einen Zugang zur Förderung durch öffentliche Geldgeber (Staat, Stiftungen usw.) zu erschließen. Eine detaillierte Würdigung derartiger Musikerinitiativen wird im zweiten Teil des Buches im Zusammenhang mit konkreten Beispielen erfolgen.

Zwischen dem Musiker auf der einen Seite und seinem Publikum auf der anderen stehen – wenngleich dies dem Publikum nicht immer in seiner ganzen Tragweite bewußt sein mag – in der Regel die Vermittler. Das sind all jene, die über die Podien und über die Medien verfügen, über welche sich der Musiker bei seinem Publikum Gehör verschafft, und die infolgedessen die Ökonomie des Jazz kontrollieren. Vieles, was an der Existenz des Jazzmusikers diesem selbst als problematisch erscheint, hängt mit diesen Vermittlern zusammen, für die Jazz nicht primär als Ausdrucksmittel oder ästhetisches Gebilde bedeutsam ist, sondern als Ware auf einem Markt, aus dem sie selbst einen möglichst großen Gewinn zu ziehen beabsichtigen. Dieser Gewinn muß nicht unbedingt nur materieller Art, d. h. in Dollars meßbar sein, obwohl er dies in der Mehrzahl der Fälle ist; er kann auch in der Statuserhöhung des Vermittlers liegen oder sich als Steigerung seines Selbstwertgefühls als Mäzen und Förderer äußern. Die allerwenigsten Vermittler, Veranstalter, Produzenten, Agenten sind – und davon kann man auch ohne statistisch untermauerte Evidenz ausgehen – uneigennützig, bringen die Musik dem Publikum *nur* oder überwiegend deshalb nahe, weil sie entweder dieses Publikum oder den Jazz oder die Jazzmusiker in ihr Herz geschlossen haben. In der Regel hat man es mit einem Bündel von – nicht immer reflektierten – Interessen zu tun, wobei natürlich, dem existierenden Wirtschaftssystem entsprechend, in letzter Instanz die kommerziellen Gesichtspunkte allemal die ausschlaggebenden sind.

Die Arten der kommerziellen Verwertung des Jazz sind vielfältig, rangieren auf ebenso verschiedenen Ebenen, wie die der meisten anderen in den kapitalistischen Vermarktungsprozeß eingespannten Waren. Das Spektrum reicht dabei vom vorindustriellen ökonomischen Aggregat, in welchem sich der Produzent (der Handwerksmeister bzw. Bandleader) in der *eigenen* Werkstatt (dem eigenen Loft) mit Hilfe einiger Gesellen (sidemen) unmittelbar an seine Kundschaft (Hörer) wendet, die ihn direkt bezahlt (Eintritt), bis hin zur industrialisierten Produktionsweise der großen Schallplattenkonzerne, in welcher der Musiker allein im Studio seinen Part auf einen Track eines 36kanaligen Bandes improvisiert und – genau wie der Arbeiter am Fließband – weder eine Vorstellung von dem Endprodukt hat, zu dem er seinen Teil beiträgt, noch von dem

Käufer, der dieses Produkt schließlich erwirbt.

Zwischen den Extremwerten einer quasi handwerklichen Produktionsweise, in der die Produzenten der Musik zugleich auch über die Produktionsmittel verfügen (exemplarisch vorgeführt in der New Yorker Loft-Bewegung) und der entfremdeten Arbeit des Studiomusikers beim *Overdubbing* liegt ein weites und heterogenes Feld von Arbeits- und Abhängigkeitsverhältnissen. Dieses Feld ist – abhängig von Ort oder Region – sehr unterschiedlich strukturiert: Die Verhältnisse in New York sind – wie zu zeigen sein wird – von jenen in New Orleans signifikant verschieden, ebenso die letzteren von jenen in Chicago. Dennoch gibt es einige Konstanten.

Die gebräuchlichste jazzmusikalische Präsentationsform stellt in den USA nach wie vor der Clubauftritt dar. Sie ist nicht unproblematisch und verliert in neueren Stilbereichen des Jazz zunehmend an Bedeutung. Ein »gig« oder ein »job« in einem Jazzclub wird entweder für einen oder für mehrere aufeinanderfolgende Abende abgeschlossen. Längere Engagements als maximal eine Woche sind in den letzten Jahren unüblich geworden, sind nur auf bestimmte Clubs oder Hotels beschränkt, die dann so etwas wie eine Hausband engagiert haben. In den Jazzclubs, die genaugenommen nichts als mehr oder minder große Nachtbars sind, in denen das Publikum gegen Eintritt Jazz hören und – meist für überhöhte Preise – trinken und bisweilen auch essen kann, spielen die Gruppen gewöhnlich drei bis vier »sets« von je etwa einer Dreiviertelstunde Dauer am Abend, mit Pausen dazwischen, die in ihrer Länge ganz erheblich variieren können. An Wochenenden gehen Clubjobs nicht selten bis 4 Uhr morgens. Die Gage, die Jazzmusiker in Clubs zu erwarten haben, hängt von der Lage, von der Größe und vom Renommee des Clubs ab, wobei es auch innerhalb einer Stadt erhebliche Unterschiede gibt, und natürlich vom Bekanntheitsgrad der Musiker, von ihrer Anziehungskraft (drawing power), die man ja heute in menschenverachtender Weise als »Marktwert« bezeichnet, ganz so, wie früher dem schwarzen Sklaven entsprechend seiner Körperkraft ein Marktwert auf dem Sklavenmarkt zugemessen wurde.

Die Einstellung der Jazzmusiker zu den Jazzclubs ist uneinheitlich. Insbesondere von Musikern der Swing- und Bebop-Generation wird – wegen der in ihnen vorherrschenden entspannten Atmosphäre – den Clubs häufig dem Konzert gegenüber der Vorzug gegeben, obwohl fast jeder Musiker die zum Teil erniedrigenden Bedingungen des Clubgeschäfts (keine Musikergarderoben, lärmende Gäste, tyrannische Manager usw.) anprangert. Von jüngeren Musikern wird seit den 60er Jahren die Existenzberechtigung der Jazzclubs als Präsentationsforen für ihre Musik zunehmend in Frage gestellt. Sie wollen keine »Atmosphäre«, sondern Zuhörer. Darauf wird im New York-Kapitel zurückzukommen sein.

Anders als in Europa haben in den USA Konzerte den Clubengagements gegenüber lange Zeit eine sekundäre Rolle gespielt. Konzerte spielten nur die ganz Großen im Geschäft und auch diese nicht durchgängig, sondern eher als Sonderfall. Daran hat sich erst in der letzten Zeit etwas geändert, vor allem seitdem die amerikanischen Universitäten und sonstige kulturtragende Institutionen wie Museen, Theater und Gemeindezentren von Stadtbezirken (community centers) als Veranstalter hervortraten und Musiker zum Teil dazu übergegangen sind, ihre Konzerte selbst zu veranstalten. Bei älteren Musikern besteht vielfach nach wie vor die Überzeugung, Konzerte böten dem inspirierten Jazzspiel keine angemessene Präsentationsform.

Eine gesteigerte Form des Konzertwesens bieten die Festivals. Auch hier ist die Variationsbreite immens, reicht vom intimen Loft-Festival der New Yorker alternativen Jazzszene bis zum Monumentalzirkus des jährlich stattfindenden Newport Festivals, das bis 1971 in Newport, Rhode Island, und seither in New York stattfindet. Festivalauftritte bedeuten für den Musiker, besonders, wenn es sich um größere Ereignisse handelt, dem normalen Konzertbetrieb gegenüber meist nicht nur höhere Gagen, sondern zugleich auch, da die Jazzpresse massiv zugegen ist, erhöhte Publizität. In den letzten zehn bis fünfzehn Jahren hat für die amerikanischen Jazzmusiker zunehmend die europäische Festivalszene an Bedeutung gewonnen. Es gibt Musiker, die nahezu den ganzen Sommer über in Europa unterwegs sind und hier den Großteil ihres Einkommens erzielen.

Gleich, ob der Musiker nun in einem Club, in einem Konzert oder bei einem Festival auftritt, er hat es, soweit er nicht selbst als Veranstalter fungiert, mit Unternehmern zu tun, mit denen er Verträge abschließt, die ihm seine Gage auszahlen und von deren Wohlwollen es abhängt, ob sie ihn ein nächstes Mal engagieren oder fallenlassen. Die Tatsache, daß es der Musiker gewöhnlich nicht nur mit einem, sondern mit sehr vielen Unternehmern zu tun hat, bewirkt, daß er sich – als sogenannter freischaffender (!) Künstler – über die Abhängigkeit von seinen Musikerkollegen hinaus in einem komplexen Netz von institutionellen Abhängigkeiten befindet, mit dem erfolgreich umzugehen

Organisationstalent, Energie und Nerven erfordert. Nicht jeder Musiker ist diesen außermusikalischen Ansprüchen gewachsen. Und manch einer, der vorzeitig in der Versenkung verschwand und in Vergessenheit geriet, tat dies nicht, weil seine kreative Kapazität erlahmte, sondern weil er mit den verzwickten Regeln der Ökonomie der Jazzszene entweder nicht zurecht kommen konnte oder wollte.

Der Konflikt zwischen dem unter Jazzmusikern allgemein bestehenden Wunsch, *nur* Musik zu machen, und den durch die Marktmechanismen vorgegebenen Notwendigkeiten, sich ums Geschäft zu kümmern, hat viele Musiker dazu gebracht, sich professionellen Vermittlern, Agenturen oder Managern anzuvertrauen, die ihnen die organisatorischen Probleme des Jazzbusiness abnehmen – und natürlich auch einen Teil ihrer Gage. Die Agenturen sind in den 40er und 50er Jahren aufgrund ihrer Geschäftspraktiken bei den Musikern in einen außerordentlich schlechten Ruf geraten, von dem sie sich bis heute nicht befreien konnten. (Vgl. dazu Hentoff 1961.) Ralph Gleason, renommierter Kolumnist des *San Francisco Chronicle* führte dazu aus: »Daß das Feld der Künstleragenturen als ein unsauberes Geschäft bezeichnet werden kann und daß Entertainer, Bandleader und Musiker seit Jahren ausgeplündert wurden, ist für niemanden im Gewerbe ein Geheimnis. Persönliche Manager haben auf Kosten erfolgreicher Künstler Vermögen für sich angehäuft. Künstleragenturen haben Imperien auf windigen Praktiken aufgebaut . . . Ehrlichkeit und Integrität sind im Buchungs- und Managementbereich fast so selten wie Phantasie und guter Geschmack. Es ist – wie man es auch dreht und wendet – ein Dschungel, und die wenigen Gesetze, die es gibt, funktionieren nur dann und wann.« (Zit. nach Hentoff 1975, 330.)

Eine der Konsequenzen, die die Musiker aus den Mißständen im Agenturwesen seit den 60er Jahren zogen, bestand und besteht in der Eliminierung des »middle man« (vgl. Interview mit Steve McCall) und in der Bildung von kooperativen Gruppen, in denen eine gewisse Arbeitsteilung im organisatorischen Bereich angestrebt und so der einzelne entlastet wurde.

Das Medium, durch welches sich Jazzmusiker seit jeher am meisten Gehör verschaffen und ohne das die Geschichte des Jazz kaum vorstellbar wäre, ist die Schallplatte; ein Medium, das trotz der unbefragten Selbstverständlichkeit, in der es produziert und rezipiert wird, mit einigen Problemen aufwartet. In seiner in Schallplattenrillen geronnenen Form wird aus der Jazzimprovisation als einem grundsätz-

lich Unwiederholbaren ein endlos und unveränderlich Wiederholtes.
Ein kreativer Prozeß, der *im* Augenblick und *für* diesen abläuft,
verwandelt sich dabei in das Substrat eines Tauschwertes, in ein Ding,
das man im Laden erwirbt und besitzt. Und was eigentlich zur
Überbrückung des Abstandes zwischen der produktiven und der
rezeptiven Sphäre, zwischen Spieler und Hörer, dienen soll, schiebt
sich in Wirklichkeit vielfach als distanzierendes Moment zwischen
beide. Die unter sparsamen Jazzfans nicht unübliche Wendung »bevor
ich hier 20 Mark Eintritt zahle, kaufe ich mir lieber eine Platte, von der
habe ich *länger* etwas«, ist der frappierendste Ausdruck für diese
Stellvertreterfunktion, die die Schallplatte im Kommunikationszu-
sammenhang der Jazzrezeption erfüllt.

Der sich in der Verdinglichung zur Schallplatte radikalisierende
Warencharakter des Jazz geht einher mit bestimmten Reduktionen
auf zwei verschiedenen Ebenen. Die eine betrifft die musikalische
Gestaltung selbst, die andere die Rezeption.

Jahrzehntelang waren Jazzmusiker darauf angewiesen, ihre auf
Schallplatten aufgenommenen Stücke nicht länger als rund 3 Minuten
auszudehnen. Dies war die Spieldauer einer 78er Schellackplatte.
Daß, wie manche Kritiker (meist in polemischer Wendung gegen die
langen Soli der Coltrane-Generation) behaupten, diese zeitliche
Normierung dem Gehalt der musikalischen Aussage zugute käme, ist
ein gänzlich widersinniges und jazzfremdes Argument, das weder
danach fragt, ob die Anpassung der Jazzmusiker an die gängige
Warenform aus freien Stücken und nicht vielmehr unter dem Zwang
der Notwendigkeiten erfolgte, noch danach, ob die Möglichkeit, einer
von engen zeitlichen Begrenzungen freien Gestaltung nicht vielleicht
von den vielzitierten Dreiminuten-Meisterwerken Jelly Roll Mortos
oder Charlie Parkes statt dessen zu Sechs- oder Sechzigminuten-
Meisterwerken geführt hätte. Gerade die von Parker erhaltenen
Mitschnitte von ausgedehnten Sessions und Rundfunkübertragungen
machen deutlich, daß dessen Musik von den Möglichkeiten ausge-
dehnterer Improvisation immens profitierte, vor allem in ihrer emotionalen Intensität.

Die Problematik der zeitlichen Limitierung löste sich mit der Einführung der Langspielplatte in den Jahren nach 1950 teilweise auf, aber
eben nur teilweise. Denn immer noch besteht der vom Medium in
seiner Warenform vorgegebene Zwang, den kreativen Prozeß innerhalb einer bestimmten Zeit zu Ende zu bringen, und zwar nicht
aufgrund musikalischer, sondern außermusikalischer, nämlich techni-

scher und marktspezifischer Erfordernisse. Dies bedeutet nicht nur
einen Zwang zur Beschränkung, in der sich ja angeblich der Meister
zeigen soll, die jedoch der *Aufführungspraxis* einiger Free Jazz-
Innovatoren wie John Coltrane oder Cecil Taylor keineswegs stets
angemessen war und ist, sondern dies kann ebenso einen Zwang zu
einer vom Musiker primär gar nicht intendierten Ausweitung beinhal-
ten. Der Schallplattenkäufer möchte seine Plattenseiten mit Musik
»gefüllt« sehen, so wie der Waschpulverkäufer seinen Eimer mit
Pulver, denn beide haben sie ja schließlich für die von ihnen erwor-
bene Ware bezahlt. Der Zwang zur »voll ausgenutzten« Zeit wurde
Ende der 60er Jahre vom *Art Ensemble of Chicago* auf ironische Weise
problematisiert: Auf ihr Stück *Certain Blacks Do What They Wanna*
folgt eine kurze Diskussion der Musiker darüber, ob man schon »über
20 Minuten« sei oder nicht, worauf das Stück noch einmal mit
Vehemenz einsetzt und dann nach weiteren 1′05″ Minuten »endgültig«
zu Ende geht. (Auf *Art Ensemble of Chicago:* Certain Blacks,
America AM 6098.) Wie kunstfremd eine derartige zeitliche Normierung ist, mag man sich veranschaulichen, wenn man das Problem in
einen anderen Bereich transponiert: Man stelle sich vor, Romanauto-
ren würden in Zukunft dazu angehalten, möglichst nicht mehr und
nicht weniger als 200 Seiten zu schreiben und, wenn es trotzdem
weniger werden, vielleicht noch eine kleine Novelle oder eine Short
Story hinten dran zu hängen.
Die zweite mit dem Medium Schallplatte verbundene Reduktion
betrifft weniger die musikalische Gestaltung selbst, als vielmehr die
Rezeption. Vordergründig manifestiert sich dies in der Eliminierung
des Visuellen, was bei einer sehr stark von der Bewegung her
bestimmten Musik wie dem Jazz an sich schon ein gravierendes Manko
ist, und was insbesondere angesichts der theatralisierten Aufführungs-
praktiken einer Reihe von Free Jazz-Ensembles zu einer gänzlich
inadäquaten Wahrnehmungsform führt. Nun kann man davon ausgehen, daß dieses Manko in Zukunft durch eine Verbesserung und
Popularisierung von Videosystemen zum Teil aufhebbar sein wird.
Aber die Ausblendung des Visuellen ist nicht der ganze Punkt.
Entscheidender ist, daß die Schallplatte – wie jedes andere Massen-
kommunikationsmedium außer dem Telefon – einen ursprünglich
interaktiven Kommunikationsprozeß in einen einseitig gerichteten
verwandelt und dabei zu einer weitgehenden Auslöschung dessen
führt, was man unter »Atmosphäre« versteht. »Atmosphäre«, die ja
an sich nichts Jazzspezifisches ist, sondern nahezu jeder darstellenden

Kunst, aber auch Ritualen z. B. zu eigen sein kann, ist das Produkt eines kollektiven Prozesses, bei welchem das Zusammenwirken aller mit allen eine irrational suggestive Rolle spielt (Hauser 1974, 528).

Das Wesen des Live-Auftrittes besteht in einer unverkennbaren Gegenseitigkeit der Beziehungen zwischen Musikern und Zuhörern. Bei der Platte kann von einer solchen Gegenseitigkeit keine Rede sein; der kommunikative Prozeß – wenn überhaupt einer stattfindet und die Musik nicht nur im Hintergrund läuft – erfolgt in einer Einbahnstraße. Atmosphäre, im Konzert als psychische Qualität real vorhanden, reduziert sich auf eine Imagination von Atmosphäre; in Live-Mitschnitten enthaltene Beifallsbekundungen und Ansagen fungieren als Ersatz.

Damit keine Mißverständnisse aufkommen: weder die hier aufgezeigte Reduktion erster noch jene zweiter Art sprechen in letzter Instanz gegen das Medium Schallplatte, das für die Vermittlung von Jazz ebenso unentbehrlich geworden ist wie es die Zeitung für die Vermittlung von Nachrichten einst war und die elektronischen Medien heute sind. Aber daß es ohne Schallplatte nicht mehr geht, bedeutet nicht, daß man sich ihrer ganz spezifischen Auswirkungen auf die Produktion ebenso wie auf die Rezeption des Jazz nicht bewußt sein sollte.

Für den Jazzmusiker selbst wirft das Medium Schallplatte eine Reihe weiterer Probleme auf, die ihn wesentlich unmittelbarer berühren als die angesprochenen, denn man darf natürlich nicht vergessen, daß etwa das Problem der zeitlichen Normierung vom Musiker in der Regel gar nicht als solches bewußt empfunden wird, sondern vielmehr den Charakter einer unbefragten Selbstverständlichkeit angenommen hat.

Die gravierendsten Probleme, die sich dem Musiker im Zusammenhang mit der Schallplatte stellen, sind außermusikalischer Art, liegen im sozialen und ökonomischen Bereich. Warum macht ein Jazzmusiker oder eine Gruppe eine Schallplatte? Es gibt dafür eine ganze Reihe von Motiven, wobei jenes, damit Geld zu verdienen, keineswegs an erster Stelle rangieren muß. Die Schallplatte bedeutet, da sie das weitreichendste Verbreitungsmittel des Jazz überhaupt darstellt, für den Musiker zugleich die effektivste Art und Weise, für sich und seine Musik zu werben. Aufgrund der von ihm eingespielten Schallplatten, vorausgesetzt sie werden vertrieben und verkauft, wird er bekannt: beim Jazzpublikum, bei den Kritikern und bei den potentiellen Arbeitgebern, den Clubmanagern, Konzertveranstaltern,

Festivalorganisatoren usw. Ein »Erfolg« auf dem Schallplattenmarkt kann also, ohne daß der Musiker dadurch auch nur einen Dollar einnimmt, zunächst einmal schon darin bestehen, daß seine Musik überhaupt gehört wird und Aufmerksamkeit hervorruft. Eine Schallplatte auf dem Markt zu haben, bedeutet heute eine der wichtigsten Vorbedingungen, um auf dem Konzert- und Clubsektor aktiv werden zu können; erst in zweiter Linie und nur unter ganz bestimmten Voraussetzungen kann sich ein Musiker einen signifikanten ökonomischen Gewinn davon versprechen.

Der Weg zu einer Schallplattenaufnahme und ihre Realisierung kann in sehr unterschiedlichen Bahnen verlaufen, wobei sich zunächst einmal die Situation des Leaders von der des Sidemans grundsätzlich unterscheidet.

Um den unkomplizierten Fall vorwegzunehmen: Der Sideman, der nach dem allgemeinen – und darum nicht minder falschen – Verständnis ja nur als »Mitspieler« fungiert, wird gewöhnlich speziell für eine bestimmte Aufnahmesitzung engagiert und bezahlt. Wenn die Studiosession vorüber ist, ist auch dieser Job für ihn zu Ende. Und ob die Schallplatte sich dann hundertmal oder hunderttausendmal verkauft, bleibt für ihn finanziell unerheblich; im zweiten Fall wird er allerdings die Vorteile eines wachsenden Bekanntheitsgrades für sich verbuchen dürfen. Die Voraussetzungen für das »Anheuern« sind für den Sideman in der Schallplattenbranche im großen und ganzen die gleichen wie im übrigen Free Lance-Geschäft: es kommt auf Beziehungen zu etablierten Musikern an und auf die Zugehörigkeit zu bestimmten Cliquen. Daß Musiker bei einer bestimmten, meist stilistisch festgelegten Schallplattenfirma als Sidemen unter Vertrag sind und von dieser Firma zu den verschiedensten Gelegenheiten engagiert werden, wie dies in den 50er und 60er Jahren zum Beispiel bei *Blue Note* der Fall war, ist heute im Jazz kaum noch üblich. – Der an einer Schallplattenaufnahme beteiligte Sideman befindet sich also, was seine sozio-ökonomische Situation betrifft, in der Rolle eines Tagelöhners, der seine Arbeitskraft und seine kreative Kapazität zur Produktion einer bestimmten Ware für einen bestimmten Geldbetrag einsetzt und der – zumindest in materieller Hinsicht – mit dem Produkt, an dessen Hervorbringung er beteiligt war, im folgenden nichts mehr zu tun hat.

Für den Leader stellt sich die Situation im allgemeinen grundsätzlich anders dar. Ihm muß es zunächst einmal darum gehen, jemanden dafür zu gewinnen, eine Schallplatte mit »seiner« Musik zu produzieren. Hier stellt sich das erste gravierende Problem. Schallplattenfirmen sind primär daran interessiert, mit den von ihnen produzierten Waren (Schallplatten) möglichst große Umsätze zu erzielen.

»Der Computer ist nicht an kreativem Schlagzeugspiel interessiert, er ist daran interessiert, Geld zu machen«, bekam der Avantgarde-Schlagzeuger Andrew Cyrille von dem Columbia-Produzenten John Hammond zu hören, als er diesem ein Band zur Produktion anbot. (Zit. nach Wilmer 1977, 229.) Die größte Schwierigkeit für den Musiker besteht also darin, einen Schallplattenproduzenten davon zu überzeugen, daß die von ihm geplante Einspielung für dessen Firma Gewinn abwirft, und zwar möglichst viel. Auch hier ist er häufig wieder auf die Fürsprache von arrivierten Musikerkollegen angewiesen. Orrin Keepnews, Gründer von Riverside Records und »Entdekker« zahlreicher prominenter Jazzmusiker, führt dazu aus: »Häufiger als er es selbst vielleicht zugeben möchte, wird der Produzent durch Empfehlungen etablierter Musiker in die richtige Richtung gelenkt. Musikerkollegen (fellow performers) werden offensichtlich am frühesten auf ein neues Talent aufmerksam. Was diese Art von Scharfblick betrifft, so rangieren Musiker gewöhnlich an erster Stelle, dann kommen die Schallplattengesellschaften und ein paar sehr aufmerksame, ›hippy‹ Hörer. Dann kommen die Kritiker, und dann – wie mehr als einmal festgestellt wurde – ganz zum Schluß das allgemeine Publikum; die Clubbesitzer spielen praktisch keine Rolle.« (Zit. nach Horowitz/Nanry 1975, 29.)

Hat ein Musiker – auf welchem Wege auch immer – einen Schallplattenproduzenten von der Vermarktbarkeit seiner Musik überzeugt, so schließt er mit ihm einen Vertrag über die Produktion eines »Albums«, in dem unter anderem die sogenannten »royalties« festgelegt sind. Das sind die Tantiemen (3 bis 5 Prozent vom Großhandelspreis), die der Musiker als Leader für jede verkaufte Platte (zumindest theoretisch) erhalten sollte. Bevor der Musiker jedoch einen Cent an Tantiemen einnimmt, muß er der Produktionsfirma im allgemeinen die Kosten erstatten, die dieser für die Produktion der Schallplatte entstanden sind. Das sind die Kosten für die Studiomiete, für das Bandmaterial, die Honorare für die beteiligten Mitspieler und – je nach dem Aufwand – für noch manches andere mehr. Es ist also nicht nur möglich, sondern durchaus üblich, daß ein Musiker, der als Leader eine Gruppe ins Studio bringt und eine Schallplatte aufnimmt, bei der produzierenden Firma erst einmal mit einigen tausend Dollar in der Kreide steht. Ob und wann ein Bandleader von der Schallplattenfirma, für die er ein Album eingespielt hat, jemals »royalties« erhält, hängt einerseits davon ab, wie sich dieses Album verkauft, andererseits davon (und dieser Faktor ist nicht zu unterschätzen!), wie gewissenhaft die Firma mit ihm abrechnet. Da von der Ehrlichkeit der Schallplattenbranche im amerikanischen Jazzbusiness kaum ein Musiker ausgeht, wird jeder Leader versuchen, einen möglichst hohen Vorschuß zu erhalten. »Royalties? Forget 'em!« ist einer der Slogans, die man in Gesprächen mit amerikanischen Jazzmusikern über die Schallplattenfirmen häufig zu hören bekommt. (Vgl. dazu auch Owens 1975.)

Die bis hierhin skizzierten Bedingungen, denen sich Jazzmusiker im Umgang mit dem Medium Schallplatte gemeinhin zu stellen haben, gelten für die traditionell vorgegebenen Verhältnisse. Von den Alternativen, welche die Musiker diesem Konglomerat von Abhängigkeit und Übervorteilung in den letzten zehn bis fünfzehn Jahren entgegenzusetzen versuchten, wird unter anderem in dem Kapitel über die New Yorker Szene zu reden sein.

»Wenn ich einen freundlichen Artikel über mich lese, in Ordnung (cool). Wenn der Artikel zufällig unfreundlich ist, auch in Ordnung (cool). Solang ich das, was ich mache, in Ordnung (cool) finde, dann ist auch alles andere in Ordnung (cool).« (Zit. nach Underwood 1975, 42.) Der Chicagoer Trompeter Oscar Brashear, dem dieses bemerkenswerte Stück Prosa zu verdanken ist, drückt aus, was viele Jazzmusiker ihren Kritikern gegenüber empfinden: Indifferenz. Unter den Mittlern und Vermittlern, die in dem Raum zwischen dem kreativen Musiker und dem Hörer aktiv sind, nimmt die Jazzkritik eine Sonderstellung ein. Ihre Funktion liegt nicht in der Verbreitung von Jazz als Ware, sie will – zumindest der Idee nach – niemandem etwas verkaufen und nicht für etwas werben, sondern ihre Aufgabe besteht in der Vermittlung von Ideen über Jazz, von Informationen, Interpretationen und – erst in letzter Instanz – *begründeten* Werturteilen. Ihre Existenzberechtigung bezieht die Jazzkritik damit weniger aus der Notwendigkeit einer höchstrichterlichen Instanz in Sachen »jazzmusikalische Qualität«, als vielmehr aus der potentiellen Ratlosigkeit von Hörern und ihrem Bedürfnis, unterrichtet zu werden. Dies schließt Berichterstattung über das Was, Wann und Wo jazzmusikalischer Ereignisse ein, eine Aufgabe, die weniger musikkritischer als journalistischer Art ist; aber eben auch Deutungen, Reflexionen über die innermusikalischen Strukturzusammenhänge der Musik, über ihren Sinngehalt und ihre historische Bedeutung. Aus ihrer aufklärerischen Funktion, die natürlich Werturteile nicht ausklammert, sondern sogar provoziert, bezieht Jazzkritik im Idealfall ihre Legitimation. Eine solche erklärende, interpretierende Funktion ist natürlich nur realisierbar auf der Basis eines eindeutigen Erfahrungsvorsprungs gegenüber denen, die informiert zu werden wünschen. Ein Jazzkritiker, der von sich behauptet, er höre mit genau den gleichen subjektiven Ohren wie seine Leser und sein Vorsprung diesen gegenüber bestünde lediglich darin, daß er besser schreiben könne, ist genau genommen funktionslos. Er könnte durch Leserzuschriften ersetzt werden. Jazzkritik im Sinne von Information, Interpretation und begründeter Urteilsbildung kann insofern effektiv nur leisten, wer über einige für diese Funktion unverzichtbare Voraussetzungen verfügt.

1. Er sollte über den *Jazz* Bescheid wissen. Das heißt einerseits, er sollte über möglichst detaillierte Kenntnisse darüber verfügen, *wie* Jazz gespielt wird, sollte die internen Bewegungsgesetze der Improvisation kennen. Bei einer im wesentlichen nonliteraten, dabei theoriearmen und im konventionell akademischen Sinne kaum *studierbaren* Musik wie dem Jazz erwirbt man solche Kenntnisse am besten, indem man selbst spielt. – Über Jazz Bescheid wissen heißt andererseits aber auch, eine musikalische Darbietung entsprechend dem historischen Kontext zu würdigen, dem sie angehört. So ist es beispielsweise unangemessen, einem Bebopper (gleich ob »original« oder »neo«) vorzuwerfen, er spiele »nicht frei genug«, ebenso wie es sinnlos wäre, einem Klangimprovisator der Jazzavantgarde nachzusagen, er swinge nicht ausreichend. Beides, »frei« und »swing«, sind historische Kategorien und müssen als solche bewertet werden, wenn sich Jazzkritik nicht in eine stilbezogen normative Ästhetik verwandeln will. Dies aber erfordert vom Jazzkritiker, daß er nicht nur über *den* Stilbereich Bescheid weiß, den er zufällig besonders gern mag, sondern über den *ganzen* Jazz.

2. Der Jazzkritiker sollte über *Musik* Bescheid wissen. Das heißt, er sollte sich nicht nur im Jazz auskennen, sondern auch mit den Gestaltungsmitteln, der Theorie und der Geschichte und insbesondere auch den neueren Entwicklungen anderer musikalischer Genres vertraut sein. Nur so gelingt es ihm zu erkennen, wo und wie Jazzmusiker an andere musikalische Bereiche anknüpfen, welche Anleihen sie machen und wie sie diese in ihre eigene musikalische Sprache transformieren. Einige der eklatantesten Fehlurteile über

stilistische Entwicklungen, welche sich die Jazzkritik im Laufe der
Jahrzehnte leistete, resultierten aus ihrer Weigerung oder ihrem
Unvermögen, über den Zaun zu schauen.

3. Der Jazzkritiker sollte unabhängig sein, und zwar ökonomisch
unabhängig von den kommerziellen Verwertern in der Schallplattenbranche und im Konzertbetrieb, und menschlich unabhängig von den
Musikern, deren Musik er zu kritisieren hat. Beides ist nicht leicht.
Denn einerseits ist kaum ein Jazzkritiker in der Lage, allein von seiner
Kritikertätigkeit zu leben, so daß die Versuchung, vom Reklameappa-
rat der Industrie aufgesogen zu werden und Covertexte zu schreiben
oder selbst als Produzent für eine Firma aktiv zu werden, allemal
gegenwärtig ist. Andererseits ist die Distanz zwischen Kritikern und
Kritisierten in kaum einer anderen künstlerischen Disziplin so gering
wie gerade im Jazz, wo die schreibende Zunft vielfach zum inneren
Zirkel einer lokalen oder regionalen Jazzszene gehört und persönliche
Kontakte zwischen Musikern und Kritikern an der Tagesordnung
sind.

Das Ansehen der Jazzkritik unter den Musikern ist, insgesamt gese-
hen, gering. Dies liegt auf seiten der Musiker nur selten an gekränkter
Eitelkeit, die etwa daraus resultieren könnte, daß sie sich zu Unrecht
schlecht behandelt fühlten, als vielmehr daran, daß die Musiker ihre
Kritiker im großen und ganzen für inkompetent halten. Und in der Tat
ist wohl in kaum einer anderen Branche der Kunstkritik der Anteil der
Autodidakten, die als »Fans« durch ihre bloße Begeisterung für die
Sache und die Fähigkeit, sich schriftlich zu artikulieren, in den
Kritikerberuf getrieben wurden, so groß wie im Jazz; Leute, die allein
aus ihrer Liebe zum Jazz und der Tatsache, daß sie viele tausend
Platten gehört haben, die Legitimation ableiten, Urteile zu fällen über
eine Musik, deren interne Bewegungsgesetze ihnen letztlich fremd
geblieben sind. Die wenigsten Jazzkritiker sind auf ihren Beruf, der
meist ein Nebenberuf ist, im gleichen Maße vorbereitet, wie dies etwa
in der Literaturkritik oder der Kritik der bildenden Künste selbstverständlich ist. Dennoch ist Jazzkritik – und hieraus resultiert der
eigentliche Konflikt – für den Musiker außerordentlich bedeutsam.
Denn nicht zuletzt dadurch, daß sein Name immer wieder in den
Gazetten erscheint, wächst sein Bekanntheitsgrad, erhöht sich sein
»Marktwert«. Und es gibt nicht wenige Musiker in den USA, die
behaupten, es sei ihnen ganz gleich, *was* über sie geschrieben würde,
die Hauptsache sei, *daß* etwas geschrieben würde. Das Verhältnis
zwischen Jazzmusikern und Jazzkritik ist daher im großen und ganzen

ein gebrochenes; ein Sachverhalt, der keineswegs in der vielzitierten
»Natur der Sache« liegt, in einer »natürlichen« Opposition zwischen
dem produktiven und dem reflektiven Bereich begründet ist, sondern
der zweifellos in dem überwiegend desolaten Zustand der Kritik seine
Ursachen hat. Ausnahmen bestätigen, wie immer, die Regel.

Die quantitativ bedeutendste Fraktion unter den Bewohnern der
Jazzszene bildet das Jazzpublikum, wobei natürlich von *einem* oder
von *dem* Publikum zu sprechen genaugenommen ebenso unhaltbar ist
wie von *dem* Jazzmusiker. In Wirklichkeit ist dieses Publikum vielfältig segmentiert, aufgespalten nach divergierenden stilistischen Präferenzen, nach verschiedenartigen Rezeptionsgewohnheiten und musikalischen Verhaltensmustern, unterschiedlichen Intensitätsgraden
der Zuwendung zum Jazz und der Identifikation mit seinen Wertsyste-
men. Wie unspezifisch und damit inhaltsleer ein Oberbegriff wie
Jazzfan oder Jazzanhänger letztlich ist, mag man sich veranschaulichen, indem man einige exemplarische Vertreter dieses Genres
einander gegenüberstellt:
- den älteren Touristen aus Kalifornien, der in einer Bar auf der
  Bourbon Street von New Orleans bei der Band für drei Dollar »Way
  Down Yonder in New Orleans« bestellt;
- den Studenten, der in einem Loft an der Lower East Side von
  Manhattan im Schneidersitz auf der Erde hockend, versunken den
  solistischen Klangexperimenten eines Baßklarinettisten folgt;
- den afro-amerikanischen Arbeiter, der samstags abends in seiner
  Stammkneipe im schwarzen Ghetto der Chicagoer South Side wie
  selbstverständlich und eher beiläufig der Hausband beim Hardbop
  zuhört;
- das bürgerliche Ehepaar, das – herausgeputzt und in festlicher
  Stimmung – in der Carnegie Hall dem Oscar-Peterson-Trio lauscht;
- den Sammler, der aus seiner, mit akribischer Sorgfalt angelegten
  Schallplattenkartei eine seltene 78er Schellackplatte mit einer
  Aufnahme von Jelly Roll Morton aus dem Jahre 1924 mit der
  Matrizennummer Ge 5515 heraussucht;
- den jungen Amateursaxophonisten, der mit Konzentration und
  Ausdauer ein Parker-Solo nach dem anderen vom Tonband tran-
  skribiert, um es dann nachzuspielen . . .
Es liegt nahe, daß die sozialen und ideologischen Divergenzen zwi-
schen den hier recht beliebig nebeneinandergestellten Typen von
Jazzanhängern wesentlich größer sind als ihre Gemeinsamkeiten und

daß jeder Versuch, eine Charakteristik *des* Jazzfans als Typus zu liefern, zum Scheitern verurteilt sein muß. (Theodor W. Adorno wollte dies leider nicht glauben.)

Der Musiker ist mit dem Jazzpublikum auf zweierlei Weise konfrontiert: direkt, wenn es ihm im Club, im Konzertsaal oder beim Open-Air-Festival gegenübersitzt; und indirekt, als Adressat seiner Schallplattenaufnahmen, Rundfunkübertragungen usw. Das Bild, das er sich von »seinem« Publikum macht und die Einstellungen, die er zu ihm entwickelt, werden primär durch jenen Teil der Rezipienten seiner Musik bestimmt, der bei seinen Auftritten präsent ist. Die Art dieses *Präsenzpublikums* (Maletzke 1963, 28), seine soziale und altersmäßige Zusammensetzung, seine Reaktionen, der Grad seiner Aufmerksamkeit und seiner Begeisterungsfähigkeit, der Respekt, den es dem Musiker entgegenbringt oder die Mißachtung, die es ihn spüren läßt – all dies variiert mit dem situativen Kontext, in dem der Musiker auftritt. Das heißt, die Einstellung des Musikers zu seinem Publikum wird zum großen Teil – nicht ausschließlich – geprägt durch die soziale Situation, in der er seine Musik darbietet. Dies ist ein wesentlicher Punkt insofern, als insbesondere durch die empirisch-jazzsoziologische Literatur der 50er Jahre nahegelegt wurde, die Jazzmusiker mißachteten ihr Publikum prinzipiell als »Squares«, weil es ihre Musik nicht verstünde. Natürlich sind Musiker sich heute wie gestern im klaren darüber, daß ihr Publikum ihre Musik niemals im gleichen Sinne »versteht« wie sie selbst oder ihre Mitmusiker es tun, daß ihre Zuhörer nicht theoretisch »rekonstruieren«, was sie selbst praktisch konstruieren, daß sie nicht analytisch hören, sondern in erster Linie emotional, daß sie nicht immer merken, wenn ein Pianist einen ausgefallenen Substitutionsakkord spielt oder ein Saxophonist ein verklausuliertes Zitat bringt.

Das Bewußtsein der Musiker, von ihrem Publikum unter Umständen mißverstanden zu werden, bewirkt allein jedoch noch keine Aversion diesem gegenüber. Eine solche entsteht erst, wenn der Musiker sich einer Situation ausgesetzt sieht, in der *seine* Musik offensichtlich eine andere Funktion zu erfüllen hat, als er selbst sie ihr zuschreibt, indem sie zum Beispiel als Geräuschkulisse für alle möglichen anderen Formen der Unterhaltung degradiert wird. Die tiefe Frustration von Jazzmusikern angesichts der Squares, wie sie insbesondere Howard S. Becker in seinen sozialpsychologischen Arbeiten immer wieder hervorgehoben hat, resultierte ja nicht daraus, daß diese Musiker Jazz für ein nicht oder nur wenig sachverständiges Jazzpublikum zu spielen hatten, sondern daraus, daß sie – als Jazzmusiker – Tanzmusik in Striptiselokalen und bei Hochzeiten zu liefern hatten, für ein Publikum, das keinen Jazz hören wollte. Beckers *Outsider* haßten nicht das Jazzpublikum (sie hatten in der Mehrzahl der Fälle gar keins), sondern ihr Publikum haßte den Jazz (Becker 1963).

Daß die Einstellung der Musiker zu ihrem Publikum in starkem Maße durch den situativen Kontext bestimmt wird, in dem sie auftreten, hängt natürlich auch damit zusammen, daß unterschiedliche Situationen ein unterschiedliches Publikum anziehen. So findet sich in der Bar-Atmosphäre relativ teurer Jazzclubs in NYC beispielsweise häufiger ein alkoholisiertes Publikum, das sich unterhalten will und dessen Rezeptionsgewohnheiten eher zur »zerstreuten Wahrnehmung« als zum konzentrierten Zuhören tendieren. Die berühmten Publikumsbeschimpfungen des Bassisten Charles Mingus stammen aus diesem Kontext, in dem der Musiker sich nicht selten zum bloßen Produzenten einer Geräuschkulisse erniedrigt sieht und zu entsprechenden Aversionen gegen das Publikum provoziert wird. Im Gegensatz dazu ist in den Lofts der New Yorker Avantgardeszene, in denen die Zuhörer den musikalischen Darbietungen gewöhnlich mit gespannter Aufmerksamkeit folgen, das Verhältnis zwischen Musikern und Publikum bisweilen als geradezu herzlich zu bezeichnen.

In welch hohem Maße die Einstellung der Musiker zum Publikum durch dessen Rezeptionsverhalten geprägt ist, wird deutlich, wenn amerikanische Jazzmusiker sich über das europäische Jazzpublikum äußern: sie sind begeistert, denn dort – so kann man regelmäßig erfahren – »verstehen die Leute wirklich zuzuhören«.

Ein spezielles Problem für viele schwarze Musiker besteht darin, daß die Angehörigen der eigenen ethnischen Bezugsgruppe, das afroamerikanische Publikum, dem Jazz und insbesondere seinen avancierten Spielarten vergleichsweise distanziert, bisweilen auch schroff ablehnend gegenüberstehen.

»Ich kenne einige prominente schwarze Musiker«, schreibt Bill Dixon, »die während der tumultartigen 60er Jahre buchstäblich einen Schritt von ihrem Wege abgingen, um in den schwarzen Bezirken ihre Musik vorzustellen; einige dieser Musiker wurden beschimpft; einige wurden angespuckt; einige wurden attackiert, physisch ebenso wie von der schwarzen Presse; einige wurden mit Eiern und anderen Dingen beworfen.« (Zit. nach Leonardi.)

Die relativ starke Abstinenz des schwarzen Publikums gegenüber dem Jazz, die für konsequente Vertreter eines Black Music-Konzepts

einiges Konfliktpotential in sich birgt, hat verschiedene Ursachen.
Zum einen gibt es seit jeher die Tendenz, daß sich gerade die afro-
amerikanische Mittelschicht, die Black Bourgeoisie, als aufstrebende
und auf Integration in die weiße Gesellschaft abzielende soziale
Gruppe von allem und jedem distanziert, das Assoziationen an die
ungeliebte, da erniedrigende Geschichte der afro-amerikanischen
Bevölkerung beinhaltet. Schwarze Musik, Blues und Jazz, bedeuten
nach diesem Verständnis segregative kulturelle Erscheinungsformen,
das heißt solche, die eher zur Abgrenzung als zur Integration dienen.
In bezug auf den neueren Jazz, besonders auf den Free Jazz der 60er
und 70er Jahre, kommen andere Faktoren hinzu. Erstens ist diese
Musik in den Massenkommunikationsmedien so gut wie nicht präsent.
Der Rundfunk, der gerade für die schwarze Unterschicht traditionell
eine zentrale Rolle spielt, präsentiert – soweit er sich an das schwarze
Publikum wendet – ausschließlich Funk, Soul, Black Disco usw., d. h.
Genres der musikalischen Massenkultur. Die schwarzen Intellektuellen aber, die von ihrem musikalischen Erfahrungshorizont her und in
ihrer Aufgeschlossenheit gegenüber neueren künstlerischen Strömungen (in der bildenden Kunst, in Theater usw.) dem Avantgardejazz
einige Sympathie hätten entgegenbringen können, schätzen – wie
Harold Cruse bemerkt – den Jazz als Form des Entertainment a priori
gering und konzentrieren sich als rassebewußte Afro-Amerikaner
statt dessen auf die schwarze »Volksmusik«, in der sie den echten und
wahren Ausdruck ihrer kulturellen Identität sehen (Cruse 1967, 108).
Bleibt als Fazit die nur vordergründig absonderliche Feststellung, daß
gerade jene Musik, die während der 60er Jahre am forciertesten als
Black Music propagiert wurde, ein Publikum besitzt, das zum weitaus
überwiegenden Teil aus weißen Amerikanern und Europäern besteht.

In einer 1967 von Leonard Feather durchgeführten Befragung von
Down Beat-Lesern wurde unter anderem festgestellt, daß 96 Prozent
der Befragten Jazz überwiegend von Schallplatten hörten; 29,6 Prozent hörten mehr als 20 Stunden pro Woche und 36,8 Prozent gaben 5
Dollar und mehr pro Woche für Jazzschallplatten aus. Das war damals
noch ziemlich viel Geld.
Der Teil des Jazzpublikums, der Jazz überwiegend oder ausschließlich
als Medienware rezipiert und selten oder nie im Auditorium präsent
ist, bildet das – wie die Kommunikationsforschung es nennt – *disperse*
Publikum des Jazz. (Vgl. Maletzke 1963, 28.) Das disperse (wörtlich:
verstreute) Publikum konstituiert sich durch die Zuwendung mehre-

rer, in der Regel vieler Menschen zu einem gemeinsamen Gegenstand, der nicht in direkter persönlicher Kommunikation, sondern durch Massenmedien vermittelt wird. Zwischen den Gliedern eines dispersen Publikums bestehen im Normalfall keine direkten zwischenmenschlichen Beziehungen. Infolge der räumlichen Trennung und mangelnder Kommunikationsmotive sind die Rezipienten gegenseitig anonym; sie wissen lediglich, daß außer ihnen noch zahlreiche andere Menschen diesen Gegenstand rezipieren. Manchmal mögen auch mehr oder weniger klare Vorstellungen über Umfang und Zusammensetzung des gesamten Publikums vorhanden sein, wobei diese Vorstellungen vermutlich oft weit von den tatsächlichen Daten abweichen. Bei einem thematisch speziellen Bezugsobjekt, wie es der Jazz zweifellos darstellt, kann sich im dispersen Publikum unter Umständen das Gefühl durchsetzen, einer anonymen »Gemeinde« von Gleichgesinnten anzugehören, was sich dann in Leser- oder Hörerzuschriften in pluralisierenden Forderungen (wir, die Dixie-Fans, haben genug vom Free Jazz) niederschlägt.

Das disperse Jazzpublikum, das auf der »Szene« nicht in Erscheinung tritt, spielt für den Musiker vor allem als Käufer seiner Schallplatten eine Rolle. Die mutmaßlichen Präferenzen und Abneigungen dieser anonymen Hörerschaft hat er im Hinterkopf, wenn es ihm darum geht, eine erfolgreiche, sprich: umsatzstarke Schallplatte zu produzieren. Und gegen die Ansprüche dieses Publikums wehrt er sich, wenn ihm sein Plattenproduzent zur Modifikation seiner Gestaltungsprinzipien rät und er – als Konsequenz – eine Eigenproduktion versucht. Das disperse Publikum des Massenmediums Schallplatte bildet die große Unbekannte im Alltag des Jazzmusikers. Er sieht es nicht, es ist auf *seiner* Szene nicht präsent und dennoch für seine Existenz auf dieser Szene von essentieller Bedeutung.

KAPITEL 3

NEW YORK

»Es wurde mir bald klar, daß ›in Florida kompetent zu sein‹ keinerlei Bedeutung für den Konkurrenzkampf in New York hatte.«
Julian Cannonball Adderley über die 50er Jahre.
»Schon damals gab es einen Mythos um New York. Viele Gruppen hatten einfach Angst davor, hierherzukommen, denn alles, was groß war, kam aus New York.«
Garvin Bushell über die 20er Jahre.
»Dieser Ort läßt *jeden* Musiker, der herkommt, erst einmal komisch klingen . . . Sie kommen her und müssen praktisch noch einmal ganz von vorne anfangen zu lernen.«
Coleman Hawkins über New York (zu jeder Zeit).

Der Ruf, den *The Big Apple*, New York, als das Mekka des Jazz unter Musikern genießt, ist ambivalent. Während man sich dessen bewußt ist, daß an keinem zweiten Ort der Welt eine ähnliche Konzentration von kreativer Energie besteht und die gegenseitige Inspiration nirgendwo intensiver ist als in New York, so weiß man doch andererseits auch, daß auf keiner anderen Jazzszene der Konkurrenzkampf härter und die Wahrscheinlichkeit des Scheiterns höher ist. – »In New York begraben sich viele Musiker«, sagte mir Muhal Richard Abrams 1976 in Chicago; was ihn allerdings nicht davon abhielt, ein Jahr später selbst nach New York zu ziehen. Wie viele Jazzmusiker gegenwärtig in New York leben, ist nicht bekannt. Schätzungen variieren zwischen 1000 und 2000 Musikern, wobei sowohl die eine wie die andere Zahl realistisch sein könnte, je nachdem wie man die Kriterien für die Bezeichnung Jazzmusiker ansetzt und wo man die Grenzen zwischen Jazz im engeren Sinne und den verschiedenen Branchen jazzverwandter Popularmusik zieht. Auf jeden Fall kann man davon ausgehen, daß die Zahl der in New York lebenden Jazzmusiker, die ihren Lebensunterhalt ausschließlich oder auch nur überwiegend durch das Spielen von Jazz – welcher Stilrichtung auch immer – bestreiten, weitaus geringer ist als der Ruf der Stadt als Jazzmetropole es ahnen läßt. Denn die Mehrzahl der New Yorker Musiker, die sich selbst als Jazzer verstehen und als solche zum Teil auch internationales Ansehen besitzen, arbeiten – mehr oder minder regelmäßig – in Bereichen, die mit Jazz entweder nur sehr wenig oder gar nichts zu tun haben: in den Studios der Fernsehgesellschaften oder der Schallplattenindustrie, in Bars, in Hotel-Lobbies oder auch in sogenannten *day jobs* oder *nine-to-five jobs* als Verkäufer, Boten, Taxifahrer usw. Dabei sieht es – zumindest für den Außenstehenden, der zum erstenmal nach New York kommt – vordergründig so aus, als gäbe es für Jazzmusiker Arbeit in Hülle und Fülle. Das von der Organisation *Jazz Interactions*, die auch einen Telefonansagedienst für Jazzereignisse betreibt, wöchentlich herausgegebene Informationsheft »Jazz in New York. Who? When? Where?« verzeichnete zeitweise bis zu 80 Lokalitäten, in denen regelmäßig Jazz der verschiedensten Art dargeboten wurde. Das seit 1978 erscheinende *NYC Jazz Directory* nennt für New York einschließlich Bronx, Brooklyn, Queens und den Vororten in New Jersey 151 Adressen, an denen Jazz zu hören sei.

Daß beide Zahlen im Hinblick auf die potentiellen Arbeitsmöglichkeiten für New Yorker Jazzmusiker absolut irreführend sind, liegt nicht nur in der Tatsache begründet, daß in den meisten der angegebenen Lokalitäten Jazz allenfalls an ein oder zwei Abenden in der Woche (und in manchen niemals!) präsentiert wird, sondern auch daran, daß diese Auflistungen einen ungewöhnlich weitgefaßten Jazzbegriff vertreten, der von der Cocktail-Piano-Bar in der *Hors d'Œuvrerie* im 107. Stock des World Trade Center über den *Live Nostalgia Jazz* im *Red Blazer Too* in Uptown und den Avantgarde-Loft *Studio We* in der Ruinenlandschaft der Lower East Side bis hin zum Super-Funk-Fusion-Rock-Jazz im *Bottom Line* alles mögliche einschließt, was sich mit dieser Musik assoziieren läßt. Enthalten sind in diesen Auflistungen aber auch Clubs, Coffeehouses und Lofts, in denen relativ unbekannte Musiker, nur um überhaupt gehört zu werden, für eine geringe oder keine Gage arbeiten; Institutionen also, die in ökonomischer Hinsicht irrelevant sind.

Ein realistischeres Bild als die Auflistungen von *Jazz Interactions* und *NYC Jazz Directory* vermittelt eine Zusammenstellung, die Weil und Singer 1980 in ihrem »Guide to Live Music in Manhattan« gaben: Die Autoren kommen auf rund 40 Lokale, in denen regelmäßig Jazz dargeboten wird, darunter allerdings 16 Bars und Restaurants, in denen überwiegend Solopianisten (bisweilen auch Sänger) beschäftigt sind, und 5 Clubs, in denen ausschließlich alter Jazz gespielt wird. Bleiben für all jene New Yorker Jazzmusiker, die weder als Solopianisten arbeiten noch Dixieland machen, rund 20 Clubs, in denen sie (zumindest theoretisch) auftreten könnten. Daß hierin kein hinrei-

chendes ökonomisches Fundament als Existenzgrundlage besteht,
dürfte unmittelbar einleuchten, gleich, ob man nun von einer Gesamt-
zahl von 1000 oder 2000 Jazzmusikern in New York ausgeht.

Wie die meisten anderen regionalen Jazzszenen in den USA ist auch
jene in New York in verschiedene jazzmusikalische Subkulturen
aufgespalten, das heißt, in mehr oder minder umfangreiche und
unterschiedlich stark integrierte soziomusikalische Fraktionen, die
sich um bestimmte Stilbereiche und/oder Tätigkeitsfelder gruppieren.
Es scheint mir sinnvoll, für diese soziomusikalisch definierbaren
Aggregate, die mehr sind als Cliquen (solche schließen sie als Unter-
gruppen ein), aber weniger als die gesamte Szene, den von der
amerikanischen Jazzsoziologie eingeführten Strukturbegriff *community* zu übernehmen, ohne damit allerdings zugleich dessen Besetzung
mit sozialethischen Wertvorstellungen zu akzeptieren. Ich verwende
also *community* als Bezeichnung für eine Gruppe von Musikern, die
auf der Basis gleichgerichteter Interessen und Aktivitäten relativ
intensive in-group-Beziehungen und ein gewisses Wir-Gefühl ausgeprägt hat, wohingegen die Beziehungen der einzelnen communities
untereinander entweder lose, nichtexistent oder gar negativ gepolt
sind.

Sieht man einmal von Allroundmusikern ab, die außer in den verschiedensten Stilregionen des Jazz in allen möglichen anderen musikalischen Genres aktiv sind, so lassen sich auf der New Yorker Jazzszene
die folgenden vier Typen von Musikern identifizieren, die zugleich
auch die wichtigsten *communities* konstituieren: (1) Mainstream/
Modern Jazz-Musiker, (2) Avantgarde- und Free Jazz-Musiker, (3)
Studiomusiker und (4) Pianobar-Musiker.

Am eigenständigsten und auch in räumlicher Hinsicht am deutlichsten
von den übrigen abgesondert ist die Avantgarde-Community. Zwischen den Repräsentanten der Mainstream/Modern-Community und
den Studiomusikern bestehen engere Beziehungen schon insofern, als
die Musiker der letzteren Gruppe sich überwiegend aus der ersteren
rekrutieren. Ebenso gehören die Musiker der Pianobar-Szene in
stilistischer Hinsicht zum überwiegenden Teil dem Mainstream/
Modern-Bereich an.

Im einzelnen sind die vier jazzmusikalischen Subkulturen der New
Yorker Szene wie folgt zu charakterisieren:

(1) Mainstream/Modern-Community:
Dieser Gruppe gehören vor allem Musiker der älteren bis mittleren

Generation an, die in den Stilbereichen zwischen Swing (30er Jahre) bis Hardbop (50er Jahre) zu Hause sind. Diese Musiker arbeiten vor allem in den Clubs in Manhattan-Midtown zwischen 42. und 55. Straße (Storyville, Jimmy Ryan's, Eddie Condon's, Rainbow Room usw.), doch hat sich ihr Aktionsradius in den letzten Jahren im Zuge des Bebop-Revivals erheblich vergrößert, unter anderem dadurch, daß neue Clubs gegründet wurden, die speziell auf die Präsentation des neuen/alten Idioms ausgerichtet sind: *Salt Peanuts*, in der unwirtlichen Hafen- und Schlachthofgegend von Manhattans Südwestseite gelegen, wirbt mit dem Slogan »Bebop ist Preserved Here« und liefert damit Assoziationen an die »Preservation Hall« in New Orleans, die sich die Bewahrung des ganz alten Jazz zur Aufgabe gemacht hat.

Die Mainstream/Modern-Community schuf sich im Laufe der Jahre einige Institutionen, die ihre Interessen vertreten:

– *Jazzmobile*, ein – wie der Name sagt – mobiler Bandstand, der zunächst von zwei Getränkefirmen und heute vom *New York State Council on the Arts* subventioniert wird, und auf welchem seit 1964 alljährlich im Sommer Konzerte in den unterprivilegierten Bezirken von Harlem, Bronx und Brooklyn dargeboten werden.

– *Jazz Interactions*, eine 1965 gegründete Organisation, die Konzerte, Workshops und Fortbildungsprogramme durchführt und einen Informationsdienst über Jazzveranstaltungen betreibt; und

– *Collective Black Artists Inc.*, eine Vereinigung von ausschließlich afro-amerikanischen Musikern, die stilistisch zum Spätbop tendieren und in politischer Hinsicht dem *Black Cultural Nationalism* nahestehen.

Alle drei Organisationen treten als gemeinnützige Vereine auf und dienen in erster Linie als institutioneller Bezugsrahmen für die Beschaffung von öffentlichen Geldern, mit deren Hilfe Veranstaltungen durchgeführt werden, in denen dann bevorzugt Musiker der Mainstream/Modern-Gruppe in Erscheinung treten – eine Tendenz, die von Musikern des Avantgardezirkels mit Argwohn beobachtet wird.

Von besonderer ökonomischer Bedeutung für die Mainstream/Modern-Szene ist weiterhin die Tatsache, daß der mächtigste Konzert- und Festivalmanager der USA, George Wein, für seine Veranstaltungen fast ausschließlich Musiker dieser Gruppe engagiert.

Die sozialen Kontakte der Musiker innerhalb der Mainstream/Modern-Szene sind vergleichsweise eng: die meisten kennen einander, denn bei den häufig fluktuierenden Besetzungen hat nahezu jeder schon einmal mit jedem gelegentlich zusammengearbeitet, wobei insbesondere auch die von *Jazz Interactions* und *Collective Black Artists* produzierten Konzertveranstaltungen integrationsverstärkend wirken. Und obwohl diese Szene ja immerhin so divergierende Idiome wie Dixieland, Swing und Spätbop einschließt, sind die musikalischen Barrieren zwischen den Angehörigen der einzelnen Stilbereiche auffallend niedrig. So kann es ohne weiteres geschehen, daß in einer bei *Eddie Condon's* auftretenden Dixielandgruppe der ehemalige Angehörige des Modern Jazz Quartet, Connie Kay, am Schlagzeug sitzt, oder daß bei den »Countsmen«, einer Gruppe ehemaliger Count Basie-Veteranen, die im Studentenclub *Westend Cafe* auftritt, ein eindeutig zum Bebop tendierender Pianist mitwirkt*.

So intensiv die Kontakte *innerhalb* der Mainstream/Modern-Szene sind, so hoch sind die Barrieren gegenüber den Angehörigen der Avantgarde-Community. Das Verhältnis der Mainstreamer zu den Avantgarde-Leuten, die sie vielfach nur dem Namen nach, nicht aber persönlich kennen, ist nicht selten von Intoleranz und schroffer Ablehnung geprägt. In den Clubs und Lofts der Avantgarde-Szene im Süden Manhattans sind die Vertreter der Mainstream-Community so gut wie nie zu sehen.

(2) Die Avantgarde-Community:

Der innere Zirkel von New Yorks Avantgarde-Community umfaßt (1976) zirka 120 vorwiegend jüngere und zum großen Teil schwarze Musiker und konzentriert sich geographisch auf die Südostseite von Manhattan, wo viele der Musiker wohnen und wo sich in den frühen 70er Jahren die so genannte Loftszene herausbildete, eine Erscheinung, der für die Struktur der Avantgarde-Community eine zentrale Bedeutung zukam.

Lofts – das sind große, meist ganze Stockwerke einnehmende Räume in mehrstöckigen Lagerhäusern und Kleinindustriegebäuden, wie sie in New York vor allem in SoHo (d. h. South of Houston Street), im East Village und in der zum Slum heruntergekommenen Lower East Side anzutreffen sind. Als in den 60er und verstärkt in den 70er Jahren das kleinindustrielle Gewerbe die in der verstopften und verschuldeten City gelegenen Lofts aufzugeben begann, um an den Stadtrand, nach Long Island oder New Jersey, zu niedrigeren Steuern, besseren Verkehrsbedingungen und Expansionsmöglichkeiten zu ziehen, da rückte – neben Malern, Bildhauern, Tänzern und Theaterleuten –

* Beides beobachtet im März 1980.

auch eine Reihe von Musikern des New Yorker Free Jazz-Zirkels nach.

Zu Anfang dienten die Lofts diesen Musikern vor allem als preisgünstige Wohnungen und – da sie in der Regel in geräuschunempfindlichen Bezirken lagen, die kaum als Wohngegend dienten – als Probenräume und informelle Kommunikationszentren für die allmählich sich herausbildenden Cliquen der Avantgarde-Szene. In diesen frühen Lofts bildeten Wohnen und Spielen, Leben und Musik eine Einheit.

In den frühen 70er Jahren begannen einige Musiker, ihre Lofts über deren Wohn- und Probenraumfunktion hinaus für die Veranstaltung von öffentlichen Konzerten umzugestalten. Den Anfang machte Ornette Coleman mit seinem *Artists House*, einem glücklosen Unternehmen, das aufgrund von Unstimmigkeiten mit den Hausbesitzern bald abgebrochen werden mußte. Jedoch, es folgten andere *Concert-Lofts*, so daß man Mitte der 70er Jahre von einer regelrechten Loftszene zu sprechen begann. 1976 gab es sechs Lofts, in denen regelmäßig Jazz der neueren Spielarten dargeboten wurde.

Für die Musiker der New Yorker Jazz-Avantgarde entwickelten sich die Lofts zur wesentlichen Alternative gegenüber dem herkömmlichen Jazzclubbetrieb mit seinen inhumanen Arbeitszeiten, seinen ständig klingelnden Registrierkassen und seinen aufdringlichen Kellnern. Denn davon abgesehen, daß die Free Jazzer in diesem Betrieb – aufgrund eines weitgehenden Boykotts des Neuen Jazz von seiten der Clubbesitzer – ohnehin kaum eine Chance hatten, war die legendäre »Club-Atmosphäre« für die Gestaltungsprinzipien und die Aufführungspraxis ihrer Musik kaum förderlich. Die Abkehr der Avantgarde-Community von den Clubs war somit keineswegs *nur* eine Reaktion auf eine »Aussperrung« von seiten der Clubbesitzer, also eine Reaktion des Fuchses, dem die Trauben zu hoch hingen, sondern zugleich eine Aktion mit starken kulturpolitischen Akzenten und Ausdruck ihres Selbstverständnisses als Vertreter einer legitimen musikalischen Gegenkultur. Anstatt ihre Musik wie bisher als Stimulans zum Verkauf von Getränken einzubringen und ihre Arbeitskraft in den Dienst der Profitmaximierung von Kleinkapitalisten zu stellen, übernahmen sie nun auch in den Lofts als Produzierende die Produktionsmittel in die eigene Hand, gewannen Kontrolle über Eintrittspreise und Arbeitszeiten, Programmgestaltung und Präsentationsformen. Zu Anfang spielten die Musiker in den Lofts in der Regel »for the door«, das heißt für die Einnahmen, die aus dem Eintrittsgeld

zusammenkamen, wobei im allgemeinen ein bestimmter Prozentsatz
zur Deckung der Unkosten des Musikers abgezogen wurde, der den
Loft betrieb. Später gelang es einigen Lofts auf dem Marsch durch die
Institutionen des offiziellen Kulturbetriebes, vom *New York State
Council on the Arts* oder vom *National Endowment for the Arts*
Subventionen für die Durchführung von Konzerten und Festivals zu
erhalten.

Die New Yorker Loft Jazz-Szene der 70er Jahre war, solange sie
blühte, eines der vielversprechendsten Symptome für den Bewußt-
seinswandel der Jazzmusiker vom abhängigen Angestellten profit-
orientierter Unternehmer hin zum selbstbestimmten und eigenverant-
wortlichen Kunstproduzenten; und sie war Ausdruck einer wachsenden Solidarität unter den Musikern – oder sie schien es doch zumindest
zu sein. Jedoch war jeder Optimismus hinsichtlich einer »besseren
Jazzwelt« verfrüht. Wie in so vielen anderen teilkulturellen Bereichen
erwies es sich auch hier als unmöglich, eine Gegenwelt am Leben zu
erhalten in einem gesellschaftlichen Umfeld, das nach grundsätzlich
anderen Gesetzmäßigkeiten funktionierte. Die Schwierigkeiten
begannen damit, daß sich mit dem wachsenden Erfolg der Loftszene
die Initiatoren und Operateure einiger Lofts unfreiwillig in die Rolle
von Clubbesitzern gedrängt sahen, die Musikern – ihren Kollegen –
Arbeit gaben (oder nicht) und Gagen zahlten (oder nicht), und die
infolgedessen – wie vorher die Clubbesitzer – von den übrigen
Musikern mit Argwohn und Mißtrauen betrachtet wurden. Hinzu
kam, daß die regelmäßig in den Lofts auftretenden Musiker, von der
Presse prompt als *Loft Musicians* etikettiert, sich zunehmend gegen
diese Etikettierung zu wehren begannen, die ihnen so etwas wie ein
Underground-Image verlieh, auf das sie selbst keinerlei Wert legten.

Neben dem Mißfallen der Musiker an dem ihnen aufgedrängten
Etikett *Loft Musicians* und *Loft Jazz* und ihrem Mißtrauen gegenüber
den Loftbesitzern trug schließlich vor allem ein wachsender Konkurrenzkampf unter den einzelnen Lofts zu dem rapiden Niedergang der
so hoffnungsvoll gestarteten Bewegung bei. Zwar gab es noch im Juni
1977 eine beeindruckende *New York Loft Jazz Celebration*, ein
dreitägiges Festival, an dem vier Lofts beteiligt waren. Doch schon
einen Monat später kam es zwischen zwei der bekanntesten Lofts,
dem *Ladie's Fort* und dem *Studio Rivbea* zu einer Kontroverse, die
von der Presse sogleich unter dem Titel »Loft-Krieg« hochgespielt
wurde, und die den beginnenden Niedergang der Loftszene unüber-
sehbar signalisierte. Ist somit von dem bescheidenen Ruhm der Loft-

Bewegung auch manches abgebröckelt und die Desillusionierung unter den Beteiligten groß, so steht die jazzhistorische Bedeutung der Lofts doch außer Frage. Nicht nur boten sie in der erste Hälfte der 70er Jahre das wichtigste Präsentationsforum des Neuen Jazz, sondern gleichzeitig ermöglichten sie die produktive Zusammenarbeit zahlreicher Musiker, die außerhalb der Lofts kaum jemals Gelegenheit erhalten hätten, miteinander zu spielen. Insbesondere bildeten die Lofts nicht selten den Startpunkt für eine internationale Karriere junger, aus dem amerikanischen Hinterland, aus dem Mittleren Westen und Kalifornien, nach New York zugezogener Musiker.

In der Loft-Bewegung kam der Versuch der New Yorker Avantgarde-Community, den *middle man*, den Vermittler und Vermarkter ihrer Musik, auszuschalten, am spektakulärsten zum Ausdruck. Es gibt jedoch weitere Symptome für den Wandel im Selbstverständnis der jungen Musikergeneration, die von dem Niedergang der Loftszene relativ unberührt blieben. Sie seien hier – da sie in den folgenden Interviews mehrfach zur Sprache kommen – zumindest stichwortartig skizziert:

– Die Musiker organisieren ihre Konzerte selbst und scheuen sich nicht, zu diesem Zweck selbst Werbetexte zu verfassen, Plakate zu kleben usw.

– Sie gehen bewußt auf ein Publikum zu, von dem sie sich Aufgeschlossenheit ihrer Musik gegenüber erwarten, indem sie die Colleges in und um New York kontaktieren, um dort Konzerte zu spielen.

– Sie treten selbst als Verleger ihrer Kompositionen auf, indem sie musikereigene Verlage gründen.

– Sie produzieren zunehmend ihre Schallplatten selbst. (Die damit verbundenen Probleme kommen in dem Interview mit Jimmy Owens zur Sprache.)

– Anders als ältere Generationen von Jazzmusikern bewältigen sie ökonomische Schwierigkeiten im allgemeinen nicht, indem sie »kommerziell« werden (going commercial), das heißt, in Studios arbeiten oder Tanzmusik spielen, sondern sie engagieren sich in sogenannten Jazzprogrammen von High Schools und Colleges als Lehrer und Workshopleiter oder sie geben Instrumentalunterricht.

(3) Die Community der Studiomusiker

Die als Jazzmusiker anerkannten Studiomusiker rekrutieren sich – wie schon gesagt – überwiegend aus den Reihen der Mainstream/Modern-Community. Die Gruppe setzt sich hauptsächlich aus weißen Musikern aller Altersstufen zusammen, die über ein hervorragendes instrumentaltechnisches Können verfügen, perfekte Notisten sind, sich jedem beliebigen musikalischen Kontext ohne Schwierigkeiten anpassen (Musical, Rock, Schlager, Filmmusik, Werbemusik usw.) und die aufgrund der aus ihrer Jazzerfahrung resultierenden Fähigkeiten in den Studios häufig als Spezialisten für »jazzverwandte« Musik eingesetzt werden. Es handelt sich hierbei um jene Gruppe von Musikern, auf die der von Cameron (1954) zur Beschreibung der Situation von Jazzmusikern im kommerziellen Musikbetrieb eingeführte Begriff der »kontrollierten Schizophrenie« heute am ehesten anwendbar ist*.

Die Studiomusiker bilden – abgesehen von den ganz großen Stars – die höchstverdienende Gruppe von Musikern überhaupt. Da sie ihren Lebensstandard allerdings häufig um den Preis entfremdeter Arbeit erkaufen und damit den extrinsischen Wert des Einkommens dem intrinsischen der Selbstverwirklichung überordnen, werden sie – besonders von seiten der Avantgardemusiker – häufig mit Geringschätzung bedacht.

Eine für die Studiomusiker typische Institution ist die *rehearsal band*, wörtlich: Probenensemble. In Rehearsal Bands kommen Studiomusiker nach getaner Studioarbeit zusammen, um – in der Regel ohne Bezahlung und häufig auch ohne Publikum – zur psychischen Entlastung Jazz zu spielen. In Fällen, wo Rehearsal Bands von Studiomusikern öffentlich auftreten, stellen sie wegen ihrer minimalen Gagenforderungen für die praktizierenden Jazzmusiker eine ernsthafte ökonomische Bedrohung dar.

Die komplizierte sozialpsychologische Situation der Studiomusiker wurde – auf Hollywood bezogen – von Robert R. Faulkner (1971) ausführlich analysiert. Die dort gewonnenen Erkenntnisse decken sich weitgehend mit meinen eigenen Beobachtungen und Interviews und sollen an dieser Stelle nicht weiter ausgebreitet werden. Verglichen mit den beiden oben beschriebenen Communities ist die Gruppenintegration der Studiomusiker geringer. Ein Zusammengehörigkeitsgefühl wird vor allem durch das Bewußtsein der allen Beteiligten gemeinsamen hohen instrumental-technischen Kompetenz bewirkt (»Wir stehen zwar nicht im Licht der Öffentlichkeit, aber was wir spielen, kann außerhalb der Studios kaum jemand«) und

---

* Der Begriff bezeichnet, verkürzt formuliert, das in eine materiell und eine ideell motivierte Ebene »gespaltene« Form des Bewußtseins.

durch ein latentes Minderwertigkeitsgefühl gegenüber den »kreativen« Kollegen in den Jazzclubs und Lofts. Integrationsverstärkend wirkt auch die Zusammenarbeit in Rehearsal Bands.

(4) Die Community der Pianobar-Musiker

Die Pianobar, in der Jazz gespielt wird, ist eine Institution, die in Europa nicht bzw. nicht mehr existiert, jedoch typisch für die amerikanische Musikszene ist. Es handelt sich um Bars, meist in Oberschichtvierteln wie der New Yorker Upper Eastside gelegen, in denen Solopianisten oder kleine Besetzungen (Duos und Trios) unter der Leitung eines Pianisten für Musik sorgen. In der Regel handelt es sich um Jazz der 50er Jahre, der hier zur Klangtapete degradiert wird (im Musikerjargon: Jazz-Muzak). Die Musiker, die hier – häufig in längeren Engagements – regelmäßig arbeiten, sind nicht selten international bekannte Bebop- und Hardbopinterpreten, die angesichts des hohen Leistungs- und Konkurrenzdrucks des New Yorker Musiklebens resigniert haben und eine Existenz jenseits der Jazzszene führen. Das Wir-Gefühl und die Integration dieser Gruppe ist vergleichsweise am geringsten ausgeprägt. »Face-to-face«-Beziehungen bestehen vor allem insofern, als die einzelnen Ensembles sich immer wieder aus dem gleichen Reservoir von Musikern neu formieren. Typisch für die Gruppe der Pianobar-Musiker ist eine eher reservierte, bisweilen verdeckt feindselige Einstellung ihrem – von ihnen als »squares« (Spießer) bezeichneten – Publikum gegenüber.

Stanley Crouch

Schlagzeuger, Poet, Kritiker, Komponist, Pädagoge . . . Das sind die
Angaben zum Beruf, wie sie Leonard Feather in seiner *Encyclopedia
of Jazz in the Seventies* (1976) unter dem Namen Stanley Crouch
verzeichnet. In der New Yorker Avantgarde-Community der späten
70er Jahre ist Crouch so etwas wie ein Newcomer. Dennoch ist er
bekannt wie kaum ein zweiter. Und es gibt auch kaum jemanden in
dieser Community, den er nicht persönlich kennt. Crouch ist überall,
wo an Manhattans Südseite musikalisch etwas passiert, hört zu, redet
mit Musikern, gestikuliert, ist in Bewegung. Die Personifikation der
legendären New Yorker Energie. Dabei kommt er aus dem entspannten Klima Südkaliforniens.
Stanley Crouch wurde 1945 in Los Angeles geboren. Seine musikalische Ausbildung verlief überwiegend autodidaktisch und begann
relativ spät. Mit 21 Jahren fing er an, Schlagzeug zu spielen, arbeitete
mit dem Pianisten Raymond King im schwarzen Ghetto von Watts und
gründete 1967 gemeinsam mit dem Saxophonisten Black Arthur
Blythe eine kooperative Gruppe, der später zeitweise auch der
Trompeter Bobby Bradford, der Flötist James Newton und der
Tenorsaxophonist David Murray angehörten. Gemeinsam mit Mur-
ray zog Crouch 1975 nach New York, wo er nicht nur als Schlagzeuger,
sondern vor allem auch als unermüdlicher Initiator von Konzerten, als
Berichterstatter für *Village Voice* und *SoHo News*, als Covertext-
Autor und – alles in allem – als eine Art intellektueller Motor der New
Yorker Avantgarde-Community aktiv ist.
Ich interviewte Stanley Crouch am 24. Mai 1976 im *Tin Palace*, einem
Jazzclub in der als »Straße der Gestrandeten« berüchtigten *Bowery*,
am Rande der Lower East Side. Der Tin Palace, ein im Stil französi-
scher Bistros aufgemachtes Lokal, war in dieser Zeit so etwas wie ein
Zentrum und informeller Treffpunkt der New Yorker Avantgarde-
Community. Kein Wunder, denn Stanley Crouch war für die Zusam-
menstellung des musikalischen Programms verantwortlich.
Ich unterhielt mich mit Crouch über die Situation der Jazz-Avantgarde in New York und insbesondere über die Notwendigkeit, als
Musiker selbst die Initiative zur Durchsetzung der eigenen Interessen
zu ergreifen. Crouch machte mich auf die historische Dimension
derartiger Initiativen aufmerksam.
»Vieles von dem, was im Rahmen der Idee des unabhängigen Künstlers passiert, hat seine Wurzeln in Versuchen, die andere Leute schon

früher unternommen haben. Ich will damit sagen: dies alles hier ist
nicht wirklich neu. Dizzy Gillespie hatte seine DG-Records in den
späten 40er Jahren, Charlie Mingus hatte Debut, Ahmad Jamahl hatte
seine eigene Firma. Unglücklicherweise war – aus verschiedenen
Gründen – keiner von ihnen erfolgreich. Aber was ich sagen will ist,
daß diese Art von Bewegung schon seit geraumer Zeit im Gang ist. Ich
meine, selbst die New Yorker Poeten und Schriftsteller in der Mitte
der 50er Jahre . . . Als es ihnen klar wurde, daß von ihnen im *New
Yorker** nichts veröffentlicht werden würde, da begannen sie ihre
eigenen Zeitschriften herauszubringen. So, wie Le Roi Jones eine
eigene Zeitschrift herausgab, so gab es eine Menge von unabhängigen
Vierteljahresschriften und ähnlichem. Das ganze Konzept des *little
magazine* stellte einen Versuch dar, eigene Möglichkeiten zu schaffen,
um sein eigenes Material zu präsentieren. Insofern sollte man das, was
zur Zeit bei den schwarzen Musikern geschieht, nicht losgelöst davon
sehen, was unter den Künstlern insgesamt geschieht. Die Künstler
haben über diese Dinge seit den letzten 80 Jahren nachgedacht. Es gibt
halt nur ganz verschiedene Erscheinungsformen, abhängig davon,
über welche Zelle innerhalb des Ganzen wir sprechen. Man kann da
ganz unterschiedliche Wege gehen. Wenn du dich in einer Form
ausdrückst, die nicht notwendigerweise den Konventionen des Tages
entspricht, dann mußt du deine eigenen Lösungswege finden. Das
wichtigste an alledem ist, daß wir gegenwärtig eine Generation von
Musikern haben, die dies versteht.«
   Und welche Konsequenzen ergeben sich daraus?
»Nun, die Konsequenzen bestehen unter anderem in der Tatsache,
daß die Musiker aus ihren Gewohnheiten einige Dinge ausgemerzt
haben, die das, was sie eigentlich tun wollten, erheblich erschwerten.
Das heißt, historisch gesehen, haben Jazzmusiker ja stets auf einer Art
von Plantage gearbeitet. Im 19. Jahrhundert wurdest du dorthin auf
die Plantage transportiert; und wenn du genug Baumwolle gepflückt
oder genug Holz gefällt oder eine Reihe von Gebäuden aufgerichtet
hattest, dann durftest du tanzen, dann gaben sie dir am Ende der Ernte
ein paar Fässer Melasse**, wenn du ordentlich gearbeitet hattest.
Nun, siehst du, im 20. Jahrhundert wurde das Tanzen und die Melasse
durch Alkohol, Drogen und Frauen ersetzt. Ich meine, du hast genug
mit der Musik zu tun und kennst genug Musiker, um zu wissen, daß die

---

* Kulturelle Wochenzeitschrift
** Melasse (engl. molasses) ist ein alkoholhaltiger Rückstand bei der Zuckergewinnung.

Generation, die dieser Generation heute voranging, hart arbeitete, um ihr Handwerk zu lernen, um ihre Kunst weiterzubringen, um außerordentlich gut zu spielen; und daß sie ihre vielfältigen Depressionen oder ihre Zorngefühle, die daraus resultierten, daß sie von jeder Anerkennung ausgeschlossen wurden, mit Heroin, Kokain und Frauen kompensierten.

Mit anderen Worten: ein Musiker ist heute *nicht* mehr damit zufrieden, mit einer Lieferung Heroin für eine großartige Schallplattenaufnahme abgespeist zu werden. Musiker heute haben nicht mehr diese Gewohnheiten und Abhängigkeiten, die diese Art von physischem Elend mit sich bringen und deretwegen sie Kompromisse eingehen müssen. Und schon allein diese Tatsache versetzt die Musiker heute in die Lage, besser mit den ökonomischen Härten umzugehen. Denn, siehst du, wenn man für 70 Dollar in einer Einzimmerwohnung hockt und dann auch noch ein Heroinproblem hat, dann steckt man wirklich in ökonomischen Schwierigkeiten. Wenn man hingegen keine physischen Probleme hat, dann läßt einem das mehr Zeit, die man dann in seine Musik investieren kann. Und das erlaubt es einem auch, mehr Zeit für das Weiterbestehen seiner Kunst aufzubringen.

Heute kannst du sehen, wie Musiker ihre eigenen Plakate entwerfen und sie selbst aufhängen. Ich meine, du könntest dir wahrscheinlich niemals Charlie Parker vorstellen, wie er frühmorgens aufsteht und das Village mit Hunderten von Plakaten bepflastert für ein Konzert, das er selbst veranstaltet. Er hatte einfach viel zu viele andere Probleme, die ihm am Hals hingen, sobald er morgens aufstand. Einer aber, sagen wir, wie David Murray, Henry Threadgill, Roscoe Mitchell, wer auch immer, so einer ist durchaus in der Lage, das zu machen. Und siehst du, darum geht es: musikalische Kompetenz reicht heute von der Kenntnis der Urheberrechtsgesetze bis hin zur Gründung eines eigenen Verlages, bis zur Organisation eigener Konzerte. Nimm nur einmal das *Revolutionary Ensemble*. Sie haben ihre Konzerte selbst finanziert, ihre Plakate selbst gemacht. Ein paar Jahre lang haben sie zwar keinen Pfennig verdient. Aber sie haben mit einer großen Zielstrebigkeit auf die totale Kontrolle ihrer Geschäfte hin gearbeitet.

Früher wäre eine neue Band herumgerannt, hätte versucht, irgend jemandes Stücke zu spielen, um eine Schallplattensitzung mit einem bekannten Musiker zu bekommen. Früher hätte das *Revolutionary Ensemble* versucht, jemanden wie Ornette Coleman dafür zu gewinnen, mit ihnen eine Platte zu machen. Aber heute geht es um etwas ganz anderes.«

*Ziehen all diese Aktivitäten nicht eine Menge Energie von der Musik
ab?*

»O nein, keineswegs. Das alles ist ein Teil des Musikantentums von
heute. Denn siehst du, früher rannten die Typen dem Rauschgift nach.
Wir alle wissen, daß Charlie Parker permanent dem Rauschgift
nachrennen mußte; und dennoch spielte er diese großartigen Soli. Wir
alle wissen, daß Lester Young dem Alkohol nachrennen mußte; aber
dennoch spielte er diese herausragenden Soli. Ich meine, wenn du
genug Energie hast, das zu schaffen . . . Was ich damit sagen will, ist,
daß wir uns heute nicht den Luxus leisten, dem Fortschritt unserer
Kunst gegenüber eine passive Haltung einzunehmen, wie das zum
Beispiel die Konzertmusiker können. Denn siehst du, die Gesell-
schaftsstruktur ist für sie gemacht und nicht für uns. Pierre Boulez
mußte niemals irgendwelche Plakate aufhängen, nicht mal zu einer
Zeit, als kein Mensch verstand, was er machte. Er hatte das nicht
nötig, denn er hatte an den richtigen Orten studiert und besaß die
richtigen Zertifikate.

Man trifft häufig Jazzmusiker, die in einer Welt von Illusionen leben
und die sich sagen: aha, Mick Jagger hat einen privaten Jet, soundso
hat eine ganze Wand voller Bücher. Und dann fangen sie an, darüber
nachzugrübeln. Siehst du, ich mach' das anders. Ich meine, ich würde
mir doch nicht vormachen: ›Ich bin stark, ich bin fähig, Muhamed Ali
zu schlagen.‹ Das geht nun mal nicht. Muhamed Ali würde mich zu
Tode prügeln. Verstehst du, ich habe vor einer Schlägerei keine
Angst, aber ich würde doch nicht in einen solchen Ring steigen.

Was ich damit sagen will, ist: Die Jazzmusiker haben ihre eigene Sache
von der Sache anderer abgekoppelt. Dieser prätentiöse und elitäre
Standpunkt, der besagt, daß man nur darauf zu warten braucht,
entdeckt zu werden, führt meistens in eine tiefe Depression und in
diverse Abhängigkeiten von Alkohol, Drogen oder was auch immer
irgendwelche Höhepunkte hervorbringt. Und genau das ist es, was die
Musiker von heute kapiert haben. Ein Jazzmusiker von heute hat sich
mit der Tatsache auseinanderzusetzen, daß ihm unter Umständen eine
ähnliche Karriere bevorsteht, wie Varèse eine hatte: Du wirst möglicherweise 80 Jahre alt, bevor die Leute anfangen, deiner Musik
zuzuhören.

Aber wir spielen halt keine Musik für Schwachköpfe. Und niemand
hat uns gezwungen, diese Musik zu spielen. Niemand hat mir eine
Kanone an den Kopf gehalten und gesagt: Stanley Crouch, spiel

Schlagzeug! Verstehst du? Niemand zwang mich dazu! Ich hab' mir
das so ausgesucht! Und da ich mir das selbst ausgesucht habe und da
die Situation so ist, wie sie ist, ist es meine Aufgabe, diese Situation zu
verbessern, so gut ich es eben kann.

Es gibt noch ein anderes Phänomen, das du vielleicht bei den
Musikern der neuen Generation bemerkt haben wirst. Wenn die für 10
Uhr einen Job abgemacht haben, dann sind sie um 9.15 Uhr da und
sind um 10 Uhr zum Spielen bereit. Verstehst du, was das bedeutet?
Charlie Parkers Generation rebellierte in einer Art und Weise, die
sich unglücklicherweise als selbstzerstörerisch herausstellte. Und ich
meine, in gewisser Weise war dies ganz folgerichtig. Wir haben aus
dem, was sie damals versucht haben und was nicht funktionierte,
gelernt.

Aber nehmen wir uns mal jemanden wie Duke Ellington, dann sehen
wir, daß *eine* der Ursachen dafür, wie *seine* Sache lief, in der Art
bestand, wie er sich selbst und seine Musik präsentierte. Mehr und
mehr Musiker beginnen, sich mit der gleichen Art von Würde zu
verhalten und mit der gleichen Artikuliertheit, die er besaß.«

*Verhindert eigentlich die schlechte Arbeitslage in New York das
Bestehen von regelmäßig zusammenarbeitenden Gruppen?*

»Nein, das ist nicht der Fall, denn es gibt eine ganze Reihe von Leuten,
die in festen Gruppen arbeiten. Nimm zum Beispiel die Band von
Steve McCall, Threadgill und Fred Hopkins: *Air* ist ungefähr seit 5
Jahren zusammen. Man muß das also etwas anders sehen. Denn das
Problem, eine Gruppe zu haben, stellt sich im Grunde genommen nur,
wenn man auf Tournee geht. Es ist heute eigentlich ganz ähnlich wie in
den 30er Jahren. Ich meine, Chu Berry war schließlich kein Bandleader; Ben Webster war kein Bandleader; es gab eine Menge Typen, die
keine Bandleader waren und die trotzdem spielten . . . Jemand
mochte an einem Abend bei Jimmy Lunceford spielen; dann nahm er
vielleicht eine Woche lang einen Job in der 52. Straße an; dann ging er
vielleicht mit Jo Jones oder Freddie Green oder mit Teddy Wilson
oder sonst jemanden auf Reisen. Es gab also eine Community. Und
auch in der Avantgarde von heute gibt es eine Community. Ich habe
zum Beispiel letzte Nacht mit Leo Smith gespielt; ich hatte einen Job
und ich engagierte Leo, Hamiett Bluitt, David Murray und Fred
Hopkins. David Murray holt mich manchmal in seine Band oder aber
er engagiert Phillip Wilson oder Bobo Shaw. Julius Hemphill zum
Beispiel mag das eine Mal David engagieren und ein anderes Mal
Kalaparusha. Wir alle spielen sehr oft miteinander.«

Gibt es nach deiner Ansicht in New York eine Reihe von verschiedenen Sub-Communities?

»Genau, denn es gibt eine Reihe von verschiedenen Problemen. Siehst du, auf der Avantgarde-Szene von heute spielt sich das gleiche ab wie auf der Bebop-Szene von damals. Es funktioniert ungefähr so: Man wußte einfach, wer in der 52. Straße zu welcher Zeit in welchem Club spielte. Ich meine, wenn du in den einen Club gingst, hörtest du Roy Eldridge, während du in einem anderen Club Dizzy Gillespie hörtest. Siehst du, man verwechselte diese Clubs einfach nicht, weil man wußte, daß dieser Club für ein Bebop-Publikum da war und dieser Club für das Publikum von Roy Eldridge.

Es wäre schön, wenn es heute so etwas wie die 52. Straße gäbe. Das würde die Beziehungen unter den Musikern erleichtern. Ich meine, die Musiker der verschiedenen stilistischen Bereiche kennen sich zwar untereinander, aber ihre Karrieren haben sie in verschiedene Bezirke der Stadt geführt. Denn man muß nun einmal dahin gehen, wo man sein Publikum findet. Und wir haben festgestellt, daß es genau diese Gegend hier ist, wo die Leute hingehen, wenn sie Avantgarde-Jazz hören wollen. Sie steigen aus dem Flugzeug und fragen ›Wo ist SoHo?‹ oder ›Wie komme ich zur Greene Street?‹ – ›Wie komme ich zur Bond Street?‹ – ›Wo ist Saint Mark's Place?‹ – ›Wo ist die Bowery?‹ Verstehst du, was ich meine? . . . Und andere fragen: ›Wo ist George Wein's Storyville‹, und der Taxifahrer nimmt sie nach Midtown.«

Sam Rivers

Sam Rivers ist einer der Initiatoren der New Yorker Loftszene der 70er Jahre. Das von ihm gemeinsam mit seiner Frau Bea gegründete *Studio Rivbea* entwickelte sich in wenigen Jahren zu einem der wichtigsten Kristallisationspunkte der neueren Richtungen des Free Jazz. Besonders für die aus dem Mittleren Westen nach New York einziehenden Dialekte der Jazz-Avantgarde, für die Musik aus dem Kreis der *Black Artists Group* (BAG) von St. Louis und der *Association for the Advancement of Creative Musicians* (AACM) von Chicago, war das *Rivbea* als Präsentationsform von außerordentlich großer Bedeutung.

Einen der Höhepunkte in der rund achtjährigen Geschichte des Studios bildete das *Spring Music Festival* im Mai 1976, bei welchem in

sieben Nächten 26 Gruppen auftraten, nahezu die gesamte Avant-
garde, die in dieser Zeit in New York aktiv war. Ein fragmentarischer,
aber dennoch ziemlich repräsentativer Mitschnitt der sieben Konzerte
erschien unter dem Titel »Wild Flowers. The New York Loft Jazz
Sessions« bei Douglas auf 5 LPs.
Sam Rivers wurde am 25. September 1933 in El Reno, Ohio,
geboren*. Die Musik besitzt in seiner Familie eine lange Tradition.
Sein Großvater, Prediger in einer Methodistengemeinde, schrieb
Bücher über die Gesänge der schwarzen Sklaven und verfertigte
Transkriptionen, die heute in der Schomberg Collection in Harlem
archiviert sind. Rivers' Vater, Absolvent der schwarzen *Fisk University*, sang einige Zeit mit den legendären *Fisk Jubilee Singers*. Später
wirkten Rivers' Eltern – seine Mutter als Pianistin – in dem Spiritual
Ensemble *Silvertone Quartet* mit. Sam Rivers' musikalische Ausbildung begann auf dem Klavier. In der Grundschule spielte er dann
zunächst Sopransaxophon, dann Posaune und Baritonhorn. Später
kamen dann weitere Instrumente hinzu: Tenorsax, Flöte, Baßklari-
nette. Am *Conservatory of Music* in Boston studierte er Komposition
und Viola. Als Sam Rivers 1971 seinen Loft in der Bond Street, in
einem eher unfreundlichen Bezirk am Rande der Lower East Side, zu
installieren begann, war er längst kein Newcomer mehr auf der Szene,
dem es – wie manchem anderen Loftgründer – primär darum ging, ein
Podium für seine eigene, sonst nicht präsentierbare Musik zu finden.
Sam Rivers war seit langem als Starsolist auf den Festivalpodien der
Welt zu Hause, hatte bei größeren Firmen Schallplatten unter eigenem Namen herausgebracht und hatte in Gruppen von hochgradigen
Innovatoren wie Miles Davis (1964) und Cecil Taylor (1967–71)
gearbeitet. *Studio Rivbea* war für Sam Rivers insofern keine Flucht aus
der ökonomischen Misere, sondern in erster Linie eine Alternative zur
Existenz des reisenden Jazzsolisten, eine Existenz, die er freilich nie
ganz aufgab.
Ich unterhielt mich im März 1976 mit Sam Rivers über die Gründe, die
ihn zur Eröffnung seines Lofts *Studio Rivbea* geführt hatten.
»Als ich nach New York kam, zog ich zunächst einmal nach up-town,
also nach Harlem, gründete dort ein Studio und hatte ein paar Schüler.
Ich arbeitete zu dieser Zeit noch bei Miles Davis und reiste ziemlich
viel herum. Einer der Gründe, weshalb ich von Boston nach New

---

* Das in Feather's *Encyclopedia of Jazz in the Seventies* gegebene Geburtsjahr ist – wie
Rivers mir sagte – falsch.

York zog, war, daß ich eine ganze Menge Musik für Big Band komponiert hatte. Und es gab in New York einfach mehr Musiker. Ich hatte all diese Musik geschrieben, aber ich bekam in Boston keine Gruppe dafür zusammen. Also entschloß ich mich, nach New York zu ziehen. Dann fing ich mit Proben an. Wir probten in einer Schule. Wir konnten mit den Proben erst um sechs Uhr abends anfangen und wir mußten um neun fertig sein. Mir wurde also klar, daß ich eigentlich einen Raum brauchte, in dem ich mit der Gruppe 24 Stunden am Tag proben konnte. Ich fing also an, mich da oben (in Harlem) umzusehen. Ich suchte nach einer Gelegenheit, wo ich wohnen und gleichzeitig Musik machen konnte. Ich suchte oben in Harlem nach einem Raum, aber ich konnte nichts finden. Dann machte mich ein Freund auf einen Raum hier unten aufmerksam. Ich zog also zum Broadway runter. Und dort, am Broadway, blieb ich ungefähr ein Jahr lang.«

War das auch ein Loft?

»Ja. Er befand sich im dritten Stock, und ich mußte mit dem Fahrstuhl hochfahren. Für Proben war das in Ordnung. Aber trotzdem mochte ich den Raum nicht, weil über und unter mir Leute wohnten. Ich hatte also wieder nicht die Zeit, die ich brauchte, also 24 Stunden am Tag; so ungefähr in dem Stil: Wenn man aufhören will, dann hört man auf, und wenn man anfangen will, dann fängt man an. Es geht einfach nicht, daß man sich mit dem Musikmachen nach den Bürozeiten richtet. Du fragst beispielsweise einen Musiker: ›Wann kannst du zur Probe kommen?‹ Und er sagt: ›Ich habe zur Zeit abends einen Job, aber ich könnte um 1 Uhr nachts kommen.‹ Und schon machen wir eine Probe um 1 Uhr nachts – fertig! Ich suchte also nach einem Raum, und ich fand diesen hier*. Dieses Haus hier gehört ein paar Künstlern. Es war ursprünglich ein Fabrikgebäude, und die Fabrik hat Pleite gemacht. Also kauften sie dieses Gebäude. 6 Stockwerke. Ich kam also hier vorbei und sprach mit der Besitzerin. Sie ist eine Künstlerin. Sie haben dann beschlossen, mir das Erdgeschoß und den ersten Stock zu vermieten. Ich benutzte den ersten Stock als Wohnung und das Erdgeschoß für Proben, ausschließlich für Proben. Wir hatten eine Unmenge von Proben, und tatsächlich bestand eine der wesentlichsten Voraussetzungen dafür, daß wir die LP *Crystals*** aufnehmen konnten, in der Tatsache, daß wir diesen Raum hier für Proben hatten. Wir hätten das sonst nie machen

---

* Gemeint ist das *Studio Rivbea* in der Bond Street.
** Erschienen auf Impulse AS 9286.

können, wenn wir in ein kommerzielles Studio hätten gehen müssen.«
Wie sind eigentlich deine Beziehungen zum Newport-Festival?
»Eine ganze Zeitlang gab es das Festival in Newport, Rhode Island.
Dann wollte der Ort Newport mit dem Festival nichts mehr zu tun
haben. Also zogen sie mit dem Festival nach New York. Als sie nach
New York kamen, begannen sie – wie üblich – die Oldtimer, die ewig
Gestrigen und die Mittelmäßigen zu engagieren. Das Newport Festi-
val ist für so etwas wirklich berühmt. Hin und wieder präsentieren sie
einmal einen interessanten Musiker, aber meistens handelt es sich um
Oldtimer, Leute von gestern und Mittelmäßige.«
Haben die Veranstalter des Festivals viel zu sagen im Jazzgeschäft?
»Ja, sie sind sehr mächtig. Sie bestimmen alles. Sie veranstalten diese
Show und damit hat sich's. Hin und wieder sind sie aber mal ein
bißchen offen. Aber wenn auf ihren Tourneen mal ein Musiker dabei
ist, wie – sagen wir – Cecil Taylor, irgend jemand aus der Avantgarde,
dann geschieht das ausschließlich deswegen, weil sie von den Leuten
in dem betreffenden Land darum gebeten werden. Verstehst du? Die
Newport-Leute würden niemals von sich aus jemanden aus der
Avantgarde vorschlagen. Sie kennen nicht mal jemanden aus der
Avantgarde. Sie bringen ausschließlich ihre eigenen Leute heraus,
Leute wie Oscar Peterson, Leute aus den 40er und 50er Jahren. Du
wirst das sicher schon bemerkt haben, wenn du dir mal ihre Pro-
gramme angesehen hast. Sie sind schon immer so verfahren. Sogar
Dixieland, der aus den 20er, 30er oder 40er Jahren stammt.«
The World's Greatest Jazz Band?
»Genau! Das ist für Newport allemal gut. Manchmal bringen sie auch
Gruppen heraus wie die, die Charlie Parker-Soli spielt*. Die haben in
Hollywood sogar einen Preis als beste Jazzgruppe in diesem Lande
bekommen. Quincy Jones wurde als beste Band gewählt, verstehst
du? Wenn du dir also mal anschaust, was hier los ist, wenn du in die
Zeitungen schaust oder wenn du dir ansiehst, welche Leute hier Preise
bekommen . . . und wenn du dann zu wissen meinst, was in diesem
Lande *wirklich* musikalisch passiert, dann bist du weit von der
Wahrheit entfernt.«
Ich sprach Sam Rivers darauf an, daß ich Gerry Mulligan im Restau-
rant *Hopper's* gehört hatte, und daß das Publikum bei seiner Musik aß
und laut redete und ihm eigentlich kaum jemand zuhörte.
»Nun, Mulligan braucht da ja nicht zu spielen, wenn er nicht will,

---

* Gemeint ist die Gruppe *Supersax*

verstehst du? Er *muß* dort wirklich nicht spielen! Ich würde dort niemals spielen. Das ist alles! Ganz gleich, wieviel Geld sie mir bezahlen würden, ich würde dort niemals spielen. Als ich jünger war, hätte ich dort unter Umständen gespielt. Denn ich habe dann in solchen Fällen die Zeit zum Üben verwendet. Und wenn ich gesehen habe, daß jemand aß, während ich spielte, dann habe ich ihnen den Rücken zugedreht, habe zu üben begonnen. Wir haben uns einfach ein Stück nach dem anderen vorgenommen und geübt. Zum Teufel mit ihnen, wenn sie nicht zuhören! Auf diese Weise haben wir damals musikalisch überlebt. Wenn die Leute aufhörten zuzuhören, wenn wir merkten, daß sie sich unterhielten, dann haben wir doch nicht versucht, mit ihnen zu konkurrieren. Wir hörten einfach auf oder drehten uns um, unterhielten uns eine Weile und probierten dann ein paar Dinge aus. Wir haben das Publikum einfach völlig ignoriert. Verstehst du, so haben wir es damals gemacht. Damit gab es keine Probleme. Oder wir haben einfach die Bühne verlassen. Wir haben niemals versucht, mit dem Publikum zu wetteifern. Und wenn die jetzt in *so* einer Art von Lokal spielen, und sie wissen, um was für eine Art von Lokal es sich handelt, dann tun sie dies offensichtlich, weil sie gerne für Leute spielen, die essen. Ich meine, sie haben ja die Wahl.«

Kannst du mir noch etwas über das Studio Rivbea erzählen?
»Wir zogen hier im Januar 1971 ein; damals war es eine Fabrik und es dauerte ungefähr bis Juni, bis wir den Raum in Ordnung gebracht hatten. Wir brauchten ungefähr 6 Monate.«

Aus deinem Papier weiß ich, daß ihr euch zum Teil selbst finanziert und zum Teil vom Arts Council subventioniert werdet.
»Ja, sie geben mir einen gewissen Betrag für Konzerte, damit ich die Musiker bezahlen kann. Bevor ich vom *Council* unterstützt wurde, habe ich das Ganze wirklich selbst finanziert. Und die Musiker arbeiteten hier im allgemeinen für einen bestimmten Prozentsatz des Eintrittsgeldes. Das funktioniert aber nur bei bekannten Musikern wie Anthony Braxton, bei mir selbst oder vielleicht bei Karl Berger und vielleicht ein paar anderen. Jedoch die meisten Musiker, die wir hier vorstellen, sind weniger bekannt.

Wenn ich also jemanden engagiere, der zweihundert Leute herbringt, von denen jeder 3 Dollar bezahlt, dann kann ich die Musiker bezahlen und auch die meisten meiner eigenen Kosten für diesen Abend decken. Nun ist es aber ausgesprochen selten, daß zweihundert Leute hierherkommen. Im allgemeinen ist das also ein gewagtes Unternehmen. Und deshalb habe ich den *Council* um ein wenig Unterstützung

bei der Bezahlung der Musiker gebeten. Und das war gut so, denn dies
ist eines der Dinge, die sie wirklich tun können. Sie können mir
zumindest teilweise dabei helfen, die Musiker, die hier auftreten, zu
bezahlen. Die können dann also hier spielen und sie können mit einer
angemessenen Bezahlung für einen Auftritt rechnen. Früher war ich
einfach nicht in der Lage, irgend etwas zu garantieren. An manchen
Abenden, wenn niemand herkam, dann machte ich Verlust. Und der
betreffende Bandleader mußte in seine eigene Tasche greifen, um
seine Musiker zu bezahlen, denn er konnte natürlich nicht von ihnen
verlangen, auf der gleichen Basis hier zu arbeiten, wie er es tat.
So etwas passiert also heute nicht mehr. Wenn heute keine Zuhörer
kommen, dann ist immer ein gewisser Betrag für die Gruppe vorhanden. Ich selbst gebe ungefähr 100 Dollar pro Woche für Anzeigen aus.
Ich kann dafür nichts von dem Geld einsetzen, das ich vom *Council*
bekomme; von dem kann ich lediglich die Musiker bezahlen. Auf
diese Weise verliere ich immer noch Geld. Glücklicherweise habe ich
selbst genug Arbeit. Ich spiele sehr viele Konzerte und es macht mir
nichts aus, mein Geld in die Sache einzubringen. Und deshalb bleibe
ich hier, denn ich lebe ja schließlich hier. Und da ich nicht die Absicht
habe, irgendwo anders hinzugehen, spielt es im Grunde keine Rolle,
ob das hier klappt oder nicht. Ich mag diese Räume hier. Ich finde
bestimmt für den gleichen Preis in New York nicht mehr solche
Räume. Solange ich in New York bleibe, werde ich also hierbleiben.
Und ich arbeite immer noch daran, dies hier alles zu verbessern.«
  Wie läuft eigentlich das Programm-Machen im Studio Rivbea?
  Handelt es sich bei den Leuten, die hier spielen, um eine Art von
  Clique?
»Nein, das würde ich nicht sagen. Es ist lediglich so, daß wir mehr oder
weniger *die* Gruppen hierher holen, die eine Musik voranzubringen
versuchen, die wir Avantgarde nennen. Und das ist so ziemlich alles!
Ob ich jemanden persönlich mag oder nicht, das steht auf einem
anderen Blatt. Da bin ich ganz objektiv, denn hier spielen eine Menge
Leute, die ich musikalisch wirklich nicht mag. Es geht also überhaupt
nicht um meine persönlichen Vorlieben. Es geht einfach darum, daß,
wenn jemand zur Avantgarde gehört, er es auch verdient, gehört zu
werden. Denn es gibt wirklich sehr wenige Möglichkeiten, diese Musiker zu hören. Und darum geht es! Das ist das einzige Kriterium. Ich will
hier niemanden hören, der nur so eine Standardmusik macht. Die
Musiker sollten schon versuchen, die Grenzen der Musik zu erweitern.
Das ist das, was ich unter Avantgarde verstehe. Und das ist das einzige

Kriterium. Und in dieser Hinsicht bin ich ziemlich objektiv, denn wie gesagt, einige Gruppen, die hier spielen, mag ich, musikalisch gesehen, gar nicht. Aber sie repräsentieren einfach einen Teil dessen, was heute in der Musik passiert. Es geht also nicht um meine Vorlieben und Abneigungen. Sonst wäre ich ja wie jeder andere auch, wie zum Beispiel diese Leute, über die wir gerade im Zusammenhang mit Newport gesprochen haben. Ich wäre dann genauso wie die. Nein, mein einziges Kriterium besteht darin, daß die Musiker, die hier spielen, in irgendeiner Weise das repräsentieren, was heute in der zeitgenössischen Avantgarde passiert. Das ist alles. Free Music.«

»Free Music« und »Avantgarde« sind ja eigentlich ziemlich problematische Begriffe, nicht?

»Ja. In den 50er Jahren gab es noch eindeutig identifizierbare Standards in der Musik. Du stiegst auf die Bühne und es bedeutete eine Herausforderung für dich, *Cherokee* so schnell wie möglich kreuz und quer durch die Tonarten zu spielen. Das war *eine* der Sachen, auf die es ankam. Ich habe den Blues durch alle Tonarten gespielt, *I got Rhythm* durch alle Tonarten. Ich habe *Lover* gespielt, all solche Sachen. Stücke mit komplizierten Harmonien. Das machte einen Musiker aus dir.

Heute kann es passieren, daß jemand auf die Bühne kommt und mit uns spielen will und absolut keine Ahnung hat. Der macht nichts als hupen und kreischen und er bekommt unter Umständen dafür noch einen riesigen Applaus.«

Und wie ist das zu erklären?

»Das ist schwer zu sagen. Ich glaube, diese Leute sind ein Produkt der 60er Jahre. Damals ging es nach dem Motto ›keine Harmonien‹. Keiner wollte irgendwelche Harmonien hören und keiner wollte irgendeine Form hören. Das war in den 60er Jahren.«

Und das Publikum besaß keine Kriterien, um zu beurteilen, was Hand und Fuß hatte und was nicht?

»Ich bin mir nicht sicher, ob das Publikum *jemals* irgendwelche Kriterien besaß. Dem Publikum wird ja gewöhnlich gesagt, welchen Musiker es zu mögen hat und welchen nicht. Die Kritiker und die Historiker legen fest, was gut ist, und man liest es. Und dann kommt man so weit, daß man denkt, wenn *sie* sagen, daß es gut ist, dann wird es schon gut sein. Aber möglicherweise haben diese Kritiker gar keine Ahnung. Und dann ziehen die Leute los und finden irgend jemanden, der so ähnlich wie Albert Ayler klingt. Ich meine, das ist natürlich ein Teil der Musik, von der das Publikum glaubt, daß es sich dabei

definitiv um *die* Avantgarde handelt. Was es natürlich *auch* ist! Aber
die Avantgarde ist *mehr* als dies.

Es gibt Musiker, die steigen auf die Bühne und spielen ungefähr 3
Minuten und machen eine Pause. Und den Rest des Abends werden
diese gleichen 3 Minuten immer und immer wiederholt. Es gibt nur
sehr wenig Musiker, die zwei Stunden lang interessant bleiben. Das ist
sehr schwierig. Und wenn man nichts hat als die 60er Jahre, worauf
man sich beziehen kann, dann ist das, glaube ich, schlimm.

Was ich damit sagen will, ist, daß die Standards heute wesentlich
niedriger sind als zu jener Zeit, als ich musikalisch groß wurde. Siehst
du, die Standards wurden zerstört. Es gibt heute keine wirklichen
Standards mehr. Man kann heute nicht mehr mit Sicherheit sagen, wer
gut ist und wer schlecht, außer vielleicht in ein paar extremen Fällen.
Manchmal kommen junge Typen zu mir auf die Bühne, die kaum
einen Ton spielen können, die aber unbedingt mit mir spielen *wollen*.
Früher ließ ich diese Leute ja mitspielen. Aber dann empfand ich es
häufig einfach als beleidigend, daß sie die Musik meiner Gruppe und
damit den ganzen Abend zerstörten. Jetzt lasse ich niemanden mehr
einsteigen. Und wenn ich es doch einmal tue, und sie spielen nicht
ordentlich, dann zeige ich ihnen ganz deutlich, *wie* beleidigt ich bin,
daß es einfach ein Mangel an Respekt ist. Ich sage ihnen, daß sie all das
zerstören, was wir an diesem Abend hätten schaffen können. Und das
bedeutet für mich tatsächlich eine Art von Katastrophe, denn ich bin
danach meistens total frustriert. Wenn sie wissen, daß sie nicht den
gleichen Status besitzen wie die Musiker, die auf der Bühne stehen,
dann bedeutet das für die Musiker, bei denen sie einsteigen, eindeutig
eine Beleidigung und einen Mangel an Respekt. Ich setze also jede Art
von verbaler Abschreckung ein, die man sich vorstellen kann, denn
das ist so ziemlich die einzige Sache, die mich wirklich ärgern kann.
Und dann gibt es noch einen anderen Punkt, der wesentlich ist. Wenn
ich spiele, dann spiele ich normalerweise vier Instrumente. Das läuft
ungefähr so: Auf einem meiner Saxophone spiele ich ungefähr 30 bis
45 Minuten. Dann ist zum Beispiel der Baß 10 Minuten dran. Dann
spiele ich Flöte, weitere 20 bis 30 Minuten. Dann kommt vielleicht ein
Schlagzeugsolo. Und dann werden vielleicht das Schlagzeug und der
Baß ein Duo spielen. Dann gehe ich zum Klavier und spiele wiederum
20 bis 30 Minuten. Dann wird vielleicht ein 10 Minuten langes Solo
vom Baß oder vom Schlagzeug kommen. Dann spiele ich auf dem
anderen Saxophon ungefähr 30 Minuten und dann machen wir
langsam Schluß. Damit nun irgend jemand anderer bei uns einsteigen

kann, werde ich von meiner Spielzeit etwas opfern müssen. Verstehst du, was ich meine? Ich werde etwas von *meiner* Spielzeit opfern müssen, um jemandem *anderen* zuzuhören, der mit uns spielen will. Wenn sie also auf die Bühne hochkommen, dann sage ich ihnen gewöhnlich: ›Was kannst du *dem* noch hinzufügen? Du hast hier gesessen und hast mich zwei Stunden lang spielen gehört, hast gehört, wie wir die Intensität gesteigert haben. Was kannst du zu alledem noch hinzufügen? Warum willst du jetzt noch einsteigen? Ich bin konsterniert darüber, daß *jetzt* noch jemand einsteigen will, verstehst du?‹ Nun, in der letzten Zeit habe ich das oft zu Typen gesagt, die einsteigen wollten. Ich habe ihnen genau das erzählt, was ich dir jetzt erzählt habe. Und dann habe ich sie gefragt, was kannst du *dem* noch hinzufügen?«

Und was haben sie gesagt?

»Nun, sie grinsen mich an oder starren mich an. Und sie versuchen es nicht noch einmal.«

James Du Boise

Der Trompeter James Du Boise stammt aus Pittsburgh, wo er bereits zu Ende der 50er Jahre darum bemüht war, so etwas wie eine Musikerinitiative auf die Beine zu stellen. Der von ihm 1968 gegründete Loft *Studio We* gehört zu den ältesten und zugleich standhaftesten der New Yorker Szene. Dennoch existiert er quasi am Rande dieser Szene, was nicht nur auf seine geographische Lage zurückgeht (*Studio We* liegt in der Eldridge Street, dort, wo die Ruinenlandschaft der Lower East Side am bedrohlichsten ist), sondern auch auf den bewußten Verzicht seiner Initiatoren auf Publicity und spektakuläre Aktionen. *Studio We* versteht sich – wie einer Programmnotiz von 1976 zu entnehmen ist – primär als ein »Community Music Project«, wo »Musiker über ihre eigenen Schicksale bestimmen können und ihre Geschäfte selbst in die Hand nehmen«.

James Du Boise berichtet:

»Mit unserem Studio begannen wir 1968. Die Idee dafür stammt allerdings bereits aus Pittsburgh in Pennsylvania. Sie ist also 15 Jahre alt. Der Grund dafür, warum ich diese Idee entwickelte, lag darin, daß in diesem Lande Musiker sehr häufig keine Chance zum Auftreten bekommen. Sie bekommen einfach keine Chance, das zu praktizie-

ren, was sie jahrelang gelernt haben. Dieses Land hier ist nämlich ganz
verschieden von Ländern wie Europa, Afrika oder anderen Ländern,
in denen die Leute ihre Kultur lieben und eine Menge Zeit für sie
aufbringen.

1968 kam ich also hierunter und übernahm dieses Gebäude, das
damals ein Wrack war, und brachte es in Schuß. Zunächst bezahlte ich
fast alles aus meiner eigenen Tasche und arbeitete selbst. Aber dann
begann ich, mich nach Geldgebern umzuschauen. Schließlich bekamen wir Geld – von der Regierung, vom Staat und vom *Arts Council*.
Dann bekamen wir den Non-Profit-Status zuerkannt. Das war insofern wichtig, als damit unsere privaten Geldgeber ihre Spenden von
den Steuern absetzen konnten.

Als ich also zuerst herkam, hatte ich wirklich keine Ahnung, was ich
tun sollte. Alles, was ich wußte, war, daß wir irgendwie einen Platz
finden mußten, eine Operationsbasis, die zum erstenmal ausschließlich von Musikern organisiert und geleitet werden sollte und nicht von
Leuten, die nur als Außenseiter an der Musik interessiert waren.
Ausschließlich Musiker sollten verantwortlich sein. Also versuchten
wir, all die verschiedenen Aspekte des Musikgeschäftes in den Griff zu
bekommen, gleich, ob es sich nun um das Komponieren oder das
Schallplattenproduzieren handelte, oder darum, Seminare in Schulen
durchzuführen, Lehrbücher herauszugeben, Jukeboxen und Radiostationen mit unserer Musik zu versorgen usw. . . . all die verschiedenen Bereiche der Musikindustrie, die man sich vorstellen kann. Mit
anderen Worten, wir versuchen, das ganze Business soweit wie
möglich selbst zu kontrollieren – nur wir Musiker!

Ich selbst habe mich nie mit Musik befaßt, um ein großer Star zu
werden. Ich betrachte die Musik von einem anderen Blickwinkel aus.
Wenn ich mir all diese Musiker in diesem Lande ansehe, denen es
nicht gut geht . . . Das ist so ein bißchen meine fixe Idee, von diesem
Blickwinkel aus sehe ich es. Ich arbeite gerne ganz unten, sozusagen
an der Basis oder am Fußende der Sache. Ich lege keinen Wert darauf,
der große, weltbekannte Trompeter zu werden. Für diesen shit
interessiere ich mich überhaupt nicht. Ich interessiere mich ausschließlich dafür, daß alle Musiker rund um die Welt zusammenhalten, miteinander Musik machen. Von dieser Ebene aus möchte ich
ansetzen.

Jetzt haben wir angefangen, Konzerte zu organisieren. Wir sind jetzt
so weit, daß wir 40 bis 50 Konzerte im Jahr durchführen können; und
zwar überall in der Stadt, in Parks, an bestimmten Orten *up town*, in

der Carnegie Hall, in Schulen – überall machen wir Konzerte. Und wir befassen uns mit *jeder* Art von Musik. Wir befassen uns mit der Avantgarde, mit Jazz, mit spanischer Musik, mit Volksmusik; also mit allen Arten von Musik, auch klassischer Musik.

Wir gehen allerdings mit der Musik nicht in einer systemtypischen Art und Weise um. Wir machen das in einer musikertypischen Art und Weise, auf *unsere* Weise. Und wir versuchen, direkt an die Leute heranzukommen. *Jeder* sollte die Möglichkeit haben, Musik zu hören. Es gab nämlich einmal eine Zeit, als ich ein Kind war, da lief im ganzen Land jede Menge Musik. Wenn ich damals in den Ferien von Pittsburgh aus nach Harlem kam, da lief da eine Menge Musik. Aber plötzlich gab es dort keine Musik mehr. Beziehungsweise, man mußte für die Musik bezahlen, man mußte in die Clubs gehen.

Ich selbst spiele heute sehr wenig in Clubs. Die einzigen Male, wenn ich in Clubs spiele, ist bei Wohltätigkeitskonzerten, bei Festivals oder etwas Ähnlichem. Normalerweise spiele ich nicht in Clubs. Ich mag es nun mal nicht, wenn die Musik mit Whiskykneipen in Verbindung gebracht wird. Ich mag es nicht, daß Jazz zusammen mit Schnaps verkauft wird. Und dann sollten die Leute umsonst hereinkommen, es sollte eine freundliche Atmosphäre herrschen. Kinder sollten da sein. Überall dort, wo keine Kinder sind, fühle ich mich nicht wohl; da ist irgend etwas falsch. Man kann eine Menge Spaß haben; aber wenn keine Kinder dabei sind, stimmt irgend etwas nicht. Ich spiele gerne dort, wo Kinder hinkommen können, denn dort ist die Atmosphäre in Ordnung. Deshalb spiele ich nicht in Clubs. Ich habe früher in einigen Clubs gespielt, ganz am Anfang. Aber ich mochte es nicht, wie dort die Musik präsentiert wurde, ich mochte es nicht, daß Leute mir sagten, was ich spielen sollte und wann ich spielen sollte, und mir dann 15 bis 20 Dollar bezahlten. Davon halte ich nichts! Und diese Art von Einstellung hat mich schließlich in die Position gebracht, in der ich jetzt bin. Man muß damit anfangen, so zu denken, wenn man noch jung ist.«

Gehen all deine außermusikalischen Aktivitäten nicht auf Kosten der Zeit, die du als Musiker für deine Musik brauchst?

»Sicher, in gewisser Weise ruiniert es meine Karriere als Trompeter. In anderer Weise aber auch nicht, verstehst du? Jeden Tag, den ich hier bin, spiele ich ja. Ich habe mein Horn hier und ich spiele ein paar andere Instrumente. Ich tue also genau das, wozu ich Lust habe. Aber durch all das andere, was ich sonst noch zu tun habe, vernachlässige ich mein Horn natürlich schon. Letztes Jahr bin ich beispielsweise kaum zum Spielen gekommen, denn im letzten Jahr hatten wir wahnsinnig viel zu tun. All diese Konzerte. In diesem Jahr habe ich versucht, es ein wenig anders zu machen, weniger Verantwortung auf mich selbst zu laden.

Aber wir versuchen schließlich, eine Art von Imperium aufzubauen, ein Imperium, in dem die Musiker ihren Platz in der Welt haben; einen Platz für Leute, die etwas schaffen wollen, die ihre Sache wirklich in die eigene Hand nehmen wollen. Und man braucht viel Zeit dazu, dies zu tun. Man braucht eine Menge Einfallsreichtum, um in diesem Land hier so etwas zustande zu bringen. Denn wenn man es wirklich ernsthaft machen will, muß man die ganze Arbeit allein tun. Mit anderen Worten: anstatt irgend jemandem 15 000 Dollar für die Verwaltung zu geben, geben wir das Geld lieber den Musikern. So verstehe ich diesen Platz hier und meine Aufgabe. Juma Sultan*, der auch hier arbeitet, hat zwei oder drei verschiedene Aufgaben übernommen. Unten im Erdgeschoß haben wir ein Café; und hier oben machen wir abends unsere Konzerte. Die bilden eine Art von *showcase*, eine Art von Forum. Ein Typ irgendwo in der Stadt hat vielleicht eine Gruppe zusammengestellt, hier kann er sie präsentieren. Und die Leute, die hier rumhängen, können ihn hören, mögen ihn vielleicht. Das ist also hier so etwas wie ein Schaufenster. Und es ist für jeden da, wir weisen niemanden ab. Hier ist den ganzen Tag Musik. Hier sind jederzeit Musiker, dies ist ihr Heim. Hier können sie immer vorbeikommen, dies ist ihr Platz.«

Kostet das alles nicht ziemlich viel Geld?

»Anfangs, als ich in dieses Geschäft einstieg, hatte ich nie Geld. Ich brauchte auch nie Geld. Jetzt brauche ich große Mengen Geld, damit ich all diese Dinge hier am Laufen halten kann. Auf genau die gleiche Weise lernen es die anderen Musiker hier, ihre eigenen Dinge selbst in die Hand zu nehmen. Das passiert hier! Und nur durch Einigkeit wird man stark. Wir arbeiten sozusagen an der Basis. Und wir kommen langsam hoch. Langsam bringen wir die Musiker nach oben. Ich meine, nimm zum Beispiel einmal einen Zahnarzt; diese Zahnärzte haben ihre Institutionen. Die bildenden Künstler haben ihre Künstlerkolonien. Jeder hat irgend etwas, nur die Musiker nicht. Die stehen immer draußen. Wir fanden heraus, daß wir uns zusammentun müssen – in der ganzen Welt, wir müssen zusammen kämpfen. Wir müssen uns darüber klarwerden, daß wir irgendwo anfangen müssen.

* Bassist und Congaspieler, Gründer der Gruppe *Aboriginal Music Society*

In Europa ist das alles ein wenig anders als in den Vereinigten Staaten. Dies hier ist ein Land, wo die Leute nicht genug Zeit haben, sich mal hinzusetzen, um sich an irgend etwas zu freuen oder um etwas zu verstehen zu versuchen, was ihnen neu ist. In Europa ist das ganz anders, denn dort beschäftigen sich eine Menge Leute mit Kultur. Ich meine, nicht nur ein paar Leute, sondern wirklich viele Leute erhalten die Chance, gute Musik zu hören. Das bedeutet, daß jeder ein bißchen Verständnis dafür entwickeln kann. – Hier in den Vereinigten Staaten, da lieben die Leute die Musik nicht, und den Jazz schon gar nicht. Wie du weißt, ist Jazz im wesentlichen eine schwarze Musik. Aber nur sehr wenig Schwarze in diesem Land lieben den Jazz. Sie lieben ihn nicht und sie verstehen ihn nicht. Er wird auch nicht für sie gespielt. Vor ein paar Tagen sagte ein Typ zu mir: ›Wie kommt es, daß nur bestimmte Leute Jazz mögen?‹ Aber das ist schon seit Ewigkeiten so! All diese technisch ausgefeilte Musik, all diese verwickelten Sachen, wurden immer nur von reichen Leuten richtig gemocht; von Leuten, die es sich leisten konnten, sich hinzusetzen und zuzuhören. Und so war es in diesem Lande immer schon. Sehr wenige Schwarze verstehen etwas von Jazz. Und dabei ist es doch ihre Musik. Aber sie wollen sich nicht damit abgeben.

Aber siehst du, wenn man erst mal davon spricht, daß hier in diesem Bereich etwas zu verändern ist, dann spricht man im Grunde genommen schon nicht mehr nur über Musik. Das hat schon mit der Musik allein nichts mehr zu tun. Das hat etwas damit zu tun, wie dieses Land hier organisiert ist, damit, daß es den Leuten gar nicht ermöglicht wird, sich mit der Musik auseinanderzusetzen, daß sie keine Zeit dafür aufbringen können, sie zu verstehen zu lernen. Man versteht alles, womit man sich auseinandersetzen kann, alles, was einem erklärt wird. Aber man muß es erst mal kennenlernen; und man muß sich daran gewöhnen, seine Ohren zu gebrauchen.

Was wir hier machen, ist eine Art von Modellsituation. Siehst du, man hat mir schon eine ganze Reihe von anderen Dingen angeboten. Aber ich habe es bisher vorgezogen, hier unten zu bleiben. Ich werde von hier nicht wegziehen. Als ich aus Europa zurückkam, habe ich daran gedacht, in die 10th Avenue hochzuziehen. Aber die Idee, die hinter der ganzen Sache hier steht . . . meine ganze Liebe hängt hier unten an der *East Side*. Denn hier unten leben all die ganz armen Leute, und die Musiker sind die Ärmsten der Armen.«

Würde sich an deiner Situation etwas ändern, wenn du in einen anderen Stadtteil ziehen würdest?

»Sicher würde sich etwas ändern, wenn wir in einen anderen Stadtteil
ziehen würden. Sagen wir mal, wir zögen in irgendeinen Raum in
Midtown, irgendeinen schmucken Raum; unsere Situation müßte sich
zwangsläufig ändern. Wir wären nicht mehr frei. Ich hätte mich mit
anderen Dingen auseinanderzusetzen. Im Moment bin ich sehr frei.
Ich brauch' mich nicht verrückt zu machen, um Geld zu beschaffen.
Hier unten habe ich dieses Gebäude, dessen Nutzung sehr billig ist.
Also brauche ich mir ums Geld keine Sorgen zu machen. Aber dort
oben würde ich mir mit Sicherheit Sorgen machen müssen.«

Monty Waters

Auch der Saxophonist Monty Waters war während der 70er Jahre eng
mit der Loftszene verbunden, allerdings weniger mit der organisatorischen Seite der Angelegenheit als vielmehr mit der musikalischen. Die
Lofts waren die wichtigste Operationsbasis für die von ihm geleitete
Bigband, in welcher zwischenzeitlich so renommierte Musiker wie
Dewey Redman, Joe Gardner, Art Lewis und Rashied Ali mitwirkten.
Monty Waters stammt aus Kalifornien. Geboren 1938 in Modesta,
wuchs er in einer musikalisch aktiven Familie auf, erhielt als Kind von
seiner Mutter Klavierunterricht und begann mit sieben Jahren, in der
Grundschule, Saxophon zu spielen. Mit 19 verließ er das College (»Ich
kam mit dem College nicht klar, weil ich hauptsächlich Musik lernen
wollte und sie versuchten, mir allen möglichen anderen Kram einzu-
trichtern«), schloß sich einer herumreisenden Rhythm-and-Blues-
Band an und landete schließlich in Los Angeles. Dort kam er erstmals
mit dem Bebop in Berührung, spielte Sessions mit Dexter Gordon,
Teddy Edwards, Walter Benton, lebte im schwarzen Ghetto von
Watts und ging zwischendurch mit Blues- und Rock'n'Roll-Gruppen
auf Tour.
Anfang der 60er Jahre zog Waters nach San Francisco, wo sich in
dieser Zeit um den Club *Bop City* als Zentrum eine rege Sessionszene
entfaltete und wo er mit Joe Lee Wilson in Kontakt kam, in dessen
New Yorker Loft *Ladie's Fort* er dann Jahre später regelmäßig
auftreten sollte. In den Jahren 1965–68 arbeitete Monty Waters vor
allem in der Gruppe des Sängers Jon Hendricks und ließ sich 1968 in
New York nieder.

Als ich ihn 1976 zum ersten Mal traf, leitete Monty Waters eine
Bigband, mit der er regelmäßig samstags nachmittags im *Ladie's Fort*
auftrat, einem Loft in der Bond Street, nur einen Block von Sam
Rivers' *Studio Rivbea* entfernt. Daneben spielte er sporadisch im
Quartett *Four Winds* des Cellisten David Eyges, arbeitete mit der
Gruppe *Bond Street* des Sängers Joe Lee Wilson und stellte die
›Hausband‹ für die montags abends regelmäßig im *Tin Palace* stattfin-
denden Monday-Night Jam Sessions.

Stilistisch ist Monty Waters im Bebop verankert, ohne daß allerdings
der frische Wind der Sturm-und-Drang-Phase der 60er Jahre spurlos
an seiner Spielweise vorübergegangen ist. Waters spielt »in and out«.
Und besonders seine Kompositionen für das Orchester provozieren in
struktureller Hinsicht wie vom tonalen Material her eine Synthese der
traditionellen mit den avancierten Gestaltungsmitteln des Jazz.

Wie sah es in New York für dich anfangs aus? Man hört oft, daß es
sehr schwer ist, auf der New Yorker Szene Fuß zu fassen, wenn man
von außerhalb kommt.

»Ja, es ist schwer. Die New Yorker Szene ist hart. Sie taugt nur für die,
die wirklich dranbleiben wollen. Man wird permanent auf die Probe
gestellt. Und was immer du bist, du mußt einfach präsent sein. Nimm
einmal mich: Die Rock'n'Roll-Leute holen mich nicht. Auch die
Typen aus den Studios holen mich nicht für ihre Studiojobs und
solchen Kram. Wenn man herkommt und sich erst einmal auf so etwas
einläßt, dann isoliert man sich zugleich von einer ganzen Menge
anderer Dinge. Viele Typen versuchen ja, da einzusteigen. Was mich
betrifft, so weiß ich aber genau, daß Studioarbeit nicht meine Sache
ist. Ich weiß, daß man da ganz gutes Geld verdient. Aber man
langweilt sich auch. Ich denke darüber so: Wenn Musik zu einem Job
wird, dann mag ich keine Musik, denn ich mag keine Arbeit. Wenn
Musik ein Job wird, dann mag ich sie nicht mehr.«

Muß man nicht manchmal, einfach um zu überleben, einen stupiden
Job annehmen und Musik spielen, die man wirklich nicht spielen
mag?

»Das kenne ich! Das habe ich auch schon mitgemacht! Weißt du, diese
Art von shit ist schuld daran, wenn man die Musik zu hassen beginnt.
Ich habe damals zu trinken angefangen und alles mögliche andere . . .
Deshalb hatte ich ungefähr vor drei Jahren große Schwierigkeiten mit
meiner Gesundheit. Ich wäre fast gestorben, verstehst du? Ich sagte
mir also, wenn ich noch einmal die Chance bekomme, Musik zu
machen, dann will ich es richtig machen. Verstehst du? Denn niemand

verspricht dir, daß es ein Morgen für dich gibt. So sehe ich das. Und
wenn ich spiele, dann spiele ich so, als ob es das letzte Mal wäre. All
der andere shit ist für mich völlig unwichtig. Ich meine, es läuft doch
schließlich darauf hinaus: Ob einer nun 50 Millionen Dollar oder 50
Dollar verdient, er kann sie doch nicht mitnehmen. Also, ich weiß
nicht; ich kann es schwer erklären, wie ich darüber denke. Aber was
ich mache, gibt mir ein gutes Gefühl. Und wenn es mir ein gutes
Gefühl gibt, dann scheint es auch aufwärtszugehen. Ich ›reite also
weiter‹, verstehst du? Das ist alles, was ich dazu sagen kann.«

*Gestern abend im Tin Palace habe ich bemerkt, daß du – umgeben
von all der freien Musik – ziemlich nahe beim Bebop bist. Hast du
dich jemals davon entfernt?*

»Aber sicher! Lange Zeit. Als ich damals herkam nach New York,
begannen alle gerade frei zu spielen. Ich fragte dann ein paar Freunde:
›Was ist denn das? Die spielen ja gar keinen Bebop.‹ Aber damals, als
ich herkam, war das das einzige, was man spielen konnte. 1968 spielte
in ganz New York kein Mensch Harmonien. Überall, wo ich hinkam,
um mitzuspielen, spielten die Typen frei. Verstehst du, es gab
vielleicht zwei Läden, wo man einsteigen konnte . . . Aber zum
größten Teil spielten sie überall frei. Und bei den meisten Jobs, die
man bekam, bei den meisten Jazz-Jobs gingen die Jungs hin und legten
einfach los. Ich bekam dieses Zeug bald satt. Dieser ganze shit stellte
für mich keine Herausforderung dar. Ich meine, es ist keine Herausforderung, so lange man es nicht selbst zu einer Herausforderung
werden läßt und es auf ein gewisses Niveau hebt, auf dem es eigentlich
sein sollte. In dieser Hinsicht ist Musik genauso wie alles andere sonst.
Man kann da nicht so einfach nur loslegen. Man muß sich ein
musikalisches Wissen erwerben. Und daran hat sich bis heute nichts
geändert. Ein C-Dur ist ein C-Dur! Daran wird sich nichts ändern.
Was auch immer du unternimmst, es wird immer Akkorde und so
etwas geben. Und daran wird sich nichts ändern, auch wenn man noch
so schnell auf seinem Instrument wird. Ich meine, ich bin nicht der
Typ, der eine ganze Nacht lang den Akkorden hinterherspielen
möchte. Manchmal, wenn ich spiele, steige ich einfach aus den
Harmonien aus, weil mir gerade danach zumute ist. Ich meine, daß das
Freiheit ist! Denn ich tue, was ich will.

Aber ich stehe auf Akkorden! Denn weißt du, ich habe den Eindruck,
daß eine ganze Reihe von Typen einen Ausweg sucht. Denn Bebop
war hart! Bebop war schwer! Und es gab wenig Typen, die ihn wirklich
gut bringen konnten. Und wenn du ihn nicht richtig brachtest, dann

kickten sie dich einfach von der Bühne . . . Sie kümmerten sich einen Teufel um dich. So ist das nun einmal. Das Wesentliche ist die Kontrolle. Entweder man hat sie oder man hat sie nicht. Ganz gleich, was man spielt, allein darauf kommt es an; allein auf die Kontrolle. Wenn man die hat, kann man spielen, was man will. Aber trotzdem bin ich einer von den Leuten, die es satt haben, immer nur Bebop zu spielen. Ich meine, ich hab' nicht den Bebop satt, aber ich kann ebenso auch viele andere Sachen spielen.«

Du leitest jetzt eine Bigband, die samstags nachmittags im »Ladie's Fort« auftritt. Gibt es da nicht Probleme mit der Bezahlung?

»Diese Musiker wollen einfach alle *spielen*. Ich meine, die sagen: Ich bin hier, um zu spielen! Denn Musiker sind nun einmal wirklich scharf aufs Spielen. Alles, was wir brauchen, ist ein Ort, wo wir spielen können und ansonsten in Ruhe gelassen werden. So geht es jedenfalls den Jungs in meiner Band. Also kommen sie und spielen. Wir haben einfach Spaß daran, die Dinge zusammenzusetzen, zu spielen. Und ich meine, bei den Dingen, die wir zu spielen versuchen, müssen wir, wenn wir irgendwann einmal ein gewisses Niveau erreichen wollen und damit Geld verdienen wollen, weitermachen und immer besser zu werden versuchen. Und irgendwann, wenn wir lange genug zusammenbleiben und es gut genug machen, dann werden wir früher oder später einmal ein bißchen Geld damit verdienen. Denn nur so funktioniert das. Und so ähnlich denken all die anderen auch.«

Spielen die Leute in deiner Band daneben auch in anderen Gruppen? Oder haben sie sonst andere Berufe?

»Die meisten von ihnen sind ausschließlich Musiker; Free Lancer, Spitzenmusiker. Sie spielen vom Blatt, sie könnten hier in New York sicher ein paar gute Jobs bekommen, hin und wieder. Aber es ist hart! Sie sind in einer ähnlichen Situation wie ich. Ich meine, wir sind alle so ziemlich auf dem gleichen Niveau. Wir krebsen hier alle rum, und wir spielen hier vor allem aus der Liebe am Spielen. Siehst du, wir setzen hier zum Beispiel für fünf Uhr eine Probe an. Wir proben also; und wenn einer kommen kann, dann kommt er, und wenn er nicht kommen kann, dann kommt er nicht . . . Aber so halten wir die Sache am Laufen. Und auf diese Weise ist unsere Musik intakt.«

Unterdrückt die Gewerkschaft eigentlich immer noch die Sessions?

»Die Gewerkschaft . . . nun, diesen shit haben sie früher einmal gemacht. Ich erinnere mich daran, als ich anfing zu spielen, da pflanzte der Gewerkschaftsmann Angst in jedermanns Herz.«

Wie machte er denn das?

»Oh, er kam nur herein, und jeder ergriff die Flucht! Wenn man auf
der Bühne stand, dann wurde von einem erwartet, daß man eine
Mitgliedskarte besaß.«

Bist du denn jetzt in der Gewerkschaft?

»Um Gottes willen, nein, nein, nein. Nein, zum Teufel! Ich in der
Gewerkschaft? Ich krieg' von der Gewerkschaft doch keine Arbeit.
Ich geh' niemals zum Gewerkschaftshaus runter. Ich meine, das ist
eine ganz andere Welt. Ein paar Minuten lang war ich mal in der
Gewerkschaft. Ich spielte unten am Broadway in einer Show mit
Muhamed Ali. Ich spielte in dem Orchester, das die Show begleitete.«

Mit Muhamed Ali, dem Boxer?

»Ja. Das ist wirklich einer der größten Typen, die ich jemals gesehen
habe, als Persönlichkeit! Er ist großartig . . . Was geschehen war, war
folgendes: Ein Freund von mir aus San Francisco leitete die Band. Er
brachte also den Armleuchter, der die Band managte, dazu, daß der
mich bei der Gewerkschaft anmeldete, damit ich den Job spielen
konnte. Und das war dann also meine Gastrolle in der Gewerkschaft.
Wir spielten also die Show, und die Show fiel durch. Und irgendwann
wurde die Mitgliedskarte dann ungültig. Fertig! Aber ich bekomme
von der Gewerkschaft sowieso keine Jobs. Die tun für mich überhaupt
nichts. Hier unten (im Village) haben die sowieso nichts zu vermelden.
Ich habe hier unten in Manhattan in nahezu allen Clubs gearbeitet,
und niemand hat mich jemals nach einem Gewerkschaftsmitgliedsaus-
weis gefragt. Ich würde diesen Typen sowieso meinen Ausweis nicht
zeigen. Ich meine, wer sind die denn schon! Früher einmal rannten sie
hier rum und schüchterten die Leute ein. Ich habe mit angesehen, wie
sich das dann langsam änderte. Wie ich vorher schon sagte, früher
konnte man sehen, wie diese Typen zu einer Session kamen und
Furcht verbreiteten. Der Gewerkschaftsmann kam zu einer Session,
die Typen rannten weg, er versuchte, sie festzuhalten und so weiter.
Die konnten damals noch die Musiker zu sich bestellen, sie aus dem
Job feuern und ähnliche Sachen machen.«

*Welche Bedeutung hat deiner Meinung nach die Loft-Szene für die
Musiker hier?*

»Nun siehst du, Joe Lee, Sam, Rashied* . . . all diese Typen machen
ihre eigenen Läden auf. Denn nicht zu spielen bedeutet sozusagen,
sich selbst umzubringen. Wenn man einmal zu dieser Überzeugung
gelangt ist, dann weiß man, daß es nicht gut ist, wenn man nicht spielt.

---

* Joe Lee Wilson, Sam Rivers, Rashied Ali

Für einen Musiker ist das nicht gesund. Ich meine, all dies Herumsitzen und Warten und Warten . . . Das ist schon schlimm. Denn wenn man dann irgendwann einmal eine Chance zum Spielen erhält, dann ist man nicht mehr in Form. Und so hat sich zum Beispiel Joe Lee gesagt: ›Ich will das in Gang bringen, ich will diesen Laden aufbauen.‹ Als wir anfingen, war hier nicht einmal eine Heizung drin. Es war kalt. Aber dennoch: Wir hatten einen Ort, in dem wir spielen konnten. Und Sam startete seinen Laden auf die gleiche Art und Weise. Die Typen bekamen es einfach satt, herumzusitzen, und machten ihre eigenen Läden auf und sie spielten! Sie ließen nicht nach. Und auf diese Weise begann sich die Musik wieder zu beleben. Die Typen sagten sich: Ich will das tun, weil ich es tun will!
Es ist das gleiche wie bei Leuten, die sich Flaschenschiffe bauen. Wenn sie das wollen, dann machen sie das. Und ich, ich will spielen. Verstehst du? Wir sind nun mal *freaks*. Die Menschen haben nun mal Leidenschaften, verstehst du, was ich meine?«

Aber ist das nicht ein ziemlich trauriger Zustand, wenn so viele kreative Leute unter diesen Bedingungen arbeiten müssen?

»Aber ich habe niemals etwas anderes gesehen. Ich hab' nun mal erfahren, daß es mit kreativen Leuten immer so aussieht. Es scheint mir, es ist so, weil es nun einmal so ist. So sind die Zustände! Und ob es ein Elend ist oder nicht, ist für mich völlig unbedeutend. Denn ich meine, alles, was man tun kann, ist eben, es zu tun; zu spielen. Ich meine, es ist einfach schon deshalb für mich in Ordnung, weil ich die Chance habe, das zu tun, was ich tun will. Und es ist deshalb in Ordnung, weil wir die Chance haben, etwas zu entwickeln. Denn wir wollen es so entwickeln, wie *wir* es wollen, ohne daß uns da jemand hereinredet. Wir wollen unsere Sache so machen, wie *wir* wollen. Und wir haben die Chance, sie weiterzuentwickeln. Und das bedeutet für mich Selbstentfaltung! Ich meine, früher oder später werden einige von den Jungs hier Spitzenstars sein.«

Aber trotzdem mußt du doch schließlich essen, nicht wahr?

»Natürlich, das kriege ich schon hin! Es ist nicht so . . . ich kann mir ein Klavier leisten, ich kann mir ein Apartment leisten, ich komme schon klar! Du, ich bin ein Musiker! Und ein guter, verstehst du? Ich kann eine ganze Menge. Und so bringe ich es auch fertig, daß ich etwas zu essen habe.«

In Europa subventioniert der Staat hin und wieder die kreative Musik.

»Ja. Aber siehst du, für mich sieht das anders aus . . . So etwas gibt es hier in New York auch. Aber Mann, ich werde mich mit dieser Art von Leuten nicht einlassen! Das ist eine politische Angelegenheit. Die sind an mir nicht interessiert. Ich meine, ich bin jetzt seit acht Jahren hier. Und verdammt noch mal, sie haben sich bis jetzt noch nicht dafür interessiert, was ich mache.

Was ich durchmachen müßte, um da heranzukommen, ist einfach lächerlich! Ich bin niemals in der Schule gewesen, ich habe keine Zeugnisse. Ich hab' einfach nicht den Grips, um all diesen shit zu Papier zu bringen und dorthin zu schicken . . . Ich meine, wenn ich nicht einfach zu einem Typen hingehen und ihm vier oder fünf Chorusse vorblasen kann, damit er weiß, daß ich für ein Stipendium tauge, dann tauge ich eben nicht für ein Stipendium . . . Denn diese ganze Salbaderei (rigmarole) ist doch einfach lächerlich. Diese ganze Prozedur ist dafür eingerichtet, um Typen wie mich auszusperren. Ich kann dieses verdammte Zeug nicht einmal lesen. Verstehst du, die Sprache, die sie verwenden, die Formulare, die sie benutzen . . . Ich meine, all dieser Mist ist eine reine Zeitverschwendung, besonders für einen Typen wie mich.

Dazu kommt, daß ich überhaupt keine Referenzen habe. Ich kann doch nicht zu irgend jemanden gehen und um Referenzen bitten, vielleicht zum Pastor Gensel* oder solchen Leuten gehen und sagen: ›Würden Sie mir vielleicht bitte dieses Stück Papier unterschreiben . . .?‹ Verstehst du, dieser Pastor ist ein netter Typ; aber ich kann einfach nicht zu ihm sagen: ›Würden Sie bitte dieses Papier unterschreiben, das bescheinigt, daß ich Saxophon spielen kann.‹ Verstehst du, das bin einfach nicht *ich*! Ich hab' schon einmal daran gedacht. Aber Mann, jedesmal, wenn ich mir diese Formulare ansehe, bekomme ich Kopfschmerzen. Ich habe mir also gesagt, daß dies wie alles andere in diesem System läuft: Es ist dazu da, Leute wie mich auszuschließen. Selbst wenn vorne drauf sehr viel Zeug über Gleichberechtigung steht, so ist das doch nichts als ein Haufen shit. Ich meine, sie sagen so Sachen wie: ›Dieses Stipendium ist für alle Künstler gleichermaßen zugänglich.‹ Das ist nichts als ein Haufen shit! Es ist ausschließlich dazu da, Leute wie mich auszuschließen. Und damit basta!«

Aber wäre es nicht wichtig zu versuchen, dies zu ändern?

»Nun, siehst du, so ist nun mal das System. Für mich wäre es einfach

---

* Reverend John Garcia Gensel, genannt der Jazz-Pastor, zelebriert in seiner St. Peter's Church in der 56. Straße regelmäßig sogenannte Jazz-Vespergottesdienste.

unsinnig, da mitzumischen. Ich meine, die einzige Art und Weise, daran etwas zu ändern, besteht für mich darin, das zu tun, was ich gerade tue. Wir ändern das System für uns selbst. Es kommen immer mehr Leute zu uns, die unsere Musik hören wollen. Das ist doch prima. Von mir aus können sie auch vorbeikommen und sagen: Mann, ich geb' dir ein Stipendium! Hervorragend! Denn natürlich können wir das Geld gebrauchen. Sicher, Mann! Wir sind zwar Künstler, aber wir brauchen auch ein bißchen Geld.«

Jimmy Owens

Der Trompeter Jimmy Owens wurde 1943 in New York geboren. Er besuchte die *High School of Music and Art*, studierte Komposition bei Henry Brant, Trompete bei Donald Byrd und Carmine Caruso. An der University of Massachusetts schloß er mit einem Master-Diplom im Fach Musikpädagogik ab.
Owens' jazzmusikalischer Werdegang ist durch folgende Stationen gekennzeichnet: Slide Hampton (1962–63), Lionel Hampton (1963–64), Charles Mingus (1965), Herbie Mann (1966). Seine eigene Gruppe *Quartet plus One* formierte er 1969. Im gleichen Jahr schloß er sich dem New Yorker Orchesterprojekt *Symphony of the New World* an. Kurzfristige Engagements, Tourneen und Schallplattenaufnahmen absolvierte er u. a. mit den folgenden Musikern bzw. Orchestern: Gerry Mulligan, Thad Jones-Mel Lewis, Max Roach, Count Basie, Duke Ellington, Archie Shepp, Dizzy Gillespie . . .
Jimmy Owens repräsentiert einen neuen Typus von afro-amerikanischem Musiker; einen Typus, der in den Metropolen des amerikanischen Musiklebens zunehmend häufiger anzutreffen ist: den vielseitig gebildeten Allround-Professional, dessen zentraler musikalischer Bezugspunkt der Jazz – in einem relativ breiten stilistischen Spektrum – bildet, der sich jedoch daneben in diversen anderen musikalischen Genres profiliert hat und der darüber hinaus auch die außermusikalischen, ökonomischen und administrativen Aspekte seines Berufes unter Kontrolle hat. Jimmy Owens ist ein Intellektueller, er ist zugleich ein versierter Organisator und Geschäftsmann; und er ist ein außerordentlich kompetenter Trompeter, der mit dem extrovertierten Jump der Hampton-Band ebenso vertraut ist wie mit dem klassischen Repertoire der *Symphony of the New World* und der Musik von Sun

Ra, und der in den Aufnahmestudios von New York nicht nur an der
Produktion von kommerziellen TV-Jingles, sondern auch an der von
Archie Shepps LP *The Way Ahead** beteiligt war.

Seit Mitte der 70er Jahre befaßte sich Jimmy Owens zunehmend auch
mit den organisatorischen Problemen der New Yorker Jazzszene und
engagierte sich dabei in den unterschiedlichsten Institutionen. Er
gehört zu den Gründungsmitgliedern der *Collective Black Artists,
Inc.*, ist in den Vorständen der *National Academy of Recording Arts
and Sciences* (NARAS) aktiv und gehört den Förderungsausschüssen
des *National Endowment for the Arts* und des *New York State Council
on the Arts* an, Institutionen, die für die Vergabe von Stipendien und
Subventionen an Jazzmusiker, -komponisten, Lofts usw. zuständig
sind.

Jimmy Owens repräsentiert damit offensichtlich den exakten Gegen-
typus zu Monty Waters, der – wie man sich erinnert – beim Anblick
»all dieser Formulare« Kopfschmerzen bekommt. Leichtsinnig wäre
es, daraus eine – wie auch immer gepolte – Wertung abzuleiten. Denn
beide repräsentieren nicht nur entgegengesetzte Fraktionen der New
Yorker Jazzszene (sie haben – nebenbei gesagt – schon mehrfach
zusammen gespielt), sondern beide stehen darüber hinaus für die
beiden divergierenden Traditionen jazzmusikalischer Sozialisation:
der literaten, im europäischen Sinne »gebildeten« einerseits und der
nonliteraten, eher volksmusikalischen Tradition andererseits. Daß
diese Polarität der jazzmusikalischen Teilkulturen *heute* weniger mit
der Fähigkeit des Notenlesens zu tun hat, sondern vielmehr mit
übergeordneten soziokulturellen Faktoren, ist offensichtlich.

In meinem Gespräch mit Jimmy Owens, das am 17. März 1976 in
seinem Loft in der Park Avenue South stattfand, bezog ich mich
zunächst auf einen Artikel, den er einige Zeit zuvor für *Expansions*,
eine Veröffentlichung der *Collective Black Artists*, verfaßt hatte. Der
Artikel trug den Titel »Monies due to the creative musician«.

*Dein Artikel über die ökonomischen Aspekte der kreativen Musik
befaßt sich hauptsächlich mit einem fiktiven Musiker, der bereits
erfolgreich ist, der bereits seine eigenen Schallplatten produziert hat.
Und in deinem Artikel sind das sogar Bestsellerschallplatten. Was
wäre denn deiner Meinung nach so ungefähr die durchschnittliche
Verkaufsziffer für Jazzschallplatten?*

»Nun, es ist sehr schwer, eine solche Frage zu beantworten. Zunächst

---

* Impulse 9170

einmal müßten wir uns darüber einigen, über welche historische Periode wir sprechen. Und dann haben wir es auch noch mit verschiedenen Kategorien von kreativer Musik zu tun.

Nehmen wir einmal die 50er Jahre: Ob wir über Art Blakey und Horace Silver oder ob wir über Cecil Taylor sprechen, das ist bereits ein großer Unterschied. Und wenn wir in den 50er Jahren über Frank Sinatra sprechen und ihn mit Art Blakey und Horace Silver vergleichen, so haben wir wiederum eine völlig unterschiedliche Situation vor uns. Ich meine, wenn wir vom Standpunkt der 50er und 60er Jahre ausgehen, als die Schallplattengesellschaften buchstäblich nichts auf dem Gebiet des Jazz taten, als sie lediglich produzierten und sehr wenig wirkliche Arbeit dafür investierten, um ihren Künstlern zu helfen, zu dieser Zeit war man bereits sehr glücklich, wenn man 3000 bis 5000 Exemplare von einer Schallplatte verkaufte. Alles, was sie taten, war im Grunde, den kreativen Musiker als Abschreibungsobjekt zu verwenden. Er wurde von den Steuern abgesetzt.

Wenn also eine Schallplattengesellschaft eine Menge Geld mit Rock 'n' Roll und anderen Arten von Popzeug machte, dann brauchten sie etwas, um das auszugleichen. Sie brauchten ein paar Verluste. Also nehmen sie ein paar Jazzmusiker auf. Das genau ist die Art und Weise, in der die meisten Schallplattengesellschaften psychologisch mit der Sache umgingen. Möglicherweise würden sie das nicht zugeben. Aber so sah es aus.«

Aber gab es nicht auch damals einige Schallplattengesellschaften, wie z. B. Blue Note, die in der Hauptsache Jazz produzierten? Also muß es ihnen doch einigen Profit gebracht haben.

»Aber ja, natürlich brachte es ihnen Profit. Als *Blue Note* als Jazzschallplattengesellschaft ihren Höhepunkt hatte, produzierten sie eine Menge Schallplatten und hatten eine Menge Künstler unter Vertrag. Art Blakey machte ein paar Schallplatten im Jahr, ebenso Horace Silver und Donald Byrd; praktisch jeder Musiker, der da unter Vertrag war. Aber ich glaube nicht, daß diese Schallplatten sich gut verkauften, wenn man es einmal mit Popschallplatten vergleicht. Und viele von ihnen wären besser verkauft worden, wenn man sie anders vermarktet hätte. Ich kann dir aber wirklich keine Verkaufszahlen geben.

Als ich 1967 bei *Atlantic* unter Vertrag war, war es im allgemeinen so, daß man sehr sehr glücklich war, wenn man von einer Jazzplatte 6000 bis 7000 Stück verkaufte. Und als Herbie Manns Platten sich mit 30 000 Exemplaren verkauften, da war das ein Hit, ein riesiger Hit!

Heutzutage wollen die Firmen, die kreative Musik beziehungsweise
irgendeine Form von Jazz produzieren, im allgemeinen 30 000 bis
50 000 Exemplare verkaufen. Und im allgemeinen tun sie absolut
nichts dafür; vielleicht mit der Ausnahme von *Muse Records*, die
meiner Meinung nach im Geiste der 50er Jahre arbeiten. Die anderen
tun absolut nichts für den von ihnen aufgenommenen Künstler. Sie
nehmen ihn nur auf. Tatsächlich aber sieht die Sache so aus, daß sie
einen Musiker aufnehmen, ihm ein bißchen Geld geben und dann sein
Produkt für alle Zeiten besitzen. Und dieses Produkt wird mit der Zeit
immer wertvoller.

Es läuft also ungefähr so: Man bringt eine Schallplatte von Sonny
Clark auf den Markt; aber keiner weiß, wer, zum Teufel, Sonny Clark
ist; also kauft keiner die Platte. Aber die Firma hat diese Platte in
ihrem Katalog. Und wenn dann irgendwann einmal die Zeit kommt,
daß sie ihren ganzen Katalog verkaufen wollen, dann findet sich schon
jemand, der ihn attraktiv findet, denn sie haben ja all diese Schallplatten drin.«

Sind die Bandleader nicht normalerweise am Verkauf der Schallplat-
ten mit einem gewissen Prozentsatz beteiligt?

»Ja, das sind sie schon. Aber weißt du, die Art, in der das läuft . . . Ich
habe das in dem Artikel ein bißchen zu erklären versucht. Man muß
der Schallplattenfirma, die die Produktion der Schallplatte gemacht
hat, erst einmal alle Kosten wieder hereinbringen, bevor man irgendwelche Tantiemen erhält. Und die wenigsten Schallplattenfirmen
bezahlen ihren Musikern irgendwelche Tantiemen, denn sie argumen-
tieren damit, daß der Musiker niemals die Kosten für die Produktion
der Schallplatte hereingebracht hat.«

In deinem Artikel schreibst du, daß die Produktionskosten für eine
Schallplatte ungefähr 4000 Dollar betragen und daß der Musiker
dieses Geld der Firma erst einmal zurückzahlen muß. Und dann
führst du aus, daß in Realität die Produktionskosten für eine gut
produzierte Schallplatte niemals so niedrig liegen würden.

»Ja, meistens werden die Produktionskosten bei den heutigen Markt-
bedingungen nicht so niedrig liegen. Wenn wir in die 50er und 60er
Jahre zurückgehen, da war es ungefähr so: Die meisten Schallplatten
von *Blue Note* wurden für ungefähr 1500 bis 2000 Dollar produziert.
Heute sind aber die Gagen für die Musiker wesentlich höher, ebenso
die Kosten für die Studiomiete. Ein gutes Studio in New York kostet
ungefähr 150 Dollar pro Stunde. Die Kosten für das Mischen liegen so
ungefähr bei 90 bis 150 Dollar pro Stunde. Die Technik, mit der sie

heute aufnehmen, läßt die Kosten ungeheuer hochgehen. Auf diese Weise wird eine Schallplatte, die man früher für 4000 Dollar produziert hat, heute wahrscheinlich um 6000 Dollar kosten.«

Sind die Sidemen auch prozentual am Umsatz beteiligt, wie der Bandleader, oder bekommen sie nur eine Gage?

»Sie werden nur einmal bezahlt, sie erhalten keine Prozente. Der einzige, der einen prozentualen Anteil erhält, ist derjenige, der auf dem Vertrag steht. Die Sidemen werden lediglich für die Aufnahme bezahlt. Die gewerkschaftlich festgesetzte Gage für Schallplattenaufnahmen beträgt derzeit 110 Dollar für drei Stunden, was im Grunde *nichts* ist. Wir können also davon ausgehen, daß ein Musiker, der an einer Schallplattenaufnahme beteiligt ist, 110 Dollar verdient oder vielleicht auch 220 Dollar, wenn man zwei Sessions braucht, um die Schallplattenaufnahme fertig zu bekommen. Und das ist alles, was er für den Rest seines Lebens daran verdienen wird.

Vielleicht entschließt sich nun aber die Firma im Jahre 2010, diese Schallplatte wieder auf den Markt zu bringen. Der Musiker aber, der bei dieser Schallplattenaufnahme als Sideman beteiligt war und nun vielleicht 50 Jahre alt ist, wird keinerlei Geld mehr dafür bekommen. Für all diese Schallplatten, die man in den letzten fünf Jahren wiederveröffentlicht hat, erhalten die Musiker, die darauf zu hören sind, überhaupt nichts. Für all diese Anthologien, die *Blue Note* und *Prestige* aus ihren Katalogen wiederveröffentlichen und die sie in wunderschöne neue Hüllen stecken, all diese Aufnahmen von Sonny Rollins, Ornette Coleman und Mingus . . . keiner der Sidemen erhält auch nur einen Dollar aus der Wiederveröffentlichung dieser Schallplatten.«

Ist das nicht ein Fehler in der Gesetzgebung?

»Genau! Vom Standpunkt des kreativen Musikers aus ist das ein Manko. Vom Standpunkt der Schallplattenfirmen aus ist das natürlich hervorragend. Die müssen niemandem etwas bezahlen; denn sie bezahlen nicht einmal den Musiker, der im Vertrag steht. Den bezahlen sie ja erst, nachdem die Schallplatte Profit abwirft; nachdem sie die Kosten eingespielt hat. Meistens bekommen die Musiker natürlich ein bißchen Geld für die Wiederveröffentlichung ihrer Schallplatten. Aber ich weiß von Situationen, in denen der Musiker überhaupt kein Geld erhalten hat, denn die Firmen sagen: ›Ja, als du die Schallplatte vor 15 Jahren gemacht hast, da hast du der Firma nur 200 Dollar zurückbezahlt. Die Herstellung kostete aber damals 2000 Dollar. Also schuldest du uns noch 1800 Dollar. Wenn wir also diese

Schallplatte jetzt nach 15 Jahren noch einmal wieder herausbringen, dann müssen wir erst mal deine Schulden aufrechnen.‹
Verstehst du, das ist im Grunde unglaublich! Denn die Schallplatten-gesellschaften haben ihre Kosten ja längst über ihre Bücher abge-schrieben.«

Und die Musiker können all das überhaupt nicht kontrollieren?
»Nun, in einer solchen Situation nicht. Und verstehst du, das ist der Grund, weshalb ich so dahinter her bin, daß die Musiker sich in dem Geschäft auskennen, in das sie verwickelt sind. Es kann nicht nur darum gehen, sich zu präsentieren, sich vorzubereiten und zu üben, damit man ein guter Musiker wird und eine hervorragende Musik spielt. Denn das alles hat überhaupt keine Bedeutung, wenn es darum geht, daß du deine Rechnung bezahlen mußt. Ich habe mich über all dies schon mit vielen Musikern gestritten. Sie sagten dann: ›Mir geht es dabei nicht so sehr ums Geld!‹ Aber, verdammt noch mal: Wenn es dir nicht ums Geld geht, dann solltest du raus in die Wälder und die Felder gehen, für dich selbst spielen. Denn jedesmal, wenn du spielst, macht irgend jemand Geld mit *deiner* Musik. Wenn es dir also nicht ums Geld geht, dann gibst du irgend jemand anderem Geld, verstehst du?«

Wenn wir jetzt einmal von dem Musiker absehen, der bereits auf einem relativ hohen ökonomischen Niveau arbeitet, der bei einer großen Firma eine Schallplatte unter seinem eigenen Namen veröf-fentlicht . . . Dann gibt es ja aber noch eine Menge Musiker, die überhaupt noch keine Schallplatten eingespielt haben. Oder sie haben eine Schallplatte selbst produziert und herausgebracht. Ich glaube, deren Probleme liegen auf einem ganz anderen Gebiet. Was wäre dein Rat für einen Newcomer auf der Szene?
»Ja, ein Newcomer auf der Szene . . . Darüber gibt es keine endgül-tige Aussage. Stanley Clarke zum Beispiel war ein Newcomer auf der Szene, und heute ist er ganz an der Spitze. John Faddis war ein Newcomer auf der Szene . . . Wenn wir nun aber von einem New-comer auf der Szene sprechen wie von jenen vielen, die unten im *Tin Palace* spielen, von einem also, der *keine* Schallplatte herausgebracht hat und der daran interessiert ist, etwas in dieser Richtung zu unternehmen – um den ist es wirklich schlecht bestellt. Ich meine, sieh dir einmal all diese Schallplattenfirmen an, die innerhalb der soge-nannten Jazztradition produzieren: Da gibt es nur ganz wenige Firmen, die wirklich etwas für einen Musiker unternehmen, die wirklich gute Arbeit machen. Und diese Firmen werden in den

seltensten Fällen gerade an jenen bestimmten Schlagzeuger oder jenen ganz bestimmten Bassisten denken, der eine Gruppe zusammen hat, oder an irgendeinen Instrumentalisten, der neu im Geschäft ist und keinen *track record* hat.«

Was ist ein track record?

»Nun, er hat nicht irgendwelche Empfehlungen, die besagen, daß sich seine Schallplatten verkaufen werden; er hat selbst noch keine Schallplatten gemacht; oder er hat noch nicht mit bekannten Musikern gespielt, die ihn weiterempfehlen . . . Ein solcher Musiker tut in der Regel besser daran, *selbst* eine Schallplatte herauszubringen. Aber das kann ganz schön teuer werden.

Selbst eine bescheidene Produktion kann zwischen 1500 und 2000 Dollar kosten, wenn man nicht Musiker findet, die umsonst für einen spielen, oder ein Studio umsonst bekommt. Und wenn man die Schallplatte aufgenommen hat, dann muß man sie pressen lassen. Und das kostet wiederum einen Haufen Geld. Es gab einmal Zeiten, da konnte man eine LP für 27 bis 28 Cents pro Stück pressen lassen; und da kostete eine Schallplattenhülle zwischen 1 und 2 Cents. Heutzutage sieht das anders aus. Durch die Vinylknappheit im Zusammenhang mit der Ölkrise, über die sie vor ein paar Jahren geredet haben, sind die Preise für das Pressen von Schallplatten auf 55 bis 60 Cents hochgeschnellt. Schallplattenhüllen kosten heute zwischen 6 und 10 Cents pro Stück. Da kommt also eine Menge Geld zusammen. Aber nehmen wir einmal an, der bewußte Musiker hat das Geld zusammenbekommen und er hat 1000 Schallplatten pressen lassen. Dann steht er vor dem Problem, daß er diese 1000 Schallplatten in irgendeiner Ecke in seinem Haus herumliegen hat. Was, zum Teufel, will er dann mit ihnen machen? Wie soll er sie verkaufen?«

Kann er dann nicht zum »New Music Distribution Service«* gehen?

»Genau, er muß zu all diesen Leuten gehen. Aber das bedeutet immer noch nicht, daß er die 1000 Schallplatten auch verkauft. Sicher, er kann es beim *New Music Distribution Service* versuchen; und wenn sie ein sehr gutes Geschäft machen, dann werden sie vielleicht 150 bis 200 Exemplare von dieser Schallplatte umsetzen. Er hat aber tausend

---

* Der *New Music Distribution Service* ist ein von der Jazz Composers Orchestra Association eingerichtetes Vertriebssystem für die Eigenproduktionen der JCOA, in das auch Produktionen anderer kleiner und unabhängiger Firmen (independent labels) sowie musikereigene Produktionen aufgenommen werden. Die Initiatoren des *Service* sind Carla Bley und Mike Mantler.

Exemplare von seiner Schallplatte bei sich zu Hause in der Ecke
stehen.

Er zieht also los und geht in einen Schallplattenladen. Der Besitzer
fragt ihn: ›Wird die Schallplatte im Rundfunk gespielt? Ich meine, ich
habe einfach nicht genug Platz in meinen Regalen für deine Schallplatten, wenn niemand sie kaufen wird. Und ich denke nicht im geringsten
daran, dir 10 Exemplare dieser Schallplatte abzunehmen, wenn sie
nicht gekauft werden. Wird sie also im Radio gespielt?‹ Und dann sagt
man: ›Ja nun, ich bemühe mich darum, daß sie im Radio gespielt wird.‹
Dann dreht man sich also auf dem Absatz herum und geht zu einem
der Rundfunksender. Der Typ dort sagt: ›Verstehst du, wir bekommen Millionen von Schallplatten in einer Woche. Wir würden deine
Schallplatte ganz gerne spielen, aber steht sie denn in einem der
Schallplattenläden? Denn wenn wir sie spielen, dann sollen die Leute
auch in den Laden gehen und sie kaufen können. Denn wir sind keine
Versandfirma. Bei jeder Schallplatte, die wir senden, setzen wir
voraus, daß die Hörer in jeden beliebigen Schallplattenladen gehen
und sie kaufen können. Also: Kann man deine Schallplatte in den
Schallplattenläden kaufen?‹ Und dann sagst du: ›Ich bemühe mich
gerade darum, sie in den Schallplattenläden unterzubringen.‹

Auf diese Weise haben dich zwei Leute abblitzen lassen, die genau das
gleiche, nur mit umgekehrten Vorzeichen sagen. Damit fangen dann
die Probleme also erst richtig an. Da muß man versuchen, sich
durchzukämpfen. Denn die Macht liegt in den Zahlen! Seit Jahren
habe ich dies den Musikern gepredigt: Die Macht liegt in den Zahlen!
Du kannst eine Schallplatte selbst produzieren, ich kann eine Schallplatte selbst produzieren, deine ist auf deinem Label, meine ist auf
meinem Label und seine ist auf seinem Label . . . Aber all das hat
überhaupt keine Bedeutung! Erst wenn wir alle unsere Schallplatten
auf *einem* Label haben, können wir uns mit jemandem zusammenset-
zen und sagen: ›Paß auf, wir haben fünf Schallplatten auf unserem
Label und wir möchten dich bitten, den Vertrieb zu übernehmen.‹«

Aber so wird es doch gemacht, nicht?

»Genau. Aus diesem Grund ist der *New Music Distribution Service*
auch hervorragend. Denn alles, was sie getan haben, ist, all diese
verschiedenen Labels zusammenzufassen; zwar nicht unter einem
Label, aber doch unter einer Organisation.«

Würdest du sagen, daß für einen jungen Musiker, der voranzukom-
men versucht, eine Schallplattenaufnahme ein sehr wesentlicher
Schritt ist? Oder würdest du sagen, daß auch ein Musiker Chancen

hat, der sich um all dies nicht kümmert und sich sagt: »Ich mache meine Sache so gut ich kann. Ich versuche, mich in eine bestimmte Richtung zu entwickeln und kümmere mich nicht um das Vertriebssystem und ähnliches Zeug?« Siehst du für einen Musiker mit dieser Einstellung eine Chance?

»Nun, mit Sicherheit sehe ich eine Chance für ihn. Ich meine, musikalisch voranzukommen, ist harte Arbeit – wie es immer harte Arbeit ist, wenn du irgend etwas erreichen willst. Gleichzeitig aber sehe ich, daß dieser Musiker große Schwierigkeiten haben wird, seine Musik zu spielen und davon zu leben. Allein um seine Musik zu spielen, wird er in der Regel irgend etwas anderes machen müssen: Unterricht geben, sich einen Tagesjob suchen oder was auch immer. Das ist traurig. Aber die Musik ist nun mal so ein verdammt hartes Geschäft. Und da es nun mal ein Geschäft ist, haben sich meiner Ansicht nach allzu viele Leute bisher mit ihr nur von einem künstlerischen Standpunkt aus beschäftigt.

Nehmen wir einmal diesen fiktiven Musiker, von dem wir hier gerade sprechen: Sobald er sich den geschäftlichen Aspekten seiner Musik gegenübersieht, hat er ungeheuer viel zu tun, auch wenn er sich mit dem System selbst nicht identifiziert. Ich meine, er muß einfach Arbeit bekommen. Und wenn er arbeiten will, dann muß er sich zum Beispiel mit dem Typen vom *Tin Palace* an einen Tisch setzen und mit ihm sprechen. Und der wird ihm die gleiche Art von Fragen stellen: ›Hast du schon irgendwelche Schallplatten gemacht? Spielen sie deine Schallplatten im Rundfunk? O. k., dann kannst du in meinem Club montags und dienstags spielen.‹ Und das heißt, wenn kaum Gäste da sind. Und wenn man den Clubmanager dann dazu bekommt, daß er eine Annonce in die *Village Voice* oder irgendeine andere Zeitung setzt, dann wird vielleicht trotzdem niemand kommen, weil die Leute noch nichts von dem Musiker gehört haben. Auf diese Weise ist das ein nie endendes Problem.

Ich meine, wir sprechen jetzt über die negativen Dinge. Und die negativen Dinge sind außerordentlich wichtig, denn durch sie wird man sich dessen bewußt, was, zum Teufel, in diesem Geschäft vor sich geht. Es kann natürlich auch positiv laufen.

Aber dann gibt es noch ein anderes Problem. Ich habe gerade einen Vertrag mit *A & M* gemacht, nachdem ich ungefähr seit 1970 für keine Schallplattenfirma mehr etwas aufgenommen habe. Damals war ich bei *Polydor*. Ich war in der Zwischenzeit einfach nicht daran interessiert, mit irgendeiner Schallplattenfirma einen Vertrag zu machen.

Denn wenn ich mir diese ganze Industrie ansah, sagte ich mir: Es gibt
wirklich keine Schallplattengesellschaft, die für mich interessant ist.
Ich sagte mir: *CTI* ist die beste Schallplattengesellschaft, die es derzeit
gibt, gemessen an der Qualität dessen, was sie machen, an der
Klangqualität, an der Qualität der Verpackung und der Qualität der
Musik. Aber die interessierten sich nicht für mich, denn die hatten
schon Freddie Hubbard. An einem zweiten Trompeter waren sie
einfach nicht interessiert. Verstehst du, sie hatten einen pool, einen
Stall von Musikern; und sie machten mit anderen Musikern keine
Verträge. Sie hatten George Benson, Freddie Hubbard und Stanley
Turrentine. Und die brachten sie ganz groß heraus. Das war das
Problem. *Blue Note* hingegen unternahm, meiner Meinung nach,
überhaupt nichts. Und *Atlantic* unternahm ebensowenig. All diese
anderen Schallplattengesellschaften waren im Hinblick auf kreative
Musik absolut inaktiv. Und da sieht es nun für den Typen, dessen
Musik außerhalb der Tradition dessen steht, was die Schallplattenindustrie erwartet, ziemlich schlimm aus. Diese Leute müssen wirklich
zusammenhalten. Wenn wir von Leuten sprechen wie Cecil Taylor
oder Archie Shepp oder Sun Ra . . . die mußten seit Jahren wirklich
zusammenhalten. Trotzdem hielten sie niemals zusammen! Sie versuchten es zwar, aber es gelang ihnen nie. Und darum ging es uns vor
allem bei der Gründung der *Collective Black Artists*: Zu sehen, ob wir
eine Art harten Kern zusammenbekamen; Musiker, die sich an einen
Tisch setzten und die Dinge besprachen, die ihre Erfahrungen aus-
tauschten, damit sie nicht immer wieder in die gleichen Müllgruben
fielen, in die sie vorher gefallen sind, ganz gleich, ob dies nun gestern,
im vergangenen Jahr oder vor 10 Jahren war.«

*Versuchen die Collective Black Artists die Produktionsmittel in die
eigene Hand zu nehmen, Schallplatten herauszubringen und so
weiter?*

»Nein, darauf haben wir bewußt verzichtet. Zu einem bestimmten
Zeitpunkt hatten wir einmal vor, in die Schallplattenproduktion
einzusteigen, aber dann ließen wir dies doch wieder sein. *Strata East*
war gerade gegründet worden, und da überlegten wir uns, daß wir die
Schallplattenproduktion lieber der Firma *Strata East* überlassen und
statt dessen mit ihr zusammenarbeiten wollten. Und das machten wir
sehr lange Zeit. – So schickten wir zum Beispiel die Musiker, die bei
uns in der *CBA* mit uns zusammenarbeiteten, in der Regel zu *Strata
East*. Aber dann ergab sich eine Situation . . . Es zeigte sich, daß die
Musiker, die nicht das Geld aufbrachten, eine eigene Schallplatte zu

produzieren, auch keine Schallplatte produzieren konnten . . .
Du machtest vorhin ein statement über die Bedeutung, die Schallplatten für einen Musiker besitzen: Was die Dokumentation der Geschichte betrifft, so sind sie meiner Meinung nach außerordentlich wichtig; sie leben viel länger als wir. Coleman Hawkins ist tot, Charlie Parker ist tot, Art Tatum ist tot . . . Ihre Schallplatten aber leben weiter. Noch in hundert Jahren werden wir ihre Schallplatten aus dem Regal nehmen und spielen können.«

Dieser Aspekt ist natürlich auch sehr wichtig. Aber was ich vorhin meinte, war die Bedeutung der Schallplatte als Mittel zum ökonomischen Erfolg. Wenn ich das richtig verstanden habe, läuft es ungefähr so: Ein junger und relativ unbekannter Musiker produziert eine Schallplatte selbst, versucht, sie irgendwie zu verkaufen und dadurch so bekannt zu werden, daß er schließlich bei einer großen Firma landen kann.

»Vielleicht schwebt das vielen Musikern unbewußt so vor, vielleicht auch nicht. Ich glaube, die meisten Musiker haben diesen Hintergedanken, ganz unabhängig davon, welche Art von Musik sie nun spielen: ›Eines Tages würde ich gerne für Columbia aufnehmen. Ich wünschte mir, daß Columbia eines Tages an meine Tür klopft und sagt: Wir möchten, daß du für uns eine Schallplatte aufnimmst.‹ Ich glaube, unbewußt hat jeder Musiker solche Ideen, selbst wenn er sich mit seiner eigenen Schallplattenfirma abplagt. Er sieht einfach, wie schwer es ist.

Aber genau an diesem Punkt, wenn die Schallplattenindustrie sich für dich zu interessieren beginnt, kommt es darauf an, daß du dich nicht verheizen läßt, daß du dich nicht schlucken läßt und alles verlierst, was du bisher gewonnen hast. Ich will dir einmal ein Beispiel dafür geben, das dir zeigt, daß es heute eine neue Art von Musiker gibt, junge kreative Musiker, die nur sehr wenig Ähnlichkeiten mit Monk, Dizzy und Bird aufweisen. Ich meine, die waren für ihre Zeit schon sehr fortgeschritten und versuchten, sich aus den Klauen von Norman Granz oder Gene Norman soweit wie möglich zu befreien. Mingus hatte lange Zeit eine eigene Firma, das heißt, Mingus und Max (Roach) besaßen *Debut Records*. Und Dizzy (Gillespie) hatte damals in den 40er Jahren die Firma *DG-Records*. Er nahm eine ganze Reihe von Schallplatten auf, aber ich weiß nicht, was aus ihnen geworden ist. Diese neue Generation von Musikern aber, von der ich spreche, ist sich nun dessen bewußt geworden, wie schwierig die Situation auf dem Musikmarkt ist. Diese Musiker sind sich dessen bewußt, daß es nicht ausreicht, sich mit den Repräsentanten der Schallplattenindustrie an einen Tisch zu setzen. Sie haben sich entschlossen, ihre Sache soweit wie möglich in die eigene Hand zu nehmen. Sie haben sich entschlossen, nicht mit Agenten zusammenzuarbeiten, sondern ihre Angelegenheit selbst zu regeln, soweit es geht. Und irgendwann werden sie damit öffentliche Anerkennung finden und vom Business akzeptiert werden. Und dann werden vielleicht andere Leute kommen und ihnen bei ihren Unternehmungen helfen.

Ein Beispiel: Wir haben hier einen sehr guten Trompeter, Marvin Petersen. Er pendelt mit seiner Gruppe ständig zwischen Europa und den USA hin und her. Er besorgt sich seine Arbeit selbst. Er schreibt ständig irgendwelche Leute an, fährt zu den Festivals hinüber, hat hier seine eigenen Schallplatten produziert, die er in der ganzen Welt verkauft, wo auch immer er hinkommt. Er ist sich darüber klar geworden, daß dies *so* für ihn richtig ist. Und wenn du sagst, daß du ihn in Deutschland gehört hast, dann zeigt das, daß sich ihm die Türen auch dort geöffnet haben. Er hat seine Leute, die ihm in Europa helfen, die Konzerte für ihn organisieren usw. Und darüber hinaus ist er einfach ein sehr, sehr guter Musiker.

Nun, diese neue Generation von Jazzmusikern nimmt ständig zu. Es ist einfach so, daß es für diese Leute zu einem bestimmten Zeitpunkt notwendig war, ihre Sache selbst in die Hand zu nehmen. Und schließlich wurden dann eben auch andere Leute auf diese Sache aufmerksam. Und diese anderen Leute in der Industrie sagten: ›He, komm her und mach für uns Schallplatten.‹

Mit anderen Worten: Columbia kommt, klopft an die Tür und sagt: ›Wir möchten, daß du für uns arbeitest.‹ Und an diesem Punkt nun ist es notwendig, daß der kreative Musiker den *bestmöglichen* Vertrag für sich heraushandelt, den er bekommen kann. Denn *das* ist der Punkt, wo wir kreativen Musiker so oft hintenrunter gefallen sind. Wir haben im allgemeinen eben nicht den bestmöglichen Vertrag gemacht. Und wenn ich über den bestmöglichen Vertrag spreche, dann spreche ich zum Beispiel auch über die Langfristigkeit eines Vertrages. Ich spreche über die Tatsache, daß im Jahre 2010 irgend jemand diese Atlantic-Platte hervorholen kann, die ich im Jahre 1967 aufgenommen habe, und sie spielen kann, ohne daß ich auch nur das geringste dafür bekomme. Das wäre zum Beispiel nicht der bestmögliche Vertrag, den ich im Auge habe. Denn dieses spezielle Produkt, das ich für ihn, Mister Columbia, jetzt produziere, wird viel länger leben als ich. Also sollte er nach meinem Tode meiner Frau und meinen Kindern das

Geld bezahlen, das er mir schuldet. Diese Verpflichtung hat er, und wir haben die Verpflichtung, darauf zu achten, daß er sie auch einhält.«

Wenn du dich mit einer sehr großen Firma einläßt, gibt es dann nicht immer die Gefahr, daß sie dich ändern, daß sie deine Spielweise in die Richtung hin verändern, wie sie möchten, daß du klingen sollst?

»Das ist wahr. Nur sehr starken Individuen gelingt es, sich nicht ändern zu lassen. Aber manchmal will sich ein Individuum auch ändern, ohne daß es ihm bewußt ist. Der Musiker will verändert werden. Er will irgendeine andere Art von Musik machen, außerhalb jener, die er gerade spielt. Möglicherweise hatte er sich in der Musik, die er gerade spielt, festgefahren, und er kam nicht dazu, irgendeine andere Art von Musik zu spielen. Bei mir persönlich hätte das beispielsweise so ausgesehen, daß ich mich mit Sicherheit festgefahren hätte, wenn ich innerhalb der sogenannten Avantgarde steckengeblieben wäre, innerhalb des Free Jazz, als ich mit Musikern wie Marion Brown, Sunny Murray und Sun Ra gespielt habe. Ich würde da vielleicht immer noch drinstecken. Aber es gibt einfach zu viele andere Dinge, die ich machen möchte.«

Pepper Adams

Während der 50er Jahre war die Automobilstadt Detroit eine der wichtigsten Keimzellen für eine neue jazzmusikalische Tendenz: der Hardbop, wie die Kritiker diese vergleichsweise unkomplizierte und vitale Variante des Bebop nannten, stellte sich offensichtlich in Opposition zu dem seinerzeit kommerziell dominierenden »weißen« West Coast Jazz. Hardbop war ein ostentativ schwarzes Idiom, das Bezug nahm auf die *roots* afro-amerikanischer Musik, auf Blues, Worksong und die Gospelmusik der Sanctified-Kirchen.

Zu den Musikern, die während der 50er Jahre in Detroit aktiv waren, gehörten die Saxophonisten Yusef Lateef und Charles McPherson, die Trompeter Donald Byrd, Billy Mitchell und Thad Jones, der Posaunist Curtis Fuller, die Pianisten Tommy Flanagan, Barry Harris, Roland Hanna und Hank Jones, die Bassisten Paul Chambers und Doug Watkins, der Schlagzeuger Elvin Jones – und der Baritonsaxophonist Pepper Adams.

Adams ist der einzige Weiße unter all diesen afro-amerikanischen

Musikern – und dies liegt nicht etwa an meiner Auswahl, sondern entspricht den seinerzeit bestehenden Verhältnissen. Pepper Adams war lange Zeit einer der ganz wenigen weißen Musiker, die sich im schwarzen Idiom Hardbop auf überzeugende Weise artikulierten; so überzeugend, daß man ihn in Europa, so lange man ihn nur von Schallplatten her kannte, für einen Afro-Amerikaner hielt.

Geboren wurde Pepper Adams 1930 in Highland Park, Illinois, etwa 20 Meilen nördlich von Chicago. Getrieben durch die wirtschaftliche Misere der Depressions-Ära wechselte die Familie mehrfach den Wohnsitz, um schließlich Mitte der 40er Jahre in Detroit seßhaft zu werden. Hier begann Adams' eigentliche jazzmusikalische Sozialisation. Mit 14 Jahren absolvierte er seinen ersten professionellen Job: als Klarinettist im Duo mit dem Boogie Woogie-Pianisten Meade Lux Lewis. Sechzehnjährig spielte er sechs Wochen im Orchester von Lionel Hampton, dem in dieser Zeit unter anderem Fats Navarro und Charles Mingus angehörten.

Etwa zehn Jahre lang arbeitete Pepper Adams dann vor allem in Detroit, spielte mit der Mehrzahl der obengenannten Musiker und zog dann 1956 nach New York, wo die Detroiter Musiker mittlerweile so etwas wie eine Sub-Community etabliert hatten. In den folgenden Jahren leitete Adams gemeinsam mit Donald Byrd ein Quintett, das einige bemerkenswerte LPs für *Blue Note* einspielte, und arbeitete als Free Lancer in den New Yorker Schallplattenstudios.

Nach einigen mehr oder minder kurzfristigen Engagements in den Bands von Maynard Ferguson, Benny Goodman und (noch einmal) Lionel Hampton schloß sich Adams 1965 der Thad Jones/Mel Lewis-Bigband an. Genauer gesagt, er gehörte zu den Gründungsmitgliedern dieses Orchesters, das anfangs als eine Art von Rehearsal Band fungierte, in der New Yorker Studiomusiker zum Zeitvertreib spielten, das sich jedoch im Laufe der Jahre zu einer der vielbeschäftigsten reisenden Jazzorchester der Welt entwickelte.

1978 verließ Pepper Adams die Bigband, um sich als Solist selbständig zu machen und sich nebenher wieder verstärkt der finanziell lukrativeren Studioarbeit zuzuwenden.

Als ich Pepper Adams 1976 in seinem Haus in Brooklyn sprach, unterhielten wir uns zunächst über die Konsequenzen, die sich aus seiner Mitwirkung im Thad Jones/Mel Lewis-Orchester für seine Existenz als Free Lance-Studiomusiker ergaben.

»Die Band von Thad und Mel hat während der letzten 6 bis 7 Monate ziemlich regelmäßig gearbeitet. Ich war also während dieser ganzen

Zeit kaum in New York. Da ich so lange weg war, sieht es für mich im Moment so aus: wenn die Band keine Arbeit hat, dann habe ich auch keine. Denn ich bin quasi ein Fremder in New York, da ich so lange unterwegs gewesen bin. Ich muß mich also hier erst mal wieder neu einrichten. Bisher bezog ich ja einen großen Teil meiner Einkünfte aus Schallplattenaufnahmen. Aber diesmal bin ich wohl einfach zu lange unterwegs gewesen. Denn wenn Schallplattenproduzenten einen zwei- oder dreimal anrufen und man ist nicht da, dann machen sie sich meist nicht die Mühe, es noch einmal zu versuchen. Das kann man ihnen natürlich nicht übelnehmen. Sie nutzen ja nur ihren Zeigefinger ab, indem sie immer wieder die gleiche Nummer wählen und keine Antwort bekommen.«

Um welche Art von Schallplattenaufnahmen ging es denn dabei?
»Ach, das konnte alles mögliche sein. Normalerweise, wenn ich zu irgendeinem Job in ein Schallplattenstudio oder in ein Konzert gerufen werde, geht es darum, daß sie einen virtuosen Baritonsaxophonisten brauchen. Und das ist ein sehr begrenztes Feld. Aber natürlich wurde in den vergangenen Jahren mein Einkommen auch durch Jobs aufgebessert, die ausschließlich darin bestanden, absolut dumme Musik zu spielen, solche, die jeder spielen könnte; wie zum Beispiel Overdubbing bei einer Rock'n'Roll-Session oder so etwas Ähnliches, was wirklich nicht viel Spaß macht. Aber der Tarif liegt zur Zeit bei 110 Dollar für eine dreistündige Schallplattensession! Das lohnt sich also. Nun bekomme ich aber derartige Jobs im Moment nicht mehr, da ich, wie ich glaube, einfach zu lange Zeit aus der Stadt weggewesen bin.

Musiker, die überwiegend in Studios arbeiten und von daher den größten Teil ihres Einkommens beziehen, haben häufig zwei Telefone in ihrem Haus: eins, das ihre Frau benutzt, wenn sie mit ihren Freunden spricht, und eins, das ausschließlich für einlaufende Jobs da ist. Wenn also irgend jemand wegen einer Schallplattensitzung anruft, dann bekommt er *immer* eine Antwort. So machen es die richtigen Studioprofis. Ich habe mich nie daran gehalten, denn ich habe das Gefühl, das ist nicht . . . Ich meine, es ist schon eine Einkommensquelle, aber es ist nicht eigentlich meine Art zu leben.«

Du warst ja ziemlich lange mit dem Donald Byrd/Pepper Adams-Quintett »on the road«. Kannst du mir darüber etwas erzählen?
»Daß wir meinen Namen als Co-Leader einsetzten, war ein wenig irreführend, denn Donald war derjenige, der alle Geschäfte mit der Agentur abwickelte. Und die Agentur war nicht sehr gut. Beispiels-

weise befanden wir uns manchmal in Situationen, wo uns ein Job in der
letzten Minute abgesagt wurde, weil jemand anderes, den die Agentur
bevorzugte, den Job bekam. Wir waren vielleicht gerade im Mittleren
Westen und sollten irgendwo anders hinfahren. Und dann wurde der
Job plötzlich abgesagt. Es konnte aber auch passieren, daß eine
andere Gruppe einen Job absagte, und wir mußten ihn übernehmen,
selbst wenn unsere Reisekosten höher waren als das, was uns der Job
einbrachte. So ging das eine ganze Zeit. Ich habe den Namen dieser
Agentur vergessen. Der Typ, der verantwortlich war, arbeitet jetzt für
Miles. Das ist vermutlich der einzige Typ im Agenturgeschäft, der es
fertigbringt, Miles einzuschüchtern.«

*Wie funktioniert das eigentlich? Die Agentur vermittelt den Job, und
die Musiker müssen alle ihre Reisekosten selbst bezahlen?*

»Ja, die Musiker zahlen ihre Reisekosten und das Hotel und alles
drum herum selbst. Wenn man aber zu den bevorzugten Gruppen
einer Agentur gehört, dann organisieren sie die Jobs so, daß man ohne
große Schwierigkeiten von einer Stadt zur anderen gelangt. Aber in
den drei oder vier Jahren, in denen Donald und ich die Band hatten,
veranstaltete unsere Agentur manchmal ganz grauenhafte Sachen mit
uns, indem sie uns zum Beispiel von San Francisco nach Kansas City
schickte, ohne daß irgendein Job dazwischenlag.«

*Wo du jetzt wieder in New York zurück bist und keinen Job hast, wie
stellst du es an, daß du wieder Arbeit bekommst? Rufst du irgendwelche Agenten an? Oder wie funktioniert das?*

»Ich habe absolut keine Idee! Das ist eine Frage, die ich anderen
Leuten auch gerne stellen würde, denn ich weiß es wirklich nicht. Ich
habe keine Ahnung, was ich tun soll. Ich habe niemals in meinem
Leben nach Arbeit gefragt. Ich habe niemals irgend jemand um einen
Job gebeten. Und ich habe dabei ziemlich viel gearbeitet. Ich weiß also
wirklich nicht, wo ich anfangen soll, was ich tun soll.

Eine Sache, die ich früher machte, wenn ich eine Zeitlang nicht in der
Stadt war und dann nach New York zurückkam und keine Arbeit
hatte, war, zu *Jim and Andy's** zu gehen, wo man immer eine Menge
Musiker traf. Heute gibt es leider keine richtige Musikerbar mehr, wo
sie alle rumhängen. Soviel ich weiß, gibt es keinen richtigen Treffpunkt mehr, so in der Art wie in London *The Two Brewers*. Wir
könnten so etwas wirklich in New York gebrauchen.

Bei *Jim and Andy's* waren die Preise zwar hoch und die Martinis klein,

---

* Bar und Musikertreffpunkt in der 47. Straße

aber sie hatten sieben Telefone in dieser kleinen Bar, damit die Musiker angerufen werden konnten und selbst telefonieren konnten. Der Laden war teuer, aber er war für uns so etwas wie ein Büro. Man konnte dort Nachrichten hinterlassen, die jemand zwei Tage später abrief, oder was auch immer. *Jim and Andy's* schloß ungefähr vor einem Jahr, weil der Besitzer starb. Als er starb, machte man erst einmal für ein paar Tage zu. Und in der Musikergemeinde fragte man sich, wann es wohl wieder geöffnet würde. Jerry Dodgion* hatte die richtige Antwort: ›Sie müssen den Laden schon deshalb wieder öffnen, damit jeder seine Rechnung bezahlen kann.‹ Tatsächlich machte Jims Familie die Bar einige Monate lang wieder auf, aber dann stellte sich heraus, daß sie nicht so richtig damit zurechtkamen, und also wurde *Jim and Andy's* geschlossen.«

Haben auf diese Weise die New Yorker Musiker eine Art von Zentrum verloren?

»Ja, ich glaube, so ist es. Ich bin sicher, daß sich eine ganze Reihe von Musikern quasi enteignet fühlen, seit *Jim and Andy's* nicht mehr da ist. Ich gehe ja nicht so oft nach Manhattan, und ich sitze nicht in Bars rum. Aber wenn ich es tat, dann ging ich zu *Jim and Andy's,* und dann war ich sicher, immer ein paar Freunde zu treffen und eine ganze Reihe von Musikern von außerhalb . . .«

Welche Funktion hat eigentlich Jazz Interactions für die New Yorker Jazzszene?

»Oh, *Jazz Interactions*, das ist hauptsächlich auf Joe Newman** bezogen. Er hat das ziemlich alles unter Kontrolle. *Jazz Interactions*, das ist er und das sind seine Freunde; und damit hat sich's. *Jazz Interactions* ist *Joe Newman and Friends.*«

Es geht also nicht nur um stilistische, sondern um persönliche Dinge, meinst du?

»Nun, persönliche und finanzielle. Joe Newman macht die Engagements für *Jazz Interactions.* Und Joe Newman engagiert meistens Joe Newman. Aber gelegentlich wird Joe Newman auch von anderen Leuten engagiert. Und dann engagiert Joe Newman diese Leute für *Jazz Interactions.* Ich würde niemals Joe Newman engagieren. Deshalb würde er niemals mich engagieren. So läuft das.«

Wir in Europa denken meistens, daß Jazz Interactions sozusagen die

---

* Altsaxophonist im Thad Jones/Mel Lewis-Orchester
** Der Trompeter Joe Newman ist seit Anfang der 70er Jahre Präsident von Jazz Interactions. Seine Frau Rigmor ist geschäftsführende Direktorin.

New Yorker Musiker vereinigt.
»Nun, das war einmal. Bis ungefähr vor vier oder fünf Jahren. Bis
dahin war es eine wirklich positive Kraft in New York und sehr
nützlich. Aber jetzt ist es eben einer Person gelungen, *Jazz Interactions* für seine eigenen Interessen einzusetzen, die nichts mit den
Interessen der Jazzmusiker zu tun haben. Aber für ihn ist es natürlich
großartig . . . Ich erinnere mich daran, daß *Jazz Interactions* früher
einmal wirklich, wie du sagst, alle verschiedenen Stilbereiche des Jazz
vereinigte.«
*Macht es für dich einen Unterschied, ob du für ein Publikum oder im
Studio spielst?*
»Nein, eigentlich keinen großen Unterschied. Ich denke darüber so:
Ich spiele mein Instrument sehr gerne; also versuche ich immer, so gut
wie möglich zu spielen. In einem Club, wenn absolut keiner da ist oder
wenn zwei Leute da sind, dann werde ich trotzdem so gut spielen, wie
ich kann. Es macht also keinen Unterschied, ob zwei Leute da sind
oder zum Beispiel in einem Konzert 12 000 sitzen. Ich spiele immer so
gut ich kann, denn ich spiele zunächst einmal für mich und für die
anderen Musiker . . . Als ich damals mit Donald die Band hatte, da
konnte es schon mal passieren, daß wir nur für 10 oder 20 Leute
spielten. Wie zum Beispiel bei einem ersten *set* an einem regnerischen
Donnerstagabend in Indianapolis oder sonst irgendwo. Trotzdem
spielte die Band so gut sie konnte. So ging es Donald und mir, und so
ging es Herbie Hancock und Duke Pearson, die bei uns damals Klavier
spielten. Unsere Theorie war: Spiel zu jeder beliebigen Zeit und an
jedem beliebigen Ort so gut du kannst.«

Steve McCall

Genaugenommen gehört Steve McCall eigentlich eher zur Chicagoer
Jazzszene als zu jener von New York. Er ist Mitbegründer der
legendären *Experimental Band* von 1961, die wiederum die Keimzelle
für die AACM (Association for the Advancement of Creative Musicians) bildete, jener Chicagoer Musikerinitiative, deren kreative
Energie für den Jazz der späten 60er und 70er Jahre von entscheidender Bedeutung wurde.
Daß ich Steve McCall dennoch in New York und über Probleme der
New Yorker Szene interviewte, hat einen Grund, der mittlerweile

nahezu für die gesamte Chicagoer AACM-Mannschaft gilt: sie ist nach
New York übergesiedelt und bildet eine relativ starke und hoch-
integrierte Fraktion innerhalb der Avantgarde-Community.

Steve McCall wurde am 30. September 1933 in Chicago geboren. Mit
elf Jahren begann er, in einer Marschkapelle Trommel zu spielen; ein
paar Jahre später wechselte er – angestiftet durch Dizzy Gillespies
Afro Cuban Jazz und besonders durch die Trommelkünste Chano
Pozos – zu den Conga Drums über. Nach drei Jahren bei der Air Force
(1950–53) begann McCall als Schlagzeuger in Chicagoer Bluesbands
zu arbeiten, spielte in Cabarets und bei Partys Tanzmusik und wurde
schließlich auf der Chicagoer Jazzszene aktiv, die seinerzeit von
Musikern wie Johnny Griffin, John Gilmore, Richard Abrams und
Ahmad Jamal repräsentiert wurde. Bedeutsam für seine Entwicklung
als Perkussionist waren dabei besonders seine Kontakte zu Wilbur
Campbell, einem Schlagzeuger, der heute in Chicago in der Gruppe
von Von Freeman spielt, und vor allem zu dem 1963 verstorbenen
Charles »Specs« Wright, der in den 50er Jahren bei Cannonball
Adderley arbeitete und den Steve McCall heute als seinen »großen
Lehrmeister« bezeichnet.

1957 machte McCall seinen ersten Trip nach New York; es war eine
Art Studienreise. »Ich kam her«, sagte er, »und hörte nur zu. Den
ganzen Tag über übte ich auf meinem Schlagzeug, und abends zog ich
los und hörte mir all diese Musiker an. Ich machte das drei Monate
lang. Dann ging ich zurück nach Chicago.«

In den folgenden Jahren arbeitete McCall zunächst überwiegend in
Chicago, absolvierte ein längeres Engagement in Kanada, und *spielte*
schließlich häufiger auch in New York, unter anderem mit Booker
Ervin, Roland Kirk und Tony Scott. 1967 ging McCall zum erstenmal
nach Europa, wo er mit den verschiedenartigsten Musikern und in den
unterschiedlichsten Stilbereichen arbeitete: mit dem holländischen
Bop-Pianisten Pim Jacobs, der Sängerin Rita Reys, dem Swingtenori-
sten Don Byas und den Free Jazz-Leuten Archie Shepp, Marion
Brown und Gunther Hampel.

Zurück in den USA, gründete McCall in New York 1972 gemeinsam
mit dem Bassisten Fred Hopkins und dem Saxophonisten Henry
Threadgill, beide aus Chicago, das als kooperative Gruppe organisierte Trio *Air*. Die multistilistische Konzeption des Trios resultiert
aus dem vielfarbigen musikalischen Erfahrungshintergrund der drei
Beteiligten, der – wie ein Werbehandzettel von *Air* ausführt – alles
mögliche einschließt, von der »Polka bis zur Gospelmusik, von Show-

Songs über klassische Musik, Rhythm and Blues, Spirituals, Marschmusik, Folk, Tanzmusik, Traditional Jazz bis hin zu dem, was man
New Music, New Jazz oder einfach ›frei spielen‹ nennt«.
Vielseitigkeit ist ein Schlüsselbegriff in Steve McCalls musikalischem
Weltbild. Er will sich nicht auf nur einen Stilbereich, nur eine
Ausdrucksform des Jazz festlegen. Und so war es für mich kaum
erstaunlich, daß er bei den verschiedenen Gelegenheiten, bei denen
ich ihn in New York hörte, jedesmal in einer anderen Gruppe spielte:
im Sextett des Trompeters Ted Curson, in einem »klassischen«
Klaviertrio mit Mickey Tucker und Reggie Workman, als Sideman der
Vokalistin Jeanne Lee und natürlich mit *Air*.
Um Vielseitigkeit ging es auch zunächst in meinem Gespräch mit
Steve McCall, das am 3. Juni 1976 im *Chelsea* stattfand, einem
unamerikanisch altmodischen Hotel in New Yorks 23. Straße, das mir
während meiner New Yorker Zeit als Domizil diente.

Macht es für dich eigentlich einen großen Unterschied, ob du in einer
eher traditionellen Gruppe spielst oder eher in einem freien Kontext?
Oder geht es dir so, daß du jede Musik gleich gerne spielst?
»Ja, das tue ich in der Tat. Nun spiele ich jetzt aber in der Gruppe *Air*,
mit Henry Threadgill und Fred Hopkins. Es ist eine kooperative
Gruppe, und wir spielen ausschließlich unsere eigene Musik. Und
natürlich fühle ich mich dieser Gruppe näher als irgendeiner anderen.
Ich fühle mich mehr als ein Teil von ihr. Wenn es aber darum geht,
andere Arten von Musik zu spielen, dann mache ich das mit dem
größten Professionalismus, den ich aufbringen kann. Diese Art von
Professionalismus macht mir großen Spaß.«
Es ist also nicht so, daß du bei einem Job, der nicht genau der Musik
entspricht, mit der du dich gerade beschäftigst, die Dinge einfach so
laufen läßt?
»Nein, auf keinen Fall. Ich glaube, es ist für jeden Musiker wesentlich, nicht nur für Schlagzeuger, aber für Schlagzeuger ganz besonders, aber eben auch für Bassisten und Pianisten, also für Rhyth-
musmusiker – es ist wesentlich, daß man sich in jede nur mögliche
Musik richtig hineinversetzt; ganz besonders dann, wenn man versucht, frei zu spielen, das heißt, die Art von Musik, die wir
gewöhnlich als frei bezeichnen. Denn nur, wenn man es so macht,
dann kann man all seine Erfahrungen in die Musik einbringen. Nur
wenn man dazu in der Lage ist, kann man sich wirklich selbst
befreien; nur dann kann man sich wirklich frei fühlen. Das ist sehr
wichtig.«

Über das Reisen

»In mancher Hinsicht ist das wirklich schwierig. Musiker haben es im allgemeinen schwer, ihr Familienleben in Ordnung zu halten. Das ist einer der ganz großen Nachteile. Es gibt nicht viele Frauen, die es fertigbringen, zu Hause zu sitzen und sich um die Kinder zu kümmern, während ihr Mann für einen oder zwei oder sogar drei Monate unterwegs ist. Darunter haben Musiker gewöhnlich zu leiden, in emotionaler Hinsicht, verstehst du? Wenn man nicht zu seiner Frau ein ganz einzigartiges Verhältnis hat, dann wird es sehr schwierig. Dies ist einer der ganz großen Nachteile des Herumreisens. Andererseits ist es natürlich sehr interessant. Man lernt viel und sammelt viele Erfahrungen. Aber es hat eben auch seinen Nachteil. Und finanzielle Schwierigkeiten gibt es auch, denn wenn man unterwegs ist, dann muß man ja zwei Wohnsitze finanzieren. Man muß sein Hotel bezahlen, und zu Hause die Miete bezahlen. Man hat es also die ganze Zeit mit doppelten Rechnungen zu tun. Viele Leute denken darüber überhaupt nicht nach. Sie denken: ›Ah, er ist unterwegs und hat seinen Spaß.‹ Aber man hat permanent die doppelten Lebenshaltungskosten.«

Über das Publikum in Europa

»Ich glaube, das Publikum in Europa ist mehr kulturorientiert als hier in den USA. Und im allgemeinen ist es ruhiger. Im allgemeinen sind sie dort aufnahmebereiter. Und im allgemeinen wissen sie über die Musik besser Bescheid als unsere Leute hier in Amerika. Ich finde, daß die Europäer irgendwie methodischer sind, daß sie besser ausgebildet sind. Der Bildungsstandard in Europa ist wesentlich höher. Wenn sich in Europa irgend jemand mit irgendeinem Thema beschäftigt, dann tut er das in der Regel viel intensiver als ein Amerikaner. Das kommt von dem Bildungssystem. Die Dinge hier sind nicht ganz so, wie sie sein sollten; ich meine im Hinblick darauf, wie die Leute auf Dinge reagieren, die sie mögen. Aber es wird ein bißchen besser. Ich meine, das Publikum hier in den Vereinigten Staaten wird ein bißchen besser. Und es sollte ihnen eigentlich ein bißchen zu denken geben, wenn sie hören, daß jeder Musiker, der in Europa gespielt hat, das gleiche feststellt.«

Mal abgesehen vom Publikum, gibt es Unterschiede in der ökonomischen Situation?

»Nein, ich glaube, das Niveau ist ungefähr gleich. Man verdient in Europa weniger Geld; aber wenn man einen Job abmacht, dann werden die Hotel- und Transportkosten meistens automatisch übernommen. Hier muß man sich meistens wirklich vergewissern, daß alles

klappt, man muß direkt danach fragen. Meistens muß man darum
handeln, denn meistens wollen sie, daß man Hotel und Transport
selbst bezahlt. In Europa haben wir diese Probleme nicht. Aber man
verdient natürlich weniger Geld, und so gleicht sich das wieder aus. Im
allgemeinen sorgt man schon dafür, daß die Jazzmusiker nicht reich
werden. Das kommt äußerst selten vor. Im allgemeinen muß man um
seine Existenz kämpfen. Aber das ist halt nun einmal so!«

*Ich habe den Eindruck, daß die Situation gerade des Neuen Jazz in
New York in der letzten Zeit etwas besser geworden ist. Trifft das zu?*
»Ja, ich glaube schon. Ich glaube, mit dem amerikanischen Publikum
ist es eine Frage der Zeit. Wenn man diese Zeit überstehen kann, dann
wird man irgendwann von den Leuten akzeptiert. Die Leute sind dann
nicht nur bereit, dich zu akzeptieren, sondern ihre Ohren sind dann
auf die Feinheiten der Musik hin besser eingestimmt. Und ich meine,
nach all diesen Jahren . . . Wir haben diese Musik ja mittlerweile seit
zehn Jahren gespielt. Wir haben mittlerweile die Musik zu einem
Punkt hin entwickelt, an dem wir wirklich gut damit umgehen können,
an dem wir eine künstlerische Aussage machen, die die Leute
akzeptieren und verstehen können. Und ich glaube, die Zeit ist jetzt
gekommen, wo mehr und mehr Leute uns zuhören. Unser Einfluß, ich
meine, besonders der Einfluß der Musiker aus dem Mittleren Westen,
aus Chicago und Saint Louis, beginnt sich auszubreiten. Ich glaube
also, die Leute fangen allmählich an zu kapieren, was los ist. Und sie
fangen an, den Ursprung herauszuhören. Denn ich meine, die Musik
aus dem Mittleren Westen ist wirklich stark und schön. Sie inspiriert
all diese guten Musiker aus New York und Kalifornien und Europa
und überall; ich meine, die neuesten Entwicklungen. Und jetzt zum
gegenwärtigen Zeitpunkt besteht eine Art von Höhepunkt, besonders
hier in New York. Und das ist natürlich ein gutes Gefühl für uns. Was
wir jetzt machen müßten, wäre, ein bißchen Geld zu verdienen.«

Und wie funktioniert das?
»Nun, mit der Gruppe *Air* versuchen wir, unsere Arbeit sozusagen der
Saison entsprechend anzuordnen. Zum Beispiel für die Konzertsaison
im Herbst versuchen wir, eine Reihe von Jobs aneinanderzuhängen.
Für den Sommer versuchen wir, in Europa etwas zu organisieren. Wir
möchten mindestens einen oder zwei Monate im Jahr in Europa
arbeiten. Und für den Frühling versuchen wir dann, wieder eine Reihe
von Jobs hier zu organisieren. Auf diese Weise bemühen wir uns
darum, alles vorzuplanen.«

Ist das eine neue Art der Vorgehensweise?

»Nein, eigentlich nicht. Agenten verfahren seit Jahren so. Neu ist natürlich, daß die jüngeren Musiker sich entschlossen haben, die Arbeit des Agenten selbst zu übernehmen. Dies war ein wichtiges Nebenprodukt der Arbeit der AACM. Die Musik war etwas, was sich einfach so entwickelte. Da planten wir nichts. Die Musik passierte einfach. Was wir aber geplant hatten, war, den *middle man* auszuschalten, den Typen, der 20 Prozent von der Gage haben wollte und der nichts für einen tat, den 20-Prozenter. Wir behalten diese 20 Prozent jetzt selbst, verstehst du?«

Zehrt diese zusätzliche Arbeit nicht Energien auf, die ihr für die Musik braucht?

»Nein, im Gegenteil. Ich finde, daß dadurch eher Energien für die Musik stimuliert werden. Denn wenn du etwas für dich *selbst* tust, dann wirst du erstaunt sein, über welche Energien du verfügst. Ich kenne Typen, die am Tag 15 und 16 Stunden arbeiten, in der Musik und auch anderen Bereichen. Aber sie tun etwas für sich selbst. Ich kenne Eddie Harris, den Chicagoer Saxophonisten. Eddie arbeitet ununterbrochen. Der kommt nachts von einem Job nach Hause und dann setzt er sich hin und komponiert, oder er arbeitet an seinem Verlagsprojekt, an seinen Erfindungen usw. Es ist sehr stimulierend.«

Würdest du sagen, daß hier ein neuer Typus von Musiker entsteht?

»Nun, denk mal an die 40er Jahre . . . Leute wie Charles Mingus, Max Roach. Die gründeten auch ihre eigenen Schallplattenfirmen und versuchten, ihre Geschäfte in die eigene Hand zu nehmen. In den 50er Jahren intensivierte sich dies dann, Leute wie Horace Silver oder Donald Byrd und andere, auf deren Namen ich jetzt nicht komme, das waren gute Geschäftsleute. Wir haben das dann in den 60er Jahren nur noch weiter ausgebaut. Alles, was wir taten, war, dies auszubauen. Wir setzten dies alles in die Praxis um, die Verlagsgesellschaften, die Schallplattenfirmen. Wir übernahmen einfach das Geschäft. Denn wenn man die Dinge einmal am Laufen hat, dann kann man vielleicht auch Leute anheuern, die die Arbeit übernehmen. Wenn wir z. B. unsere Gruppe richtig am Laufen haben werden, und wir sind auf dem Wege dahin, dann können wir vielleicht jemanden anheuern, der uns die organisatorischen Dinge abnimmt. Es ist ja schon alles für ihn vorbereitet. Denn es ist allemal besser, wir stellen selbst jemanden ein, als daß wir uns in die Hände von irgend jemand anderem begeben. Wenn du also sagst: ein neuer Typus von Musikern . . . es ist schon ein ziemlich neuer Typus. Aber die Musiker haben seit langer Zeit in diese Richtung gedacht. Wir haben es dann nur in einem breiten

Spektrum in die Tat umgesetzt.«

*Liegen die Gründe dafür, daß so viele Musiker aus Saint Louis und
Chicago nach New York kommen, darin, daß hier die ökonomische
Situation besser ist?*

»Nun, ich glaube, die Sache hat zwei Seiten. Ökonomisch ist es für
einen Musiker besser, hier zu sein. Denn wenn du in New York über
die Runden kommst (und mit *über die Runden* meine ich, daß du dich
in einer solchen Weise präsentieren kannst, daß du von den anderen
Musikern und vom Publikum hier im allgemeinen akzeptiert wirst),
wenn du also in New York über die Runden kommst, dann kannst du
von New York aus überall arbeiten. In dieser Hinsicht ist New York
wohl einzigartig in der Welt. Aber dies ist nur der *eine* Gesichtspunkt,
der ökonomische. Der zweite Grund, der eigentlich der erste ist, der
jedermann hierher treibt, liegt in dem hohen musikalischen Niveau.
Du findest hier eine riesige Menge von guten Musikern jeder Art. Und
der Standard von Professionalismus hier in New York ist der höchste
in der ganzen Welt. Das zieht also jeden hierher. Und ich habe oft
festgestellt, daß Musiker, wenn sie in New York spielen, anders
spielen als anderswo. Es ist also diese Art von künstlerischer Stimulation plus die ökonomischen Möglichkeiten, die sich daraus ergeben,
daß jeder, der hier spielt, von hier aus auch überall sonst spielen kann.
Denn weißt du, von Paris aus wird man erst einmal New York anrufen,
bevor man Chicago anruft. Heutzutage wird man vielleicht Chicago
anrufen. Aber ich meine, früher, wer hätte da jemals in Chicago
angerufen.«

*In den 60er Jahren gab es viele politische Implikationen in der Musik,
in den Titeln und in den Dingen, die die Musiker in den Zeitungen
schrieben. Mittlerweile habe ich den Eindruck, daß diese Welle der
Rebellion abgeflaut ist. Würdest du sagen, daß das stimmt?*

»Ja, das hat sich alles ein bißchen abgekühlt. Oder besser gesagt, es
hat eine andere Richtung angenommen. Denn in dieser Zeit (in den
60er Jahren) wurde die schwarze Bevölkerung dermaßen hart gegen
die Wand gedrückt, daß sie fühlte, wir müssen jetzt hier ausbrechen.
Deshalb gab es damals die Straßenkämpfe und die Aufstände. Aber
dann, mit all den Toten und mit der Unterdrückung durch die
Regierung – ich meine, sie schlugen das ja einfach nieder –, da
merkten die Leute, daß sie einfach nicht die Waffen und die Mittel
hatten, gegen diese Regierung anzukämpfen. Da ging dann alles in
eine andere Richtung.

Nun kann man in diesem Zusammenhang nicht nur über die *schwarze*

Bewegung sprechen. Denn als es zu diesem Punkt kam, begann sich die Jugend in Amerika allgemein dessen bewußt zu werden, daß sie einen anderen Weg einschlagen mußte. Und dann kam noch etwas dazu: Als sie sahen, was da draußen passierte, da wandten sich viele Leute nach innen, als sie nämlich sahen, daß die Kräfte, gegen die sie sich auflehnten, sie einfach abknallen ließen. So entwickelte sich das alles mehr in eine introspektive Richtung. Ich meine damit, daß die Leute sich den östlichen Religionen zuwandten, sich der Meditation widmeten, und anderen nach innen gerichteten Dingen. Und die Musik selbst verwandelte sich damit auch. Sie wurde entweder ruhiger oder, wenn sie hart war, dann besaß sie eine Härte, die etwas über ihr Inneres aussagte. Es ging also alles mehr in diese Richtung.«

Coltrane war in dieser Bewegung ein bedeutender Guru, nicht wahr?
»Genau! Musikalisch gesehen war *er* es, der sagte: ›Nun wart' mal einen Moment, so sehe ich es! Und ich bin ein Gigant.‹ Ich meine nicht, daß er dies wörtlich so gesagt hätte. Aber musikalisch sagte er dies. Und jeder kannte und respektierte seine Persönlichkeit und alles, was er durchgemacht hatte. Denn Coltrane hatte eine ganze Menge durchgemacht, sowohl physisch als auch psychisch, viel mehr, als die Leute meinen. Und als er seine Musik dieser religiösen Richtung widmete, da beeinflußte er natürlich alle anderen. Auf diese Weise ging es mehr in diese spirituelle Richtung. Heute sind wir an einem Punkt angelangt, wo die Leute dies entweder akzeptieren oder es zurückweisen. Ich finde, daß unter den Leuten allgemein eine sehr ruhige Atmosphäre herrscht. Die Leute ärgern sich gegenseitig nicht mehr so viel wie früher. Sie sind selbstbewußter.«

Sprichst du jetzt von den Musikern oder vom Publikum?
»Ganz allgemein, Musiker *und* Publikum. Denn wir haben es ja immer mit einer Art von Rückkopplung zu tun. Ich meine, die Musik ist schließlich nichts als die Widerspiegelung der Zeit. Jazz ist eine Art von Spiegel der Zeit, das ist alles. Wenn ich die Leute reden höre: ›Oh, das verstehe ich nicht und das mag ich nicht‹, und so weiter und so fort, dann sage ich ihnen nur: ›Nun, dann schaut euch mal um und seht in den Spiegel.‹«

Ich habe festgestellt, daß neben den Musikern, die hier in New York eine ganze Menge Arbeit haben, es auch andere gibt, die wirklich am Existenzminimum herumkrabbeln. Glaubst du, daß es hier einen gewissen inneren Zirkel gibt?
»Das ist eine sehr heikle Frage!«
Ein innerer Zirkel, der alle Jobs bekommt, und andere Musiker an

der Außenseite, die ganz große Schwierigkeiten haben, dort hinein-
zugelangen?

»Ja, ich würde sagen, daß es hier in New York – wie überall in der Welt
– unter den Musikern eine gewisse Hackordnung gibt. Aber davon
abgesehen; ob in New York oder irgendwo sonst in der Welt, wenn
man als Free Lance-Musiker klarkommen will, dann gibt es nur *einen*
Weg, wie man das fertigbringt: Wenn dein professionelles Niveau und
dein Talent groß genug sind, dann bekommst du auch Arbeit – von den
verschiedensten Leuten. Und man bekommt ganz gute Arbeit! Wenn
das aber nicht der Fall ist, wenn man irgendwelche musikalischen
Probleme hat, dann wird man auch sonst Probleme haben. Ich meine,
ein unterentwickelter Musiker, der versucht, in New York vom Free
Lancing zu existieren, der hat es meist sehr schwer. Ich glaube, ein
Musiker hat ganz allgemein immer dann bessere Chancen, wenn er
Mitglied einer Gruppe ist, einer festorganisierten Gruppe. Dann hat
man eine gewisse Kraft. Aber es ist immer sehr schwer, wenn man
alleine ist.«

Ist es wegen der ökonomischen Bedingungen nicht ebenso schwer,
eine Gruppe zusammenzuhalten?

»Immer! New York ist berühmt dafür, Gruppen kaputtzumachen.
Denn man kommt mit einer Gruppe her und stellt plötzlich fest, daß es
nicht läuft. Aber es gibt heute unter jüngeren Musikern eine neue Art
von Engagiertheit, zusammenzubleiben, sich gemeinsam weiterzuentwickeln. Nimm einmal eine Gruppe wie das *Revolutionary Ensemble*.
Die Musik, die sie spielen, ist sozusagen ›ätherisch‹, aufgrund der
langen Zeit, die sie zusammen gespielt haben. Aber nur so haben sie es
zustande gebracht. Und so lohnt es sich, zusammenzubleiben, selbst
wenn die Zeiten grau sind.«

Was hältst du eigentlich von der Jazzkritik?

»Etwas, was mich an vielen Leuten irritiert, die hier über Jazz
schreiben, ist die Tatsache, daß sie glauben, wenn man *eine* Musik
lobt, dann muß man die andere runtermachen. Das mag ich gar nicht!
Denn das ist völlig unnötig. Und dann glaube ich, daß viele von denen,
die hier über Musik schreiben, in Wirklichkeit als Essayisten in
irgendeiner anderen Sparte ausgebildet wurden. Über Musik schreiben sie nur, um ein paar Dollars mehr aufzupicken. Es gibt hier eine
Menge Amateure in diesem Geschäft. Und dann all diese dickköpfi-
gen Professionals wie Leonard Feather; die schreiben nur fürs Geld
und für ihre Lieblingsjungs. Die sind nicht wirklich an der Musik
interessiert; die kommen niemals, um uns zuzuhören. Ich habe kein

einziges Mal einen von ihnen in einem Konzert gesehen, niemals! Die
hören niemals die Musik selbst; die hören höchstens etwas *über* die
Musik. Und dann sagen sie: Oh, diese neue Musik . . . blabla . . .
Aber sie kommen niemals, um uns zuzuhören. Deshalb glaube ich,
daß deren Kritik völlig wertlos ist. Man kann nicht nach Schallplatten
gehen, Jazz muß man live hören. Ich meine, Schallplatten sind ganz
gute Dokumente. Sie sind ein wichtiges Medium. Aber man muß die
Musik live hören! Ich weiß, viele Europäer sind aus geographischen
Gründen nicht in der Lage, soviel Jazz live zu hören, wie sie vielleicht
wollen. Sie halten sich also an Schallplatten, und das ist in Ordnung.
Aber es ist nun einmal nur ein halbes Erlebnis. Denn das wichtigste ist,
dabeizusein, wenn es passiert, es zu fühlen. Verstehst du? Es ist diese
Art von Erregung, die nur durch das Dabeisein zustande kommt, die
direkte Vibration, das Gefühl, daß man fast den Luftstrom aus dem
Horn zu spüren meint. Das ist sehr wichtig bei der improvisierten
Musik.«

Charles Tyler

»Es läuft letzten Endes immer wieder darauf hinaus, daß wir Musiker
selbst unsere Musik retten.« Der Alt- und Baritonsaxophonist Charles
Tyler, dem ich dieses Zitat verdanke, gehört zu jenen Vertretern der
New Yorker Avantgarde-Community, die – ohne viel Publizität und
unter Verzicht auf große Gesten – mit zäher Beharrlichkeit für ihre
Musik eintreten, die für geringe Gagen oder »for the door« in Lofts
wie *Studio We* oder dem *Studio Rivbea* Konzerte geben und ihre
Schallplatten selbst produzieren und finanzieren.
Die Aufmerksamkeit des Jazzpublikums zog Charles Tyler erstmals
1965 auf sich, als er in der Gruppe von Albert Ayler in der New Yorker
Town Hall in einem Konzert mitwirkte, von dem später ein Schallplat-
tenmitschnitt unter dem Titel *Bells* bei ESP erschien. Nach einer
zweiten LP mit Ayler *(Spirits Rejoice)* und zwei Einspielungen unter
eigenem Namen, ebenfalls für ESP, zog sich Tyler Ende der 60er Jahre
von der New Yorker Jazzszene zurück. Er hatte eine Familie zu
ernähren, und die ökonomischen Verhältnisse des Free Jazz in New
York waren in dieser Zeit nicht dazu geeignet, ein Überleben zu
gewährleisten.
Geboren wurde Charles Tyler am 20. Juli 1941 in einem Indianerreser-

vat an der Grenze von Indiana nach Kentucky*. Seine Mutter war
Halbindianerin. Seine Jugend verlebte er in Cleveland, lernte Klarinette mit sechs und bekam ein Altsaxophon mit acht Jahren. In
Cleveland lernte er auch die Brüder Albert und Donald Ayler kennen,
musizierte mit ihnen und folgte ihnen schließlich 1965 nach New York.
Nach seinem Rückzug von der New Yorker Szene zog Tyler vorübergehend nach Denver, Colorado, arbeitete dort in einer Rockband,
tourte durch New Mexico, Texas, Colorado, Oklahoma, spielte
Beatle-Nummern und sang. »Wenn alle Unkosten abgezogen waren,
blieben immer noch 50 Dollar pro Abend. Aber das war keine Lösung;
ich litt sehr darunter.« (Nach Flicker 1977)
1970 ging Tyler mit seiner Familie nach Kalifornien, immer auf der
Suche nach einer ausreichenden *und* zugleich musikalisch befriedigen-
den Existenzgrundlage. Er fand sie – vorübergehend – am *North
Peralta Community College* in Oakland und an der *Odyssey School* in
Berkeley, wo er als *Music Instructor* arbeitete. Mitte der 70er Jahre
war Charles Tyler dann zurück auf der New Yorker Avantgarde-
Szene, mit neuer Zuversicht und neuem Elan. Er gründete ein
Quartett mit dem Trompeter Earl Cross, dem Bassisten Ronnie
Boykins und dem Schlagzeuger Steve Reid und leitete kurzfristig ein
17köpfiges Orchester, dessen Besetzungsangabe sich wie ein »Who is
who« des New Yorker Avantgarde-Jazz las.
Ich sprach mit Charles Tyler im März 1976. Wir hatten uns im
Vorraum des *Generation Sound Studio* verabredet, einem Schallplat-
tenstudio in der 51. Straße von Manhattan, in dem an diesem
Nachmittag das Oliver Lake Quartet für die italienische Firma *Black
Saint* eine LP einspielte. Ort und Anlaß sind deshalb erwähnenswert,
weil sie symptomatisch für die sozialen Gewohnheiten der New
Yorker Avantgarde-Community sind: Wann immer irgendwo in der
Stadt eine Gruppe aus dem »inneren Zirkel« eine Schallplatte aufnimmt, kommen – durch Flüsterpropaganda angestiftet – zahlreiche
Musiker der Community in dem betreffenden Studio zusammen,
»schauen mal rein«, hören zu, tauschen die neuesten Neuigkeiten
aus . . . Die Vorräume der Studios, mit ihren tiefen Sesseln und ihren
immer gefüllten Kaffeemaschinen, werden bei solchen Anlässen zu
informellen Kommunikationszentren der Szene, zu Orten, wo man
alte Freunde wiedertrifft und neue Bekanntschaften macht und wo

---

* So sagte mir es Charles Tyler. Carles und Comolli nennen in *Free Jazz/Black Power*
(Paris 1971) als Tylers Geburtsort Cadiz, Kentucky.

man nebenbei unter Umständen auch den einen oder anderen Job bekommt.

Charles Tyler berichtete mir zuerst über seine Erfahrungen in Kalifornien.

»Als ich an der Westküste lebte, arbeitete ich eine Zeitlang als Lehrer in einer Schule. Ich unterrichtete Jazzgeschichte und leitete das Instrumentalensemble. Ich war Direktor des College-Ensembles, und ich unterrichtete die Holzbläser. Es war ein ganz netter Job. Es wäre ganz hübsch, so etwas zu machen, wenn man in den Ruhestand geht. Aber weißt du, im Juli werde ich 35, und ich habe noch eine Menge gute Jahre zum Spielen vor mir. Deshalb will ich meine Zeit nicht vergeuden und wie ein Rentner leben und dabei all die Gelegenheiten zum Spielen verpassen, die sich mir bieten. Vor allem deshalb bin ich nach New York zurückgekommen. Denn die Westküste ist eine ganz gute Gegend für Leute, die in den Ruhestand gehen wollen. Aber es ist wirklich keine gute Gegend, um als praktizierender Musiker zu funktionieren. Man kann halt dort nichts anderes machen als andere Leute zu unterrichten. Und die Atmosphäre ist so total institutionalisiert im Vergleich zu hier.«

Meinst du, daß die New Yorker Szene im Vergleich zu anderen Städten in den USA für dich etwas ganz Besonderes darstellt? Wäre es das gleiche, wenn du zum Beispiel in Boston oder in Chicago leben würdest?

»Nun, das hängt von dem Niveau ab, auf welchem man sein Handwerk betreibt, und von den speziellen Zielen eines Individuums. Was mich persönlich betrifft, so komme ich als praktizierender Musiker besser in New York klar als sonst irgendwo. Ich habe hier genug Arbeit, so viel ich will und so wenig ich will. Und ich kann genau *die* Musik spielen, die ich spielen will. An anderen Orten ging mir das meistens nicht so. Ich konnte im allgemeinen nicht spielen, was ich spielen wollte. Es war immer mehr oder weniger eine Routinearbeit. Einer der wesentlichsten Gründe, warum man sein Handwerk ausübt, besteht ja wohl darin, daß man es gerne tut. Und jeder möchte in seinem Handwerk gerne ein Experte sein. Nun ist es aber ja nicht so, daß sich jedem die gleichen Chancen bieten. Man muß also einen Weg suchen, der es einem ermöglicht, genau das zu tun, was man tun will; um sich wirklich zu einem Experten entwickeln zu können. Und dafür muß man manchmal halt den Preis bezahlen, daß man auf ein gutes finanzielles Auskommen verzichtet; mit anderen Worten, daß man in Geldschwierigkeiten steckt.«

Ist das bei dir gegenwärtig der Fall?

»O nein, ich komme schon klar. Ich bin in der glücklichen Lage, eine Ausbildung mitbekommen zu haben, die es mir ermöglicht, von meinem Handwerk zu leben, ohne Kompromisse einzugehen. Ich habe eine Schallplatte auf dem Markt. Ich weiß, wie der Markt funktioniert. Ich komme also zurecht. Es könnte mir natürlich viel besser gehen, wenn ich auch mit anderen Gruppen arbeiten würde, wenn ich mit sehr vielen verschiedenen Leuten spielen und – des Geldes wegen – vielerlei verschiedene Arten von Musik machen würde. Aber ich verzichte lieber auf das Geld und investiere meine Energien in mein eigenes musikalisches Konzept. Das wird mir irgendwann mit Sicherheit auch etwas einbringen. Denn wenn ich mich jetzt ausbrennen lasse, indem ich dies und das unternehme, um einen Extradollar pro Woche zu verdienen, was würde mir dann später bleiben? Der Mensch hat nur soundso viele Atemzüge im Leben, und ich kann mein Horn nur soundso viel Mal spielen. Deshalb spiele ich lieber so oft wie möglich meine *eigene* Musik darauf. Denn, siehst du, ich will mich nicht jetzt ausbrennen lassen, und wenn es dann einmal dazu kommt, daß ich meine eigene Sache vorantreiben kann, dann ist nichts mehr da. Also, wie ich schon sagte, ich habe es gelernt zu überleben. Ich lebe nicht gerade großartig, aber es geht. Denn wenn ich jetzt einige kommerzielle Zugeständnisse machen würde . . . Ich meine, es geht ja letztlich darum, daß man eine verkaufbare Ware auf den Markt bringt, ein Qualitätsprodukt, das die Form einer verkaufbaren Ware annimmt. Gleichzeitig ist aber der kommerzielle Aspekt oder der Unterhaltungsaspekt der Musik nicht zwangsläufig das einzige, was Geld wert sein kann. Ich meine, es kommt auch auf das Individuum an, das dahintersteht, auf die Tatsache, ob du einen Namen hast. Und davon abgesehen, ist natürlich Kunst *auch* Unterhaltung, besonders dann, wenn es gute Kunst ist. Wenn du dir zum Beispiel ein Gemälde anschaust und es ist gut, dann hat es natürlich auch einen Unterhaltungswert. Ich bin als Musiker kompetent genug und gut genug ausgebildet, um eine professionelle, kompetente und qualitativ hochstehende Musik zu präsentieren, ohne mich auf den kommerziellen Eintopf einzulassen.«

Hat sich in der New Yorker Szene in den letzten Jahren irgend etwas verändert?

»Sicher hat es in der letzten Zeit einige Veränderungen gegeben. Aber gleichzeitig ändert sich im Grundsätzlichen eigentlich niemals etwas. Denn es hat immer schon eine Underground-Musik gegeben, es hat immer eine Musik an der Oberfläche gegeben, und es hat immer eine Musik im Himmel gegeben. Es gab also immer bestimmte Niveaus, auf denen Musiker funktionieren. Und so ist es heute immer noch. Denn als Charlie Parker damals hier zu spielen begann, nachdem er in all diesen verschiedenen Bands gearbeitet hatte, da war er ein extrem kompetenter Musiker, aber die Leute verstanden seine Musik nicht. Denn zu seiner Zeit war er Avantgarde und *underground*. Und dann war er auch nur einer der wenigen, die überhaupt eine Chance hatten, gehört zu werden. Heute hingegen glaube ich, daß mehr Leute . . . Die Schallplattenindustrie ist beispielsweise seit damals ungeheuer gewachsen und damit auch der Markt für Schallplatten, Tonbänder usw. Es wird also mehr Musik gehört. Die ganze Unterhaltungsbranche ist seitdem ungeheuer gewachsen. Und ich glaube, vor allem *darin* besteht die Veränderung. Mit anderen Worten: Es gibt heute mehr Leute wie Charlie Parker, denen die Möglichkeit gegeben wird, gehört zu werden. Denn heute ist selbst der *underground* eine verkäufliche Ware geworden. Da früher die hinter diesen Dingen stehende Industrie selbst wesentlich kleiner war als heute, gab es für bestimmte Dinge einfach keinen Markt, verstehst du? In dieser Hinsicht, glaube ich, hat sich ein Wandel vollzogen. Es gibt jetzt mehr Chancen dafür, daß die Musik wirklich gehört wird. Deshalb ist unsere Underground-Musik heute keine absolut unverkäufliche Ware mehr, verstehst du? Es ist eher eine unausgeschöpfte Reserve.«

Würdest du also sagen, daß aus dem »underground« der 60er Jahre der »overground« der 70er geworden ist?

»Nein, so schnell bewegen sich die Dinge nicht! Das wird wohl noch bis in die 90er Jahre hinein dauern, daß man die Musik der 60er Jahre an den *overground* bringt. Aber Tatsache ist, daß der *underground* nun eine Ware geworden ist. Mit anderen Worten: Die Industrie und der Markt für solche Dinge sind ungeheuer gewachsen. Und die technischen Möglichkeiten, die Musik zu vermarkten, sind ebenso gewachsen. Wie ich schon sagte: Der underground wird nicht mehr zur Seite gestoßen, denn der Markt ist so riesig. Sie sagen sich: ›Wir müssen uns weiter ausbreiten.‹ Und so machen sie sich an die bisher unausgeschöpften Reserven heran.

Und dann ist die Welt auch kleiner geworden. Es gibt mehr Austausch zwischen hier und Europa. Der Avantgardemusiker von heute hat also mindestens die Chance, gehört zu werden. Ich meine, in finanzieller Hinsicht steht er immer noch am unteren Ende des Totempfahls. Aber gleichzeitig . . . Lange Zeit war es das wichtigste für den Under-

ground-Musiker, überhaupt seine Musik präsentieren zu können. Das
ist jetzt leichter geworden. Unsere Musik hat jetzt die Chance, gehört
zu werden. Und deshalb kann sie auch eher zur Ware werden.«

*Hast du deine Schallplatte eigentlich selbst produziert oder steht da
eine Firma dahinter?*

»Nun, es ist genaugenommen ein Familienunternehmen. Meine Brü-
der und ich warfen unser Geld zusammen und gründeten eine Firma.
Ich bin das einzige Produkt, das wir zur Zeit besitzen. Und ich bin der
Produzent und der Präsident, und sie sind so etwas wie meine stille
Teilhaber. Sie haben ein wenig in die Herstellung der Platte inve-
stiert.«

*Wie ist das gelaufen? Habt ihr ein Studio gemietet? Oder habt ihr live
aufgenommen?*

»Nein, wir haben es in einem Studio gemacht, im *Studio We*. Ich habe
das Geld aufgetrieben und die Musiker bezahlt. Das waren meine
Freunde. Und ich konnte ihnen natürlich nicht den gewerkschaftlichen Tarif bezahlen. Ich gab ihnen also so rund 40 bis 50 Dollar pro
Mann, damit sie die Sache mit mir machten. Und ich bezahlte das
Studio. Dann habe ich die Bänder aufgehoben, bis ich das Geld
zusammen hatte, um auch die Herstellung zu bezahlen. Es hat
ungefähr ein Jahr gedauert. Später werde ich noch einmal ein paar
Bänder herausbringen, die wir bei einem Live-Auftritt in Schweden
beim Umea-Festival aufgenommen haben.

Ich habe also mit einigen meiner Familienmitglieder, meiner Frau und
einigen meiner Brüder, eine Art von Gesellschaft gegründet. Bis jetzt
wirft das Ganze noch keinerlei Profit ab. Bis jetzt wird das Geld
ausschließlich für die Nachpressungen der ersten Platte verwendet.
Von dem nächsten Geld, das wir verdienen werden, werden wir die
europäischen Bänder herausbringen. Und danach dann werde ich eine
Soloaufnahme mit David Murray produzieren. Er hat im Norden bei
einem Schulkonzert einen Soloauftritt aufgenommen. Das wird dann
die dritte Platte sein. Denn wir planen in die Zukunft hinein. Und falls
ich später einmal von einer der größeren Firmen unter Vertrag
genommen werde, dann werde ich trotzdem meine eigene Firma am
Laufen halten, indem ich andere Leute aufnehme. Auf diese Weise
investiere ich dann mein Geld immer in die Musik. Denn siehst du, es
läuft letzten Endes immer wieder darauf hinaus, daß wir Musiker
selbst unsere Musik retten.«

*Passiert es eigentlich, daß die großen Gesellschaften die musikali-
schen Produktionen ihrer Musiker beeinflussen?*

»Ja sicher. Es liegt eigentlich noch nicht einmal so sehr an den großen Gesellschaften, sondern an dem Wunsch des Musikers, zu Geld zu kommen. Obwohl natürlich auch die Gesellschaften Schuld haben. Aber es liegt in der Regel auch am individuellen Musiker. Denn der durchschnittliche Musiker ist ja meistens pleite. Die Musiker sind meistens die, die am meisten ausgenutzt werden. So ist es verständlich, wenn sich einer sagt: ›Mann, ich werde langsam älter, ich will endlich mal etwas Geld sehen.‹ Und dann läßt er sich auf die Änderungsvorschläge ein, die die Schallplattengesellschaft ihm macht. Und dann werden die Veränderungen größer und größer. Und schließlich bleibt dann nur noch der übliche kommerzielle shit übrig.«

Siehst du Unterschiede zwischen der europäischen Szene und der in den Vereinigten Staaten?

»Ja, es gibt Unterschiede. Die Europäer sind in der Förderung der Künste viel weiter fortgeschritten. Sie unterstützen die Kunst um der Kunst willen und nicht, um damit Geld zu machen. In dieser Hinsicht sind die Europäer wesentlich weiter entwickelt. Sie haben auch unsere Underground-Musik in Europa stets mehr unterstützt, ich meine, unsere Schwarze Musik. Eine ganze Reihe von unseren Musikern sind ja nach Europa gezogen, und sie leben dort ganz gut. Aber natürlich ist dies auch keine Lösung. Ich meine, wo auch immer man hingeht, man muß versuchen, die Anerkennung der Musik voranzutreiben.«

Oliver Lake

Im Repertoire des Altsaxophonisten Oliver Lake gibt es ein Stück »Jazz & Lyrik« mit dem Titel SEPARATION, das folgendermaßen beginnt:
First it's the salad
    then the meat
        then the vegetables . . .
            »WAIT«
bring all my food at one time and on the same plate!

Oliver Lake stammt aus dem Mittleren Westen der USA, aus Saint Louis. In frühester Jugend kam er mit der schwarzen Kirchenmusik in Berührung (seine Mutter sang in einem Gospelchor), hörte vom Plattenteller im Restaurant seiner Eltern das ganze Spektrum afro-

amerikanischer Musik, spielte in der High-School erst in Marschkapellen, dann in Rhythm-and-Blues-Bands und war schließlich zu Ende
der 60er Jahre maßgeblich an der Ausprägung einer Ausdrucksform
des Jazz beteiligt, die man heute bisweilen als Midwestern Free Jazz zu
bezeichnen pflegt. Lakes programmatisches Lied/Gedicht über die
Einheit der Nahrungsmittel ist eine Metapher über die prinzipielle
Einheit der afro-amerikanischen Musik, die er durch willkürliche
Einteilungen in Stilbereiche und Gattungen gefährdet sieht.

»Warum kann man nicht«, so sagt er, »Aretha Franklin, John
Coltrane, James Brown und Sun Ra als das nehmen, was sie sind,
nämlich Vertreter ein und derselben schwarzen Musikkultur. Die
Medien aber, die Schallplattenfirmen, Rundfunkanstalten und die
Presse trennen das alles voneinander, sortieren es in verschiedene
Schubladen, damit sie es dann besser verkaufen können.«

Die Erfahrung der Vereinbarkeit nicht nur verschiedener musikalischer Genres, sondern sämtlicher künstlerischer Ausdrucksformen
bildet eines der Schlüsselerlebnisse in Oliver Lakes Werdegang. 1968
wurde in Saint Louis die *Black Artists Group* (kurz BAG) ins Leben
gerufen, eine Kooperative schwarzer Musiker, Schauspieler, Tänzer
und Schriftsteller, denen es darum ging, unabhängig von ökonomischen Zwängen und kommerziellen Zugeständnissen ein eigenes,
gleichsam interdisziplinäres künstlerisches Konzept zu entwickeln.
Oliver Lake war einer der Initiatoren dieser Gruppe.

In dem Gespräch, das ich mit ihm im März 1976 in seinem New Yorker
Apartment in der 14. Straße führte, ging es daher nicht nur um die
New Yorker Szene, sondern eben vor allem auch um die Aktivitäten
von Musikerinitiativen in der amerikanischen Provinz; Aktivitäten,
die allerdings im Erfahrungshintergrund der zugezogenen Musiker
unverkennbar als Einflußgröße in die Struktur der New Yorker
Avantgardeszene einwirken.

»Ursprünglich hatten wir die Idee, in Saint Louis einen Zweig der
Chicagoer AACM aufzuziehen. Aber dann beschlossen wir, etwas
Eigenes zu machen, was über das Konzept der AACM hinausging,
denn wir wollten nicht nur die Musik, sondern alle künstlerischen
Disziplinen in unsere Aktivitäten einbeziehen. Schließlich waren wir
ungefähr 50 Leute, die in den verschiedensten Bereichen arbeiteten.
Wir bekamen ein wenig Unterstützung durch die Behörden, einige
Stipendien, so daß wir nach einem Jahr ein großes Gebäude erwerben
konnten, in dem wir all diese verschiedenen Aktivitäten entfalteten.
Die 25 Musiker, die beteiligt waren, bildeten zusammen die BAG-

Bigband. Dazu gehörten u. a. Hamiet Blueitt, Bobo Shaw, Bakida Carol und Julius Hemphill. Wir wechselten uns in der Leitung der Band ab, komponierten, schrieben Arrangements usw. Wann immer man in unser Zentrum kam, war dort etwas los. An manchen Abenden konnte man gleichzeitig ein Theaterstück, ein Konzert und eine Dichterlesung erleben.

Insgesamt war dies eine der kreativsten und fruchtbarsten Phasen in meinem Leben. Ich hatte es permanent mit außerordentlich talentierten Leuten zu tun; ich konnte Musik für die verschiedensten Anlässe und Besetzungen komponieren, konnte in den verschiedensten Kontexten auftreten . . . Und all dies vollzog sich unter unserer eigenen Regie. Kein Kneipenbesitzer konnte uns dreinreden, niemand zwang uns, irgend etwas zu tun, wozu wir keine Lust hatten . . . In der Zeit, als das lief, war die BAG wohl eine einzigartige Institution im Land, allein schon deshalb, weil wir die Möglichkeit hatten, so viele Künstler, die wirklich gut waren, unter einem Dach zusammenzubringen.«

Als ich Oliver Lake fragte, warum er und seine Mitmusiker denn nun dieses Paradies verlassen hätten, kam eine Antwort, die man in New York von jungen, aus der Provinz zugereisten Musikern immer wieder hört:

»In einer kleinen Stadt kann man soundso viele Dinge tun; und dann merkt man, daß man sich nach einiger Zeit im Kreise zu drehen beginnt. Wir spielten vor allem in Colleges, machten Konzerte in Theatern und spielten in unserem eigenen Haus. Wir machten das soundso oft; und nach einer Weile sagt man sich, daß nun mal irgend etwas anderes passieren müßte. Das war *einer* der Gründe. Und ein anderer war natürlich der, daß Musiker, solange man denken kann, immer herumgereist sind. Wir sagten uns also, daß wir eigentlich in Saint Louis so viel getan hatten, wie wir überhaupt tun konnten. Und wenn wir noch ein weiteres Jahr dableiben würden, würden wir immer noch die gleichen Sachen machen, würden an den gleichen Orten das gleiche Zeug spielen. Denn wir waren ja immer wieder im gleichen Bezirk aufgetreten, in den Universitäten von Illinois und dem Mittleren Westen. Jetzt wollten wir uns also ausbreiten. Auf diese Weise sind heute eine ganze Reihe von Leuten, die ursprünglich in der Gruppe gearbeitet hatten, in der ganzen Welt verstreut, sogar die Tänzer und die Schauspieler.«

Oliver Lake ging 1970 zunächst einmal für zwei Jahre nach Paris, von wo aus er – gemeinsam mit den Trompetern Floyd Laflore und Bakida Carol, dem Posaunisten Joseph Bowie und dem Schlagzeuger Charles

»Bobo« Shaw – die BAG auf der französischen Szene bekanntmacht
und gleichzeitig – so paradox das auch erscheinen mag – wichtige
Kontakte nach New York zu knüpfen begann.

»Das Art Ensemble hatte Paris so ungefähr zwei Jahre verlassen,
bevor wir dort hinkamen. Lester Bowie hatte mir einige Kontakte
nach Paris vermittelt. So zogen wir einfach los. Als wir Saint Louis
verließen, hatten wir keine Jobs in Aussicht, überhaupt nichts. Wir
hatten nichts als ein paar Telefonnummern in Paris. Aber trotzdem
lief eigentlich alles ganz gut. Wir waren ursprünglich fünf Leute in der
Gruppe. Da war einmal Floyd Laflore, ein Trompeter, der jetzt
wieder in Saint Louis ist; dann Bakida Carol, ein Trompeter, der jetzt
in San Francisco ist; Joseph Bowie, Charles Shaw und ich. Wir fünf
arbeiteten in Frankreich als *Black Artists Group* ungefähr ein Jahr
lang. Dann gingen einige von uns in die Staaten zurück. Bakida und
ich blieben ein weiteres Jahr. Nach Paris trafen wir uns hier alle in New
York wieder. Die Reihenfolge war also Saint Louis – Paris – New
York. Auf diese Weise war Europa für mich so etwas wie eine
Einführung in die New Yorker Szene. Denn als ich von Paris nach New
York kam, traf ich eine Menge Musiker, die ich in Paris kennengelernt
hatte oder mit denen ich auf Festivals gespielt hatte. Und auch einige
Veranstalter, die hier arbeiteten, kannte ich von Paris her. Auf diese
Weise lief das wahrscheinlich viel besser, als wenn ich direkt von Saint
Louis aus nach New York gekommen wäre. Das ersparte mir vieles.
Denn in Europa hatten wir ja auf einigen der wichtigsten Festivals
gespielt und waren mit einigen der wichtigsten Musiker aus den
Vereinigten Staaten zusammengekommen. Und das gab uns direkten
Kontakt. Auf diese Weise erwies sich das alles als sehr nützlich.«

Und wie kommst du in New York klar?

»Es ist schon ungeheuer schwierig, in New York über die Runden zu
kommen. Nirgendwo trifft man so viele gute Musiker, die sagen: ›Ich
hab' einmal Jazz gespielt, aber ich konnte mich und meine Familie
einfach nicht davon ernähren, und so mußte ich halt aufgeben.‹
Besonders schwierig ist's natürlich dann, wenn man eine Art von
Musik spielt, die nicht so populär ist, daß man sie zum Beispiel im
Radio sendet. So läuft es darauf hinaus, daß man sich zwangsläufig
zum *Superman* entwickelt: Auf der einen Seite hat man die Musik, die
einen enorm großen Raum einnimmt, und dann muß man seinen
Geschäftskram zusammenhalten und sich wirklich um Kopf und
Kragen rennen, damit man alles zusammenbringt, damit man davon
leben kann. Das ist wirklich ein irrsinniger Zustand. Aber man muß es

einfach *machen* und daraus lernen. Für mich sieht es so aus, daß ich es einfach versuchen muß, eine Balance zu finden zwischen Business, Üben, Proben und Komponieren. Zum gegenwärtigen Zeitpunkt ist es so weit, daß ich versuchen müßte, jemanden zu finden, der mir bei meinen geschäftlichen Angelegenheiten hilft. Ich kann mir natürlich keinen Anwalt leisten, obwohl dies genau das ist, was ich zu diesem Zeitpunkt wirklich bräuchte. Also versuche ich, einige Freunde zu finden, die mir dabei helfen, die verschiedenen geschäftlichen Dinge zu bewältigen.

In den letzten 10 Jahren haben viele Musiker angefangen, selbst Schallplatten zu produzieren. Sie sahen einfach, daß sich dies machen ließ. Aber es ist natürlich ein schwieriges Geschäft. Ich meine, wenn du erst einmal in der Musik drinsteckst und du fängst dann an, über die Pressung von Schallplatten nachzudenken und über den Vertrieb, dann steckst du bereits tief im Geschäft drin. Fähig zu sein, Musik zu spielen und dann auch noch all diesen Geschäftskram zu erledigen, mein lieber Mann, das ist wirklich schwer! Besonders dann, wenn man beides wirklich *richtig* machen will. Denn man muß ja ein Gleichgewicht zwischen beiden Seiten finden, mindestens so lange, bis man den Zeitpunkt erreicht hat, daß man irgend jemand anderen engagieren kann, der die Geschäfte für einen erledigt.«

Daß Oliver Lake und die Mehrzahl der anderen aus dem Mittleren Westen zugereisten Musiker in New York nicht einfach in der Versenkung verschwanden, sondern – im Gegenteil – als treibende Kraft des Avantgarde-Jazz zunehmend in das Zentrum des musikalischen Geschehens rückten, hat mehrere Ursachen. Zum einen dürften die organisatorischen Erfahrungen eine Rolle gespielt haben, die diese Musiker innerhalb der Kooperativgruppen von Saint Louis und Chicago gesammelt hatten, in denen Eigeninitiative oberstes Prinzip war. Zum anderen aber brachten die Musiker aus dem Mittleren Westen eine musikalische Konzeption ein, die die spezifisch New Yorker Stilistik mit ihrer Vorliebe für Hektik, Dichte und Powerplay zunehmend zu überlagern begann. Die Spielweise, die in der vergleichsweise entspannten Atmosphäre des Mittleren Westens entstand, war differenzierter in der formalen Strukturierung, offener und zugleich organisierter. Improvisation und Komposition standen sich nicht als Alternativen gegenüber, bildeten keine separaten Blöcke, sondern gingen ein dialektisches Verhältnis ein.

Ein hervorragendes Beispiel für diese Tendenz liefert Oliver Lakes LP »Heavy Spirits« (ARISTA FREEDOM AL 1008), die er 1975 u. a.

mit Olu Dara, Joseph Bowie und Charles Shaw einspielte und auf der
die Verschmelzung von spontaner Interaktion und thematischem
Material so stark ist, daß es bisweilen Mühe macht, das eine vom
anderen zu unterscheiden: Komponiertes klingt wie improvisiert und
Improvisiertes wie komponiert.

»Den Musikern aus Chicago und Saint Louis, dem Art Ensemble,
Muhal Richard Abrams, Anthony Braxton, Julius Hemphill usw., ist
gemeinsam, daß sie alle sehr gerne komponieren und daß sie gerne mit
einem sehr vielfältigen Material arbeiten. Uns geht es darum, unterschiedliche musikalische Situationen zu schaffen, unterschiedliche
Bezugsrahmen für die Improvisation . . . Ich glaube, heute geht es vor
allem darum zu erkennen, daß alles offen ist, daß uns jede Menge
Material zur Verfügung steht und daß alles irgendwie zusammenge-
hört. Ich glaube, die Musiker aus dem Mittleren Westen haben in
diesem Prozeß eine wichtige Rolle gespielt insofern, als sie ihre Musik
zwar sehr stark organisieren, aber trotzdem viel Raum für die
Improvisation lassen. Man muß nämlich einige Fixpunkte haben, auf
die man sich beziehen kann. Es geht nicht immer einfach nur so
los . . . In den frühen 60er Jahren mag dies einmal ganz natürlich
gewesen sein. Aber von vielen der Leute, die damals bekannt wurden,
hört man heute so gut wie nichts mehr. Eine Menge von Typen waren
nicht einmal richtige Musiker in dem Sinne, daß sie ihr Handwerk
verstanden. Dabei ist all das, was zu Charlie Parkers Zeiten gültig war,
heute noch genauso gültig. Als der sogenannte Free Jazz entstand,
tauchten eine Menge Musiker auf, die glaubten, daß man einfach so
loslegen könne. Aber siehst du, heute – in den 70er Jahren – hat sich
vieles aufgeklärt. Der Rauch ist weggeblasen, und du kannst das Licht
sehen.«

Dave Holland

Während amerikanische Jazzmusiker aller stilistischen Lager, die als
sogenannte *expatriates* in Europa seßhaft wurden, längst nichts
Außergewöhnliches mehr darstellen, gehören umgekehrt europäische
Musiker, die in den USA leben und musikalisch aktiv sind, traditionell
eher zu den Ausnahmen. Die Gründe dafür liegen auf der Hand.
Daß derartige Ausnahmen in den letzten 10 bis 15 Jahren häufiger
wurden, daß zunehmend mehr europäische Jazzmusiker den

Absprung auf die amerikanische Szene gewagt und erfolgreich über-
standen haben, hat verschiedene Ursachen. Zum einen ist insgesamt
das musikalische Niveau im europäischen Jazz während des genannten
Zeitraums erheblich gestiegen. Die europäischen Improvisatoren sind
– zum Teil jedenfalls – aus ihrer epigonalen Rolle herausgetreten und
haben kreative Eigeninitiative entwickelt. Und sie haben es gelernt,
mit den rhythmischen Anforderungen des Jazz besser fertig zu werden, als dies früher der Fall war: Während noch in den 50er Jahren für
jeden reisenden US-Solisten der Standard der europäischen Rhythmusgruppen ein gravierendes Handikap darstellte, gibt es heute in
dieser Hinsicht kaum noch Probleme. Die andere Ursache dürfte in
der im Zeichen des Jet-Zeitalters immens angewachsenen Internationalisierung der Jazzszene während der 60er Jahre gelegen haben. So
gab es Gruppen wie jene von Don Cherry, in der – neben dem
amerikanischen Bandleader – ein Argentinier (Gato Barbieri), ein
Deutscher (Karl Berger), ein Franzose (J. F. Jenny-Clark) und ein
Italiener (Aldo Romano) mitwirkten. In ihrer nationalen Zusammensetzung nicht ganz so extreme, aber doch recht bunte Besetzungen
wurden zeitweise von Musikern wie Steve Lacy, Marion Brown und
Sunny Murray angeführt.

Diese Internationalisierung der Jazzszene mit der durch sie ausgelö-
sten Intensivierung der Kontakte zwischen europäischen und amerikanischen Musikern brachte eine Reihe von Europäern auf die
amerikanische bzw. die New Yorker Jazzszene. Drei von diesen
Europäern, den Engländer Dave Holland, den Italiener Enrico Rava
und den Deutschen Karl Berger, habe ich interviewt, wobei ich
gestehen muß, daß die Gespräche mit diesen drei Musikern zu den
inspirierendsten gehörten, die ich in den USA und über die USA
führte. Dies mag einerseits daran gelegen haben, daß sie mir – auf der
Basis unseres gemeinsamen soziokulturellen Erfahrungshintergrun-
des – mental näher waren als die meisten Amerikaner, mit denen ich
sprach. Darüber hinaus jedoch dürfte es nicht unerheblich gewesen
sein, daß diese drei Musiker, wenngleich sie als Insider intime Kenner
der amerikanischen Szene sind, sich dieser gegenüber dennoch eine
Art von kritischer Distanz bewahrt haben, die einheimische Musiker
nur schwer aufbringen können.

Der Bassist Dave Holland wurde am 1. Oktober 1946 in Wolverhamp-
ton, England, geboren. Erste Jazzerfahrungen sammelte er in Dixie-
landbands, spielte dann in London mit Musikern wie Ronnie Scott,
Tubby Hayes, Evan Parker und John Surman und wurde schließlich

1968 von Miles Davis »entdeckt«. In dessen Gruppe arbeitete er bis
1971. 1970 gründete Holland gemeinsam mit dem Pianisten Chick
Corea, dem Saxophonisten Anthony Braxton und dem Schlagzeuger
Barry Altshul die kooperative Gruppe »Circle«, die in Europa ebenso
erfolgreich wurde wie in den USA. Nach der Auflösung der Gruppe
Ende 1971 arbeitete Holland unter anderem mit Stan Getz, Sam
Rivers, Karl Berger und Carla Bley und schloß sich 1974 dem Quartett
von Anthony Braxton an.

Bereits einige Zeit vorher war er mit seiner Familie von New York
nach Woodstock gezogen, einer rund 100 Meilen nördlich von New
York idyllisch am Rande der Catskill-Berge gelegenen Kleinstadt und
Künstlerkolonie, die ihren internationalen Ruhm aus der Tatsache
bezieht, daß dort eigentlich im August 1969 das legendäre »Wood-
stock-Festival« stattfinden sollte, das dann jedoch aufgrund einer
Intervention der Stadtväter – unter Beibehaltung des auf den Plakaten
ausgedruckten Namens – auf der rund 200 km von Woodstock entfernten Wiese des Bauern Max Yasgur über die Bühne ging.

Als ich Dave Holland im April 1976 in Woodstock interviewte, waren
er und seine Familie gerade dabei, die Koffer zu packen. Sie zogen
zurück nach New York, wo Holland sich am unteren Broadway, im
Herzen der *scene*, einen Loft gemietet hatte.

Ich fragte ihn nach seiner Einschätzung der Situation des Jazzmusikers
in den USA heute.

»Ich glaube, die Probleme, mit denen ich mich auseinandersetzen
muß, ähneln sehr denen der meisten Leute, die versuchen, eine nicht
populäre Art von Musik zu spielen oder eine unpopuläre Kunstform
zu schaffen. Es sind hauptsächlich finanzielle Probleme. Oder man ist
zum Beispiel nicht immer in der Lage, die Art von gig zu spielen, die
man spielen möchte. Oder man geht zu einem gig und stellt fest, daß
die Situation extrem unfreundlich ist von seiten der Clubbesitzer oder
der Festivalveranstalter, nur weil denen unsere Musik vielleicht nicht
eine Menge Geld einbringt. Denn im wesentlichen leben wir ja in einer
geldorientierten Gesellschaft. Und außerdem leben wir in einer
Gesellschaft, die auf Leute hin ausgerichtet ist, die eine sehr regelmäßige Art von Leben führen. Die meisten Leute leben doch ein Leben,
in dem eine ganz bestimmte Zeit für die Arbeit vorgesehen ist und eine
ganz bestimmte Zeit für die Freizeit; und sie können regelmäßig mit
einem bestimmten Geldbetrag rechnen, über den sie vorhersagbar zu
bestimmten Zeiten verfügen können. All diese Dinge, auf die hin
unsere Gesellschaft angelegt ist, sind Dinge, die unserer Art zu leben

absolut nicht entsprechen, ich meine uns, die wir Musik machen und
die wir wegen dieser Musik eine ganz andere Art von Leben führen.
Auf diese Weise ist immer eine Reibung vorhanden zwischen dem
Lebensstil, den wir haben, und dem Lebensstil, wie man ihn normalerweise um uns herum antrifft. Wir haben es ständig mit Leuten zu tun,
die ihre Rechnungen pünktlich am ersten des Monats bezahlt haben
wollen, während bei uns vielleicht zum Beispiel der Scheck von der
Schallplattengesellschaft gerade mal wieder seit einem Monat überfäl-
lig ist. Solche Sachen also . . . daß einem zum Beispiel die Gage nicht
bezahlt wird, nachdem man den Job gespielt hat. Wie gestern,
erinnerst du dich? Als der Typ von dem College sagte, der Scheck sei
leider im Büro eingeschlossen. Und wir hatten gespielt! Und natürlich
sagte der uns das nicht *vor* dem Konzert, sondern erst hinterher.
Aber ich will mich nicht beschweren. Ich bin bereit, die Konsequenzen
dessen, was ich tue, auf mich zu nehmen. Mit anderen Worten, ich
akzeptiere, daß das, was ich spiele, nun halt mal keine kommerzielle
Musik ist. Wenn ich ein Leben bevorzugen würde, das – sagen wir mal
– physisch leichter wäre, zum Beispiel ein größeres Haus haben, ein
zweites Auto oder wenigstens ein *gutes* Auto, einen zweiten Baß
vielleicht, einen schönen Flügel, all solche Dinge, die nicht mal
wirklich Luxusgegenstände sind, sondern Dinge, die dir das Leben
etwas erleichtern . . . wenn ich *solche* Dinge haben wollte, dann
würde ich natürlich einen anderen musikalischen Weg einschlagen.
Wie das ein paar andere Leute machen, die wir erwähnen könnten,
aber nicht wollen, verstehst du? Aber ich akzeptiere die Situation so,
wie sie ist; denn es handelt sich um Probleme, die automatisch daraus
resultieren, was man musikalisch macht. Und historisch gesehen war
es schon immer so.
Und natürlich ist es möglich, mit dem, was wir machen, so viel Geld zu
verdienen, daß man sein Leben zumindest so organisieren kann, daß
man immerhin auf eine akzeptable Weise überleben kann. Mehr
erwarte ich davon nicht! Solange ich dies habe, bin ich glücklich. Und
tatsächlich betrachte ich mich als sehr glücklich, solange ich eine
Wohnung für meine Familie habe, meine Kinder zur Schule gehen, ich
saubere Kleidung anhabe, wir etwas zu Essen im Bauch haben. Das ist
alles, was ich will, verstehst du? Und wenn ich dann noch *die* Musik
spielen kann, die ich gerne spielen möchte, dann bin ich ein sehr
glücklicher Mann.
An diesem Punkt jetzt geht es mir vor allem darum zu versuchen,
etwas aufzubauen. Ich möchte eine Anhängerschaft aufbauen; ich

versuche, die Leute dafür zu interessieren, was wir tun. Und ich hoffe, daß der Trend, der sich in den letzten paar Jahren abzeichnete, daß sich nämlich zunehmend mehr Leute für unsere Musik interessieren, anhalten wird, und daß deshalb unser Leben etwas leichter werden wird. Denn wir haben ohne Frage jetzt mehr Arbeit als jemals zuvor.«

Willst du damit sagen, daß sich in der ökonomischen Situation des Jazz im allgemeinen ein Wandel vollzogen hat, oder ist es nur so, daß du selbst mehr arbeitest?

»Ich glaube, in der musikalischen Entwicklung eines Menschen gibt es so etwas wie einen natürlichen Ablauf. So gibt es eine Periode, wenn du so Mitte Zwanzig bist, da versuchst du, deine Sache aufzubauen. Und dann irgendwann hast du genug Schallplatten aufgenommen, genug Leute haben von dir gehört, und dann produzierst du irgend etwas, das – sagen wir mal – genau das richtige Gefühl ausstrahlt, den Leuten also etwas vermittelt. Ich glaube, irgendwann entwickelt man dann einfach sein Publikum. Ich bin jetzt 30, Anthony (Braxton) ist 30; und wir sind beide an einem Punkt angekommen, wo wir anfangen, mit einem Publikum rechnen zu können. Es ist kein großes Publikum, aber es ist mit Sicherheit ein Publikum. Und es ist ein Publikum, mit dem wir rechnen können.«

Ich habe bemerkt, daß ein Großteil deiner Arbeit in Europa passiert. Meinst du, daß dort eine unterschiedliche Situation besteht zu hier? Ist das Publikum größer?

»Laß mich mal nachdenken. Ich würde sagen, daß das europäische Publikum der improvisierten amerikanischen Musik gegenüber ein anderes Verhältnis hat als das amerikanische Publikum. Und dies schafft natürlich eine unterschiedliche Situation. Das liegt zum Teil daran, daß die Ursprünge dieser Art von Musik in Amerika liegen. Und ich glaube, daß es mindestens bis zu einem gewissen Grade notwendig ist, die Erfahrung von Amerika gemacht zu haben, um die amerikanische Musik wirklich erfahren zu können, um – sagen wir mal – in der Lage zu sein, den emotionalen Gehalt zu verstehen und zu verstehen, wo er herkommt. Und mit amerikanischer Musik meine ich genaugenommen schwarze Musik. Denn dort liegen die Ursprünge dieser Musik, bei den schwarzen Amerikanern. Konsequenterweise kommt somit die treibende Kraft für diese Musik aus Amerika. Das bedeutet nun nicht, daß ich die europäischen Beiträge ignoriere. Ich komme ja da schließlich auch her. Aber die europäischen Entwicklungsformen dieser Musik sind von den amerikanischen Entwicklungen sehr unterschiedlich. Sie sind nicht besser und sie sind nicht schlechter. Sie sind nur sehr unterschiedlich aufgrund der unterschiedlichen kulturellen Umgebung und aufgrund der allgemeinen Situation, die in den beiden Erdteilen besteht.

Ich würde also sagen, daß das europäische Publikum, wenn es Jazz hört, erst einmal nach Amerika hört. Denn dort liegen die Ursprünge. Und obwohl ich weiß, daß die europäischen Musiker in Europa mittlerweile eine ganz gute Anhängerschaft haben, glaube ich, daß es für amerikanische Musiker trotzdem leichter ist, in Europa zu arbeiten. Das kommt zum Teil daher, daß sich für die amerikanischen Musiker eine gewisse Reputation etabliert hat. Das geht natürlich darauf zurück, daß – was improvisierte Musik betrifft – die stärksten Einflüsse traditionell aus Amerika kamen, in den 40er Jahren und ebenso in den 50er Jahren. Und ich glaube, man kann sagen, und dafür lasse ich mich gerne kritisieren, daß das amerikanische Erbe der Musik immer noch dominiert. Ich persönlich glaube das zumindest. Ich will damit nicht sagen, daß es keine anderen gültigen Formen von improvisierter Musik gibt. Aber die Tradition des Jazz wird immer noch mit Sicherheit am stärksten in Amerika aufrechterhalten. Und deshalb bin ich auch hier! Dies ist einer der Gründe, weswegen ich hier lebe. Denn es war *diese* Musik, die mich ursprünglich überhaupt dazu brachte zu spielen, die mich anfeuerte und die mir das Gefühl gab: dies oder gar nichts.«

Wie ich gehört habe, ziehst du demnächst nach New York. Glaubst du, auf dem Lande, abseits von den Orten, wo die großen Dinge passieren, vermißt du etwas?

»Das hängt davon ab, in welche Richtung man gehen will. Vor vier Jahren, als ich aufs Land zog, war das genau die Richtung, die ich brauchte. Ich brauchte Platz. Ich brauchte Zeit. Ich brauchte es, daß ich morgens aufstand und meinen Tag so organisieren konnte, wie ich es wollte. In der City gibt es dermaßen viele Dinge unmittelbar um dich herum. Da gibt es so viele Dinge, auf die man sich einläßt. Da gibt es Konzerte, Buchläden; da gibt es Leute, die du besuchen und mit denen du reden willst . . . Ich brauchte damals einfach eine Zeit, in der all dies nicht passierte. Ich brauchte eine Zeit, in der ich mit der ganzen Musikszene nichts zu tun hatte, in der ich nicht ein Teil irgendeiner Community war, außer natürlich der kleinen Community, die sich hier oben versammelt hat.* Ich zog hier herauf, nachdem *Circle* auseinandergebrochen war, kurz bevor ich mit Stan Getz zu

* Gemeint ist Woodstock, New York

spielen begann. Das war 1972. Einer der Gründe, weshalb ich hierher zog, bestand darin, daß ich in jener Zeit ziemlich durcheinander war. Ich hatte mit *Circle* gearbeitet, und die Gruppe war auseinandergebrochen. Es war für mich eine Zeit der Neueinschätzung der Werte von Freundschaft und eine Neueinschätzung der Werte von Musik. Und ich brauchte diese Weite und diese Abgeschiedenheit, die ich hier oben hatte. Ich kam hier oben viel zum Arbeiten. In den vier Jahren, die ich hier oben gelebt habe, habe ich viel studiert. Ich bin viel tiefer in das eingedrungen, was ich eigentlich tun wollte. Und es gelang mir einfach besser herauszufinden, was ich überhaupt wollte. Jetzt ist die Zeit gekommen, wo ich wieder bereit bin, zurück in den *big apple* zu gehen.

Wenn ich jetzt zurückgehe, werde ich mich mit einigen Musikern zusammentun, die in den letzten vier Jahren nach New York gezogen sind. Ich möchte auch mal wieder ins Kino gehen können. Und ich möchte losziehen können, um ein bißchen Musik zu hören. Ich möchte mit ein paar anderen Leuten spielen. Ich möchte einfach die Vorteile genießen, die in der Stadt vorhanden sind, all diese Stimulation und Energie. Dabei habe ich nun keineswegs den Entschluß gefaßt, niemals wieder auf das Land zurückzugehen. Wahrscheinlich werde ich wieder einmal hierherziehen. Ich habe ein bißchen Land gekauft, das nicht sehr weit von hier entfernt ist. Und unter Umständen werde ich da mal ein Haus drauf bauen. Ich will einfach einen Platz haben, an den ich immer wieder zurückgehen kann. Denn ich glaube, das Landleben kann einem einige grundlegende Erkenntnisse vermitteln, über einen selbst und über das Leben. Ich glaube, so etwas ist wirklich nur auf dem Lande möglich. Die Ablenkungen in der Stadt können einen manchmal mit einem solchen Tempo durch die Gegend rennen lassen, daß einem keine Zeit mehr zum Nachdenken bleibt.

Aber diesmal, wenn ich in die Stadt ziehe, habe ich das Gefühl, daß ich es mehr unter Kontrolle habe. Ich glaube, daß ich diesmal die Stadt als etwas betrachten werde, mit dem ich mich einlasse, wann *ich* will, und von dem ich mich zurückziehe, wann es mir wichtig scheint. Und natürlich sind seit dem letzten Male vier Jahre vergangen. Und meine ganze Karriere und mein Berufsleben hat sich in einem ziemlich starken Maße verändert. Und auf diese Weise wird natürlich die City diesmal etwas anderes für mich bedeuten. Ich werde nicht die ganze Zeit rumrennen und spielen müssen. Ich arbeite ja, wie du weißt, ziemlich viel außerhalb; und so wird New York eine Art zentraler Punkt für mich sein. Und wenn ich zu

Hause bin, kann ich all die Vorteile dieser Stadt genießen.«

Der Grund für deinen Umzug besteht also nicht darin, daß du dir in New York mehr Jobs erhoffst?

»Nein, ganz gewiß nicht. Ich habe nicht vor, in New York mehr zu spielen, als ich es bislang gemacht habe. Ich hab' schon hier und da in ein paar Clubs gespielt, aber ich will ganz sicher nicht in so eine Art reguläre Jobszene geraten und versuchen, dort ständig zu arbeiten. Ich würde lieber Unterricht geben. Wenn ich sonst nicht genug Arbeit habe, würde ich lieber mehr ins Unterrichten einsteigen und mich auf die Aktivitäten beschränken, die mir wirklich sinnvoll erscheinen. Das war ein Entschluß, den ich vor vier Jahren faßte.«

Du bist kein besonders großer Freund der Clubszene?

»Ganz so ist das auch wieder nicht. Nein, ich spiele eigentlich ganz gerne in Clubs, weil man dort relativ viel Zeit hat, mit einer Gruppe zusammenzuarbeiten. Wenn man zum Beispiel ein sechstägiges Engagement hat und vielleicht vier *sets* pro Nacht spielt, dann kann man in solch einer Situation die Musik wirklich weiterentwickeln. Ich halte nicht viel von der Umgebung, in der wir da arbeiten, das ist schon wahr! Aber ich finde es gut, für eine Woche in eine andere Stadt zu fahren, in dieser Stadt zu wohnen und in dieser Stadt zu spielen. Ich denke eigentlich auch mehr an eine andere Art von Club, als man das sich normalerweise vorstellt, mehr so etwas wie die Lofts, aber mit ein bißchen mehr Politur und mit ein bißchen mehr Geld. Das würde viel ausmachen, denn in den meisten Lofts muß man ja für ein paar Groschen spielen. Wichtig wäre schon ein bißchen mehr Gage, ein bißchen bessere Anlage und, ganz allgemein gesagt, ein bißchen mehr Komfort. Aber so etwas wie die Lofts, das wäre schon gut, das Informelle und die Atmosphäre.«

Du hast den musikalischen Bezugsrahmen, in dem du arbeitest, recht oft gewechselt. Du bist als Free Jazz-Spieler bekannt, als Mainstream-Musiker, als Rockjazz-Spieler. Und du arbeitest auch jetzt in relativ vielen verschiedenen Bereichen.

»Das stimmt. Ich habe das immer so gemacht. Ich war nie einer, der nur mit einer Community von Musikern spielt. Ich sehe die musikalische Community als eine Totalität an. Und meine Hörgewohnheiten schließen die ganze Vielfalt der Musik ein, die ganze Welt der Musik. Als Musiker habe ich versucht, einen so breiten Weg wie möglich zu gehen. Ich habe versucht, mich so vielseitig wie möglich zu entwickeln. Und anstatt nur eine bestimmte Richtung in der Musik einzuschlagen, habe ich im allgemeinen stets versucht, alles, was ich von der

Improvisation und von musikalischen Bezugssystemen verstehe, für
mich nutzbar zu machen und zu einer Form von Musik miteinander zu
verschmelzen. Natürlich finde ich bei bestimmten Musikern auch ganz
bestimmte Aspekte, die für mich wichtig sind. Wenn ich zum Beispiel
mit dem Musiker A spiele, dann entwickle ich eine ganz bestimmte
musikalische Beziehung zu ihm. Und wenn ich mit dem Musiker B
spiele, dann finde ich andere Arten von musikalischen Beziehungen.
So wirst du in meiner Spielweise gewisse Unterschiede feststellen, je
nachdem, mit wem ich spiele; weil ich versuche, mich dem unterschiedlichen Vokabular der verschiedenen Musiker anzupassen.«
    Aber hast du nicht bestimmte Präferenzen?
»Nun, in diesem Stadium jetzt bin ich am meisten an den neuesten
Entwicklungen der improvisierten Musik interessiert. Mit anderen
Worten: Ich glaube, daß mein Hauptinteresse in der *Weiterentwicklung* der Musik liegt und weniger in einem historischen Bezug zu ihr.
Wie ich schon sagte, ich spiele gerne mit anderen Leuten, aber am
meisten geht es mir um die Weiterentwicklung der musikalischen
Sprache. Also konzentriere ich mich vor allem auf die zeitgenössischen Aspekte der Musik. Dazu braucht man natürlich Mitspieler. Mir
persönlich vermitteln *solche* Musiker die meisten Anregungen, die auf
ihrem Instrument gut ausgebildet sind und die versiert in der Sprache
der Improvisation sind, so daß wir mit einem interessanten Vokabular
miteinander kommunizieren können. Und in bestimmten Gruppen ist
dies gewährleistet. Und es sind vor allem diese Gruppen, in die ich die
meiste Zeit investiere. Wie ich schon sagte, das war ein Entschluß, den
ich vor ein paar Jahren faßte. Ich sagte mir, von nun an werde ich jede
Anstrengung unternehmen, wirklich nur noch solche Dinge zu tun,
nur solche Situationen zu akzeptieren, nur solche Situationen herbei-
zuführen, die gewährleisten, daß sich die Musik weiterentwickelt.«
    *Ist das Streben nach einem breiten musikalischen Spektrum für dich
    der Grund, daß du einerseits mit Anthony Braxton und andererseits
    mit Sam Rivers spielst?*
»Im Moment bin ich für Vielfalt, und Sam und Anthony, um diese
beiden Beispiele einmal zu nehmen, repräsentieren für mich zwei ganz
unterschiedliche Polaritäten, in mehrfacher Hinsicht. Sam ist zunächst
einmal älter als Anthony, er gehört einer anderen Generation an. Und
seine Musik ist traditionsgebundener. Er verwendet in seinem Spiel
mehr traditionelle Konzepte des Jazz als Anthony. Anthony geht es
hingegen mehr darum, neue oder innovative Konzepte für die Musik
zu entwickeln, von denen einige an die europäische Musik anknüpfen

und andere an die zeitgenössischen Entwicklungen in der improvisierten schwarzen Musik. Und ich weiß, daß er sich lange Zeit mit Gestaltungsprinzipien auseinandersetzte, die traditionelle Konzepte direkt ausschlossen. Sein Hauptziel war es, für sich als Saxophonist und als Komponist eine eigene, einzigartige musikalische Sprache zu entwickeln. Dies führte ihn konsequenterweise in andere musikalische Bereiche, die ich auch sehr stimulierend fand. Und wenn ich jetzt eine Entscheidung treffen müßte, ob ich mit Sam oder Anthony arbeiten wollte, ich glaube, ich wäre nicht dazu in der Lage. Denn beide verkörpern ganz unterschiedliche Aspekte der Musik, die ich beide gleichermaßen mag. Ich würde also sagen, die nächste Bindung, die ich eingehen würde, würde vermutlich darin bestehen, daß ich eine eigene Gruppe oder eine kooperative Gruppe zusammenstellen würde. Im Moment wäre meine ideale Gruppe eine mit Sam und Anthony, wie auf *Conference of the Birds**. Aber dies ist leider nicht möglich.«

Warum nicht?

»Nun, weil Anthony und Sam beide eine sehr individuelle Musik machen, die sie – jeder für sich – natürlich weiterentwickeln wollen. Und ich glaube, daß beide das Gefühl hätten, nicht genug Freiraum zu haben, wenn sie auf Dauer zusammenspielen würden.«

Hat sich da nicht im Vergleich zur – sagen wir – Bebop-Ära manches geändert? Ich habe den Eindruck, wenn heute einer eine Art von Gigant geworden ist, daß er dann überwiegend alleine bzw. mit seiner eigenen Gruppe spielt. Parker spielte mit Gillespie und mit Monk, aber Ornette Coleman spielte niemals mit Shepp oder Cecil Taylor. Liegt das vielleicht am ökonomischen System oder meinst du, daß dies wirklich mit dem Sprachaspekt der Musik zusammenhängt?

»Nun, das ist eine sehr interessante Frage. Ich glaube, dahinter steht eine ganze Reihe von Gründen. Ich glaube, wenn jemand seine eigene Musik zu entwickeln versucht, dann wird auf ihn von seiten der Musikindustrie eine Menge Druck ausgeübt.«

Um originell zu sein?

»Um originell zu sein. Nimm einmal ein Beispiel. Beide, Sam und Anthony, werden in diesem Sommer in Europa ein bißchen Arbeit haben. Und einiges von dieser Arbeit wird sich terminlich überlappen. Als Konsequenz kann ich mit einem von beiden nicht arbeiten, oder einer von beiden wird den Job da drüben absagen müssen. Nun ließe

* Dave Holland Quartet: Conference of the Birds, ECM 1027

sich sicherlich vieles arrangieren, wenn die Leute im Musikgeschäft
etwas flexibler wären, wenn die Festivalveranstalter es beispielsweise
akzeptieren würden, daß verschiedene Musiker zusammenarbeiten
können. Ich weiß von einigen Agenten, die sich dagegen sträuben,
zwei Bands mit der gleichen Rhythmusgruppe zu engagieren. Verstehst du, weil sie nicht zweimal die gleiche Band präsentieren wollen.
So denken sie sich das jedenfalls. Nun, bis zu einem gewissen Grade
kann ich diese Ansicht verstehen. Auf der anderen Seite ist es aber
doch die Musik, die zählt. Wenn nun in dieser speziellen Situation aus
Geschäftsgründen eine der beiden Musiken ausfallen muß, dann ist da
etwas ernsthaft faul. Es müßte einfach häufiger die Möglichkeit
geben, daß die Leute zusammen spielen und auf einem sehr hohen
Niveau miteinander Musik machen, ohne daß ihnen die Geschäftsleute dazwischenkommen. Und natürlich lastet andererseits auf einem
Bandleader ein immenser ökonomischer Druck, daß er Arbeit
bekommt, daß seine Musik bei den Leuten ankommt und so weiter.
All diese Dinge machen es für ihn notwendig, daß er eine regelmäßig
zusammenarbeitende Gruppe hat, daß er zu dem Agenten sagen
kann: ›Der und der wird bei dem Konzert mitspielen; Sie können diese
Namen in Ihrem Programm abdrucken und sicher sein, daß sie da sein
werden.‹ Ich glaube, wenn der Musiker ein wenig von dem ökonomischen Druck entlastet würde, würde auch das andere besser laufen.
Besonders in Amerika herrscht ein starkes Konkurrenzdenken. Und
obwohl ich glaube, daß künstlerischer Wettstreit keine schlechte
Sache ist, daß er, wenn er positiv ist, sehr stimulierend sein kann, so
glaube ich doch, daß ein Wettstreit um Arbeit und ums Überleben
ausschließlich negative Konsequenzen für den Musiker mit sich
bringt. Ich habe oft darüber nachgegrübelt, warum – wie du sagst – die
sogenannten Giganten nicht zusammenarbeiten. Das ist ein großer
Fehler, weißt du! Ich glaube, wenn ein starkes musikalisches Individuum es lernen kann, mit einem anderen starken musikalischen
Individuum zusammenzuarbeiten, dann muß dabei zwangsläufig die
größte Musik rauskommen. Ich meine, wenn Meistermusiker zusammenarbeiten, dann muß das etwas Großartiges geben. Es kommt
schon eine Menge dabei heraus, wenn einer um sich herum eine
Gruppe von guten Musikern zusammenstellt, so wie dies Miles machte
und so wie dies Monk macht. Aber ich meine, es müßte einfach auch
die Zeit dazu da sein, daß Leute zusammenkommen und zusammen
irgendeine Musik erarbeiten. Das ist es auch, was ich versuche
durchzuhalten. Deshalb möchte ich nicht nur mit einer eigenen

Gruppe arbeiten. Ich habe das auch mit ein paar anderen Musikern versucht, aber die Gruppen sind immer wieder auseinandergefallen, vor allem wegen des *Ego*, wegen des Bedürfnisses der Musiker, sich selbst als Bandleader herauszustellen, sich also nicht auf ein kooperatives Projekt einzulassen, weil dann ihre Persönlichkeit unterdrückt würde usw. All diese Dinge . . . ich kann sie zwar verstehen, aber gleichzeitig habe ich das Gefühl, daß dies mehr Ego-Probleme sind als musikalische Probleme.«

Was genau verstehst du unter kooperativ? Heißt das, daß alle Musiker gleichberechtigt sind?

»Sie sind finanziell völlig gleichberechtigt . . . Für mich bedeutet es eine Situation des Gebens und Nehmens. Ich meine, mit Anthony zusammenzuarbeiten ist für mich, wie in einer kooperativen Band zu arbeiten, obwohl es Anthonys Gruppe ist. Es ist ja das Anthony Braxton-Quartett, und er steht im Brennpunkt. Tatsächlich funktioniert die Band aber so, daß Anthony mich um Rat fragt, daß ich ihn um Vorschläge bitte und so weiter. Es ist also eine echte Zusammenarbeit, und für mich bedeutet diese Art von Zusammenarbeit sehr viel.«

Du arbeitest also nicht für ihn, sondern mit ihm?

»Mit ihm! Ich fühle das jedenfalls so. In jeder Band, in der ich arbeite, muß ich dieses Gefühl haben, sonst könnte ich gar nicht spielen. Ich meine, mit wem auch immer ich spiele, ob es nun Stan Getz ist oder Miles, es muß – wenn wir auf dem Podium stehen – einen Punkt geben, wo wir uns gleichberechtigt gegenüberstehen, selbst wenn ich anerkenne, daß in einigen Aspekten der Musik ihre Meisterschaft größer ist als meine. Wir müssen eine solche gemeinsame Basis haben.«

Und trotzdem muß offensichtlich doch immer einer im Brennpunkt stehen?

»Dafür sind nun aber in der Tat eher die Geschäftsleute verantwortlich als die Musiker. Ich habe festgestellt, daß Schallplattengesellschaften normalerweise auf so etwas bestehen. Wir hatten ziemlich viel Ärger mit *Circle*, nur um die Leute im Management davon zu überzeugen, daß dies eine kooperative Gruppe war. Sie bestanden darauf, Chicks Gruppe daraus zu machen. Dabei war es wirklich eine kooperative Gruppe. Chick schrieb, glaube ich, für die Gruppe nur ein einziges Stück oder zwei. Anthony und ich steuerten die meisten Kompositionen bei. Und es war eine kooperative Gruppe vor allem auch insofern, als wir alle Entscheidungen gemeinsam trafen. Und auch nach außen hin versuchten wir stets deutlich zu machen, daß es sich bei uns um eine *Gruppe* handelte und nicht um Chick Corea mit

Anthony Braxton oder Dave Holland mit dem und dem. Wir stellten
uns immer als Quartett dar, als eine Einheit. Aber sie wollten das nicht
akzeptieren. Die Schallplattengesellschaften wollten mit uns keine
Verträge dieser Art machen. Sie wollten immer darauf hinaus: Das ist
die Band von dem und das ist die Band von dem und so weiter. Sie
mögen sich nicht gerne mit kooperativen Gruppen befassen, sie
wollen immer genau wissen, mit wem sie es zu tun haben, und sie
wollen es mit *einem* Mann zu tun haben.«

Um einen Helden groß herauszubringen?

»Genau. Das ist das Starsystem! Es ist definitiv das Starsystem! Aber
ich habe das Gefühl, daß gerade die Musik, die wir damals spielten,
dazu beitrug, damit Schluß zu machen. Ich meine, du hörst dir die
Schallplatten an und du kannst hören, daß dies eine wirkliche Grup-
penangelegenheit ist. Es ist nicht so, daß einer über den anderen
herrscht. In dieser Musik handelt es sich um ein Geben und ein
Nehmen. Und ich glaube, daß diese Musik dies den Leuten vermittelt.
Schließlich und endlich werden sie das hören! Und vielleicht werden es
schließlich auch die Leute aus der Schallplattenindustrie hören.«

*Du sagtest gestern, daß du keine Beziehung zwischen der Musik und
der Politik siehst. Habe ich dich da richtig verstanden?*

»Daß ich nicht an eine Beziehung zwischen Musik und Politik glaube?
Nein. Ich sagte gestern, daß ich es nicht mag, wenn man der Musik, die
ich spiele, irgendein politisches Etikett aufklebt. Ist das klar? Ich habe
sehr viel gegen Leute, die zu mir sagen: ›*Deine* Musik bringt *meine*
politischen Ansichten zum Ausdruck.‹ Das heißt, die Ansichten dieser
Person und nicht meine. Wenn also jemand zu dir sagt: ›Deine Musik
entspricht meinen politischen Ansichten; und ich kann Beziehungen
in dieser Musik sehen, die den Kampf des Volkes repräsentieren und
so weiter‹ . . . Dagegen habe ich sehr viel einzuwenden! Denn
zunächst einmal muß man sehen, welche Macht die Musik hat. Ich
glaube, die Musik ist etwas sehr Mächtiges. Und ich glaube, daß sie,
wenn sie falsch eingesetzt wird, eine ganz gefährliche Sache sein kann.
Sie kann in einem ungeheuren Maße die Emotionen anheizen, wie das
zum Beispiel in Italien passiert ist, als wir dort spielten.*

Und dann glaube ich, daß Leute, die der Musik eine politische

---

* Auf den italienischen, überwiegend von der KPI organisierten Festivals jener Jahre,
wurden Avantgardegruppen häufig vom Publikum als Symbole einer revolutionären
Haltung gefeiert, während man Vertreter der traditionellen Stile bisweilen als Repräsentanten des US-Imperialismus auspfiff. Vgl. dazu auch das Interview mit Enrico Rava.

Bedeutung verleihen wollen, den eigentlichen Zweck der Kunst böse mißbrauchen. Denn ein wesentlicher Zweck von Kunst ist, so meine ich jedenfalls, daß die Leute ihre eigene Bedeutung in ihr wiederfinden. Wenn man sich hinsetzt und einem Musikstück zuhört, dann hat man doch sicherlich zunächst einmal seine eigenen Erfahrungen. Normalerweise ist es doch so, daß man niemanden hat, der einem sagt: ›Wenn du diese Musik magst, dann heißt das, daß du diese oder jene politische Einstellung hast‹, das ist so ähnlich, als ob jemand etwas nimmt, was ich gemacht habe und es zerstört. Man zerstört genau das, worum es eigentlich geht: nämlich die Leute dazu zu bringen, ihre eigenen Erfahrungen mit der Musik zu machen.

Nun sage ich keineswegs, daß es keine Beziehungen zwischen Musik und Politik geben kann. Ich weiß, daß politische Musik komponiert und gespielt worden ist. Aber diese politische Musik wurde von dem Musiker selbst als solche geschrieben, und sie erhielt ihre politische Bedeutung von dem Musiker. In diesem Fall kann man sagen, diese Musik repräsentiert diese oder jene politische Idee. Bevor aber jemand sagt, daß meine Musik dieses oder jenes repräsentiert, muß er mich erst einmal fragen. Denn meistens handelt es sich um *seine* Interpretation und nicht um meine.«

Was meinst du, wie kommt es, daß man in Italien gerade eure Musik hernimmt und sagt, sie sei ein Symbol für ihre Bewegung?

»Weil unsere Musik für sie das Niederbrechen der alten Ordnung in der Musik repräsentiert. Mit anderen Worten, was man als hierachische Form bezeichnen könnte, das gesellschaftliche Oben und Unten, die Situation, in der eine Person sagen kann: ›So will ich es gemacht sehen‹ . . . dies entspricht der Komposition. Für viele Leute repräsentiert Komposition Unterdrückung. Und die Musik, die wir spielen, repräsentiert für sie Freiheit. Für einige Leute repräsentiert sie sogar eine Art von grenzenloser Freiheit, eine Freiheit, die keine Tradition kennt und die keine Basis hat. Und das bedeutet, sie haben überhaupt keine Ahnung von unserer Musik! Denn die Leute, mit denen ich spiele, haben einen ganz großen Respekt der Tradition gegenüber, sie haben eine sehr enge Beziehung zur Tradition. Und sie machen dies auch deutlich, indem sie das ganze breite Spektrum der Musik spielen. Aber ich glaube, die Zuhörer beziehen sich vor allem auf die Gruppenbeziehung, wie sie in unserer Musik zum Ausdruck kommt. Für mich eine der wichtigsten Botschaften, die die Musik – sei sie nun politisch oder nicht – zum Ausdruck bringen muß, ist eine spirituelle Botschaft. Sie besagt, daß wir alle zusammen sein können und trotzdem jeder für sich bestehen kann. Verstehst du? Du kannst du sein, ich kann ich sein. Und wir können uns hinsetzen und zusammen diskutieren. Und wir können dennoch jeder seine eigene Meinung haben, und alles ist in Ordnung. Ich fühle mich durch dich nicht bedroht.

Und unsere Musik bringt genau dies zum Ausdruck! Wir haben zwei, drei oder vier Musiker, die zusammenkommen, die Musik spielen, die sich über ein Thema einigen, die sich über die Mittel einigen, mit denen sie dieses Thema bearbeiten. Und dann spielen sie. Und sie machen das jeder auf seine eigene, individuelle Art und Weise. Und aus dieser Individualität entsteht eine Gruppenkommunikation von sehr hoher Qualität. Und das bedeutet für mich eine spirituelle Botschaft. Das ist die Botschaft, die sagt: ›Schaut her! Hört auf, gegeneinander zu kämpfen. Hört auf, euch voreinander zu fürchten. Hört damit auf, auf die Differenzen zwischen euch zu schauen und euch darüber zu ärgern.‹

Es gibt, glaube ich, zwei Dinge, die die Leute zu wenig berücksichtigen. Eines davon ist, daß sie in ihrem Denken keine Einheit herstellen. Alle Dinge sind im Grunde genommen eins. Wir reflektieren uns gegenseitig, und wir reflektieren die allgemeine Situation. Du fragtest mich, welche sozialen Bedeutungen die Kunst haben könnte bzw. welche Bedeutung die Kunst für den sozialen Wandel haben könne. Nun, für mich bedeutet sie definitiv eine Widerspiegelung. Ich meine, der Künstler lebt in dieser Gesellschaft, er hat eine Vision davon, was möglich ist, und bringt dies zum Ausdruck. Die Kunst enthält emotionale und intellektuelle Bedeutungen. Und sicherlich hat der Künstler im allgemeinen irgendeinen visionären Anspruch. Jeder, der etwas in einer zeitgenössischen Art und Weise schafft, ist mit Sicherheit ein Visionär. Auf diese Weise enthält Kunst auch einige visionäre Aspekte, die mit dem sozialen System in Verbindung zu bringen sind. Normalerweise ist sie den allgemeinen Ereignissen ein paar Jahre voraus. Wenn wir uns die musikalischen Ordnungssysteme von vor 200 Jahren ansehen, dann stellen wir fest, daß diese im Grunde genommen der sozialen Ordnung entsprechen, wie sie heute besteht. Ebenso können wir vielleicht hoffen, daß die künstlerischen Ordnungssysteme von 1920 vielleicht im Jahre 2000 sozial realisiert werden. Irgendwann muß es einfach geschehen.«

Was ist eigentlich mit dem Free Jazz passiert? Nach der Explosion in den frühen 60er Jahren scheinen sich die Dinge hier erheblich abgekühlt zu haben. Free Jazz-Spieler bewegen sich zum Teil wieder

in den alten Schemata. Glaubst du, daß hier eine Anpassung in die
Wünsche des Publikums stattgefunden hat, an Dinge, die nicht allzu
gewagt sind? Oder was meinst du, ist passiert?

»Nun, das hängt natürlich davon ab, von wem du sprichst. Ich kann da
nur zu einem gewissen Grade verallgemeinern. Was – in einem
allgemeinen Sinne – geschah, war folgendes: Die 60er Jahre stellten
für den Musiker eine emotionale Befreiung dar. Bird und später
Coltrane führten die akkordisch strukturierte Musik zu einem Punkt,
wo es kaum noch weiterging. Was also in den 60er Jahren für die
meisten Improvisatoren absolut notwendig schien, war ein Ausbruch
aus der immensen Informationsfülle, die man benötigte, um auf
diesem Niveau zu spielen. Da begann man sich zu sagen: Gut, das ist
so, wie es ist, aber jetzt müssen wir uns emotional von solch enggefüg-
ten Strukturen befreien, von solch durchstrukturierten Arrangements. Es war so ähnlich, als ob ein Vogel seine Flügel testet, um zu
sehen, ob er alleine fliegen kann.

Ich habe in den 60er Jahren an vielen von diesen Sessions teilgenom-
men, wo man fünf Stunden lang mit Spitzenlautstärken und auf vollen
Touren spielte, mit drei Schlagzeugern, fünfzehn Saxophonisten und
drei Klavierspielern. Es war ein einziger Aufschrei! Das passierte hier
in Amerika und es passierte in Europa. Es passierte zu verschiedenen
Zeiten überall. Und es war eine ungeheuer wichtige Befreiung, denn
es zeigte uns die emotionalen Dimensionen der Musik. Es zeigte uns,
in welchem Ausmaße man emotional sein konnte und wie weit man
damit kam.

Nun, nachdem man das eine Zeitlang getan hatte, begann man sich zu
sagen: ›Das ist alles ganz schön und gut, aber es wäre sicherlich eine
Einschränkung, wenn wir hier stehen bleiben würden. Es muß einfach
mehr sein als das.‹

Was sich dann allmählich vollzog, war das Einbringen von Raum und
Platz in die Musik, eine Sache, für deren Entwicklung die AACM sehr
wesentlich war. Ihr spezielles musikalisches Konzept war außerordentlich wichtig. Alle Musiker aus Chicago, zu denen ich Kontakt
habe, vertreten diese Idee, die mittlerweile fast auf eine Untertrei-
bung hinausläuft. Verstehst du: wir untertreiben die Emotion. Es ist
nach wie vor eine sehr emotionale Musik, aber die Emotionen sind
jetzt unter Kontrolle.

Was wir also jetzt vor uns sehen, ist die Wiedereinführung von *Ideen* in
die Musik, von wirklich klaren Ideen. Worauf ich jetzt bei einem
Improvisator achte, ist vor allem: Wie klar sagt er das, was er sagt? Es

ist ganz in Ordnung, viele Töne zu spielen, aber mit all diesen Tönen sollte man etwas *sagen*. Ich möchte, daß all diese Töne einige wirkliche Ideen zum Ausdruck bringen. Und wenn einer einen Klang produziert, dann möchte ich, daß dieser Klang wirklich *da* ist. Ich meine, ich möchte, daß der Klang für ihn wirklich eine Bedeutung hat. Es muß eine Idee dahinterstehen, verstehst du. Auf diese Weise glaube ich, daß heute die Musik bewußter gespielt wird. Und aus diesen Gründen wenden sich auch eine ganze Reihe von Leuten zur Tradition der Musik zurück. Denn aus der Tradition ist ja wirklich einmal alles hervorgegangen. Das ist es, warum Coltrane so wichtig war, weil er aus der Tradition der Musik kam, weil er diesen Hintergrund besaß. Und als er in einem freien Kontext zu improvisieren begann, da hatte er diese grundlegende solide Struktur, auf der er aufbauen konnte, das Verständnis von Harmonie und Rhythmus.

Und das sind auch die Dinge, auf die ich mich schwerpunktmäßig beim Unterrichten konzentriere; den Leuten die Grundlagen der Musik so offen wie möglich beizubringen. Ich sage zum Beispiel nicht: ›Dies ist die einzige Skala, die man über diesen Akkord legen kann.‹ Ich sage: ›Jeder Ton ist im Prinzip möglich. Aber hier sind die Bausteine.‹ Denn ich glaube, wonach die Leute heute wieder suchen, sind die Bausteine, die Art und Weise, wie man das neue Vokabular verwenden kann, das während der – sagen wir mal – emotionalen Periode der 60er Jahre entwickelt wurde. Es geht darum, die Freiheit des emotionalen Ausdrucks, das neue Vokabular, wie es von Ayler und Leuten wie ihm entwickelt wurde, in eine Form zu bringen, die wirklich klar ist. Siehst du, Albert Ayler kam genau aus diesen Gründen bei der Weiterentwicklung seiner Musik in Schwierigkeiten. 1964 war seine Musik sehr stark, sehr klar und sehr intensiv. Aber die Zukunft dieser Musik war für ihn nicht klar, denn . . . ich fälle jetzt natürlich wieder ein Urteil . . . ich glaube, wenn er sich auf seinem Instrument in technischer Hinsicht besser ausgekannt hätte, vielleicht hätte er nicht getan, was er getan hat. Wir können natürlich nicht sagen, daß das dann besser gewesen wäre, aber ich glaube, er hätte für sich selbst mehr Zukunft gesehen. Denn aus seinen letzten Platten ist eindeutig ersichtlich, daß seine Kreativität nachließ.«

Kannst du mir noch etwas über die Bedeutung der Schallplattenindustrie für eure Situation erzählen!

»Es ist schon wichtig, wenn man eine Schallplattengesellschaft hinter sich stehen hat. Eine Schallplattenfirma spielt eine wichtige Rolle bei der Beschaffung von Jobs, indem sie zum Beispiel den Clubs oder den

Konzertveranstaltern Mittel für die Werbung für den bei ihnen unter Vertrag stehenden Musiker gibt. Mit anderen Worten: Wenn du ein Konzert mit Miles Davis veranstalten willst, wird die Columbia Records vermutlich soundso viel Dollar für Zeitungsannoncen, Werbespots im Rundfunk und anderer Werbung geben, damit sich dann ihre Schallplatten besser verkaufen. Dies ist für Veranstalter sehr ermutigend. Das mögen sie.

Mir ist dies bei Anthony aufgefallen: Seitdem Anthony für *Arista* arbeitet, ist das Leben für ihn viel leichter geworden. Es ist die Sache mit dem Image. Der ganze amerikanische shit ist auf Oberflächlichkeit aufgebaut, verstehst du? Ein Beispiel: Die Veranstalter wollen Informationen über dich haben. Die Schallplattenfirma schickt ihnen deine Schallplatte, und dann kommt irgend jemand von der Schallplattenfirma in den Club, in dem du spielst, und sagt: ›Ich hoffe, daß alles für Mister Braxton vorbereitet ist, wenn er hier eintrifft.‹ Dadurch wird man ›wichtig‹, verstehst du. Dann fangen die Veranstalter an, sich ein wenig um dich zu kümmern. Sie kümmern sich keineswegs von Anfang an um dich, sondern erst, wenn sie den Eindruck haben, daß sie mit deiner Musik Geld verdienen können, oder wenn sie meinen, daß ihnen irgend jemand Geld dafür gibt, daß sie sich Mühe geben. So läuft das! Die Mehrzahl der Clubbesitzer und Veranstalter sind ja zunächst einmal Geschäftsleute. Sie interessieren sich für die Musik so gut wie gar nicht. Ich kenne ein paar Leute, die diese Arbeit machen, weil sie die Musik lieben und weil sie für uns ein paar Jobs auftreiben wollen. Aber im wesentlichen haben reine Geschäftsleute die Kontrolle in der Hand.

Und vielleicht muß man an dieser Stelle folgendes hinzufügen: Ein anderer Grund, warum Leute wie Ornette (Coleman) und Cecil (Taylor) in diesem Lande hier nicht arbeiten, liegt zweifellos im Rassenproblem. Jazzmusik wird in diesem Lande zweifellos unterdrückt, denn es ist die Musik der schwarzen Bevölkerung. Es gibt in diesem Lande definitiv eine Unterdrückung dieser Musik. Dann kommt natürlich dazu, daß du als Prophet im eigenen Lande am wenigsten giltst. Du mußt dein Land verlassen, um Erfolg zu haben. Und dann kommst du zurück und jedermann liebt dich. Du mußt erst einmal losziehen, denn sonst behindert dich deine persönliche Geschichte. Du mußt dich definitiv auf den Weg machen. Auf diese Weise haben es europäische Musiker am schwersten. In Europa werden sie nicht anerkannt, und in Amerika bekommen sie keine Arbeit. Die Situation stellt sich also für europäische Musiker als sehr

kompliziert dar. Und ich glaube, die einzige Möglichkeit, all diese
Probleme zu lösen, sind mehr Subventionen. Ein Sinfonieorchester
bekommt pro Jahr 1 Million Dollar. Wieviel Geld wird in diesem
Lande für den Jazz investiert? Ich glaube, damit könnte man nicht
einmal ein einziges Sinfonieorchester unterhalten. Ich empfinde dies
als einen widerwärtigen Zustand. Denn wir sprechen schließlich über
die bedeutendste kreative Musik, die in diesem Lande heute gespielt
wird. Hier in Amerika ist dies mit Sicherheit eine der bedeutsamsten
Musiken der Zeit. Und sie ist bisher immer ignoriert worden. Wenn es
also mehr Subventionen gäbe, wären die Musiker in der Lage, sich viel
freier zu entfalten. Sie müßten nicht ihren Jobs hinterherlaufen. Sie
müßten sich nicht mit Clubbesitzern auseinandersetzen. Sie könnten
sicher sein, daß sie pro Jahr eine gewisse Anzahl von Konzerten zu
spielen hätten. Die ganze Situation könnte für sie wesentlich leichter
sein. Die meisten Musiker, die ich kenne, verbringen einen großen
Teil ihres Lebens damit, sich mit dem geschäftlichen Kram abzurak-
kern; zu versuchen, ihre Familie zusammenzuhalten, während sie
unterwegs sind; sich abrackern, um die Miete pünktlich zahlen zu
können und so weiter.

Und dann ist man auf einer Tour, und ein Job wird abgesagt, und es ist
genau der Job, der das Geld für die Fahrtkosten einbringen sollte. Wir
waren zum Beispiel jetzt in den letzten drei Wochen an der Westküste.
In Oregon sagte man uns ein Konzert ab. Und das brachte unsere
Finanzen total durcheinander. Wir arbeiten sowieso gerade am Rande
des Existenzminimums, wenn wir unterwegs sind. Solche Sachen
machen einem dann das Leben wirklich schwer.«

*Was passiert denn, wenn ein Konzert abgesagt wird? Habt ihr nicht
einen Vertrag?*

»Wir haben schon einen Vertrag. Und wir werden das Geld vielleicht
irgendwann einmal bekommen. Wenn aber der Veranstalter ein
Halunke ist, dann läßt er sich vor Gericht zitieren; dann ist das ein
riesiger Aufwand. Die Gewerkschaft unterstützt uns dabei im allgemeinen überhaupt nicht. Und normalerweise ist es besser, eine solche
Angelegenheit schlicht als böse Erfahrung abzuschreiben und sich zu
sagen; für diesen Typen werde ich nicht mehr arbeiten, und allen
Leuten, die man kennt, raten: ›Auf diesen Veranstalter ist kein
Verlaß.‹

Ich finde überhaupt, daß viel mehr von den geschäftlichen Dingen von
den Musikern selbst in die Hand genommen werden sollte. Deshalb
waren auch die Musikerkooperativen so wichtig. Es wäre gut, wenn in

jeder größeren Stadt mindestens ein Workshop für improvisierte Musik bestünde, wo die Leute einfach hinkommen können und spielen. Für mich war es eine ungeheuer wichtige Erfahrung, als wir in London zwischen 1966 und 1968 den alten Club von Ronnie Scott zur Verfügung hatten, nachdem dieser in ein neues Lokal umgezogen war. Wir konnten diesen Raum Tag und Nacht benutzen, wann immer wir wollten. Was dies für die ganze Musikszene in England bewirkte, war ungeheuer. Und es war nur *ein* Platz in *einer* Stadt in England. Dies gab es nirgendwo sonst, außer vielleicht in einigen Universitäten, wo etwas Ähnliches passierte. Aber ich spreche über *einen* Platz, der wirklich als ein Ort funktionieren konnte, an dem man arbeiten konnte, proben konnte und – wenn nötig – auch unterrichten konnte.«

Es war doch sicher aber kein Ort, an dem man Geld verdienen konnte?

»Nein. Aber dies ist es doch, was ich meine: Solche Institutionen müssen subventioniert werden! Ich meine, die Musiker, die ich kenne, wollen nicht Tausende von Dollars pro Nacht verdienen. Wenn sie nur einen Raum in der Stadt hätten, wo sie eine angemessene Gage und ein bißchen Werbung bekommen. Wenn sie da vielleicht dreimal pro Woche spielen, das ist alles, was man braucht. Und an anderen Abenden könnte man öffentliche Proben haben, offene Workshops und dergleichen. Ich glaube, wenn es so etwas geben würde, das würde der Musik wirklich zugute kommen, würde gute Entwicklungen in Gang bringen, eine Menge Interaktion. Und es würde von den Musikern eine Menge Druck nehmen. Die meisten Leute sind einfach frustriert, denn sie spielen einfach nicht genug. Ich bin sehr glücklich dran, denn ich spiele zur Zeit ziemlich viel. Aber viele Leute, die ich kenne, die haben vielleicht ein Konzert im Monat. Und wenn dieses Konzert nicht gut läuft, was machst du dann? Dann hast du vielleicht einen weiteren Monat zu warten, um wieder einmal eine Chance zu haben. Und diese Art von Druck, die auf dem Musiker lastet, die Tatsache, daß er nur einmal eine Chance erhält, ist es, was die Situation so ungesund macht.«

Es ist also nicht nur eine Frustration aufgrund finanzieller Dinge, sondern ebenso ein musikalisches Problem?

»Ein sehr großes musikalisches Problem! Man muß einfach in der Lage sein, seine Sachen rauszubringen. Man muß in der Lage sein zu kommunizieren. Selbst wenn niemand deine Musik mag, ist es für dich wichtig zu wissen, daß du wenigstens eine Chance bekommst, sie den Leuten vorzustellen, so daß diese erst mal feststellen können, ob sie sie

mögen oder nicht. Und weißt du, ich bin in der letzten Zeit in einigen
Städten wie Los Angeles, San Francisco und Chicago gewesen. Ich höre
stets die gleichen Geschichten von allen Musikern. Sie sagen: ›Hier
passiert einfach nichts. Wir versuchen dies und versuchen das, aber wir
bringen nichts zustande, denn wir haben kein Geld, wir bekommen
keine Unterstützung. Wir müssen in den ganz armen Gegenden der
Stadt spielen, und dort kommt dann keiner hin. Es gibt Transportpro-
bleme. Wir können das Geld für die Werbung nicht aufbringen.‹ All
solche Sachen, verstehst du? Ich persönlich bin also in einer vergleichsweise glücklichen Position. Das mache ich mir jeden Tag aufs neue klar.
Ich habe zwar dafür hart gearbeitet. Aber ich meine, es gibt natürlich
viele Leute, die sehr hart gearbeitet haben. Ich glaube, jeder ist – bis zu
einem gewissen Grade – das Produkt seiner eigenen Handlungen. Mit
anderen Worten: Man muß die Konsequenzen dessen, was man tut,
akzeptieren. Das sage ich mir immer wieder! Einige Leute akzeptieren
das, was sie tun; die haben dann ein leichteres Leben als andere. Einige
Leute haben vielleicht Schwierigkeiten, ihre Musik herauszubringen;
vielleicht weil diese Musik zu schwierig ist, weil sie mehr für den
privaten Gebrauch und weniger für das große Publikum konzipiert ist.
Aber man muß ihnen dies ermöglichen, verstehst du? Wenn jemand
wie Derek Bailey*, der eben keine Musik spielt, die die Leute sofort
zum Tanzen animiert und auf die sie sich sofort einstellen können, der
aber sehr kreativ ist, wenn Derek also nicht die Möglichkeit erhält,
seine Musik zu präsentieren, dann ist die Situation faul.
Im Moment haben wir es mit einer Art von System von ›Verdienst und
Belohnung‹ (merit and reward) zu tun: Je mehr Leute kommen, um
dich zu hören, desto mehr Chancen für Auftritte wirst du erhalten und
desto mehr Geld wirst du verdienen. Konsequenterweise wirst du
immer von der Gnade der Geschäftsleute abhängen, denn du wirst
immer darauf achten, wie viele Leute gekommen sind, um dich zu
hören. Du wirst dir permanent Gedanken über dein Publikum
machen. Und es kann dir dann passieren, daß du dir sagst: ›Ich muß es
zustande bringen, daß mehr Leute meine Musik mögen, denn andernfalls werde ich nicht mehr in der Lage sein, weiter Musik zu machen.‹
Von dieser Art von Pressionen würden wir definitiv befreit werden,
wenn unsere Musik öffentlich subventioniert würde. Und ich glaube,
das ist eine der wichtigsten Sachen, die entwickelt werden müssen.«
   Geht es nicht auch darum, daß die Musiker ihre Angelegenheiten

---

* Englischer Avantgarde-Gitarrist

unter Kontrolle bekommen?

»Richtig. Es ist schwierig, aber da muß man zweifellos weiter dran arbeiten. Ich glaube einfach, viele Musiker sind nicht selbständig genug. Es gibt zwar eine ganze Reihe von Musikern, die wirklich etwas unternehmen. Aber es gibt auch andere Leute, die sich permanent beklagen, und die wirklich nicht genug Energie aufbringen, um die Situation zu ändern. Jedesmal, wenn mir einer sagt, es sei einfach nichts los, antworte ich ihm gewöhnlich: ›Ja, Mann, dann mach du doch mal etwas los.‹ Ich selbst hatte immer diese Einstellung, und das half mir, meine Sachen zusammenzubekommen. Ich setzte mich mit anderen Leuten zusammen und brachte die Dinge in Gang. Man muß einfach die Energie aufbringen, dann passiert auch etwas! Es bringt nichts, sich hinzusetzen und zu sagen: ›Mann, es passiert einfach nichts.‹ Sich nur zu beklagen, das ist absolut nutzlos, absolut nutzlos.«

Enrico Rava

Der Trompeter Enrico Rava wurde 1939 in Triest geboren. Seine frühen musikalischen Erfahrungen wurden durch die Schallplattensammlung seines Bruders geprägt, die von Jelly Roll Morton bis Charlie Parker so ziemlich alles umfaßte, was für die Entwicklung des Jazz bedeutsam war. Einen starken Einfluß auf sein musikalisches Weltbild hatten dann einige JATP-Konzerte, in denen er u. a. Miles Davis, Lester Young und Bud Powell zu hören bekam. Mit 18 Jahren begann Rava, Trompete zu spielen; seine wichtigsten stilistischen Vorbilder wurden Miles Davis und Chet Baker.

Entscheidend für seinen Entschluß, Musiker zu werden, wurde schließlich seine persönliche Bekanntschaft mit dem argentinischen Tenorsaxophonisten Leandro »Gato« Barbieri, der sich zu Anfang der 60er Jahre für einige Zeit in Italien niedergelassen hatte. Rava spielte einige Wochen im Quartett von Barbieri und schloß sich dann, als dieser Italien verließ, um mit Don Cherry nach Paris zu gehen, der Gruppe des Sopransaxophonisten Steve Lacy an. Mit ihm ging er für ein Jahr nach Südamerika und dann nach New York.

Das Pendeln zwischen Europa und Amerika und die daraus resultierenden Spannungen und Inspirationen sind seither bestimmend für den musikalischen Werdegang Enrico Ravas. Wie kaum ein anderer europäischer Musiker – mit Ausnahme vielleicht von Gunther Ham-

pel – ist Rava beiden Sphären der Jazzentwicklung gleichermaßen
verbunden. An einer Reihe von Produktionen des New Yorker *Jazz
Composers Orchestra* war er ebenso beteiligt wie beispielsweise an der
ersten FMP-Produktion *European Echoes* von 1969, bei der in einem
16köpfigen Orchester um den Trompeter Manfred Schoof die Crème
der europäischen Jazzavantgarde ein frühes und bedeutendes Signal
für ihre Existenz setzte. In seiner Heimat Italien arbeitet Rava häufig
mit dem Altsaxophonisten Massimo Urbani zusammen. Und in New
York gehört der Posaunist Roswell Rudd zu seinen beständigsten
Partnern.

Rava lebt heute den größten Teil des Jahres in New York, kehrt aber
zwischendurch immer wieder nach Europa zurück – und zwar nicht
nur, weil ihm die europäische Jazzszene neue musikalische Impulse zu
geben vermag, sondern auch aus ganz handfesten ökonomischen
Gründen.

Ich unterhielt mich mit Rava im Mai 1976 in seinem New Yorker
Apartment in einem Hochhaus am Rande des Washington Square.

»Zur Zeit kann ich in Europa ziemlich viel arbeiten, aber ich möchte
mich trotzdem dort nicht fest niederlassen, denn dort gibt es nicht so
viele Musiker, die wirklich inspirierend sind. Es ist mit hier überhaupt
nicht zu vergleichen.«

   In welcher Hinsicht?

»In der Hinsicht, daß du hier innerhalb von einer Woche Hunderte
von Musikern hören kannst, die ungeheuer interessant sind. Du hörst
Leute, von denen du vorher noch niemals etwas gehört hast und die
ungeheuer gut spielen. Erst mal ist es also hier wesentlich inspirieren-
der, und dann, es ist alles sehr konzentriert. In Europa mußt du dir den
Baßspieler von hierher holen und den Schlagzeuger von dorther. Der
gewaltige Unterschied besteht natürlich darin, daß hier absolut kein
Geld zu verdienen ist. In Europa spielen, heißt Geld verdienen, und
das ist natürlich auch ziemlich wichtig.«

   Verdient man dort mehr als hier?

»Oh, ganz bestimmt. Hier in New York ist überhaupt kein Geld zu
verdienen. Ich meine, hier ist Geld für die Stars da, für die ganz großen
Kanonen. Zweifellos ist hier Geld für jeden, der sehr bekannt ist.
Aber jeder andere arbeitet unter bedauernswürdigen Bedingungen.
Für mich geht es dann in Ordnung, wenn ich im Jahr zwei Tourneen in
Europa machen kann. Das hält mich ein paar Monate über Wasser.
Meine Zukunftspläne sehen also so aus, daß ich hier leben werde und
für ein paar Tourneen im Jahr nach Europa gehen werde.«

Stanley Crouch
(Mitte) mit dem
Bassisten Fred
Hopkins und
dem Schlagzeuger
Bobo Shaw

Sam Rivers während
der Aufnahme der
»Wildflower Loft
Sessions« im Studio
Rivbea, New York.
Ganz rechts der
Altsaxophonist
Jimmy Lyons

Sam Rivers

Rechts: Monty Waters (rechts) mit dem
Sänger und Loftbesitzer Joe Lee Wilson

Verschnaufpause vor dem *Ladie's Fort,* Bond Street, NYC. Vorn in der Mitte Monty Waters

Jimmy Owens

Pepper Adams

Oben: Steve McCall

Unten: Charles Tyler

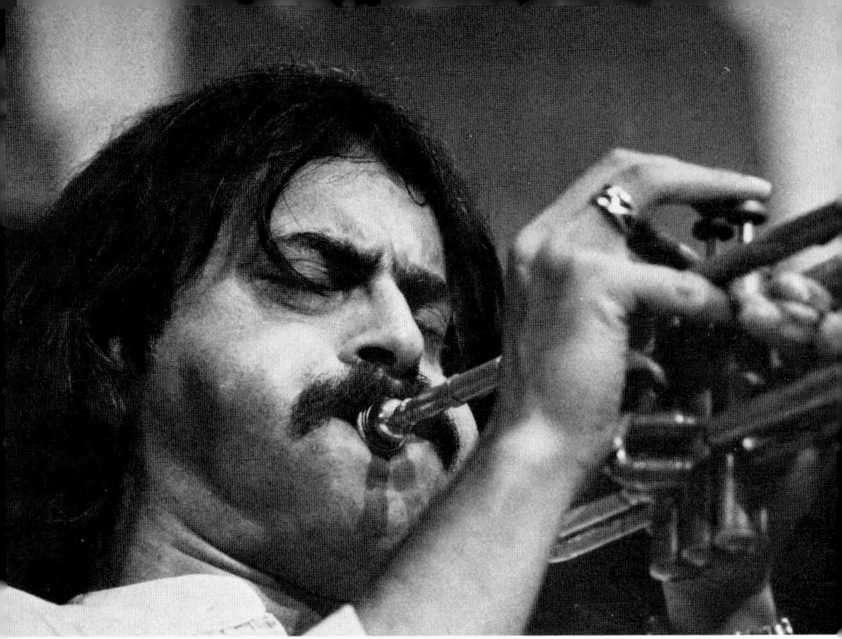

Oben: Enrico Rava

Unten: Karl Berger

Dave Holland

Oliver Lake

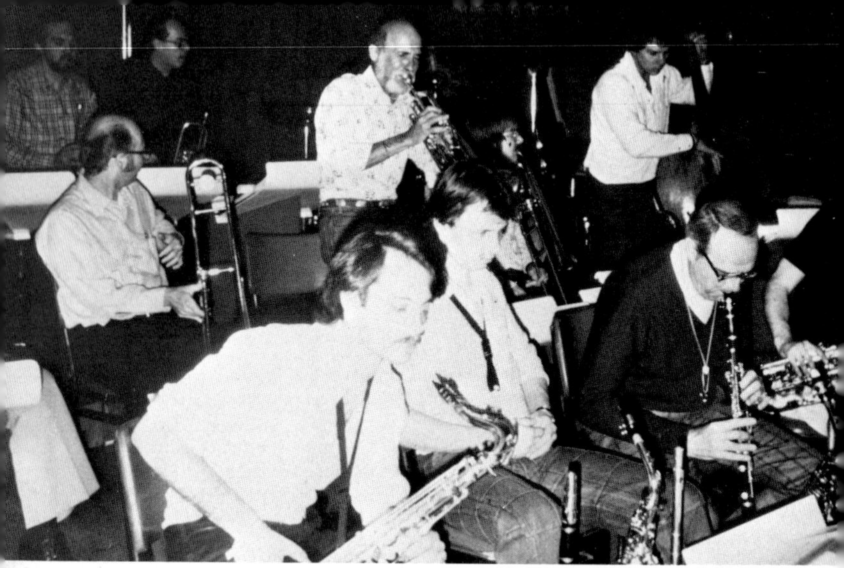

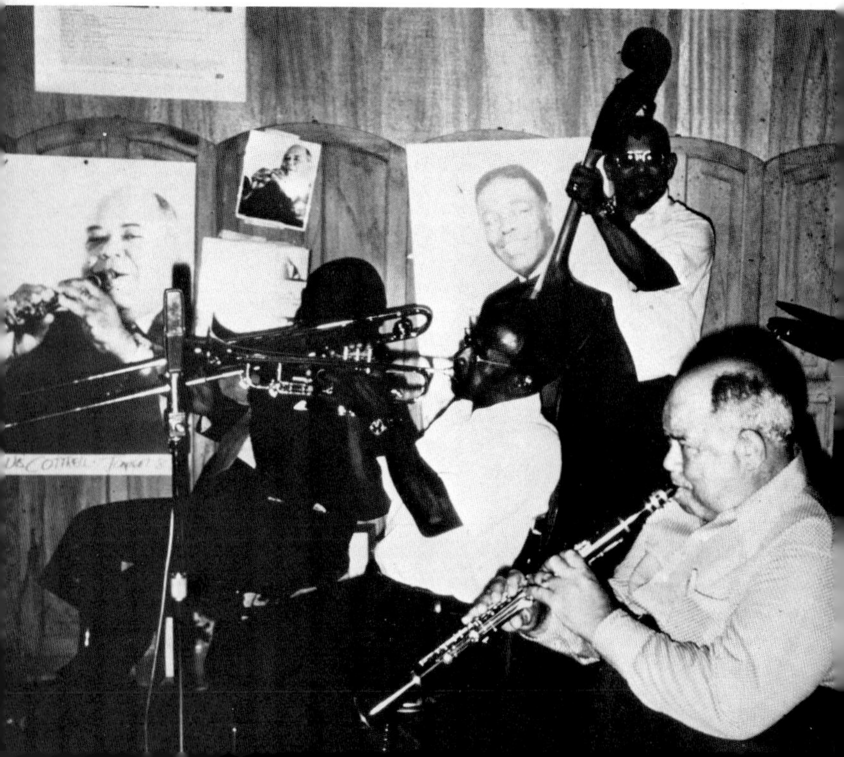

Von Freeman

Links oben: Cy Touff (Mitte) mit der
Dave Remmington Bigband

Links unten: Louis Cotrell (rechts) in der
Heritage Hall, New Orleans; mit Waldren
»Frog« Joseph (Posaune), Teddy Riley
(Trompete) und Placide Adams (Baß)

Nächste Seite: Fred Anderson, im Hintergrund der Chicagoer Schlagzeuger Hank
Drake

Übernächste Seite: Muhal Richard Abrams

Oben: John Henry McNeil (stehend Mitte)
mit der Gibson Brass Band

Unten: Teddy Riley mit dem Schlagzeuger
Freddy Kohlman

Bunky Green im Jazz Showcase, Chicago

Nächste Seite: Willie Metcalf im Lu + Charlie's, New Orleans

Seit ich hier bin, scheint es mir, daß es in der Musik einen gewissen Rückschritt gibt. Man scheint in den Vereinigten Staaten einen anderen Weg eingeschlagen zu haben als in Europa. Zum Beispiel spielt man wieder sehr viel changes. Und eine Menge jüngerer Musiker spielt wieder »in time«. Verstehst du, was ich meine?

»Nun, ich habe dieses Bedürfnis auch. Man muß zwei Dinge auseinanderhalten: Zum einen gibt es diese neue Generation, die Leute, die jetzt so 22 bis 23 Jahre alt sind. Einige von denen steigen in den Rockjazz ein. Aber die, die das nicht machen, steigen in eine sehr freie Musik ein, was für mich in gewisser Weise auch einen Rückschritt bedeutet. Denn mit Ausnahme der Musik von ein paar Musikern gibt es heute für mich nichts Neuartigeres als das, was in den Jahren 1961 bis 1963 passierte, als die freie Musik aufkam. Die Musiker, die damals in den frühen 60er Jahren frei spielten, die spielten wirklich total frei. Ich habe ja damals ein paar Jahre lang mit Steve Lacy gearbeitet. Und wir spielten wirklich total frei. Und dann, als sich die Gruppe auflöste, spielte ich immer noch diese Art von Musik. Und dann, nach sieben oder acht Jahren, dachte ich: Einer der Gründe, weswegen wir mit der freien Musik angefangen hatten, war, daß die Konventionen der alten Musik sehr streng waren. Und wir wollten etwas anderes machen. Nun, wir spielten total frei. Aber langsam begannen sich andere Konventionen herauszubilden, die ebenso streng wie jene des Bebop – oder welchen Stils auch immer – waren. Das waren Konventionen wie: Es darf kein durchlaufender Rhythmus da sein; es darf absolut keine Akkorde geben; es darf keiner eine melodische Linie spielen. Plötzlich wurde es also wirklich etwas ganz Konventionelles. Ich meine, als ich damit anfing, war es für mich phantastisch. Aber nachdem ich diese Musik viele Jahre gespielt hatte, fühlte ich wirklich das Bedürfnis, zum Beispiel eine Melodie zu spielen, eine Melodie mit Harmonien darunter. Was für mich *jetzt* an Bedeutung gewinnt, ist zum Beispiel eine stark melodische Spielweise. Das hängt möglicherweise mit meiner italienischen Herkunft zusammen. Ich glaube, das ist wirklich so.«

Liegt hierin auch der Grund dafür, daß ihr mit Roswell Rudd neulich abend so viel traditionelles Material verwendet habt?

»Nun, neulich abend haben wir alles mögliche gespielt, sogar *Satin Doll*. Ich persönlich kann wohl bestimmte Standards aus den 50er Jahren spielen, aber ich spiele sie nicht besonders gern. Für mich ist das so eine Art von Nostalgietrip. Ich verstehe aber wirklich nicht, warum so viele Musiker in der letzten Zeit darauf zurückgreifen. Ich spiele so was natürlich mit Roswell, denn ich mag Roswell gerne, und ich vertraue seinem Urteil. Wenn er also glaubt, daß er solche Sachen spielen muß, in Ordnung. Ich wäre aber viel glücklicher, wenn wir das spielen würden, was wir vor drei oder vier Jahren zusammen gespielt haben. Es sieht nun aber wohl so aus, daß er gerade diese Sachen heute spielen möchte. Und wenn ich mit ihm spiele, versuche ich das natürlich so gut wie möglich zu machen. Aber eigentlich verstehe ich es nicht. Ich würde ganz gerne mit Roswell darüber sprechen, denn ich sehe eigentlich keinen Sinn darin, verstehst du? Obwohl natürlich die Form für mich letzten Endes gar nicht so wichtig ist. Wenn ich Musik höre, dann bin ich zunächst einmal vor allem an Emotionen interessiert. Die Form spielt für mich gar nicht eine so wesentliche Rolle. Manchmal höre ich zum Beispiel Free Jazz-Musiker, und die sagen mir gar nichts. Und dann höre ich vielleicht, wie jemand den Blues spielt, und das berührt mich.«

Siehst du Zusammenhänge zwischen der Musik und der Politik?
»Ich glaube, es ist sehr dumm, der musikalischen Form einen politischen Sinn geben zu wollen. Das Publikum in Italien zum Beispiel interpretiert die Form der freien Musik als eine marxistische Musik. Und was immer *diese* Form nicht hat, ist nach ihrer Meinung eine reaktionäre Musik. Und das ist meiner Meinung nach der totale Blödsinn, denn es geht nicht um die Form, sondern um den Inhalt.«

Aber wurden diese Reaktionen nicht durch die Musiker provoziert? Du weißt doch, daß während der 60er Jahre Leute wie Shepp sehr häufig ihre Musik mit politischen Bedeutungen verknüpften.
»Aber sie *ist* politisch! Alles ist politisch, was immer du tust. Musik ist also auf jeden Fall politisch. Aber ich meine, daß die politische Bedeutung nicht durch die Form, sondern durch den Inhalt der Musik bestimmt wird. Für mich gab es zum Beispiel in der Form der Musik, die Miles 1961 spielte, überhaupt nichts Revolutionäres. Aber ihr Inhalt war revolutionär.«

Revolutionär in einem musikalischen Sinne?
»Nein, in einem politischen Sinne. Revolutionär war das Verhalten von Miles als schwarzer Musiker. Ich weiß nicht, ob du das mitbekommen hast. Aber auf allen George Wein-Tourneen reisten die schwarzen Musiker in der zweiten Klasse, während Stan Getz und Dave Brubeck in der ersten Klasse unterwegs waren. Und alles lief in diesem Stil. Und Miles war der erste, der wirklich dagegen anging, verstehst du? Und das Wesentliche war nicht, daß es *Miles* war, wesentlich war, daß es das Rassenproblem betraf. Ich meine, was Miles machte, seit

1948 bis vor sechs oder sieben Jahren, das war wirklich wichtig und hatte wirklich eine große soziale Bedeutung. Nur wenige Leute sind sich dessen voll bewußt.«

Aber kommt nicht politische Bedeutung der Musik vor allem durch die Titel zustande oder durch die Texte oder dadurch, daß man ein thematisches Material nimmt, das – wie Charlie Hadens »Liberation Music«* – aus einem bestimmten politischen Zusammenhang stammt; daß also immer etwas Verbales dabei ist?

»Das glaube ich eben nicht. Das ist ja gerade der Punkt. Tatsächlich ist das sehr gefährlich. In Italien haben wir zum Beispiel gerade eine sehr starke Linke, die möglicherweise sogar die nächste Wahl gewinnen wird**. Und der Jazzmarkt wird zum großen Teil durch die kommunistische Partei organisiert. Schallplatten sind in Italien nicht so wichtig. Das wichtigste sind die Konzerte. Im letzten Jahr habe ich zum Beispiel ein Konzert gespielt, bei dem mir 9000 Leute zuhörten. Bei Archie Shepp waren es 35 000, und ich spreche nicht nur über *ein* Konzert, denn letztes Jahr habe ich in Italien mindestens 30 Konzerte gespielt. Und da waren niemals weniger als 3000 Leute, niemals! Wir sprechen also über eine Menge Leute. Es ist wirklich ein enorm großes Publikum, das in Italien durch die kommunistischen oder sozialistischen Parteien oder durch die Studentenbewegung mobilisiert wird. Es gibt also zur Zeit in Italien einen wirklich großen Markt für den Jazz. Und das Publikum, das kommt, ist ein überwiegend linksgerichtetes Publikum. Es ist also zu diesem Zeitpunkt sehr leicht, die Politik dazu zu benutzen, seine Musik zu verkaufen. Und dagegen bin ich ganz entschieden! Ich hatte in einer italienischen Zeitschrift eine riesige Auseinandersetzung mit einigen Musikern, besonders mit Gaslini***. Denn ich sagte, daß es für mich wirklich etwas Entsetzliches und etwas ungeheuer Reaktionäres sei, kurz: das allerschlimmste, wenn ein Musiker die Politik dafür einsetzt, seine Musik zu verkaufen. Das ist wirklich pervers! Ich finde es völlig in Ordnung, wenn mich eine politische Gruppe, an die ich glaube, für ihre Zwecke benutzt. Und das passiert auch. Dagegen habe ich überhaupt nichts. Ich glaube, das ist richtig. Ich glaube aber nicht, daß es richtig ist, wenn andersrum der Musiker eine Partei benutzt, um seine Musik besser zu verkaufen. Denn das ist wirklich das leichteste, was man sich

---

* Charlie Haden: Liberation Music, Impulse 9183
** Was sie dann allerdings nicht tat
*** Giorgio Gaslini, italienischer Pianist

vorstellen kann, einen Titel zu nehmen, der irgend etwas aussagt. Das
ist das allerleichteste.

So gibt es in Italien ein paar Leute, die eigentlich überhaupt nicht
spielen können, und sie spielen das ganze Jahr. Sie haben einen
gewissen Status, einfach weil sie diese Situation ausnutzen, die in
Italien eine ganz besondere Situation ist. Sie benutzen diese Situation,
um ihren shit zu verkaufen.

In diesem Interview beschimpfe ich also zwar nicht jeden, den ich
hätte beschimpfen sollen, aber doch die, die es besonders offensichtlich machten. Und dies war zum Beispiel Gaslini. Ich finde, das ist
wirklich pervers. Das ist so ähnlich wie 1968; wenn da ein Maler ein
grauenhaftes Bild malte und es *Cuba libre* nannte, dann wagte keiner,
dieses Bild grauenhaft zu nennen, denn dann wäre er als reaktionär
bezeichnet worden. Ich meine, wir sehen in Italien alle den nächsten
Wahlen mit großer Aufmerksamkeit entgegen.

Wir hoffen, daß sich in Italien etwas tut. Aber ich möchte nicht, daß
der eine Zustand, der wirklich nicht zufriedenstellend ist, einfach
durch einen anderen ersetzt wird, dem nur ein anderes Etikett
aufgeklebt wird.

Im letzten Jahr hatte ich ein langes Gespräch mit einigen Leuten aus
dem Präsidium der kommunistischen Partei in Italien. Ich habe mich
lange mit ihnen unterhalten. Ich meine, was sie da machen, ist für uns
Musiker wirklich sehr wichtig und für die Leute auch. Denn sie
schaffen wirklich einen alternativen Markt, der sich der Kontrolle
durch die Industrie total entzieht. Das ist phantastisch. Aber wenn sie
ihre Arbeit machen, dann müssen sie sie auch gut machen. Vom
Organisatorischen her gesehen machen sie das wirklich sehr gut. Aber
was das Ästhetische betrifft, sind sie ein wenig naiv. Und das kann
wirklich gefährlich werden. Denn wenn man 35 000 Leute in so einem
Konzert hat, dann haben mit Sicherheit 30 000 von ihnen eine
derartige Musik noch nie gehört, um welche Musik es sich auch immer
handeln mag. Aber in ein oder zwei Jahren, wenn sie sich darauf
einzustellen beginnen, fällt das dann vielleicht alles wieder auseinander, weil sie das so machen, wie sie es machen! Da bin ich wirklich
dagegen, das stößt mich wirklich ab. Diese sogenannten Musiker,
die . . . Und es ist nicht das erste Mal. Denn wenn du dich an 1968
erinnerst . . . Ich möchte keinen Namen nennen, aber ich kenne
mindestens vier oder fünf sehr bekannte Musiker, die aus den
Vereinigten Staaten nach Paris kamen und die jetzt in Paris leben. Ich
kannte sie sehr gut, denn ich hatte sie bereits 1967 getroffen, als ich bei

Steve (Lacy) wohnte. Und diese Typen waren absolut unpolitisch; sie hatten keine Ahnung von Politik. Ich meine, du bist jetzt seit zwei Monaten hier und du kennst das Verhältnis der Amerikaner zur Politik! Sie haben keinen Schimmer! Die wissen einfach nicht, was passiert. Sie haben absolut keine Vorstellung von Politik. Und sie haben keine Vorstellung von Demokratie. Aber als diese Musiker damals nach Paris gingen, das war 1968, also ein besonderer historischer Moment, da kapierten sie sofort, was lief. Und ganz plötzlich waren sie Maoisten, verstehst du! Ganz plötzlich hatten sie ihre Mao-Show. Und in Wirklichkeit kümmerten sie sich einen Teufel darum.«

Aber gibt es nicht auch Musiker, die es mit ihren politischen Meinungen ehrlich meinen?

»Aber ganz sicher. Eine ganze Reihe.«

Und stellt sich da nicht das Problem, daß die politischen Bedeutungen ihrer Musik in der Regel immer nur durch Worte oder Texte zustande kommen?

»Nein! Ich glaube, wenn du spielst, und wenn du wirklich ehrlich spielst und nicht durch das System oder durch die Industrie beeinflußt bist, wenn du also ganz ehrlich spielst, dann ist das an sich schon eine politische Stellungnahme.«

Aber ist sie von dem Publikum nicht sehr schwer zu entziffern?

»Nun, ich weiß nicht. Ich persönlich zum Beispiel kann sagen, daß ich spüre, wenn etwas wirklich echt ist, wenn jemand wirklich seine Sache vertritt. Ich habe Aretha Franklin kürzlich gehört. Sie sang einen Beatlessong und ihre Stärke . . . ich hörte sie im *Apollo* in Harlem. Nun, in diesem Song ging es darum, daß irgend jemand von seiner Freundin verlassen worden ist, irgend so ein shit. Aber als sie es sang, genau mit diesem Text, bekam dieses Lied eine völlig neue Bedeutung. Wie ich vorher schon sagte, es kann in struktureller Hinsicht noch so revolutionär sein, das bedeutet überhaupt nichts. Die Form hat keinerlei Bedeutung und der Text auch nicht, denn für irgendeinen Opportunisten ist es ungeheuer leicht, eine bestimmte Musik mit einem bestimmten Text zu versehen. Das ist die leichteste Sache der Welt. Und das ist auch schon sehr häufig gemacht worden.

Dieses Beispiel mit Charlie Haden, auf das du hingewiesen hast, liegt etwas anders. Denn bei Charlie stimmt sein ganzes Leben, seine Arbeit, alles, was er bisher geleistet hat, seine Weltanschauung, mit dem überein, was er auf diesem Schallplattenalbum zum Ausdruck bringt. Das ist also etwas anderes. Davon abgesehen weiß ich gar nicht genau, welches eigentlich die politische Botschaft der *Liberation*

Music sein soll. Ich weiß, daß Charlie Haden ein wunderbarer Musiker
ist. Ich weiß, daß er an das glaubt, was er macht. Aber ich glaube nicht,
daß er ein Politiker ist. Ich glaube nicht, daß er ein sehr tiefgründiger
politischer Denker ist, verstehst du? Ich glaube nicht, daß er da sehr
gut Bescheid weiß. Ich meine, Revolutionen macht man nicht mit
ästhetischen Mitteln. So läuft das nicht! Man kann tun und sagen, was
man will; aber wenn es zu dem Punkt kommt . . . Denn sieh mal, hier
gibt es Leute, die Millionen von Dollars mit T-Shirts verdienen, auf
denen Che Guevara aufgedruckt ist. Auf der anderen Seite, wenn man
an etwas glaubt und wenn man etwas tun will, dann muß man es tun.
Das ist eben einfach der Widerspruch, mit dem wir leben müssen. Und
wir müssen mit ihm sowieso leben, denn er ist Realität. Und natürlich
besteht das Risiko, daß die Firma ABC-Records sich über die
Liberation Music freut. Und das andere Risiko ist, daß sich jemand die
Platte anhört, sich dadurch ungeheuer revolutionär fühlt und sich
dann schlafen legt. Dessen revolutionärer Akt besteht dann darin, daß
er sich die Platte kauft, 5 Dollar dafür ausgibt. Aber so ist die Realität.
Was kann man daran schon ändern. Ein Beispiel für jemanden, der
sowohl musikalisch als auch als Person revolutionär ist, ist für mich
Cecil Taylor. Cecil hat eine Menge Dinge in Gang gebracht – und nicht
nur musikalisch. Er gehört zum Beispiel auch zu den Typen, die die
Jazz Composers Guild gründeten.«
   Aber die starb ziemlich schnell wieder, nicht wahr?
»Ja, weil sie von anderen übernommen wurde. Sie starb sehr schnell
wieder, weil man sich vorgestellt hatte, eine Vereinigung zu gründen,
die völlig außerhalb des Systems funktionieren sollte, selbst produzieren sollte.«*
   War es dafür zu früh?
»Nein, das war in Ordnung. Es lag eigentlich hauptsächlich an ESP**,
an Stollmann. Bernard Stollmann ist ein sehr gewiefter Rechtsanwalt.
Er sah die Chance, viel Geld zu verdienen. Und so bot er diesen
Leuten an, Schallplatten mit ihnen aufzunehmen. Natürlich hat er
niemals etwas dafür bezahlt. Und Cecil und Bill Dixon sagten zu
jedem Musiker in der Guild: macht es nicht! Aber natürlich wollte
jeder gerne eine Schallplatte machen. Das ist ja auch zu verstehen.

---

* Die »Jazz Composers Guild« wurde 1964 von dem Trompeter und Komponisten Bill
Dixon initiiert. Unter anderem gehörten ihr Cecil Taylor, Archie Shepp, Carla und Paul
Bley und Sun Ra an.
** Eine kleine New Yorker Schallplattenfirma, die in den 60er Jahren ein umfangreiches
Programm mit Free Jazz herausbrachte.

Also fingen sie damit an. Dann bekam Shepp das Angebot von *Impulse*. Und natürlich wies er es nicht zurück. Und das war dann auch schon das Ende.

Ich meine, hier in diesem Lande ist das so: Wenn man den Jazz unter die Kontrolle der Industrie bringt, dann ist das auch meistens schon kein Jazz mehr. Zum Beispiel Mahavishnu, Weather Report, die sind voll unter der Kontrolle der Industrie und haben auch weitgehend ihren Jazzcharakter verloren. Wenn er also bleiben soll, was er ist, dann muß der Jazz wirklich frei von solchen Einflüssen sein. Denn darüber hinaus ist er vor allem auch ein Symbol für die Kultur der Schwarzen. Und darüber hinaus ist er wahrscheinlich auch noch das einzige, was Amerika jemals selbständig hervorgebracht hat. Und das wollen sie nicht wahrhaben, wer immer sie auch sind.

Es gab ja Zeiten, in denen sie den Jazz hier ganz groß herausbrachten, wie in den 30er Jahren. Und als sie ihn in den 30er Jahren ganz groß herausbrachten, da handelte es sich vor allem um Benny Goodman. Sie haben immer versucht, dem Jazz ein weißes Image zu geben. Dann rührten sie die Werbetrommel für Stan Kenton und dann für die *West Coast-Bewegung*. Ich meine, wen haben wir denn damals in den 50er Jahren in Europa zu sehen bekommen. Ich habe immer wieder Mulligan gesehen, ich sah Bud Shank, Bob Cooper. Und sie kamen nicht im Rahmen einer privaten Tournee. Ihre Tourneen wurden von der US-Regierung finanziert. Als ich sie hörte, wurden sie jedenfalls von der US-Regierung herübergeschickt. Das ganze wurde von der USIS organisiert, einer amerikanischen kulturellen Institution in Italien.

Es gibt also etwas in dieser Musik, das sie nicht nach außen dringen lassen wollen. Und dafür gibt es viele Gründe, glaube ich. Einer dieser Gründe ist, daß diese Musik schwarz ist. Und trotz aller Anstrengungen, sie zu töten, hat diese Musik einen immensen Einfluß in allen Bereichen. Denn es gibt hier kaum irgendeine Musik im Fernsehen oder im Film, die nicht irgendwie vom Jazz beeinflußt ist. Und im Tanztheater, der ganze physische Ansatz, kommt vom Jazz. Und trotz all ihrer Anstrengungen, ihn zu unterdrücken, setzt er sich immer wieder durch. Und wenn sie ihn kaufen, dann zerstören sie ihn meistens.«

Wie funktionierte eigentlich dein Einstieg in die New Yorker Szene?
»Die Leute vom *Jazz Composers Orchestra* waren die ersten, die ich hier kannte und mit denen ich hier spielte. Dann traf ich andere Typen. Wir gründeten zusammen eine Vereinigung, die nannte sich *Free Live Communication*. Die Idee dafür kam von Dave Liebman.

Der machte mit, bevor er zu Elvin ging. Bob Moses war auch dabei und Cameron Brown.«

Wozu habt ihr diese Vereinigung gegründet?

»Um Subventionen zu bekommen und Konzerte durchführen zu können. Wir bekamen einen Raum, der sehr schön war, denn er war in einer ehemaligen Kirche, an deren Decke der Architekt Buckminster Fuller arbeitete. Buckminster Fuller ist in Amerika so etwas wie eine Institution, ähnlich wie John Cage. Und wer auch immer mit ihm etwas zu tun hat, dem wird immer bereitwillig ein Stipendium bewilligt. Wir hatten also in diesem Gebäude das vierte Stockwerk. Wir hatten Raum für Proben, und wir machten Konzerte. In den Raum paßten ungefähr 200 Leute. Wir bekamen also ein paar Subventionen und wir blieben da ungefähr sechs oder sieben Monate. Es gab da nun etwas, was ich gar nicht gut fand. Neben dem Musikmachen mußte man da nämlich viele andere Arbeiten übernehmen. Wenn also irgendeiner von uns ein Konzert gab, dann wurde von den anderen Musikern erwartet, daß sie sich um die Organisation zu kümmern hatten, daß man sich an die Kasse setzte und so weiter. Ich machte das nicht sehr gerne, aber verstand natürlich, daß es notwendig war. Denn die anderen machten das ja auch für mich. Irgendwann stellte ich dann plötzlich fest, daß an unserem Projekt ausschließlich weiße Musiker beteiligt waren. Ich sagte mir, verdammt noch mal, wie kommt denn das? Wir diskutierten dann darüber. Es hatte sich einfach so ergeben, aber es wurmte mich.«

Ich habe gerade darüber nachgedacht, als du mir die Namen der Leute nanntest, die beteiligt waren, daß dies wirklich eine Art von speziellem Zirkel gewesen sein muß oder eine besondere Clique. Meinst du denn, daß es immer noch rassische Barrieren zwischen den Musikern gibt?

»Ja, ich glaube schon, daß es eine Barriere gibt. Ich habe neulich ein Interview mit Ornette Coleman gelesen. Er sagt dort, daß es eine rassistische Barriere zwischen den Musikern nicht gäbe, sondern daß allenfalls das Publikum rassistisch reagiere, und zwar in beiden Richtungen. Aber nimm mal einen wie Dave Liebman. Als der vor vier oder fünf Jahren anfing, bevor er also sehr berühmt wurde, da war das ein erstaunlicher Musiker. Er spielte wirklich außergewöhnlich gut. Er war natürlich sehr nahe bei Coltrane, aber er war wirklich ungeheuer gut. Und er spielte vor allem mit schwarzen Musikern, einerseits mit der Gruppe von Elvin Jones und dann hatte er noch ein Trio mit Pete LaRocca. Aber dann allmählich, als er sehr bekannt wurde, da schien man einen gewissen Druck auf ihn auszuüben, das Publikum, die Organisation, wer auch immer.

Es ist so ähnlich wie bei Kindern, verstehst du? Wenn Kinder drei oder vier Jahre alt sind, spielen sie zusammen, dann sind sie befreundet. Und wenn sie größer werden, dann werden sie durch das System getrennt. Es ist sehr seltsam. Nimm doch mal unser Beispiel von vorhin: Ganz am Anfang, als wir unsere Vereinigung gründeten, da gehörte zu den Mitbegründern Lenny White. Dann wurde eine andere Institution (CBA) gegründet, und die war ganz schwarz. Der schloß sich Lenny an. Und so wurden wir ganz weiß. Es ist wirklich eine Schande.

Und auch im Hinblick auf die Arbeitsmöglichkeiten scheint es mir, daß es verschiedene Zirkel gibt. Es gibt einen weißen Zirkel, der es mit riesigen Geldern zu tun hat. Dieser Zirkel versorgt das Rockjazz-Publikum . . . Weather Report, Larry Coryell . . . Ich glaube, Gato* kann man auch dazu rechnen, aber ich bin nicht ganz sicher. Dann Mahavishnu, die Brecker Brothers, Chick Corea, Keith Jarrett . . . usw. Ich könnte stundenlang weitermachen. Nun sieht es so aus, daß dies überwiegend weiße Gruppen sind. Die einzigen schwarzen Musiker, die in diese Zirkel hineinkommen, wo wirklich das große Geld verdient wird, sind Musiker, die wirklich eine sehr kommerzielle Musik machen, wie Billy Cobham, Stanley Clark und so weiter. Es sind so wenige, daß man kaum auf Namen kommt. Nun gab es einen solchen Zirkel auch schon vor 20 Jahren, mit Stan Getz. Es gab ihn auch schon vor 40 Jahren mit Glenn Miller und Benny Goodman. Dieser Zirkel ist den Weißen vorbehalten. Und da hängt eine Menge Geld dran, wirklich eine große Menge; vielleicht nicht so viel wie bei den Rolling Stones, aber wirklich sehr viel Geld.

Und dann gibt es auch einen schwarzen Zirkel in New York, der in Clubs wie *Boomers* spielt. Ich spreche also nicht über *underground music*, ich spreche über *overground music*. Ich meine also nicht die Lofts, sondern die Clubs; die Szene, wo immerhin ein bißchen Geld zu verdienen ist. Es gibt eine ganze Reihe von Musikern, die regelmäßig dort spielen. Nun, dieser Zirkel, der dort spielt, scheint fast ausschließlich aus schwarzen Musikern zu bestehen. In Läden wie *Boomers* sieht man sehr selten einen weißen Bandleader. Ich sah einige weiße *sidemen*, aber auch die nur sehr selten.«

Wie war eigentlich Slugs? Gehörte Slugs zum »underground« oder

---

* Gemeint ist der argentinische Saxophonist Leandro »Gato« Barbieri.

zum »overground«?

»Es war so ähnlich wie das *Village Vanguard*. Es war ungefähr genauso teuer. Aber es war schmutziger und ein bißchen mehr für Leute mit einem ausgefalleneren Geschmack. Hin und wieder spielte da Sun Ra, bisweilen auch Cecil Taylor oder Jackie McLean. Da also spielten bestimmte Musiker, die für die Weiterentwicklung der Musik außerordentlich wichtig waren. Aber das Lokal selbst war grauenhaft. Die Getränke waren schlecht, die Gläser waren schmutzig und es lag in einem ganz schlimmen Viertel. Es war sehr unsicher. Charlie Hadens Baß wurde gestohlen. Und dann wurde Lee Morgan im Slugs ermordet. Und eine Woche später wurden dann ein paar Polizisten gleich nebenan umgebracht. Da mochte dann niemand mehr dorthin gehen. Denn dann hatten auch noch die *Hells Angels* ihr Hauptquartier einen halben Block von *Slugs* entfernt aufgeschlagen. Und wenn man zum Slugs wollte, dann war das fast so, als ob man auf eine Expedition ging. Wir gingen eines Nachts zum *Slugs* und dann sahen wir all diese Motorräder und all diese *Hells Angels*. Hast du schon jemals welche gesehen?«

Nur in Filmen.

»Aber genauso sehen sie aus. Aber sie sind schlimmer. Da gab's eine große weiße Wand und auf der stand geschrieben *White Power* oder *Power for the White*. Wie dem auch sei, wir gingen zum *Slugs* und etwa eine Stunde später kamen Rashied Ali, Noah Howard und Frank Wright. Das war eine Gruppe, die immer zusammen war. Sie kamen also in den Club, völlig durcheinander und blutend. Sie waren gerade von den Hells Angels zusammengeschlagen worden. Wir brachen dann auf, um mit dem Bus nach Hause zu fahren. Und als wir auf der Straße waren, hörten wir zwei oder drei Schüsse. Das nächste, woran ich mich erinnere, war, daß ein Auto irrsinnig schnell angefahren kam und auf der anderen Straßenseite hielt. Es sprangen dann ein paar Puertoricaner heraus mit Pistolen in den Händen und begannen zu schießen. Später fand ich heraus, was geschehen war. Diese *Hells Angels* hatten gerade vorher jeden Schwarzen, der vorüberkam, zusammengeschlagen. Und dann hatten sie ein kleines puertoricanisches Mädchen vergewaltigt, 8 Jahre alt. Also kamen die Puertoricaner mit ihren Kanonen. Das war dann also ein richtiger Krieg. Und dann ganz plötzlich, drei Minuten später, kamen ungefähr 20 Polizeiautos. Die blockierten die ganze Straße. Wir standen da immer noch und warteten auf den Bus. Das war wirklich eine irrsinnige Situation! Und wir gingen ein bißchen näher heran, um zu sehen, was los war. Da

kam dieser Trompeter, Dewey Johnson; der mußte dort vorüber. Und als er mich sah, fragte er mich: ›Was, um Gottes willen, machst du denn hier?‹ – ›Nun, ich versuche herauszufinden, was hier los ist.‹ Er sagte: ›Mann, laß uns so schnell laufen, wie wir können.‹
Und das war so ziemlich das Ende des *East Village*. Denn vorher hatte es eine Phase gegeben, in der das *East Village* wirklich aufgeblüht war. Da waren ein paar Galerien, da gab es das *Five Spot*, dann das *Dome*. Im *Five Spot* spielten immer reguläre Jazzgruppen wie zum Beispiel Elvin Jones. Dann an Sonntagnachmittagen machten sie Konzerte mit Neuem Jazz. Da spielte Roswell oder wer auch immer. Ornette lebte in der Straße. Und dann gab es da eben den Slugs Club, eine ganze Reihe von Coffee Houses . . .«

Wann war das?

»Das war 1967. Es war wirklich schön im *East Village* zu dieser Zeit. Als ich das erste Mal nach New York kam, war das der Ort, wo alles passierte. Es gab eine ganze Reihe von Kaffeehäusern, in denen Jazz gespielt wurde, in der 5. und 6. Straße. Dann gab es das *La Mama*, ein Theater. Dann wie gesagt *Slugs* ein wenig weiter östlich zwischen den Avenues B und C. Aber die Gegend war damals in Ordnung. Dann eröffneten sie den *Electric Circus* am St. Marks Place. Das war so ungefähr die Spitze der neuen Rockszene. Und eine kurze Zeit lang war das sehr *hip*. Das *Filmore Theatre* war dort auch. Das war zu der Zeit, als die Rockmusik noch das Symbol für Protest war. Und dann wurde es allmählich eine dekadente Angelegenheit. Der *Electric Circus* wurde dann wirklich ein entsetzlicher Laden, nur für Junkies. Dann wurde das *Filmore* geschlossen, dann das *Dome* und schließlich das *Five Spot*. Alles wurde geschlossen und es wurde ein Platz wie jeder andere. Und schließlich schloß auch noch der *Slugs Club*. Und das war es dann. Das Ende einer Ära.«

Ist die Loft-Szene eine Alternative?

»Jeder spricht heute über die Loft-Szene als Alternative, was in gewisser Weise richtig ist. Vom künstlerischen Standpunkt aus ist das richtig. Von einem anderen Standpunkt aus ist es das nicht. Denn ein Musiker ist nicht nur ein Mensch, der Musik macht. Er muß auch leben. Er muß seine Miete bezahlen, muß sich etwas zu essen kaufen können. Er muß mindestens so viel Geld verdienen, daß er überleben kann. Und die Lofts können ihm dies nicht gewährleisten, denn dort ist einfach nicht genug Geld zu verdienen. Es läuft halt anders als in Clubs. Du kannst dort nicht eine Woche spielen. Du spielst vielleicht eine Nacht und dann vielleicht erst nach fünf Monaten wieder.

Natürlich kann es sich ein Loft auch gar nicht leisten, eine Gruppe für eine Woche zu engagieren und bestimmte Gage zu bezahlen, denn die einzigen Einkünfte, die man in einem Loft hat, sind das bißchen Eintritt oder ein paar Subventionen.«

Karl Berger

»Woodstock is dead.« – Der Slogan, der in den 70er Jahren zahllose amerikanische Jugendliche dazu veranlaßte, sich die Haare kürzer zu schneiden, die Jeans abzulegen und zu der von den Vätern vorgezeichneten Tagesordnung des *American way of live* überzugehen, dieser Slogan trifft ganz sicher nicht auf den Ort Woodstock im Staate New York zu, in dem das legendäre Festival einmal stattfinden sollte, dann aber doch nicht stattfand.

Woodstock ist seit Jahrzehnten das Domizil einer Reihe von amerikanischen Künstlern, eine Art US-Worpswede, und seit einigen Jahren auch der Wohnsitz einiger Jazzmusiker, die den Streß und den Schmutz der Großstadt satt haben und ihre kreativen Kapazitäten in ländlicher Atmosphäre auffrischen. Carla Bley und Mike Mantler haben dort ihr Studio, Anthony Braxton, Kalaparusha, Dave Holland und Jack de Johnette wohnen oder wohnten dort.

Eines der musikalischen Zentren der Community bildet das *Creative Music Studio*. Als Kernstück der 1971 von dem Heidelberger Vibraphonisten, Pianisten und Komponisten Karl Berger gemeinsam mit Ornette Coleman gegründeten *Creative Music Foundation* bietet das Studio die Möglichkeit, alternative Formen der musikalischen Sozialisation zu erproben, jenseits des akademischen Konservatoriumsbetriebes ebenso wie jenseits der harten Versuch-und-Irrtum-Praxis, in die sich der Neuankömmling auf der Jazzszene gemeinhin gestellt sieht.

Karl Berger, geboren am 30. März 1935 in Heidelberg, promovierter Soziologe und Musikwissenschaftler, der erste internationale Anerkennung als Jazzmusiker 1965 durch seine Arbeit als Vibraphonist im Quintett von Don Cherry fand und seit 1967 ständig in den USA lebt, kennt diese Jazzszene zur Genüge. Als ich ihn im April 1976 in Woodstock besuchte, fragte ich ihn, ob es ein schwerer Entschluß gewesen sei, der New Yorker Clubszene den Rücken zu kehren.

»Da war eigentlich gar kein Entschluß im Spiel. Es war geradezu eine

Notwendigkeit, weil mir klar wurde, was mir lange Zeit unklar war, daß ich nämlich die ganze Zeit sozusagen blind durch die Welt gerannt war. Ich habe irgendwie nur so reagiert, hatte aber nicht die geringste Ahnung, was ich da eigentlich machte. Als ich in New York in der Eldridge Street in der Lower East Side lebte, da passierte es mir, daß für mich die Musik zu einem totalen Trip wurde, zu etwas, was du nicht los wirst, was dauernd losgeht. Und das kann wahnsinnig verrückt werden. Wir haben Sessions gemacht, mit Barry Altshul, Alan Silva und Bekky Friend, die fingen um 8 Uhr abends an und um 6 Uhr morgens waren wir noch am Werk. Pharoah Sanders und Dave Burrell kamen. Da wurde ununterbrochen gespielt. Und wenn nicht gespielt wurde, dann ging dir das Zeug im Kopf rum. Du hast was ausprobiert und hast geschrieben. Es klingt wie im Paradies, aber in Wahrheit war es ein verrückter Zustand, ein irrer Zustand. Es gibt nicht die Entspannung für dich, die du brauchst, um richtig arbeiten zu können. Es gibt nicht den Raum, den du brauchst. Insofern glaube ich, daß es gar kein Problem war, da auszusteigen.«

»Für mich war es eine ganz wichtige Geschichte, herauszufinden, was ich eigentlich machte. Und der einzige Weg dazu war, anderen Leuten das zu erklären; ein Studio aufzuziehen, in dem sich die Kräfte gegenseitig beeinflussen. Und ich muß sagen, seit wir das Studio haben, habe ich durch diese Kontakte, durch diesen Transmissionsprozeß unwahrscheinliche Energien entwickelt, die ich vorher nicht zur Verfügung hatte; Energien, um wirklich Präzision zu entwickeln und in Details reinzuschauen, anstatt nur irgendwie blind zu produzieren. Dadurch änderte sich meine Musik natürlich auch. Und davon abgesehen: Seit wir das Studio haben, spiele ich eigentlich mehr als vorher. Wir spielen ja hier. Und wir spielen sehr viel. Hier gibt's Konzerte jedes Wochenende, die werden die ganze Woche über vorbereitet. Ich brauche viel weniger Zeit für Reisen, Hotelzimmer bestellen und mich um diese ganzen Dinge zu kümmern. Es wird unheimlich viel gespielt. Aber im Grunde genommen sind wir in einer unwahrscheinlich luxuriösen Situation.«

Nun liegt der Luxus dieser Situation eher im Musikalischen und im Psychischen als im Ökonomischen. Immer wieder sehen sich Berger und seine Mitarbeiter vor Schwierigkeiten gestellt, deren Überwindung durch Geduld und Nerven allein kaum zu leisten ist.

»Es sieht so aus, als sei die Foundation jetzt an einen Punkt gekommen, wo wir uns überlegen müssen, was wir da so in die Welt gesetzt haben. Soll das etwas sein, was wir für eine Weile machen und dann

sein lassen . . . und etwas anderes machen, oder sollen wir sehen, daß
wir es zu einer permanenten Einrichtung entwickeln. Dieser Konsoli-
dierungsprozeß ist für mich so ein bißchen schizophren, weil ich ja im
Grunde von diesem ganzen Business-Kram nichts verstehe, der da
gemacht werden muß. Da sind dann plötzlich Zahlen im Spiel, die
kann ich nur akzeptieren, versteh' aber nichts davon, wie das funktioniert. Denn irgendwie sind wir in gar keiner so guten Verfassung. Wir
überleben so grade. Und wir müssen immer schauen, daß wir – außer
den Beiträgen der Studenten – irgendwelche Stipendien und Unter-
stützungen finden, die die ganze Sache am Leben erhalten.«

*Das muß doch irgendwie komisch sein, wenn plötzlich so ein großes
Feld von Repräsentation und Dingen auf dich zukommt, mit denen
du an sich ja kaum jemals etwas zu tun hattest.*

»Ja, das stimmt. Aber das ist eigentlich auch interessant, nicht? Das
einzige, was ich nicht gerne hätte und was mir auch Gott sei Dank
erspart bleibt ist, daß ich mich wirklich da 100 Prozent reinschaffen
muß auf eine Weise, daß sich Dinge ständig wiederholen. Denn diese
Situation ist für mich jetzt weitgehend abgeschlossen, daß ich mit der
Administration überhaupt noch etwas zu tun habe. Ich werde wirklich
nur die künstlerische Leitung machen. Aber ich muß sagen, mir haben
diese Zeiten Spaß gemacht, und zwar genau aus demselben Grund wie
alle anderen, wegen der Disziplin. Denn wenn du Musik machst, bist
du mit solchen Details beschäftigt, daß im Grunde genommen alles
andere grobe Arbeit ist und einem deswegen eigentlich nicht so schwer
fällt. Es ist nicht so schwer, Buchführung zu verstehen oder wie ein
Office funktioniert, diese Schubladen und diese ganzen verschiedenen Fächer und das alles. Das ist an und für sich ziemlich leicht,
nicht? Es würde mich auf die Dauer furchtbar langweilen. Aber die
zwei, drei Jahre, die ich das jetzt machen mußte, da war'n Spaß
dabei, zu sehen, wie das wächst. Es waren ganz interessante
Sachen. Da passierten viele Dinge. Ich meine, die Erfahrung ist im
Grunde nur gut.«

*Meinst du aber nicht, daß es passieren kann, daß eben doch von
deiner kreativen Kapazität durch solche Sachen viel abgezogen
werden kann?*

»Ich würde sagen, es ist fast das Gegenteil! Du gehst ja wirklich in total
andere Bereiche. Es ist geradezu, als würdest du in die Ferien gehen.«
Die Hauptaktivitäten des CMS liegen bei der Durchführung von
Workshops, an denen junge Musiker, Amateure und zukünftige
Profis, aus aller Herren Länder teilnehmen und die von Musikern –

vor allem aus dem New Yorker Avantgardezirkel – geleitet werden. Die Liste derer, die in den letzten Jahren für das CMS als Lehrer und Ratgeber gearbeitet haben, ist lang und enthält eine Menge von prominenten Namen: Barry Altshul, Ed Blackwell, Anthony Braxton, John Cage, Don Cherry, Dave Holland, David Izenzon, Kalaparusha, Oliver Lake, Sam Rivers, Frederic Rzewski. Und obwohl die Unterrichtsstile mit den persönlichen Eigenarten und dem stilistischen Zugehörigkeitsgefühl der einzelnen Workshopleiter wechseln mögen, gibt es doch so etwas wie einen gemeinsamen Nenner.

»Es muß doch Wege geben«, so Karl Berger, »ein Gefühl für Zeit und Harmonie zu vermitteln, das nicht an irgendeinen bestimmten musikalischen Stil gekoppelt ist, sondern das vor allem auf Schärfung und Präzisierung der Sensibilität für Rhythmus und Klang hinausläuft und das die musikalische Intelligenz zutage bringt, mit der jeder geboren wurde.«

Früher gab es das nicht, soviel ich weiß, daß so viele Musiker mit Unterrichten beschäftigt waren.

»Ja, die amerikanische Gesellschaft erlaubt nicht viele andere Wege. Und für viele Leute ist das eigentlich gar nicht so gut, weil sie mit einer gewissen Abwehr an das Unterrichten herangehen und es als Notlösung betrachten, daß man nicht spielt. Ich meine, in dem Fall von dem Studio hier ist es nun mal so, daß alle Leute, die hier unterrichten, *performing artists* sind. Es ist also niemand da, der ausschließlich unterrichtet. Das gibt's hier nicht. Und insofern haben wir an und für sich weniger das Problem, als wenn du am College unterrichten müßtest, wo du ja dann Sachen machen mußt wie Jazz History oder was weiß ich; vorgeschriebene Kurse und dergleichen. Dann kommst du wirklich in einen Beruf, der kann dir in den Weg kommen. Aber ich glaube, in einem Workshop, in dem du ein Stück von dir selber probieren kannst, das ist eine unheimlich kreative Situation, nicht? Du arbeitest mit 20 Leuten oder 15 Leuten, das ist phantastisch! Und insofern entstand das Problem bei uns nicht. Aber ich weiß, daß viele Leute noch immer mit dieser negativen Einstellung ans Unterrichten gehen. Und das ist an und für sich gar nicht richtig, denn ich glaube, Unterrichten ist eine ganz natürliche Geschichte, ist ein ganz normaler Vorgang. Wenn du mal auf einem Weg ein bißchen weiter bist als jemand anders, weil du älter bist, dann gibst du an ihn etwas weiter und sagst ihm: ›Guck mal, hier geht der Weg lang und so und so.‹ An und für sich ein vollkommen normaler Vorgang.«

Würdest du die allgemeine Erklärung, daß die Jazzer überwiegend

*ins Unterrichten einsteigen, weil sie zu wenig gigs haben, also
ablehnen?*

»Das weiß ich nicht, das kann man nicht so verallgemeinern. Wie ich
dir sagte vorhin, für mich war es eine pure Notwendigkeit. Ich sah das
als eine pure Notwendigkeit. Denn Musik ist für mich – wie soll man
sagen – etwas unheimlich Detailliertes und Präzises und Verfeinertes.
Da gibt es immer so viel zu lernen. Und wenn du soviel rumfahren
mußt, um dein Leben zu finanzieren, hast du viel weniger Ruhe. Aber
ich bin heute über 40 Jahre alt.«

*Wie beurteilst du – als externer Beobachter, der nicht mehr so ganz
direkt konfrontiert ist mit diesem ganzen Rennen nach Jobs – die
Situation der New Yorker Avantgarde-Leute? Hat sich da irgend
etwas geändert?*

»Na sicher. Da hat sich eine ganze Menge geändert. In den letzten
paar Jahren hat es wieder mehr Versuche gegeben, improvisierte
kreative Musik auf Platten aufzunehmen.«

*Meinst du, daß ein neues ökonomisches Interesse für den Jazz
erwacht ist?*

»Ja, ich glaube schon. Aber das ist noch nicht so richtig ausgeprägt.
Bisher machen das die Leute nur auf einer Ebene . . . Etwa so: ›Wir
wollen das auch noch mitnehmen.‹ So ungefähr. Aber auf der anderen
Seite glaube ich, daß jedem Produzenten, der heute in New York
arbeitet, die Qualität der augenblicklichen Gelegenheit sehr bewußt
ist und daß die anfangen, ein bißchen langfristiger zu denken. Statt
daß man Geld macht in einem Monat, macht man vielleicht Geld über
eine Spanne von so und so vielen Jahren. Und da ist ja nun unsere
Musik genau am Platze. Denn da nimmst du ja normalerweise im
Laufe der Zeit immer mehr ein und nicht weniger. Es baut sich
langsam auf. Und deshalb sind da so Leute wie zum Beispiel Clive
Davis, der einmal Präsident von *Columbia* war und dem jetzt *Arista*
gehört; der hält heute zum Beispiel überall Vorträge, wo er betont,
daß man improvisierte Musik fördern sollte.«

*Ist das aber nicht eine heikle Sache? Denn die Musiker sind ja nun im
allgemeinen nicht die Leute, die so viel profitieren können von
Schallplatten, vielleicht bis auf den leader, der in Prozenten beteiligt
ist.*

»In Amerika bedeutet das fast überhaupt nichts, ob du an Prozenten
beteiligt bist oder nicht. Du bekommst, was du am ersten Tag
bekommst und von da an kannst du das vergessen. Es ist 'ne alte Regel
in New York: ›Versuch so viel Vorschuß wie nur möglich zu bekom-

men, denn das ist sowieso das einzige, was du jemals bekommen wirst.‹ Das ist immer noch die Regel heutzutage!«

Und sonst? Die Live Jazz-Szene?

»Ja, die ist genauso konfus. Man weiß nicht, wo man was spielen kann. Es ist fast nicht mehr vorauszusagen, wo man eigentlich spielen kann. Andererseits ist die Clubszene sehr traditionell. Es ist hauptsächlich Bebop oder bebop-orientierte Musik, die in den Clubs gespielt wird.«

Mich hat gewundert, daß man solche Leute, die in Europa ein riesiges Image haben, von denen man denkt, daß sie hier die Könige sind, Cecil Taylor, Archie Shepp, in Clubs nicht hören kann.

»Ja, wenig. Cecil war 'ne Weile im Five Spot, aber der ist jetzt wieder zugemacht worden. Ich weiß natürlich nicht, inwieweit die Leute nach solchen Jobs wirklich unterwegs sind, denn die haben alle irgendwelche Jobs an irgendeiner Universität oder irgendwo sonst und wollen eigentlich nur zu bestimmten Zeitpunkten in New York spielen. New York ist mehr so eine Art *show case*. New York war ja noch nie ein Platz, wo man Geld verdienen will durch Musikmachen. Es war immer ein *show case*. Da ist eine gewisse Energie, die das in Bewegung bringt. Aber Geld hat da noch niemand verdient. Ich kann mich nicht erinnern, daß jemand – außer vielleicht ein paar englischen Rockern im Madison Square Garden – daß sonst irgend jemand hier in New York Geld macht, wenn er da spielt. Noch nicht mal Miles Davis, niemand.« Ich fragte Karl Berger, wie er die gegenwärtige musikalische Situation der Jazzavantgarde einschätze.

Findet da nicht – verglichen mit den 60er Jahren – ein gewisser Rückschritt statt? Ist die Luft raus aus der Free Jazz-Bewegung?

»Ja, vielleicht. Aus dem demonstrativen Teil der Bewegung ist die Luft raus, das stimmt. Aber das ist immer so: Wenn irgendwo 'ne Explosion ist, dann öffnet sich ein Haufen von Kratern. Ein Haufen neuer Gebiete, an denen du dann wieder arbeiten mußt. Da ist dann unheimlich viel Material, mit dem du arbeiten kannst. Mir ist klar, daß wir damals alle möglichen unglaublichen Sachen gespielt haben und keine Ahnung hatten, was das war. Das ist gar nicht schlimm. Das ist in dem Augenblick genau richtig. Danach aber kommt die Zeit, wo du die Ernte einbringst und mal schaust, was da eigentlich los war, und du anfängst, damit systematisch zu arbeiten, damit sich darauf wieder was Neues aufbauen kann. Denn sonst wäre es ja nichts als eine Folge von Explosionen.«

Kann das nicht ein Verlust an Spontaneität bedeuten?

»Nein, es ist kein bißchen langweilig. Es sieht so aus, als sei es

unglaublich langweilig. Aber davon abgesehen: Ich finde langweilige
Sachen unheimlich gut. Es gibt gar nicht genug Langeweile. Alles ist
viel zu kurzweilig. – Ich bin wirklich interessiert an langweiligen
Sachen, die sich stundenlang hinziehen. Das mag ich ganz gern, viel
Raum, viel Zeit und so weiter. Das ist etwas, was viel zu wenig läuft.
Überall ist ein unheimlicher Wirbel im Gang. Langeweile – wenn
man's wörtlich nimmt – ist ein gutes Wort, nur haben es die Leute mit
irgendwelchen blöden Inhalten belegt.«

In seinem Konzept einer positiv verstandenen »langen Weile« ist Karl
Berger sowohl durch seine Zusammenarbeit mit Don Cherry als auch
durch seine Auseinandersetzung mit den Musikkulturen Asiens beeinflußt, besonders durch die Musik Balis und Javas. Wie Zeit und Raum
eine hervorragende Rolle in seinem musikalischen Weltbild spielen,
spiegelt sich bereits in den Titeln vieler seiner Kompositionen: »Time
is«, »Live Time«, »Tune In Time In«, »Quite Some Time Goes
By« . . . Zeit wird hier nicht unbedingt als etwas verstanden, was
durch eine Fülle von intellektuell entschlüsselbaren musikalischen
Ereignissen besetzt wird, sondern Zeit ist da um ihrer selbst willen . . .
Zeit ist . . . Zeit vergeht. Daß die Aufnahme eines solchen – im Kern
nichtwestlichen – Konzepts von musikalischer Gestaltung selbst wiederum kulturabhängig ist, konnte Karl Berger bei den Workshops
erfahren, die er in den Jahren 1972 und 1973 beim Internationalen
Musikforum in Österreich durchführte:

»Mir scheint, daß in den Lebensbedingungen, unter denen die Jugendlichen in Österreich, Deutschland und der Schweiz aufwachsen, viel
mehr Druck vorhanden ist als in den USA. Die in Europa stehen viel
mehr unter dem ganz direkten Einfluß von stilistischen musikalischen
Strömungen, sind geradezu abhängig davon und können kaum los-
kommen von diesen Stilen. In Amerika kriegst du mehr Offenheit,
würde ich sagen. Es ist einfach mehr Offenheit da, weil so viel Raum
vorhanden ist. Es scheint mir, daß dir die Kommunikation hier nicht
so dicht auf den Leib rücken kann, wie das in Europa der Fall ist.
Insofern sind die Arbeitsmöglichkeiten hier offener. Hier hast du
irgendwie genug Raum, um direkt anzufangen, ohne erst mal so viel
Eis brechen zu müssen.«

Christopher White

»Der Punkt ist, daß wir Musiker die Hand an die Strukturierung jener Organisationen legen müssen, die sich mit unseren eigenen Problemen befassen. Wir müssen uns selbst unter die Lupe nehmen und zu erkennen versuchen, wie wir uns selbst verhalten können gegenüber all jenen Aktivitäten, welche die Musik berühren, die wir machen. Die Tage des Jazzmusikers, der nur seinen Job spielen will, ohne sich darum zu kümmern, was sein Job *wirklich* heute ist und im nächsten Jahr sein wird, dessen Tage sind vorbei.«

»Die Vorhersage ist einfach: Entweder wir tun uns zusammen oder wir werden verschlungen, und nicht nur wir, sondern auch unsere Musik. Die Welt der Technologie verhilft jenen Leuten zur Macht, die im Musiker nichts als ein kontrollierbares Objekt sehen, Leute, deren hervorstechendste Qualität in ihrer Fähigkeit besteht, sich alles, was sie hören, einzuverleiben und dann wieder auszuspucken, die Kreativität überflüssig machen wollen und die ihre seelenlosen Produkte als Kreativität verkaufen, weil sie alle zum Publikum führende Kanäle unter Kontrolle haben.«

Der Bassist Christopher White, von dem diese aufrüttelnden Zeilen stammen (White 1973), gibt selbst auf überzeugende Weise ein Beispiel für den von ihm geforderten Typus von selbstbewußtem und sozial engagierten Jazzmusiker.

Christopher Westley White, genannt Chris, wurde am 6. Juli 1936 in New York geboren. In den Jahren 1955–59 spielte er sporadisch mit Cecil Taylor; 1960 begleitete c. den Pianisten Bernard Pfeiffer und 1961 die Sängerin Nina Simone. International bekannt wurde er durch seine Arbeit in der Gruppe von Dizzy Gillespie (1962–66), mit der er mehrmals in Europa auftrat. Zu Ende der 60er Jahre begann Chris White, seine Aktivitäten als Spieler zu reduzieren und engagierte sich zunehmend in administrativen und organisatorischen Aspekten der Jazzszene, übernahm Lehraufträge und wurde in der Kulturarbeit afro-amerikanischer Gemeindezentren aktiv. Er arbeitete für *Jazzmobile*, gründete und leitete das Unterrichtsprojekt *Rhythm Associates*, fungierte als Berater in der vom Bürgermeister von New York eingerichteten *Urban Action Task Force* (1968) und als *Special Assistant* im *Community Relations*-Programm des Gouverneurs Rokkefeller (1968/69).

Zu Anfang der 70er Jahre wurde er Direktor des von dem Jazzhistoriker Marshall Stearns aufgebauten *Institute of Jazz Studies* am Newark

Campus der Rutgers University. Dort besuchte ich ihn im Mai 1976.
Wir sprachen zunächst darüber, warum der Neue Jazz in der afro-
amerikanischen Bevölkerung so wenig Resonanz findet.

»Ich habe da so eine Theorie, weißt du? Diese Art von Musik ist eine
große Kunst. Free Jazz ist Kunstmusik. Und er befindet sich aus einer
ganzen Reihe von Gründen an der äußeren Grenze der afro-amerikanischen Tradition. Eine der wichtigsten Gründe dafür ist, daß er
aufgehört hat, funktionell zu sein, eine Gebrauchsmusik zu sein. Das
ist Musik für Leute, die Zeit haben, sich hinzusetzen und zuzuhören.
Es ist keine Musik für Leute, die tagsüber arbeiten müssen und die sich
mit ihren Mietproblemen herumschlagen . . . Ich meine, diese Musik
ist kein Reflex einer solchen Lebensweise, sie ist der Reflex einer
Lebensweise, die introspektiv ist, wenn nicht gar sorglos.«

Aber es ist doch eine sehr emotionale Musik.

»Natürlich ist sie das. Ich leugne ja nicht ihre emotionalen Aspekte.
Mir geht es nur darum, eine wesentliche Voraussetzung, insbesondere
für eine städtische schwarze Gesellschaft, klarzustellen. Und die
besteht darin, daß die Musik eine Funktion besitzt. Eines der wesentlichsten Dinge bei der Musik ist doch die Tatsache, daß sie eine
Funktion hat. Und ganz offensichtlich bewirkte der pulsierende
Rhythmus eine Zeitlang, daß die Musik eine Funktion als Tanzmusik
hatte, und dann später als Unterhaltungsmusik. Und dieses Pulsieren
war selbst noch dort vorhanden, wo man in einem Club nicht mehr
tanzen konnte, es war gerade noch so weit vorhanden, daß man eine
Beziehung zwischen dem allmählich reduzierten Pulsieren und der
veränderten Situation in den Clubs herstellen konnte . . .«

Meinst du, die Musik ist zu intellektuell?

»Ja! In dieser Hinsicht befindet sie sich außerhalb des schwarzen
Lebensstils. Denn die Schwarzen sind nach wie vor sehr stark mit
ihrem täglichen Überleben beschäftigt und haben wirklich nicht viel
Zeit, sich damit auseinanderzusetzen.«

*Ich habe den Eindruck, daß die Schwarzen mit dieser Art von Musik
eigentlich nicht viel in Berührung kommen. Die Medien . . .*

»Das stimmt natürlich auch. In den Medien wird sie überhaupt nicht
gespielt. Aber siehst du, die Sache ist andererseits ja die, daß diese
Musik aus der schwarzen Gesellschaft hervorgegangen ist . . . Natürlich hat man sie davon abgeschirmt. Aber was das Verstehen betrifft –
ich glaube nicht, daß die schwarze Bevölkerung Schwierigkeiten
hätte, diese Musik zu verstehen. Es geht vor allem um die Beziehung
dazu. Für einen großen Teil der Leute wird sich eine Beziehung dann

herstellen, wenn sie mit dieser Musik in Berührung kommt. Aber
wenn sie einmal mit ihr in Berührung kommen, dann wird sie natürlich
sowieso in ihren Lebensstil assimiliert. Es ist doch so: Niemand mußte
irgend jemanden dazu bringen sich hinzusetzen, um Charlie Parker
zuzuhören. Bei den meisten Leuten funkte es einfach, wenn sie Bird
zum ersten Mal hörten. Und du weißt selbst, daß viele Leute
Schwierigkeiten haben, mit Anthony Braxton, Oliver Lake, Julius
Hemphill und all diesen Leuten klarzukommen. Das hat viel damit zu
tun, daß diese Musik nicht notwendigerweise zu intellektuell ist, aber
daß sie nicht ausreichend den Lebensstil der Leute reflektiert. Und ich
glaube, das ist einer der wesentlichsten Punkte bei der Schwarzen
Musik: Die Musik muß funktional sein. Und sie ändert sich im
direkten Verhältnis dazu, welche Funktion sie innerhalb der schwarzen Gesellschaft einnimmt. Dies sind die beiden Dinge, die konstant
bleiben.«

*War es frustrierend für dich, als du das aktive Musikmachen aufgabst
und an die Universität gingst?*

»Nein. Weißt du, was passierte, ich war einfach unzufrieden damit,
ständig herumzurennen und unterwegs zu sein und nicht genug Geld
zu verdienen. Ich habe auf diese Weise zwei Frauen verloren; meine
Familien brachen auseinander, weil ich unterwegs war (on the road).
Weißt du, ich hatte Spaß am Spielen, aber ich mochte einfach meine
Lebensweise nicht mehr. Und dann spielte ich in dieser Zeit in Dizzy
Gillespies Gruppe. Und diese Musik hörte allmählich auf, für mich
eine Herausforderung zu bedeuten. Es passierte in dieser Musik
einfach nicht genug, um mich in kreativer Hinsicht zu stimulieren.
Und all meine Versuche, aus dieser musikalischen Enge auszubre-
chen, wurden durch Dizzys altmodische Art, eine Gruppe zu leiten, im
Keime erstickt. Ganz ehrlich gesagt, war ich es leid, in der zweiten
oder dritten Klasse zu reisen. Ich meine, ich kam wirklich zu der
Überzeugung, daß es mir besser gehen könnte. Deshalb stieg ich aus,
um – wörtlich genommen – wieder zur Schule zu gehen. Das war mein
Vorsatz. Ich ging also zur Schule zurück und ich kam dort extrem gut
klar, auch in kreativer Hinsicht. Denn in der Manhattan School of
Music spielte ich praktisch jeden Tag. Ich kam also 1965 nach New
York zurück. Das ist meine Heimatstadt. Ich kam nach New York
zurück und ging in die Manhattan School of Music. Ich war ungefähr
zwei Monate in der Stadt, da fing ich an, mit Billy Taylor im *Hickory
House*, im letzten existierenden Club der 52. Straße, zu spielen. Ich
spielte also nachts im *Hickory House* und tagsüber studierte ich und

ging zur Schule.

Zu dieser Zeit entwickelte ich die Idee, daß die einzige Rettung für die
kreativen Musiker darin bestehen würde, im Hinblick auf ihre eigenen
Interessen mehr Einigkeit zu gewinnen. Es mußten eine ganze Reihe
von Organisationen geschaffen werden, als Vehikel, mit denen man
an staatliche Gelder herankommen konnte. Nichts dergleichen existierte in dieser Zeit. Und ich dachte mir, daß dies sehr wichtig sein
würde. Und so fing ich an, in dieser Richtung aktiv zu werden. Und ich
glaube, ich war in dieser Hinsicht wirklich ein Vorkämpfer insofern,
als ich eine 'Menge Dinge in Gang brachte. Ich war einer der
Mitbegründer der *Collective Black Artists*. Ich gehörte dort zur ersten
Mannschaft. Ich war bei den *Rhythm Associates*, war in der Gruppe,
die MUSE* gründete. Diese *Rhythm Associates* waren das Ergebnis
eines Einfalles, den ich in meinem Apartment in der 85. Straße hatte.
Ungefähr drei Jahre lang organisierte ich Konzerte. Dann bekamen
wir ein Stipendium, um ein Programm mit MUSE durchzuführen.
Und es stellte sich heraus, daß dies das erfolgreichste Programm dieser
Art im Lande wurde. Und ich war damals sehr glücklich darüber, denn
das war ja sozusagen meinem Gehirn entsprungen. Ich machte also all
diese Dinge wirklich sehr gern. Dann begann ich, für den Gouverneur
Rockefeller zu arbeiten. Daraus resultierte dann, daß ich in die
Gemeindearbeit einstieg. Ich machte das ungefähr eineinhalb Jahre
lang und dann war ich eineinhalb Jahre lang Direktor von MUSE. Die
Gemeindearbeit brachte mich in vieler Hinsicht mit der Politik in
Berührung. Das brachte es mit sich, daß ich ständig zwischen den
größeren Städten der Nordstaaten hin und her pendelte. Als 1967/68
die Aufstände aufflammten, arbeitete ich in einem von Rockefellers
Büros für Gemeindebeziehungen (community relations). Ich hatte
ziemlich viel mit der Polizei und solchen Leuten zu tun und konnte
mindestens versuchen herauszufinden, was, zum Teufel, die machten,
damit sie nicht allzu viele Leute umbringen konnten. Und *wenn* sie es
taten, dann wußte ich wenigstens, wer wofür verantwortlich war.
Insgesamt konnte ich mich mit dem, was ich machte, wirklich identifizieren. Deshalb störte es mich auch nicht sehr, daß ich nicht mehr
spielte. Ich war der Ansicht, es handelte sich – wenn sonst gar nichts –
zumindest um einen sehr wichtigen Job. Ich war da wirklich drin. Ich
war einfach glücklich darüber, zur rechten Zeit am rechten Ort zu sein
und all diese Dinge zusammenzubringen. Also machte ich das. Dann

---

* MUSE ist ein schwarzes Kulturzentrum in Bedford-Stuyvesant, Brooklyn.

entwickelte ich mich allerdings allmählich zu einem richtigen Kultur-
funktionär (culture vulture). Ich schrieb eine Eingabe nach der
anderen, wartete von einer Förderungsmaßnahme auf die andere.
Und ich spielte überhaupt nicht mehr. Zu diesem Zeitpunkt begann
die Frustration einzusetzen. Das war, nachdem all die gesellschaftlich
wirklich bedeutenden Dinge passiert waren und nachdem das Erlebnis, sechs oder sieben Kreditkarten zu besitzen und sich nicht mehr um
die Bezahlung von Rechnungen sorgen zu müssen, den Glanz des
Neuen verloren hatte.

Als dieser Glanz des Neuen und Einmaligen verschlissen war, fand ich
mich als ein Baßspieler mittleren Alters wieder, der nicht mehr in
Form war (who had no chops), denn ich hatte ja total aufgehört zu
spielen. So mußte ich also den ganzen Berg noch einmal hochklettern.
Bei dieser Gelegenheit lernte ich allerdings eine Menge über mich
selbst. Und als ich dann allmählich wieder in Form kam, fand ich, daß
ich ein völlig anderer Musiker war. Mein Kopf war in einer völlig
anderen Verfassung. Und seitdem ist es ständig bergauf gegangen . . .
Denn zunächst einmal, mußt du wissen, bin ich ein Musiker des
Übergangs (transitional player). Den ersten Job, den ich überhaupt
hatte, spielte ich mit Cecil Taylor. Ich war in seiner Gruppe, der ersten
Gruppe, die Schallplattenaufnahmen machte; mit Rudy Collins und
dann mit Dennis Charles am Schlagzeug. Buell Neidlinger war der
Baßspieler. Zwei Tage vor der Aufnahmesitzung hatten Cecil und ich
einen Streit. Aus diesem Grund habe ich mit dieser Gruppe niemals
Schallplattenaufnahmen gemacht. Aber ich habe dieser Gruppe angehört. Ich bin also gewissermaßen ein Musiker des Übergangs, aber
gleichzeitig . . .«

  Was meinst du mit Musiker des Übergangs?
»Zwischen Bebop und New Thing. Ich befand mich genau an der
Grenze. Mit anderen Worten: Als Heranwachsender hörte ich Bebop
und dann war mein erster Job bei Cecil. Es war nebenbei gesagt auch
nicht Cecils Job. Es war bei einem Typen namens Floyd Benny. Der
spielte Tenorsaxophon. Wir arbeiteten in *Connie's Five Star Inn*, oben
in Harlem in der 7th Avenue an der Ecke 134. Straße, schräg
gegenüber vom *Small's Paradise*. Wir arbeiteten da ungefähr drei
Monate lang. Die Gruppe bestand aus Cecil Taylor, mir und Floyd
Benny. Und Dennis Charles kam gewöhnlich vorbei und stieg ein.
Und Floyd Benny spielte ein Tenorsaxophon in der Art von Willis
Jackson. Er spazierte beim Spielen in der Bar herum, marschierte auf
die 7th Avenue hinaus und so weiter. Und wir spielten *Flying Home*

mit Cecil, der all diesen anderen shit hereinspielte. Es war eine wahnsinnige Erfahrung.«

Das Image von Jazzmusikern, die an Universitäten unterrichten, stellt sich von außen häufig so dar, daß da ein kreativer Musiker in einen akademischen Kontext gesetzt wird, und daß ihn dies von den wirklich aktuellen Dingen entfernt. Bisweilen wird er auch als ein frustrierter Musiker angesehen, der sich in einem Kontext befindet, den er selbst eigentlich nicht richtig mag. Während ich mit dir spreche, gewinne ich den Eindruck, daß dieses Bild für dich nicht gilt.

»Für mich gilt es nicht! Möglicherweise ist es für jemand anderes richtig. Weißt du, ich mache mir über meine individuelle Bedeutung für die Entwicklung der Musik keine falschen Vorstellungen, über die Art des Beitrages, den ich leisten kann. Ich glaube, ich habe herausgefunden, was ich kann und was ich nicht kann. Das sind wohl die beiden wichtigsten Dinge. Und aus dieser Erkenntnis heraus versuche ich, die Dinge weiterzuführen, die ich am besten mache. Und unterrichten ist nicht meine wichtigste Priorität, nicht das, was ich am besten mache. Zunächst einmal bin ich ein guter Rhythmusspieler, ich bin auch ein ganz guter Solist, akustisch. Aber ich bin kein Charlie Mingus und ich bin kein Sirone. Das weiß ich auch, verstehst du? Ich bin Chris White. Und ich mache das, was ich mache.«

KAPITEL 4

CHICAGO

Nur einmal in der Geschichte des Jazz stand Chicago im Brennpunkt des Geschehens. Das war während der 20er Jahre, als sich im Zuge der *Great Migration*, der massenhaften Zuwanderung von Afro-Amerikanern aus den Südstaaten, auch ein größeres Kontingent von Musikern aus New Orleans und Louisiana in Chicago niederließ und damit eine eigenständige regionale Jazzentwicklung auslöste. Der *Chicago Stil*, Ergebnis einer weißen Assimilation des schwarzen New Orleans Jazz, verankerte die Stadt zwar fest in der Geschichtsschreibung des Jazz, jedoch für die weitere Entwicklung blieb Chicago fortan ohne große Bedeutung, war niemals im gleichen Maße wie New York ein Kristallisationspunkt kreativer Energie, niemals ein Ort, an dem aus individuellen Innovationen kollektive und bahnbrechende Stil-Impulse wurden. Als zu Ende der 20er Jahre mit dem Einbruch der großen Wirtschaftskrise in den Vergnügungsvierteln Chicagos die Lichter ausgingen und Hunderte von Musikern die Stadt verließen, um in New York oder an der Westküste ihr Glück zu suchen, war und blieb Chicago jazzmusikalische Provinz.

In den knapp zehn Jahren, in denen die Stadt als Metropole des Jazz in höchster Blüte stand, war Chicago ein Dorado für Musiker jeden Kalibers und jeder stilistischen Provenienz. In der South Side, dem schwarzen Ghetto Chicagos, bildete die *Section* entlang der State Street in der Höhe der 35. Straße den Brennpunkt für musikalische Aktivitäten aller Art. In den Bars und Tavernen der *Section* spielten und sangen Bluesleute aus dem amerikanischen Süden; in den Saloons arbeiteten Ragtime- und Boogie Woogie-Pianisten; in den Biergärten, Ballsälen, Varietés und Theatern sorgten Bands aus New Orleans für die musikalische Unterhaltung.

Das weiße Pendant zur schwarzen *Section* bildete *The Loop*, ein Bezirk, der sich nördlich an die South Side anschloß und in dem besonders das *Lamb's Cafe* und das *De Labbie* als frühe Zentren des weißen Dixieland Jazz in Chicago zu Prominenz gelangten. Jedoch auch außerhalb des *Loop* gab es Arbeit in Hülle und Fülle für die allmählich anwachsende Community weißer Chicagoer Musiker; in den Ballsälen der North Side, in den Road Houses am Rande der Stadt, auf den Ausflugsdampfern auf dem Michigan See und bei den

Campus-Festen der umliegenden Colleges und Universitäten: Allenthalben wurde Jazz oder jazzverwandte Musik gespielt.

Nach dem Niedergang des großen Chicagoer Jazzbooms zu Ende der 20er Jahre nahmen, um zu überleben, viele der einheimischen Jazzmusiker, die – aus welchen Gründen auch immer – die Stadt nicht verlassen hatten, Beschäftigungen in musikverwandten oder außermusikalischen Berufen an und spielten Jazz nebenher – zum Zeitvertreib oder zur Aufbesserung des Einkommens. Der Pianist Art Hodes gab Musikunterricht, der Posaunist Floyd O'Brian stimmte Klaviere, der Kornettist Bill Priestley wurde Architekt und der Saxophonist Scoops Carey ließ sich zum Anwalt ausbilden. Der Chicagoer Pianist Murph Podalsky bezeichnete die Jazzmusiker in Chicago zu dieser Zeit als »die glücklichsten Unabhängigen im Armutsland« (Steiner 1975, 146).

In den folgenden Jahrzehnten, während der Swing- und Bebop-Ära, war Chicago, wie andere Städte dieser Größenordnung, ein wichtiger Tourneeort für durchreisende Bands und Solisten. Die lokalen Musiker kamen dabei häufig als Begleitrhythmusgruppen zum Zuge oder hatten die Möglichkeit, mit den national renommierten Größen des Jazz in After Hour Sessions zusammenzuspielen.

Insgesamt gesehen sah die Situation für die Chicagoer Jazzmusiker während dieser Zeit alles andere als rosig aus. Und wer auch immer sich dazu – musikalisch und in familiärer Hinsicht – in der Lage sah, die Stadt zu verlassen und woanders, meist in New York, nach künstlerischem Erfolg und materiellem Gewinn zu suchen, tat dies. Zu den Musikern, die im Anschluß an die *Chicagoans* der 20er Jahre in den 40er und 50er Jahren für längere Zeit oder für immer der Chicagoer Jazzszene den Rücken kehrten, gehören die Pianisten Lennie Tristano, Lou Levy und Junior Mance, der Arrangeur Bill Russo, die Saxophonisten Lee Konitz, Johnny Griffin und Gene Ammons, der Baßtrompeter Cy Touff und die Sängerin Anita O'Day. Diejenigen, die blieben, bildeten jene verschworene Clique von frustrierten, zum Tanzmusikspielen gezwungenen Jazzmusikern, wie sie der Soziologe und Chicagoer Amateurpianist Howard S. Becker so anschaulich in seinen diversen Studien zur Sozialpsychologie des *Outsiders* darstellte (Becker 1951, 1953, 1963).

Zu den bemerkenswertesten zeitgenössischen Dokumenten über die Verbitterung Chicagoer Jazzmusiker angesichts der miserablen musikalischen und ökonomischen Situation in ihrer Stadt, gehört ein Beitrag des Pianisten und späteren Cool Jazz-Innovators Lennie

Tristano, den dieser 1943 für die in Chicago erscheinende Zeitschrift
Jazz Quarterly unter dem Titel »What's Wrong with Chicago Jazz«
verfaßte. Tristano schreibt unter anderem:

»Die schmutzige und gewinnsüchtige Natur der Agenturen und Cafébesitzer, die ihren Würgegriff am Lebensfaden des Jazz haben, hat
den Musikern hier die Überzeugung eingetrichtert, daß sie sich
entweder kommerziell anzupassen haben oder aber verhungern müssen und hat sie so zu künstlerischem Selbstmord getrieben.«

»Eines der verheerendsten Dinge, die gegen den Jazz in Chicago am
Werke sind, besteht in der Ausbreitung und in der Prominenz von
Mickey Mouse-Bands, jenen absichtlich verstimmten Tenor-Bands, in
denen jeder einzelne die lead-Stimme spielt, außer dem Pianisten,
dessen neurotischer Stil zwischen Momenten ausbrechenden, sprü-
henden technischen Glanzes und Momenten tempoloser Seichtheit
schwankt. Sie spielen diese *two beat society music*, was bedeutet:
schmalzige Geigen, dreistimmige Sätze, stotternde Kornetts, das
ständige Wehgeschrei einer zu hoch gestimmten Posaune, eine dege-
nerierte Tuba, und ein Vokalist im Stil von ›Bitte laßt mich in eurer
Band singen, ich bin einer von gestern und verspreche, zu tief zu
singen‹.«

»Die Auswirkungen dieser Mickey Mouse-Bands sind verschiedener
Art. Zunächst einmal bringen sie den Prozeß der Erziehung des
Publikums für den guten Jazz zum Stillstand. Die Leute finden nur das
gut, von dem man ihnen sagt, daß es gut sei. Und so lange ihnen diese
Art von Musik in ihren kollektiven Schlund gestopft wird, ist der Jazz
zum Untergang verdammt. Der Musiker aber, für den es lebensnotwendig ist, in einer Mickey Mouse-Band zu spielen, verliert seinen
Ton, entwickelt ein weites, übertriebenes Vibrato, gewöhnt sich eine
falsche Intonation an, verliert den Kontakt zur Spontaneität und
den improvisatorischen Qualitäten des Jazz und verfällt in einen
Zustand von ruheloser Gleichgültigkeit. Die meiste Arbeit, die Chicago zu bieten hat, gehört dieser Kategorie an. Entweder man läßt sich
darauf ein, oder man ›schiebt‹ eine Tagesschicht in irgendeiner
wichtigeren Art von Industrie.«

»Ehrlich gesagt, die Leute, die in Chicago dem Jazz das Lebenslicht
ausblasen, sind die Agenten (bookers) und Cafébesitzer. Und um zu
überleben, muß der Musiker den Mund halten, sonst bekommt er
keine Arbeit. Es wäre unsinnig, hier die diversen Tricks dieser
Branche zu enthüllen, denn sie würden ohnehin nicht gedruckt
werden. Es genügt zu sagen, daß sie die totale Kontrolle über den Jazz

haben und daß sie sie mit Sicherheit mißbrauchen. Die parasitäre Rolle der Agenten als eine der unmoralischen Begleiterscheinungen der Unterhaltungsbranche sollte allgemein bekannt gemacht werden. Wenn man zehn Minuten lang Kopfstand machen kann, dabei den *Hummelflug* auf der Tuba spielt und gleichzeitig *Little Boy Blue* rezitiert, dann ist man *in*. Und je mehr Geld man für sie verdient, desto mehr Geld können sie einem abnehmen . . .«

»Aus einem unerklärlichen Grund sind sie sich ganz sicher, darüber Bescheid zu wissen, was das Publikum wünscht. Sie scheffeln so viel Geld, wie sie nur irgendwie aus einem herauspressen können – ich bin sicher, das Publikum wünscht das nicht; sie sind der Grund dafür, daß das Leben eines Musikers hier so unerträglich und so miserabel ist wie nur möglich – ich bin sicher, das Publikum wünscht das nicht; sie verwandeln einen Künstler in einen schwafelnden Clown – ich bin sicher, das Publikum wünscht das nicht; sie überfluten den Markt mit Leuten von gestern, mit Akkordionisten (frustrierten Klavierspielern, die dieses Instrument zur Rettung ergriffen haben) und allen möglichen anderen Sonderbarkeiten – ich bin sicher, das Publikum wünscht das nicht.«

Lennie Tristano, der – um finanziell über die Runden zu kommen – selbst in Chicago als Klarinettist in einer Dixieland Band auftrat und in einer anderen, von einem Akkordeonisten geleiteten Gruppe zwei Saxophone oder drei Klarinetten *gleichzeitig* spielte (Gitler 1966, 229), ging 1946 nach New York. Er kehrte nie wieder nach Chicago zurück.

Zu Anfang der 60er Jahre erlebte der Jazz in Chicago nach Jahrzehnten der Stagnation einen neuen Aufschwung – weniger in ökonomischer Hinsicht als vielmehr in musikalischer und ideeller. Verantwortlich für diese Entwicklung war eine Gruppe junger schwarzer Musiker von der South Side, die sich um den Pianisten und Komponisten Muhal Richard Abrams formierte. Den musikalischen Kristallisationspunkt dieser zunächst noch informellen Gruppe bildete die von Abrams geleitete *Experimental Band*, eine Bigband flexibler Besetzung und Größe, in der die von Musikern wie Coleman und Taylor inzwischen gesetzten Free Jazz-Signale aufgenommen und experimentell verarbeitet wurden. Aus der 1961 gegründeten *Experimental Band* ging im Laufe der Jahre eine Reihe weiterer Gruppen hervor, welche die spezifisch Chicagoer Stilvariante des Free Jazz weltweit bekannt machten, darunter das *Art Ensemble of Chicago*, das Trio *Air*, das *Revolutionary Ensemble* und die verschiedenen Formationen von Anthony Braxton (vgl. dazu Jost 1975, 187–206).

Einen entscheidenden Schritt für die Entwicklung und Stabilisierung
der schwarzen Chicagoer Avantgarde-Community bildete 1965 die
Gründung der *Association for the Advancement of Creative Musicians*,
kurz AACM. Über die Ziele dieser Vereinigung, die für zahlreiche
Musikerinitiativen in den USA vorbildhaft wurde, berichtet einer
ihrer Mitbegründer, Joseph Jarman, im Covertext zu seiner LP *As if it
were the seasons*:

»Die AACM, eine vom Bundesstaat Illinois eingesetzte Nonprofit-
Organisation, wurde . . . ins Leben gerufen, als eine Gruppe von
Musikern und Komponisten aus Chicago und Umgebung sich der
Notwendigkeit bewußt wurde, eine authentische Musik in die Öffentlichkeit zu bringen, die unter dem bestehenden Establishment (Veranstalter, Agenten usw.) nicht zu ihrem Recht kam. Eines der wichtigsten Ziele unserer Vereinigung bestand darin, eine für eine ernsthafte
Musik förderliche Atmosphäre zu schaffen. Die Musik, die von den
verschiedenen Gruppen der Association gespielt wird, ist jazzorien-
tiert.«

Das allgemeine Konzept wurde von Jarman durch konkrete Vorstellungen von den Aufgaben der AACM präzisiert. Diese sah er u. a.
darin, jungen Musikern ein kostenloses Ausbildungsprogramm zu
gewährleisten, Arbeitsmöglichkeiten für sie bereitzustellen und karitative Organisationen finanziell zu unterstützen. Zu den unmittelbar
praktischen Zielen kamen weiterführende: »Musikern ein Vorbild für
hohe moralische Prinzipien zu vermitteln, das Ansehen kreativer
Musiker in der Öffentlichkeit zu heben und die Tradition von angese-
henen und kultivierten Musikern aufrechtzuerhalten, wie sie uns aus
der Vergangenheit überliefert wird.« (Jarman)

Unabhängig davon, wie dieses Programm in der folgenden Zeit im
einzelnen realisiert werden konnte, stellte es allein schon aufgrund
seiner ideellen Aspekte ein für die Jazzszene in Chicago bislang sehr
untypisches Phänomen dar. Daß Jazzmusiker sich nunmehr daran
machten, ihre Geschicke selbst in die Hand zu nehmen, sich zu
organisieren und dabei die *middle men*, die Vermittler und kommerziellen Veranstalter, zu umgehen versuchten, hatte eine Signalwir-
kung, die nicht nur die AACM binnen kurzer Zeit zu einer vielköpfi-
gen Organisation anwachsen ließ, sondern die auch auf andere Städte
des Mittleren Westens, wie Saint Louis, übergriff. (Erinnert sei an das
Interview mit Oliver Lake.)

Die Jazzszene in Chicago heute ist vielfältig segmentiert, wobei sich die verschiedenen Musikerfraktionen – ähnlich wie in New York – sowohl nach rassischen wie auch nach stilistischen Kriterien gegeneinander abgrenzen.

Die AACM ist eine Vereinigung von ausschließlich afro-amerikanischen Musikern. Ihre hauptsächliche Operationsbasis ist nach wie vor die South Side. Und wenngleich im Laufe der 70er Jahre auch viele der ursprünglichen Initiatoren der AACM Chicago verließen (darunter auch der erste AACM-Präsident, Richard Abrams), so sorgt doch die »Schule ohne Wände«, wie der Saxophonist Chico Freeman die AACM einmal nannte, dafür, daß aus dem reichhaltigen musikalischen Reservoir der afro-amerikanischen Community ständig neue AACM-Aspiranten nachrücken. Die in Chicago ansässigen AACM-Musiker haben nur äußerst selten Engagements in den Jazzclubs der Stadt. Häufiger spielen sie Konzerte in Museen, kleinen Theatern, Galerien oder Gemeindesälen. Eine besondere Rolle als Präsentationsforum spielt dabei eine im Gebäudekomplex der University of Chicago gelegene Unitarier-Kirche. Da man von derartigen Auftrittsmöglichkeiten kaum existieren kann, haben viele der jüngeren AACM-Leute Nebenberufe.

Eine Community ganz anderer Art, man könnte auch sagen: einen Gegenpol zur AACM, bildet die Gruppe der Studiomusiker, die nebenher Jazz spielen. Hierbei handelt es sich fast ausschließlich um weiße Musiker. Sie arbeiten tagsüber in den Aufnahmestudios der Werbeagenturen im Umkreis der Michigan Avenue, verdienen dort außerordentlich viel Geld und spielen abends ein- oder mehrmals wöchentlich in den Clubs entlang der Lincoln Street im Norden Chicagos. Zu den bekannteren Formationen dieser Kategorie gehört die Dave Remington-Bigband sowie die von dem Trompeter Bobby Lewis und dem Baßtrompeter Cy Touff (siehe Interview) geleitete Gruppe *Ears*, die Jazz aller Stilbereiche von Dixieland bis Bebop spielt und mit dem Slogan »Ears: Music of all Eras« für sich wirbt.

Die Chicagoer Studiomusiker und Feierabendjazzer spielen, da sie auf das Geld nicht angewiesen sind, meist umsonst oder für Minimalgagen, wodurch sie natürlich für all jene Musiker in Chicago, die ausschließlich vom Jazz zu leben versuchen, eine enorme Konkurrenz darstellen.

Diese letzteren, im eigentlichen Sinne professionellen Jazzmusiker, bilden die kleinste Fraktion innerhalb der Chicagoer Jazzszene. Es sind zum überwiegenden Teil afro-amerikanischen Musiker, die stilistisch dem Mainstream Jazz oder dem Spätbop nahestehen. Sie

spielen entweder schwerpunktmäßig in der schwarzen South Side von
Chicago, wie der Tenorsaxophonist Von Freeman, der mit seinem
Quartett seit Jahren in der *Enterprise Lounge* in der 75. Straße auftritt;
oder aber sie arbeiten als Begleitmusiker für gastierende Solisten in
den Jazzclubs der North Side, beispielsweise im *Jazz Showcase* in der
Rush Street oder im *Rick's Café Americain* des noblen Holiday Inn am
Ufer des Michigan-Sees. Da jedoch auch diese beiden Renommier-
clubs der Chicagoer Jazzszene nicht ständig *Gastsolisten*, sondern
häufig auch ganze Gruppen von auswärts engagieren (so gut wie nie
hingegen Chicagoer Gruppen!), sind auch die Musiker der hier
bezeichneten Kategorie häufig gezwungen, ihren Lebensunterhalt
durch andere Tätigkeiten abzusichern.

Muhal Richard Abrams

Von Joseph Jarman, Mitglied des *Art Ensemble of Chicago*, ist ein
Zitat überliefert, das über die Position Richard Abrams' innerhalb der
Chicagoer Avantgarde-Szene mehr aussagt als so manche detaillierte
biographische Notiz:
»Bevor ich Richard Abrams zum ersten Mal traf, war ich genau wie
alle anderen ›hip ghetto niggers‹; ich war *cool*, nahm Drogen, rauchte
pot und so weiter. Ich kümmerte mich einen Teufel um das Leben, das
mir geschenkt worden war. Dadurch, daß ich die Chance hatte, mit
Richard und den anderen Musikern in der *Experimental Band* zusammenzuarbeiten, fand ich zum ersten Mal etwas Bedeutungsvolles, das
zu tun für mich einen Sinn ergab. Diese Band und die Leute in ihr
waren das wichtigste, was ich jemals erfahren habe.« (Nach Figi)
Muhal Richard Abrams wurde am 19. September 1930 in Chicago
geboren. Mit 17 Jahren begann er am *Chicago Musical College* Klavier
zu studieren. Während der endvierziger Jahre spielte er als Pianist in
lokalen Blues- und Bebopgruppen und arbeitete nebenher als Arrangeur und Komponist. 1955 gründete er gemeinsam mit dem Tenorsaxophonisten Nicky Hill, dem Bassisten Bob Cranshaw und dem
Schlagzeuger Walter Perkins die Gruppe MJT+3, die – nach Litweiler
(1967) – während dieser Zeit zu den besten Jazzformationen Chicagos
gehörte. Nach der Auflösung der Gruppe im Jahre 1959 widmete sich
Abrams vor allem dem Studium der Komposition.
1961 gründete er die von Joseph Jarman erwähnte *Experimental Band*,

die sich in den folgenden Jahren zu einer der wichtigsten Bezugsgrößen für die allmählich anwachsende schwarze Chicagoer Jazz-Avantgarde entwickelte und aus der schließlich die AACM hervorging.

Muhal Richard Abrams fungierte in diesem Rahmen als Katalysator, Ratgeber und Vaterfigur. Im Keller seines backsteinernen Einfamilienhauses in der South Paxton Avenue, am südlichen Rand der Chicagoer South Side, fanden die wöchentlichen Proben der Experimental Band statt, aber auch so manche Beratung, die zu neuen Konzeptionen, zur Gründung neuer Gruppen und zu neuen organisatorischen Initiativen führte.

In diesem »historischen« Keller, dem für die Entwicklung der Chicagoer Jazzavantgarde eine ähnliche Bedeutung zukommt wie dem legendären *Minton's Playhouse* in Harlem für die Vorformulierung des Bebop, interviewte ich Muhal Richard Abrams am 14. April 1976. Unser Gespräch drehte sich zunächst um die Entwicklung der AACM während der letzten zehn Jahre.

Gibt es einen Unterschied zwischen der AACM der 70er Jahre und jener der 60er?

»Nun, es ist einfach mehr geworden. Es gibt mehr Musiker. Es hat sich seither eine ganze Reihe von jüngeren Musikern herangentwickelt. Und wir haben es fertiggebracht, uns über die ganze Welt hin auszubreiten. AACM-Musiker sind heute in der ganzen Welt zu hören. Ganz allgemein läßt es sich schon von einem Aufblühen der AACM sprechen.

Und dann hat sich allmählich eine schärfere musikalische Abgrenzung zwischen den einzelnen Gruppen innerhalb der AACM herausgebildet. Denn es gibt keinen einheitlichen musikalischen Stil der AACM. Es gibt – wie du vielleicht bemerkt hast – eine sehr allgemeine Art von Stil, aber es gibt keinen musikalischen AACM-Stil. Der Stil der AACM besteht vor allem darin, die Leute zu ermuntern, selbstsicher zu werden. Das ist unser Stil.«

Aber gibt es nicht ganz bestimmte musikalische Merkmale? Ich habe zum Beispiel den Eindruck, daß in der AACM-Musik stets sehr viel Wert auf Raum gelegt wird.

»Nun, ich glaube schon, man findet in dem AACM-Ansatz viel Raum. Aber man findet auch all die anderen Elemente, die gleichen Elemente, die man in New York findet. Es ist eine Verbindung all dessen, was wir wissen. Ich meine, wenn du all diese Gruppen in Betracht ziehst, die aus der AACM hervorgegangen sind, dann wirst du dieses Bild bestätigt finden. Es geht ja nicht nur um eine Gruppe. Natürlich hat jede Gruppe ihre eigene, ganz besondere Konzeption. Insgesamt gesehen war es von Anfang an die grundlegende Absicht, die ganze Bandbreite von Schwarzer Musik zum Ausdruck zu bringen.«

Kannst du mir etwas darüber erzählen, wie die AACM heute funktioniert? Läuft das so ähnlich wie bei den Collective Black Artists in New York?

»Nun, es hat Ähnlichkeiten damit. Aber deren Organisation war eigentlich nach unserer ausgerichtet und nicht unsere nach ihrer. Die wurden eigentlich alle durch das Beispiel der AACM ermutigt. Das haben sie selbst zugegeben. Aber ansonsten kann man sagen, daß wir ähnlich wie sie funktionieren, daß wir aber auch auf andere Weise funktionieren.«

Steht hinter der AACM eine Art von bürokratischer Organisationsform?

»Ja und nein. Es ist nicht darauf beschränkt. Verstehst du, wenn es nötig ist, auf diese Art und Weise zu funktionieren, dann funktionieren wir so. Aber wenn es nicht nötig ist, was oft der Fall ist, dann funktioniert es eher locker. Wir sind also organisiert, damit du mich nicht mißverstehst. Aber du darfst dir darunter keine strenge bürokratische Organisation vorstellen. So funktioniert es nicht! So funktioniert es nur dann, wenn es so funktionieren muß.
Alles basiert auf Selbstverwirklichung. Es muß sich also um ein System handeln, in dem jeder die für ihn notwendigen Veränderungen in seiner Existenz und in seiner Konzeption durchsetzen kann. Das System ist also veränderbar, je nach den Bedürfnissen. Aber wenn es zum Beispiel eine rechtliche Situation erfordert, daß wir auf bürokratische Weise funktionieren, dann tun wir das. Ich meine, wir führen Bücher und all so was.«

Gibt es eine Art geographisches Zentrum für die AACM? Ich meine zum Beispiel ein bestimmtes Haus?

»Ja, wir haben eine Art von Zentrum. Wir haben eine Kirche, von der aus wir arbeiten. Aber ein solches Zentrum ist eigentlich nicht so wichtig, denn die Musiker sind ja überall unterwegs. Siehst du, das Zentrum ist Chicago. Denn wann immer ein junger AACM-Musiker am Horizont auftaucht, er hat sich stets von hier aus entwickelt. Denn das ›Trainingslager‹ ist hier, hier an der Südseite von Chicago. Natürlich haben wir in der ganzen Stadt zu tun, aber es ist vor allem die Südseite hier, wo wir leben und arbeiten.
Das alles klingt für dich vielleicht ein wenig abstrakt, aber so läuft es. Hier haben wir unseren Treffpunkt. Hier haben wir Versammlungen,

wo wir die verschiedenen Dinge diskutieren, die zu diskutieren sind. Oder wir treffen uns und reden einfach miteinander. Und wir haben unsere Schule hier. Wir bilden hier junge Musiker aus.

Danach wollte ich dich schon fragen, denn das ist ja ein sehr wesentlicher Punkt in eurem Programm: junge Musiker auszubilden. Funktioniert das?

»Ja natürlich. Hier bei mir, das ist eine Art Zentrale dafür. Aber die Schule selbst ist überall. Jeder Lehrer kann unterrichten wo und wann er will. Unsere Schule ist also hier und da und dort und überall.«

Ihr arbeitet also nicht in den Schulen?

»Den öffentlichen Schulen? O nein! Das ist eine völlig andere Art von Institution. Siehst du, die sind nicht an uns interessiert. Ich meine, die haben ihre eigene Form von Ausbildung und darauf beschränken sie sich.«

Mir fiel auf, daß, wenn es hier in den USA um Jazzausbildung geht, es sich in der Regel um eine recht altertümliche Bigbandmusik handelt.

»Genau! Siehst du, das wurde von den ›klassischen‹ Musikern in Gang gebracht. Ich habe nichts gegen ›klassische‹ Musiker; aber ich spreche über die hier in den Vereinigten Staaten. Die verloren sozusagen den Boden unter den Füßen, verstehst du? Ich meine, sie gingen allmählich unter. Also entschlossen sie sich, den Jazz zu umarmen. Also wurden sie zu Leitern von Musikabteilungen an den Schulen ernannt. Einige von ihnen waren es bereits, und sie begannen dann, Leute hinzuzuziehen, die sie zu Leitern von Jazz-Abteilungen ernannten. Sie fingen damit während der 60er Jahre an. Sie holten sich also diese Leute herein und dann luden sie uns ein, um Seminare durchzuführen. Diese Sache nahmen sie dann ein paar Jahre lang auf Tonband auf. Und dann veranstalteten sie diese großen Kongresse, wo sie all die bislang gewonnenen Informationen zusammenbrachten. Und als ein Ergebnis der Schulung, die sie durch uns erfahren hatten, hatten sie sich zu Jazz-Orchesterleitern entwickelt.

Vorher hatten sie im allgemeinen gesagt: ›Der Jazz ist tot.‹ Aber er war für sie nur so lange tot, bis sie ihr eigenes Programm zusammenhatten. So sah es aus!

Als sie dann ihr Programm zusammenhatten, da war Jazz plötzlich eine ganz große Sache, vor allem die Stage Bands. Die meisten dieser Orchester sind weiß, nicht alle, aber die meisten. Und nun veranstalten sie solche großen Festivals wie das *Notre Dame Jazz Festival* als Showcase für junge Musiker, die von dort aus geradewegs in Woody

Herman's Orchester springen, in das große Geschäft. Die meisten
dieser Bands sind weiß. Man findet kaum schwarze Musiker in solchen
Institutionen. Die sind für sie nicht eingerichtet.

So läuft das hier in diesem Land. So organisieren sie die Dinge.
Verstehst du, was ich meine? Die klassischen Musiker haben also
diesen riesigen Jazzapparat in Gang gebracht. Aber wir, die AACM,
identifizieren uns mit dem Wort ›Jazz‹ nicht. Wir identifizieren uns
damit keineswegs! Es mag gut für die sein, die sich damit identifizieren
wollen. Ich habe nichts gegen sie, aber wir haben damit nichts zu tun.
Das Wort taugt allenfalls für Kommunikationszwecke etwas. Denn
wenn du Bird als Jazz bezeichnest, dann werden wir uns damit
identifizieren müssen, obwohl wir Bird nicht als Jazz betrachten.«

Wie nennst du das? Schwarze Musik?

»Natürlich! Und der einzige Grund, weshalb wir es Schwarze Musik
nennen, ist, um es von all den musikalischen Scheußlichkeiten abzu-
grenzen, die es hier gibt. Andernfalls würden wir es gar nicht Schwarze
Musik nennen, wir würden es einfach nur *Musik* nennen. Denn das ist
es ja schließlich. Es ist Musik, die vom Universum ausgeht. Genau das
ist es! Wir können ebenso all die anderen Namen nehmen, mit denen
irgend jemand diese Musik bezeichnet; wir können all diese Namen
nennen und sie auf den Mist werfen und sie dort liegen lassen.

Aber die Sache ist ja so: Wenn jemand zu dir kommt und zu dir sagt:
›Dein Name ist Buku‹, dann sagst du: ›Nein, mein Name ist Jost.‹ Er
sagt: ›Nein, dein Name ist Buku.‹ Und dann wirst du irgendwann
sagen: ›Okay.‹

Er hat dir dann also ein Etikett aufgeklebt. Und weil er dir dieses
Etikett aufgeklebt hat, wird, was immer er mit diesem Etikett tut,
auch dir passieren. Wenn also jemand kommt und sagt, das Etikett
›Jazz‹ ist tot, dann wird jeder Musiker, der unter diesem Etikett ›Jazz‹
läuft, in Schwierigkeiten kommen.

Nun versteh mich aber nicht falsch. Wenn ich sage *Schwarze Musik*,
dann meine ich nicht, daß diese Musik als Ganzes von dorther kommt.
Aber ihr *drive*, verstehst du, in ihrem drive ist eine Menge von der
schwarzen Atmosphäre und Umgebung. Die Musik selbst kommt von
ganz woanders her! Aber sie kommt *durch* uns hindurch und sie hat
einige von den Dingen aufgesogen, die *in* uns sind.

Sie haben nun in den Universitäten also diesen großen Apparat
aufgezogen, diesen ›Jazz auf dem Campus‹. Und das ist nun für eine
ganz bestimmte Gruppe von Leuten reserviert. Nur ganz wenige
Leute können da mal hin und wieder hineingesprenkelt werden. Denn

die meisten jungen schwarzen Musiker, die sehr gute Musiker sind, können nicht einmal auf diese Schulen gehen. Sie haben gar nicht das Geld dafür.

Nun, auf der anderen Seite, hier auf der Szene, auf der Straße, da gibt es Disco. Und Disco sagt uns auch, daß der Jazz tot ist, denn man hört nichts als Disco. Und das bedeutet nun das gleiche, als wenn man sagt, daß diese andere Musik, Jazz, gar nicht existiert. Und für Millionen Leute existiert diese Musik in der Tat nicht, denn sie haben sie noch niemals gehört. Und wenn man sie spielt, dann sind sie sehr oft zunächst abgestoßen von ihr. Denn sie glauben, man will sie damit beleidigen. Verstehst du, was ich meine? Sie sagen: ›Ihr spielt ja nichts, was wir mögen!‹ Aber manchmal kannst du ein paar Leute aus dieser Gruppe gewinnen, dann sagen sie: ›Moment mal, die scheinen ja wirklich zu wissen, was sie tun.‹ Und beim nächsten Mal kommen dann diese Leute vielleicht wieder. Und du kannst sie dazu bringen, zuzuhören. Denn sie hören unsere Musik ja nicht im Radio. Bei den vielen Platten, die wir herausgebracht haben, sollte man denken, daß unsere Namen in jedem Haushalt hier geläufige Begriffe sind. In ganz Europa, in Deutschland, überall dort drüben, da kennt man uns! Denn dort hört man Musik! Ich glaube einfach, in Europa lassen sich die Leute nicht so leicht sagen, was sie hören sollen und was nicht. Dort ist die Macht der Industrie nicht so vorherrschend wie hier. Hier drückt es dich einfach hinunter. Da drüben haben wir Konzerte vor einem ungeheuer großen Publikum gespielt. So etwas gibt es hier nicht, es sei denn, man spricht vielleicht über dieses Festival in New York, diesen großen Zirkus, den sie da veranstalten.«

George Wein?

»Genau, George Wein! Etwas anderes gibt es ja hier nicht. Ich meine, große Festivals, wo all die großen Künstler auftreten und die Leute die Musik wirklich mögen. Bei den Festivals, die sie hier haben, da greifen sie sich den Künstler und stecken ihn in eine kommerzielle Situation, stecken sie alle in einen Topf. Dagegen ihr in Europa, ihr bekommt das Beste. Ich meine, drei oder vier Tage lang, Rücken an Rücken, nur höchste Qualität am laufenden Band! So etwas gibt es hier nicht. Ich meine, wir hier machen so etwas schon selbst. Wir kommen einfach zusammen und machen unsere Sachen selbst. Oder wir gehen nach New York, wir tun uns da mit ein paar Leuten zusammen und organisieren einfach ein paar Konzerte. Wir setzen es einfach selbst durch, daß etwas passiert. Und natürlich gibt's da niemals genug Geld. Also kümmert man sich einfach nicht um das Geld und legt einfach los, weil man es sowieso machen würde.«

Aber ist das nicht ein großes Problem? Ich habe in Chicago bemerkt, daß viele Musiker, die nicht gerade in den Studios arbeiten, in ökonomischer Hinsicht ziemlich in Schwierigkeiten sind.

»Oh, das sind sie schon eine ganze Weile.«

Also eine direkte Frage: Wie bringst du und die anderen AACM-Leute es fertig, in dieser feindseligen Umgebung zu überleben?

»Nun, wir kommen damit klar, denn zunächst einmal ist es *unsere* Umgebung. Wenn du im Dschungel bist, dann hast du es mit allen möglichen wilden Tieren und ähnlichen Dingen zu tun. Aber du bist schließlich im Dschungel geboren. Und alleine schon diese Tatsache bringt es mit sich, daß du irgend etwas besitzt, womit du in dieser besonderen Umgebung überleben kannst. Du hast irgend etwas, weil du da geboren bist. Nun, laß mich das etwas weiter ausführen . . . In jeder Gesellschaft und in jeder gesellschaftlichen Struktur gibt es Schlupflöcher. Es gibt verschiedene Arten von kleinen Schlupflöchern. Sie mögen ihre Gesetze haben und ihre Institutionen und ihren Status quo, aber es gibt immer ein paar Schlupflöcher, denn es handelt sich um Menschen, verstehst du?«

Und da schlüpft ihr rein?

»Genau! Du mußt dir mal diese Idee mit den Schlupflöchern ganz genau durchdenken. Es gibt zum Beispiel hier kein Gesetz, das besagt, daß man sich nicht zusammentun und die Dinge selbst in die Hand nehmen darf. Okay, so mußt du vielleicht mit 20 Dollar auskommen; aber du hast eine Menge Raum für das, was du als deine geistige Einstellung zum Leben empfindest. Diesen Raum hast du allemal. Und das ist eine ganz andere Welt. Da kommt es natürlich dann auf deine persönliche Einstellung an. Wenn deine Konzeption so ist, daß du eigentlich ein Millionär sein möchtest, dann kommst du natürlich nicht klar.

Das bedeutet nun nicht, daß wir das, was uns eigentlich zusteht, nicht brauchen und nicht wollen und nicht zu bekommen versuchen. Aber wir schaffen uns zunächst einmal eine Atmosphäre, in der wir überleben können, *trotz* dieser Umgebung, zunächst einmal einfach dadurch, daß wir zusammenhalten. Wir haben etwas gemeinsam! Wir sind uns zum Beispiel darin einig, daß sich unsere Musik weiterentwickeln soll. Was auch immer wir also außerhalb dieser für uns zentralen Entwicklung tun, wir werden es nicht zulassen, daß dadurch unsere zentrale Entwicklung zerstört wird. Und in diesem Zusammenhang ist es dann völlig gleich, ob einer vielleicht von der Wohlfahrt lebt oder ob

einer irgendwo einen Job hat. Man kann alles mögliche tun. Die
meisten von uns machen nur Musik. Wir reisen herum, wir reisen im
ganzen Land herum und auch nach Übersee, um zu spielen. Und
deshalb müssen wir auch einen halbwegs vernünftigen Preis fordern,
wann immer wir irgendwo hingehen; keinen wahnwitzigen Preis,
sondern nur einen vernünftigen. Denn wir meinen, daß wir etwas
qualitativ Hochstehendes bringen. Du mußt dir also ein Bild machen
von all diesen Leuten, die alles mögliche tun, um zu überleben. Und
indem sie sich daran gewöhnen, alles, was notwendig zum Überleben
ist, zu tun, ist das Überleben selbst nicht länger ein Problem.«

Wird eure Musik vom Staat gefördert?

»Oh, ein bißchen passiert das schon, aber längst nicht genug. Ich sag'
dir folgendes: Bei den Leuten von den Stiftungen, die die Stipendien
vergeben, tut sich allmählich etwas. Aber siehst du, all diese Dinge
bewegen sich nur deshalb voran, weil wir uns dafür einsetzen. Ist das
klar? Wir haben viel mehr Kontrolle über die Dinge, als du dir
vorstellen kannst. Denn wir haben eine geistige Kontrolle über alles,
was wir sehen.

Ich meine, wie auch immer deine Einstellung aussieht, ob du Atheist
bist oder was auch immer, du weißt, daß alles irgendwie kontrolliert
wird, was auch immer es ist. Wir nennen das *geistige Kontrolle*, okay?
Und die sagt uns durch unsere Musik, daß die wichtigste Voraussetzung zum Überleben darin besteht, die Weiterentwicklung der Musik
nicht zu stoppen. Also geht es immer weiter, es wächst ständig! Es gibt
natürlich immer noch Lücken, weite Lücken, aber es bleibt niemals
stehen! Es bleibt niemals stehen!

Und darum geht es. Wir haben keine Zeit für Hoffnungslosigkeit oder
dafür, uns übers Überleben Sorgen zu machen. Natürlich müssen wir
über das Überleben nachdenken. Und wir unternehmen allerhand,
um zu überleben. Aber wir machen uns keine Sorgen ums Überleben.
Das ist der Unterschied! Es geht also ständig darum, nach den
Schlupflöchern Ausschau zu halten. So läuft es. Und man kann sagen,
das trifft auf fast alle kreativen Künstler in diesem Lande zu. Natürlich
gibt es da immer noch das Problem mit der Rassentrennung (colour-
line seperation). Wir rennen also gegen einen doppelten Rammbock.
Aber generell gilt dies in diesem Lande für jeden kreativen Künstler,
ob er nun weiß oder schwarz ist.«

*Ein Punkt in eurem Programm besagt, daß es euch darum geht, eine
Situation zu schaffen, in der kreative Musiker ohne die Hilfe von
Veranstaltern und Agenten funktionieren können. Glaubst du, daß*

ihr um diese Leute herumkommt?
»Aber sicher. Mich brachte kein Agent nach Deutschland. Und kein
Agent schickte die Japaner hierher, für die ich ein Solo-Album
aufnahm. Und ich habe gerade ein Duo-Album für die Italiener
aufgenommen. Verstehst du, dies alles sind direkte Kontakte.«
Wäre es nicht ein konsequenter Schritt, wenn ihr auch die Schallplat-
tenindustrie ausklammern und eure Schallplatten selber produzieren
würdet?
»Aber sicher. Wir machen beides. Wir sind jetzt dabei, eine Menge
derartiger Dinge zu machen. Aber siehst du, wir müssen eine Menge
Leute in Betracht ziehen, und dann braucht man viel Geld. Wir
versuchen, Geld aufzutreiben, um die verschiedensten Dinge durchzuführen. Aber das ist natürlich schwierig, denn wir haben aufgehört,
uns an irgend jemanden zu binden. Ich bin zum Beispiel keineswegs
fest an *Black Saint*[*] gebunden. Ich nehme Schallplatten für ganz
unterschiedliche Leute auf. Ich habe z. B. für die Firma *Why Not* in
Japan eine Platte aufgenommen und ich habe mich nicht an sie
gebunden. Aber wir machen diese Schallplatten vor allem, weil wir auf
den Vertrieb angewiesen sind. Das ist nämlich sehr wichtig! Denn
wenn man selbst etwas produziert, dann muß man auch einen vernünftigen Vertrieb haben. Ich meine, wir haben jetzt vielleicht schon seit
9–10 Jahren Platten herausgebracht. Aber man muß immer wieder
Neues herausbringen, damit die Leute sehen können, daß man sich
weiterentwickelt. Denn das ist für die Leute, die die Musik hören
wollen, sehr wichtig. Es ist wichtig, daß sie sich weiterentwickelt und
sich wandelt. Und das muß nicht in einer bestimmten Weise passieren;
solange die grundlegenden Elemente da sind, kann es hier langgehen
und kann es ebenso dort langgehen. In der AACM war das immer
schon so. Denn wir machen ja eine ganze Menge von sehr verschiedenen Dingen. Ich könnte mich zum Beispiel jetzt daranmachen und
eine ganze Schallplatte mit Ragtime aufnehmen, verstehst du, nichts
als Rags. Denn das gehört alles dazu!
Aber zurück zu dem, was du über Schallplattenaufnahmen gesagt
hast: Das wird jetzt bald soweit sein. Da werden wir eine ganze Menge
unternehmen. Die Zeit dafür ist reif. All diese Dinge entwickeln sich
im Rahmen des Prozesses, über den ich vor ein paar Minuten
gesprochen habe. Ich meine, diese Dinge entwickeln sich von sich aus,
denn wir haben wirklich eine Menge Kontrolle über diese Dinge,

---

[*] Italienische Schallplattenfirma, die auf die Edition von Avantgarde-Jazz spezialisiert ist.

verstehst du? Und alles resultiert aus einer bestimmten Art von spirtitueller Geduld. Das heißt also nicht, daß die Welt für uns rosig aussieht. Aber wir sind uns dessen bewußt, daß wir in mehr als einer Welt leben. Das ist das Wesentliche! Es gibt mehr als eine Welt. Es gibt die Welt, aus der diese Musik kommt und dann gibt es die Welt, die wir sehen. Und aus diesem Prozeß von Geduld und Überleben gehen alle möglichen Dinge hervor. Ich sag' dir, wir haben eine Menge Kontrolle über eine Menge Dinge. Und das läßt sich nicht in Dollarnoten ausdrücken, sondern nur in Konsequenz . . .«

Bist du denn der Meinung, daß irgend jemand die kreative Musik zerstören will? Oder ist es vielleicht so, daß man einfach nicht daran interessiert ist?

»O nein, nein, nein! Sie sind daran *sehr* interessiert! Diese Musik ist ja in allem enthalten. Hör dir einmal Disco an, darin ist sie enthalten. Siehst du, Disco ist im Grunde genommen Rhythm & Blues. Es ist Schwarze Musik. Siehst du, Disco, Rock und dergleichen, das entspringt doch alles aus der Schwarzen Musik. Also kannst du nicht sagen, daß sie daran nicht interessiert sind. Und wenn du dir mal das anschaust, was sie heute Jazz nennen, was ja sehr oft Jazzrock ist . . . Welche Elemente findest du darin? Du siehst also, worüber ich spreche.

Nein, sie sind nicht gegen unsere Musik. Sie sind vielmehr an einer gewissen Kontrolle darüber interessiert und an einem bestimmten Image. Siehst du, dieses Land hier war niemals darauf eingestellt, in irgendeinem Bereich ein Schwarzes Image zu tolerieren. Kannst du mir folgen? Alle Bestrebungen liefen immer schon darauf hinaus – selbst in der Zeit der Sklaverei, als sie entdeckten, daß die Sklaven Spaß an ihrem eigenen Gesang und ihrer eigenen Musik hatten – die Bestrebungen liefen immer schon darauf hinaus zu versuchen, die Schwarze Musik zu imitieren. Du kennst das ja, Jim Crow und all solche Sachen. Seit Generationen läuft es darauf hinaus, daß sie die Schwarze Musik imitieren, sie von ihren Wurzeln trennen und dadurch ihre Herkunft verdunkeln. Und das ist bei den Leuten hier zur Gewohnheit geworden. Sie tun es quasi automatisch. Genau jetzt in dieser Zeit tun sie es auch. Und sie merken nicht einmal, daß sie uns beleidigen. Sie merken es einfach nicht mehr, denn es ist ihnen zur Gewohnheit geworden. Es ist ihnen zur Gewohnheit geworden zu sagen: Wenn es in diesem Bereich ein paar erfolgreiche Leute gibt, dann sollten das doch Weiße sein. Nun ist es natürlich nicht so, daß es keine guten weißen Musiker gibt. Ein Musiker jeder Hautfarbe kann

gut sein; das macht überhaupt keinen Unterschied. Aber er ist einfach
nicht so gut, wenn er die Musik eines anderen spielt, als wenn er seine
eigene Musik spielt . . .
Ich will damit nicht sagen, daß man eine fremde Musik nicht spielen
kann. Die Musik ist für jeden da. Und wenn man sie einmal erklingen
läßt, dann geht sie in den Besitz der Öffentlichkeit über. Man kann
also nicht sagen: Der und der sollte die und die Musik nicht spielen.
Darauf will ich nicht hinaus. Das wäre dumm und töricht. Wenn
jemand eine Musik spielt und wenn er sich intensiv mit ihr auseinandergesetzt hat und gelernt hat, worum es geht, dann sollte er sie
spielen. Er hat schließlich seine Zeit investiert und er hat Lehrgeld
bezahlt, um sie spielen zu können. Er hat geübt und so weiter. – Aber
dann ist da jener andere Typ: Der hat eine ganz andere Art von
Lehrgeld bezahlt. Der produziert eine Musik, die aus seiner *eigenen*
Situation geboren wurde, aus der Situation nämlich, über die wir die
ganze Zeit gesprochen haben. Und wann immer in dieser Musik ein
Schritt vorwärts gemacht wird, *er* wird ihn machen. Er ist derjenige,
der ihn machen wird, und nicht die andere Person, die . . .
Ich will mit alledem nun nicht sagen, daß eine Kultur vielleicht besser
sei als die andere. Auf keinen Fall! Wir befinden uns auf einer Art von
Marktplatz. Das ganze Universum ist ein Marktplatz. Wir müssen
miteinander handeln und wir müssen einander etwas ausleihen. Es
gibt also eine Verschmelzung von unterschiedlichen Kulturen. Was
aber nun hier passiert, ist folgendes: Bestimmte Kulturen dominieren
in bestimmten Bereichen so sehr, daß sie dazu tendieren, die anderen
Kulturen zu verdunkeln. Auf diese Weise hat die Schwarze Musik in
der ganzen Welt die Szene im Bereich der sogenannten kreativen
Musik dominiert. Und aufgrund dieser Situation haben einige Kulturen in der ganzen Welt die Schwarze Musik allzusehr umarmt. Kannst
du mir folgen?«

Nein.

»Gut. Wenn man sagt, daß ein europäischer Musiker die Schwarze
Musik ebenso gut hervorbringen kann wie ein schwarzer Musiker,
dann nenne ich das eine bestimmte Sache ›allzusehr umarmen‹. Denn
dieser Musiker bringt eine Menge Zeit auf, um so etwas zu erreichen.
Er bringt eine Menge Zeit auf, um zu versuchen, die ›Schwarze
Erfahrung‹ zu reproduzieren.
Und jetzt spreche ich nicht mehr nur über das Musikmachen. Wenn
wir darüber sprechen, befinden wir uns im Grunde genommen schon
in einem anderen Bereich. Wenn wir nur übers Musikmachen spre-

chen und darüber, daß jemand einer Sache die Ehre erweist, weil er sie für gut hält, dann ist das *eine* Sache. Es gibt in der ganzen Welt sehr gute Musiker, die die Musik spielen, die aus den Vereinigten Staaten kommt. Sie spielen sie sehr gut. Ich habe sie alle gehört, in Europa, Japan, überall. Sie spielen sie sehr gut! Aber wenn wir über die *Entwicklung* der Musik sprechen und darüber, daß Schritte nach vorn unternommen werden, dann befinden wir uns in einem anderen Bereich. Verstehst du? Das nenne ich *zu sehr umarmen*.

Ich meine, wenn einer der Schöpfer von etwas sein will und im Grunde nicht mehr als ein durchaus legitimer Nachahmer ist . . . Und wenn ich sage, legitimer Nachahmer, dann meine ich: Wir alle sind Nachahmer. Wir ahmen das Universum nach. Wir ahmen die Natur nach. Nachahmung ist also nicht etwas, dessen man sich schämen muß. Denn das Universum sendet uns Dinge aus ganz unterschiedlichen Bereichen. Nachahmung ist also etwas Natürliches. Aber wenn wir vergessen, daß wir uns in einem Prozeß der Nachahmung befinden, dann tendieren wir dazu, etwas allzu sehr zu umarmen. Und wenn man etwas anderes allzu sehr umarmt, dann kann man sich unter Umständen selbst verlieren. Nun, man kann sich nicht wirklich selbst verlieren, aber man kann sich sozusagen vernachlässigen.«

Würdest du sagen, daß das den europäischen Musikern passieren könnte, wenn sie Jazz spielen?

»Aber sicher. Wenn sie zu dem Punkt gelangen, daß sie der Meinung sind, daß *sie* es sind, die den nächsten Schritt nach vorne gemacht haben, dann ist das der Fall. Denn in Wirklichkeit machen sie nicht den nächsten neuen Schritt nach vorne. Was sie in Wirklichkeit getan haben ist letztlich, daß sie etwas von ihrer eigenen Kultur hineingemengt haben, so daß da eine andere Wendung entstanden ist. Und das sollen sie auch machen. Aber dabei handelt es sich nicht mehr um Schwarze Kreativität. Es ist ein Verschmelzungsprozeß.«

Aber die Wurzeln dieser Musik sind doch schwarz.

»Nein. Die haben doch diese Wurzeln gar nicht. Was sie machen, ist nichts als Mimikry*, verstehst du? Ein gutes Mimikry.«

Ich meine ja nicht, daß das ihre Wurzeln sind, sondern die Wurzeln dessen, was sie machen.

»Nein, ich glaube, was sie machen, ist ein Hybrid**. Und dieses

---

* Mimikry bezeichnet die farbliche Anpassung bestimmter Tierarten an ihre Umgebung zum Zweck des Schutzes.
** Resultat einer Vermischung

Hybrid wird wieder zur Wurzel. Denn siehst du, schließlich und
endlich ist ja all das, was wir Schwarze Musik nennen, auch so etwas
wie ein Hybrid.«

Die afrikanische Musik ist aber kein Hybrid.

»Genau. Und darum geht es! Jetzt kommen wir also darauf, worum es
wirklich geht, darauf, was in diesem Land aufgrund von verschiedenen
Arten der Unterdrückung passierte, und darauf, wie die Schwarzen
eine bestimmte Form der Kreativität entwickelten, die in ihren
Wurzeln verankert war. Und daraus wurde schließlich dieses große
Hybrid, das wir jetzt vor uns haben. Und heute ist dieses Hybrid zur
Wurzel einer anderen Sache geworden. Und dieses Hybrid ist genau
das, was ihr in Deutschland, die deutschen Musiker, vor euch habt. Ich
bin ganz sicher, daß diese Musiker etwas entwickeln. Aber sie
entwickeln es auf der Basis dessen, was sie selbst als Deutsche sind.
Nun, wie erhalten die deutschen Musiker im allgemeinen ihre Ausbildung? Ich weiß, heute hören sie natürlich eine ganze Menge Schallplatten und lernen auf diese Weise. Aber insgesamt gesehen habt ihr
da drüben eher Musiker, die klassisch ausgebildet sind. Und denkst du
vielleicht, jemand kann diese Art von Ausbildung einfach verleugnen
oder wegwerfen?«

Aber ihre klassische Ausbildung bezieht sich doch vor allem auf das
technische Handwerkszeug.

»Nun gut. Aber du weißt doch, daß es zwei grundlegende Typen von
Technik in der Musik gibt: Die Technik der Straßenmusikanten und
jene der Akademie. Was nun den sogenannten Jazz betrifft, da haben
wir es mit einer Verschmelzung von beiden Techniken zu tun. Denn
wenn du dir jemanden wie Errol Garner nimmst, der kann keine
Noten lesen und hat niemals etwas über Musik gelernt. Aber keiner
kann so spielen, wie er spielt. Er spielt es einfach. Und wir haben hier
drüben Millionen von Musikern dieser Art.

Und dann nehmen wir mal einen Musiker, der klassisch ausgebildet
ist. Er kommt einfach nicht um die Tatsache herum, daß er diese
Technik verwenden wird. Wenn er also auf irgend etwas stößt, was er
mag, dann kann er es unmittelbar ausführen, weil er die Technik dazu
hat. Aber in seinem Inneren weiß er, daß ihm irgend etwas fehlt. Er
würde gerne seine ganze Technik aufgeben, nur um in der Lage zu
sein, genau das hervorzubringen, was er mag, und es mit seiner
eigenen Technik spielen . . .

Ich glaube, wenn wir uns alle – abgesehen von Mimikry und Imitation – daran festhalten würden, was wir wirklich selbst sind, dann

würde es rund um die Welt besser aussehen. Denn siehst du, das ist die eigentliche Stärke der Schwarzen Musik. Sie bleibt immer mit ihrer Basis verbunden. Wir machen nichts, worin nicht auch Afrika enthalten ist. Und ich bin sicher, du hast das speziell in der AACM-Musik bemerkt. Im allgemeinen machen wir nichts, worin nicht Afrika enthalten ist. Und das ist der wichtigste Grund dafür, daß die Schwarze Musik all die verschiedenen Kulturen in der ganzen Welt durchdrungen hat. Denn sie bleibt, was sie ist!

Und damit haben die meisten Leute ihre Probleme. Sie haben Probleme damit, daß das, was sie tun, nicht das ist, wofür sie es halten. Das ist ein Faktum! Und darin besteht die Wirkung der Schwarzen Musik, daß sie trotz der Verschmelzung mit so vielen anderen Dingen und Kulturen die gesamte Situation beherrscht. Und wenn jemand anderes Schwarze Musik spielt, *seine* Version von Schwarzer Musik spielt, dann bringt er es doch niemals fertig, daß darin Afrika dominiert. Die Sache ist einfach die: Die schwarzafrikanische Basis kann in der Musik nur von jenen verwirklicht werden, die selbst Afrikaner sind. Und die deutsche Basis wird von jenen in der Musik verwirklicht, die Deutsche sind. Sie kann nicht von Italienern verwirklicht werden oder von Afrikanern.«

Als ich in New York war, ist mir in Gesprächen mit einer ganzen Reihe von Musikern aufgefallen, daß es eine Art von Selbstverständlichkeit gibt: Wenn man Erfolg haben will, dann muß man in den Big Apple gehen. Was meinst du dazu?

»Nun, das mag für manche Leute seine Richtigkeit haben. Aber in Wirklichkeit scheint mir das nicht so wichtig zu sein. Wir gehen auch überall dorthin, wo die Big Apple-Musiker hingehen. Und wir treffen uns sehr oft auf der gleichen Bühne. Erfolg haben . . . Ich meine, sie begraben in New York eine Menge Musiker.«

Begraben?

»Begraben! Du hörst von ihnen niemals wieder etwas. Und da gibt es noch etwas anderes mit New York . . . Das betrifft allerdings nicht die Leute, die du in den Lofts hörst; die haben ja auch nicht so viel Arbeit, vielleicht so viel wie wir hier . . .

Also eine andere Sache in New York ist die: Normalerweise, wenn du zu einem Job gehst, dann mußt du dich in ein bestimmtes Schema einpassen. Wenn du in irgendeiner anderen Gruppe spielst, dann mußt du dich in ihr Schema einpassen, und du mußt so spielen, wie *sie* es wollen. Anderenfalls lassen sie sich mit dir nicht ein, verstehst du? So sieht es in New York aus. Es ist also nicht so großartig. Großartig ist es in dem Sinne, daß du immer unter hervorragenden Musikern bist. Das ist die Größe von New York, daß du permanent mit den besten Musikern zu tun hast, die du dir vorstellen kannst. Aber abgesehen davon passiert doch gar nicht so viel.«

Du hast niemals daran gedacht, von Chicago nach New York zu ziehen?

»Das muß ich doch gar nicht. Ich habe permanent in New York zu tun. In New York kennt man mich wie einen lokalen Musiker. Man kennt mich in New York. Und wenn ich nach New York gehe, dann tauche ich voll in diese Atmosphäre ein, ebenso wie hier, und mache, was immer ich machen will, verstehst du? Ich habe immer und überall mit den besten Musikern zu tun. Es geht also nicht darum, wo ich bin. Ich meine, ich könnte auch nach New York ziehen, wenn es geschäftlich notwendig wäre. Nach New York zu ziehen ist nichts, gegen das ich etwas hätte. Ich bin nicht deshalb nicht in New York, weil ich nicht dort sein will. Mit so etwas hat das nichts zu tun. Ich könnte auch in New York leben.«

New York ist ja eigentlich ein ziemlich rauher Ort.

»Ja, und es kann einen zerbrechen. Es ist ein sehr wilder und wahnsinniger Ort. Und er ist nicht sehr förderlich für eine entspannte Kreativität.«

Man sagt, daß New York voller Energie ist.

»Nun ja, die Musiker, die von New York aus hierher kommen, sagen bisweilen, die Energie sei hier. Wir sprechen dann aber von einer wirklich entspannten Form der Energie und nicht von einer wilden Energie. Verstehst du, was ich damit sagen will? *Natürlich* gibt es in New York Energie. Es gibt in New York mehr musikalische Energie als an irgendeinem anderen Ort in der ganzen Welt! Aber diese Energie ist von einer Art, daß du dich nicht mehr ruhig hinsetzen und Gewinn daraus ziehen kannst. Siehst du, deshalb sind wir immer willkommen, wenn wir in New York spielen. Die Leute sagen: Warum bleibt ihr nicht hier? Weißt du, weil ihnen unsere Musik das Gefühl vermittelt, daß sie sich zwar sehr schnell bewegt und daß man sich trotzdem dabei entspannen und nachdenken kann. Denn es gibt ja Dinge, die sich in einer rasenden Geschwindigkeit bewegen und bei denen du dich nicht entspannen kannst und bei denen du nicht denken kannst. Denn wenn du dich entspannen würdest, dann könnte es sein, daß da ein Trick dahintersteckt, irgendeine Art von Täuschung. Und wenn die Bewegung nachlassen würde, dann würdest du diese Täuschung entdecken.

Das ist New York, verstehst du! In dem Sinne, daß du sagst: Oh, das ist wirklich schön. Und dann ganz plötzlich wird es ungeheuer häßlich, denn es hat sich um eine Täuschung gehandelt. Und wenn sie uns dann in New York hören oder wenn sie andere gute Musiker aus anderen Orten hören, zum Beispiel von der Westküste, dann empfinden sie das als wohltuend, weil sie das Gefühl haben, daß sich da keine Täuschung dahinter verbirgt.

In New York kann alles passieren. Verstehst du? Es kann alles passieren! New York ist so ein Ort. Manche Leute sagen, es sei unfreundlich. Es ist viel schlimmer als unfreundlich! Es ist gar nicht unfreundlich, es ist sogar *sehr* freundlich. Aber es ist gewissermaßen unmenschlich! Verstehst du, es ist unmenschlich! Ich meine, Halunken gibt es überall. Aber so etwas wie in New York gibt es hier doch nicht.

Stell dir einmal den folgenden Fall vor: Du verhandelst über einen Job, darüber, daß du an einem bestimmten Ort spielen sollst. Und du erzählst das irgendeinem Typen, irgendeinem, der dein Freund ist, ein sogenannter Freund von dir. Und es ist ohne weiteres möglich, daß der dann zu den Leuten geht und ihnen erzählt, du hättest Drogenabhängige in deiner Gruppe. Und wenn du dann hingehst, um den Vertrag abzuschließen, dann sagt dir der Clubmanager vielleicht: ›Nein, deine Gruppe möchte ich doch nicht engagieren.‹ Und du sagst: ›Mann, ich habe wirklich eine gute Gruppe zusammen.‹ Und du zeigst all deine Referenzen und deine Schallplatten und deine Diskographie und so weiter. Aber er sagt einfach: nein. Und eine Woche später findest du heraus, daß dieser Typ, mit dem du vorher über den Job gesprochen hast, dort mit seiner Gruppe spielt. Mann, ich sag' dir, so was passiert in New York am laufenden Band!«

Fred Anderson

Der Tenorsaxophonist Fred Anderson bezeichnet sich selbst als »Repräsentant einer Außenstelle der AACM«. Das ist eine gute Charakterisierung seiner Person in mehrfacher Hinsicht. Denn wenngleich er zweifellos dazugehört, und zwar als Gründungsmitglied von Anfang an, so steht er dennoch ein wenig abseits, sowohl geographisch als auch in musikalisch-konzeptioneller Hinsicht. Geographisch ist Anderson in Evanston, einem Vorort im Norden Chicagos, lokali-

siert, rund 15 Meilen von der South Side entfernt, die das eigentliche
Terrain der AACM bildet. Stilistisch ist er in stärkerem Maße auf den
Mainstream des Jazz fixiert als die Mehrzahl der anderen AACM-
Musiker. Fred Anderson spielt zwar frei, im Sinne von »außerhalb der
konventionellen harmonisch-metrischen Schemata«, jedoch insistiert
er auf den traditionellen Formen von Jazzartikulation und -phrasie-
rung und vermeidet reine Klangimprovisation ebenso wie Multiinstru-
mentalismus und den Gebrauch von *little instruments*. Pointiert formuliert: Fred Anderson ist ein konservativer Avantgardist – und zugleich
einer der ersten, der *Free Bop* zum Gestaltungsprinzip erhob.
Geboren wurde Fred Anderson am 22. März 1929 in Monroe,
Louisiana. Sein Instrument lernte er im wesentlichen autodidaktisch,
wobei zunächst vor allem Lester Young und Charlie Parker als
Leitbilder fungierten. Seiner ersten Gruppe, die er zu Anfang der 60er
Jahre in Chicago initiierte, gehörte bereits der Trompeter Bill Brimfield an, mit dem er noch heute zusammenarbeitet.
Ich traf Fred Anderson im April 1976 an einem Ort, an dem man kaum
vermuten würde, auf Avantgarde-Jazz zu stoßen: *J's Place Coffee* in
der Wells Street, in der sogenannten Old Town Chicagos, gelegen, ist
der Versammlungsraum einer christlichen Sekte (J steht für Jesus).
Und wenn nach 23 Uhr das »Prayer Meeting« vorbei ist, bauen die
Jazzmusiker ihre Instrumente auf und beginnen zu spielen – wie so oft
»for the door«, d. h. für das Eintrittsgeld, das die nicht gerade
zahlreichen Besucher entrichten.
Anderson spielte im J's Place Coffee mit seiner regulären Gruppe, mit
William Brimfield – Trompete, Douglas Ewart – Reeds, Felix Black-
man – Baß und Hank Drake – Schlagzeug. Doch schon im zweiten Set
stiegen mehrere junge Musiker ein: vier Saxophonisten, zwei Posaunisten, ein Trompeter, zwei Bassisten . . . Nach kurzer Zeit war eine
ausgedehnte Session in Gange. Der gemeinsame Nenner: ein zwölf-
taktiger Blues in F.

   Bist du Mitglied der AACM?
»Ja, ich bin Mitglied der AACM. Richard Abrams, ich und ein paar
andere Leute, wir waren es, die damals über die AACM zu sprechen
begannen, noch bevor sie existierte. Es war zunächst einmal nur eine
Idee, die wir diskutierten. So kam damals die AACM in Gang. Aber
eigentlich gründete sie Richard Abrams. Er und ein paar andere Leute
brachten sie richtig zum Laufen. Aber ich bin Mitglied! Ich bin
sozusagen Repräsentant einer Außenstelle. Ich bin hier draußen und
spiele. Ich gehöre nicht zur Administration. Sie haben da einen

Typen, der die Verwaltungsarbeit macht, Don Jackson. Und Richard
kümmert sich auch ein wenig darum. Es läuft unter den Statuten einer
gemeinnützigen Organisation. Aber das weißt du ja schon.«

Was bedeutet es für dich, diesem Kreis anzugehören. Ist es eine
spezielle Art von Jazz-Community, in der hauptsächlich afroameri-
kanische Musiker zusammenkommen?

»Im Grunde genommen ist die Musik, die wir spielen, die gleiche, wie
sie all die Musiker seit Jahren spielen. Worum es mir vor allem geht,
ist, den jungen Musikern, die nachrücken, ein Beispiel zu geben, so
daß sie eine Idee bekommen, wie die Musik in ihrer reinen Form
gespielt werden kann, also unverwässert; damit sie also wirklich genau
das spielen können, was sie in einem bestimmten Augenblick fühlen;
damit sie sich auszudrücken lernen und damit sie sich auch in anderer,
kommerzieller Hinsicht mit den derzeit bestehenden Strukturen, mit
dem System, auseinanderzusetzen lernen. Denn siehst du, es geht
immer um Meisterschaft, um die Reinheit der Kunst. Wir setzen uns
also im Grunde genommen mit den gleichen Dingen auseinander wie
all jene, die vor uns diese Musik gespielt haben.

Wir versuchen eine Art von Atmosphäre herzustellen, in der junge
Musiker sich frei ausdrücken können und sich mit etwas auseinandersetzen können, das es seit vielen Jahren schon gibt und das einige
starke Wurzeln hat. Denn es gibt eine ganze Reihe von Leuten, die
heute schon lange tot sind, die jahrelang diese Musik spielten und die
ihr Leben ausschließlich dieser Musik gewidmet haben. Und weißt du,
wofür? Die meisten von ihnen sind arm gestorben.

Aber das ist nicht so wichtig. Wichtig ist vor allem, den Geist dieser
Musik aufrechtzuerhalten, den Geist unseres Volkes und unseres
Überlebens in Amerika, von *dem* Tage an, als uns dieser Gigant
hierherüber brachte. Darum geht es also vor allem in unserer Musik.
Es geht um unser Überleben, es geht um unsere Geschichte in diesem
Lande.

Man kann sich ja in einer ganzen Menge von materiellen Dingen
verzetteln. Aber ich glaube, daß die Musik und der Tanz die wesentlichsten Gründe dafür lieferten, daß wir überhaupt überleben konnten. Denn das waren vermutlich die einzigen Dinge, die uns gehörten
und die uns weiterbrachten. Und deshalb müssen wir zusammenhalten! Und darum geht es in der Atmosphäre, die wir hier zu schaffen
versuchen. Denn die meisten Musiker, die mit mir spielen, tun dies aus
spirituellen Gründen. Ich könnte es mir gar nicht leisten, ihnen etwas
zu bezahlen. Aber sie haben den Geist dessen erfaßt, was geschieht.

Und wir versuchen, ihnen das auch deutlich zu machen. Wir sagen:
Sieh mal, paß auf, daß du dich nicht in diesem Syndrom von
ökonomischem Shit verfängst. Denn dort würdest du auf keinen Fall
überleben. Wenn du dich selbst ausdrücken willst, wenn du etwas
musikalisch Sinnvolles schaffen willst, etwas Wertvolles, dann solltest
du dich *darauf* nicht einlassen.«

Und wie überlebt ihr dann ökonomisch? Habt ihr Tagesjobs?
»Nun, es gibt verschiedene Arten zu überleben. Man kann sicher nicht
überleben, indem man nur hier draußen spielt und den ganzen
anderen Kram ignoriert. Aber die meisten von uns haben irgendwelche anderen Dinge, von denen sie leben. Sie sind zum Beispiel
Handwerker oder sie verkaufen irgend etwas. Sie haben einen Tagesjob . . . Es gibt eine ganze Menge verschiedene Arten, um zu
überleben. Das wichtigste daran ist aber, daß man immer versucht,
den Kopf über Wasser zu halten, daß man sich nicht von dem
alltäglichen Krempel einfangen läßt, daß man wirklich weiß, wo man
hin will. Und das ist das größte Problem dabei: zu wissen, worauf man
wirklich hinaus will und was es wirklich bedeutet, Musik zu machen.
Ich persönlich komme zum Beispiel mit dem Überleben ganz gut klar,
denn ich habe einen Tagesjob. Ich hab' eine Familie, ich hab'
erwachsene Kinder. Ich glaube schon, daß ich in der Lage bin, mich
mit dem System auseinanderzusetzen, verstehst du? Es geht einfach
darum, daß man weiß, wo es langgeht. Man muß die Dinge so
nehmen, wie sie sind. Und trotzdem muß man sich dessen bewußt
sein, wo die Wurzeln von einem liegen. Und dessen war ich mir immer
bewußt. Aber ich brauchte eine ganze Zeit, dahinterzukommen.
Denn ich habe all die anderen gesehen, weißt du, Leute wie Duke
Ellington, Charlie Parker, Lester Young. Ich meine, die wußten
genau, wo es langgeht. Die haben den gleichen Shit durchgemacht wie
ich auch. Aber sie waren in der Lage, sich damit auseinanderzusetzen,
denn sie hatten eine positive Einstellung. Und sie wußten, was sie wert
waren. Und das bringt die Musik weiter!«

Meinst du, daß die Situation für kreative Musiker in Chicago eine
Besonderheit darstellt? Kann man das verallgemeinern?
»Nun, siehst du, die Sache ist so: Es wird immer Musiker in Chicago
geben. Es wird immer das gleiche sein. Denn wenn irgend jemand von
hier weggeht, dann wird immer noch jemand hier sein und die Sache
weiterführen. Es gibt viele Musiker, die national bekannt geworden
sind und die aus Chicago kommen. Aber es wird hier immer jemand
sein, der weitermacht und der den jungen Musikern einen Weg zeigt.

Das ist eine Sache, die wir am Laufen gehalten haben, unabhängig davon, wie viele Typen kamen und gingen. Siehst du, diese Jungs hier sorgen dafür, daß es weitergeht. Es gibt ein Kontinuum. Siehst du, viele Musiker sind tot; sie sind zum Teil sehr jung gestorben und sie sollten eigentlich noch leben. Aber sie sind gestorben, und die Musik geht trotzdem immer weiter.

Du kannst das hier als *underground* bezeichnen oder als was immer du willst. Denn häufig sind wir ja sehr schwer zu finden. Aber wir sind da! Unsere Musik stirbt nicht aus! Sie haben ja versucht, sie zu vernichten, als die Rockszene entstand. Aber die Rockszene hat nichts ausgerichtet. Es geht immer weiter, und gerade jetzt scheint es sehr stark im Wachsen begriffen zu sein. Ich glaube, die Jungs beginnen jetzt zu verstehen, was es wirklich bedeutet . . .«

Als ich euch gestern zuhörte, hatte ich den Eindruck, daß es bestimmte musikalische Elemente gibt, die typisch für die Chicagoer und speziell für die AACM-Musiker sind. Würdest du sagen, daß es eine definitive Art von AACM-Musik gibt?

»Nun, man könnte es AACM-Musik nennen; das ist ganz in Ordnung. Du findest hier viele Musiker, die diese sogenannten ›little instruments‹ verwenden, die viel ›space‹ in ihrer Musik haben und so weiter. Aber ich meine, im Grunde genommen ist die Musik noch immer das, was sie immer schon war. Das einzige, worin wir uns hier von der Tradition entfernt haben ist, daß wir sehr oft das Metrum auflösen. Wir spielen häufig unregelmäßige Rhythmen, Rhythmen, die anderen Rhythmen überlagert sind und dergleichen mehr. Es handelt sich dabei allerdings um Dinge, die mehr gefühlt werden, als daß sie ausgezählt werden. Es kommt praktisch auf die gleiche Weise zusammen, wie wenn Leute zusammenkommen.

Was aber nun deine Frage nach der AACM-Musik betrifft . . . Ich glaube nicht, daß unsere Musik hier nun genau typische AACM-Musik ist. Wir haben so etwas mit *little instruments* und viel *space* früher auch gemacht. Aber wir tun es heute nicht mehr im gleichen Maße. Denn häufig wurde das ja zur Hauptsache. Heute aber legen wir größeren Wert auf das Spielen, zumindest *ich* tue das. Und ich kann da nur für mich sprechen. Ich selbst lege mehr Wert darauf, daß die Musiker wirklich ihr Instrument spielen. Und ich lege immer noch großen Wert darauf, daß die Musiker individuelle Soli spielen. Das ist die einzige Art und Weise, wie sie spielen lernen. Das ist die einzige Art und Weise, wie sie erfahren, ob sie ihr Instrument unter Kontrolle haben; ob es richtig über die Rampe kommt, wenn sie dort oben

stehen. Sie müssen einfach kompetent werden. Sie müssen immer
genau wissen, was musikalisch passiert, damit sie selbst etwas schaffen
können.

Ich will damit nicht sagen, daß das Improvisieren für jeden da ist.
Einige Leute lernen es einfach nie. Aber diejenigen, die es lernen
wollen, die es wirklich versuchen wollen, denen sollte man auch die
Möglichkeit dazu geben. Manchmal haben wir Mitspieler in der Band,
die eine Zeitlang gar keine Soli spielen möchten, die mit dem Zeug
erst mal vertraut werden wollen. Und das ist gut, denn sie beweisen
damit, daß sie unsere Musik respektieren. Und das ist alles, was wir
wollen.«

*Gestern abend haben drei Bassisten mit dir gespielt. Waren das
Einsteiger?*

»Siehst du, die Sache ist die: in dieser Stadt hat es schon immer viele
Einsteiger gegeben, Leute, die kommen und mitspielen wollen. Es
kann also immer jemand zu mir kommen, der das Bedürfnis hat, sich
selbst auszudrücken. Der bekommt natürlich die Chance dazu. Und
wenn auch irgend jemand ein schlechterer Musiker ist als ein anderer,
darum geht es nicht! Es geht darum, daß jeder eine Möglichkeit erhält,
sich auszudrücken. Und das ist das eigentlich Gute daran. Denn wenn
du eine derartige Atmosphäre schaffst, dann weißt du, daß dabei
irgend etwas herauskommen wird. Und deshalb haben wir die Sessions. In der letzten Nacht nun handelte es sich eigentlich nicht um
eine richtige Jam Session. Aber siehst du, diese beiden Typen, die
hereinkamen . . . Ich wußte, daß sie spielen können; also spielten sie.
Denn das ist alles AACM! Wir alle wissen genau, was der andere
macht. Und so ist es hier immer schon gewesen. Siehst du, Bird konnte
immer in die Stadt kommen, sich eine Rhythmusgruppe anheuern; er
konnte immer hier spielen. Und dies ist die Art von Atmosphäre, die
die Leute hier kennen. Verstehst du, wenn ein Typ auf die Bühne
kommt, dann weiß er, wo es langgeht. Man muß ihm das nicht erst
erzählen, er weiß schon Bescheid. Denn er kommt schon mit der Idee
im Kopf, daß er etwas beisteuern kann.«

*Das Art Ensemble hat sich vor allem dadurch einen Namen gemacht,
daß es sehr viel in Europa arbeitete. Hast du auch jemals daran
gedacht, dich auf den Weg zu machen?*

»Nein, eigentlich in diesem Sinne nicht. Ich war hier im Grunde immer
durch meine Familie festgenagelt. Aber vielleicht werde ich mich
einmal auf den Weg machen. Mein Leben ist jetzt an einem Punkt
angekommen, wo ich mehr Zeit in meine eigenen Dinge investieren

kann. Ich muß jetzt nicht mehr so viel an andere Dinge denken. Meine Frau und ich, wir haben uns getrennt. Also wäre da schon die Möglichkeit vorhanden. Ich würde es einfach schon wegen der Erfahrung gerne einmal machen, einfach um zu sehen, wie es läuft. Andererseits aber, wenn man älter wird, wird man vermutlich etwas vorsichtiger mit all diesem Shit. Ich möchte wirklich vorher genau wissen, wo ich hingehe und was passieren wird. Und dann hängt es natürlich im Grunde genommen auch davon ab, wie es mir gesundheitlich geht. Wenn man jung ist, dann kümmert man sich darum ja kaum. Aber wenn man ein bißchen älter ist, dann will man schon wissen, was auf einen zukommt. Da muß man aufpassen, daß man seine sieben Sachen zusammenbehält, daß man gesund bleibt. Es käme also darauf an, daß ich in der Lage wäre, meine Musik zu spielen und dabei trotzdem meine Gesundheit zu behalten. Siehst du, musikalisch gesehen sieht es ja hier eigentlich ziemlich schlecht aus. Über all die Jahre hinweg kommt man einfach um die Notwendigkeiten des Lebens nicht herum, verstehst du? Ich habe mir ein kleines Haus gekauft, ich lebe also halbwegs gut in dieser Gesellschaft und versuche, mich mit ihr auseinanderzusetzen. So stehe ich also da. Und ich würde sagen, daß ich heute nicht mehr unter *jeder* Art von Bedingungen leben könnte. Es wäre einfach schwer für mich, mich in extreme Situationen zu begeben.

Wie siehst du insgesamt die Situation der Schwarzen Musik in den USA?

»Einer der wichtigsten Gründe, warum es unserer Musik in diesem Lande nicht allzu gut geht, besteht darin, daß man sie nicht im Radio spielt. Die Leute kommen mit ihr nicht in Berührung, denn sie kommt nicht zu ihnen nach Hause. Vor ein paar Wochen war ich bei einer Tagung. Da stand eine Dame aus der schwarzen Mittelklasse auf und sagte, sie fände es komisch, daß ihre Kinder so wenig über Jazz wüßten. Da stand ein anderer Typ auf und sagte: Ihre Kinder wüßten einfach deshalb nichts über Jazz, weil sie keine Jazzplatten zu Hause hätten. Die Leute stellen sich offenbar vor, daß alles von alleine kommt. Aber die Sache ist doch die: Alles beginnt im Elternhaus. Wenn sie ihre Kinder nicht frühzeitig entsprechend erziehen und mit dieser Musik vertraut machen, dann wachen sie plötzlich auf und sagen: Oh, meine Kinder vermissen dies und vermissen das. Und das passiert überall! Dann gibt es aber auch viele Leute, die wollen davon gar nichts wissen, verstehst du? Ich meine, für sie bedeutet es eine Art von Tabu (no-no), etwas, was man nicht tut.

Denn wir leben in einer Nation, in der sich die Leute nach Möglichkeit
aus dem Wege gehen, und in der sie vor allem mit den Minderheiten-
gruppen in diesem Lande nichts zu tun haben wollen. Ich spreche nicht
nur von Schwarzen, ich spreche von jeder Art von ethnischer Gruppe,
die eine Art von Community bildet. Und das hat natürlich auch etwas
mit der Musik zu tun, denn es beeinflußt die Musik. Ich meine, unsere
Musik wird nicht im Radio gespielt, sie wird nicht unter die Leute
gebracht, die Schallplattengesellschaften nehmen sie nicht auf. Sie
schließen sie sozusagen aus. Sie ist etwas, womit man sich nicht abgibt.
Mir kommt das so vor wie einige Länder, die versuchen, China zu
ignorieren. Wie zum Teufel kann man sieben, acht oder neun Milliar-
den Leute ignorieren? Man muß sie doch irgendwie in Betracht ziehen
. . . Aber so läuft das in dieser Gesellschaft. Und diese Dinge werden
natürlich von Typen, die diese Musik spielen, sehr gut verstanden.«
   *Siehst du keine Chance, daß sich an dieser Situation etwas ändern
   wird?*
»Nun, es ist einfach auf der ganzen Linie traurig. Aber wer weiß
schon, wer im Recht und wer im Unrecht ist. Es ist einfach alles eine
Frage der Macht, verstehst du? Die Musik wird hier genau so
behandelt wie die Leute, die sie machen. Und wir werden hier
vermutlich immer das fünfte Rad am Wagen bleiben. Das geht schon
daraus hervor, wie wir hierherkamen, oder besser, wie wir in dieses
Land *gebracht wurden*. Das ist einer der Gründe. Es wird ein harter
und langer Existenzkampf werden.
Stell dir einmal vor, jetzt feiern sie hier ihre 200-Jahr-Feier. Und nun
schau dir diesen Shit einmal an. Ich meine nicht, schau dir die zwei
oder drei Leute an, die Erfolg gehabt haben. Die gibt es immer. Ich
meine, schau dir einmal die Massen von Schwarzen in diesem Lande
an. Ich meine, das betrifft auch die anderen ethnischen Gruppen.
Aber uns betrifft es vermutlich mehr, einfach aus dem Grunde, daß
wir auffallen, daß man uns bemerkt, daß wir ins Auge fallen, wenn wir
in einer Menschenmenge aufstehen. Es hängt einfach damit zusammen, daß wir nicht in der Mehrheit sind. Verstehst du, was ich damit
sagen will? Da wir nicht in der Mehrheit sind, sind jedermanns Augen
automatisch auf uns gerichtet. Wenn irgend jemand in einen Raum
kommt und die gleiche Hautfarbe wie die Mehrheit hat, spielt es keine
Rolle, wer er ist, was er ist und was er tut. Das ist dann völlig
gleichgültig. Und was sie auch immer sagen, was sie auch immer
predigen, was die Politiker auf ihrem Podium auch immer brüllen oder
schreien, tief in ihrem Herzen sprechen sie lediglich zu einer ganz

bestimmten Partei, zu einem ganz bestimmten Teil der Bevölkerung. Verstehst du? Sie wissen, daß sie jeden brauchen. Aber im Grunde sprechen sie nur zu einer ganz bestimmten Gruppe.

Und so geht es immer weiter, an dieser Situation ändert sich überhaupt nichts, unabhängig von all dem rhetorischen Müll, der uns um die Ohren geschlagen wird, all diesen Worten und all diesem Mist . . . Es bleibt immer dasselbe. Es ändert sich nichts, ganz gleich, ob es sich um die Ära Martin Luther King oder um die Ära Stokely Carmichael handelt; es macht keinen Unterschied! Und weißt du, ich glaube, es ist heute noch schlimmer als früher. Und ich glaube, daß all dies natürlich die Musik beeinflußt. Auf alle Fälle ist dies einer der Gründe dafür, warum unsere Musik nicht anerkannt wird.«

In welcher Hinsicht, meinst du, ist es schlechter geworden?

»Die Gesellschaft ist schlechter geworden. Denn siehst du, praktisch in allen Bereichen bekommen wir kaum eine Chance, ich meine, Jobs . . . Siehst du, ich habe gemerkt, daß es von den 50er über die 60er bis hin zu den 70er Jahren eine ständig wachsende Zahl von Schwarzen gibt, die eine gute Ausbildung haben. Ich meine, da geht es bergauf. Aber das hat immer noch nichts mit dem ökonomischen Standard zu tun, den man erreichen muß, um in dieser Gesellschaft akzeptiert zu werden. Denn in einer ganzen Reihe von Fällen passiert es, daß sich Schwarze um einen Job bemühen, und man sagt ihnen: Ihr seid zu gut ausgebildet. Verstehst du, was ich meine?

Sie werden also immer dafür sorgen, daß sich im Grunde nichts ändert. Es gibt immer noch eine große Menge von jungen, desillusionierten Schwarzen. Ich will damit nicht sagen, daß es überhaupt keinen Fortschritt gegeben hat. Es hat Fortschritte gegeben, aber nicht in bezug auf die Leute, über die wir gerade sprechen. Ich will damit auch nicht sagen, daß das nur für die Schwarzen gilt. Es gilt vermutlich für eine ganze Reihe von ethnischen Gruppen. Ich rede nur von den Schwarzen, weil ich es von diesem Blickpunkt aus sehe. Es betrifft auch andere. Aber wir sind im allgemeinen härter betroffen als sonst jemand. Und das ist keine individuelle Angelegenheit, das ist das System. Ich meine, darüber bin ich mir seit langer Zeit im klaren: Ich habe es in der Politik mit Individuen zu tun. Aber wenn du dir die ganze Sache ansiehst, die Typen an der Spitze, was die mit ihrem Geld anstellen, wie sie die Fäden in der Hand haben . . . Wenn die daherkommen und sagen, so soll es sein, dann wird es so sein. Und die Politiker da oben, die schwätzen. Aber in Wirklichkeit können sie überhaupt nichts machen. Es sind ausschließlich die großen Unterneh-

mer, die dieses Land regieren. Es sind die Leute mit dem Geld, die all
die Macht in den Händen haben. All diese Rockefellers . . . diese
Leute regieren dieses Land. Die Leute, die über Politik reden, wissen
meist kaum Bescheid. Denn die meisten Politiker werden von den
großen Unternehmern sowieso in die Tasche gesteckt. Nimm zum
Beispiel einmal Lockheed! Da hast du sicher drüber gehört, also
kannst du dir vorstellen, was hier los ist!«

*Ich habe dir erzählt, daß ich gestern hier in Chicago in einem
Aufnahmestudio war. Ich habe dort überhaupt keine schwarzen
Musiker gesehen. Liegt das deiner Meinung nach daran, daß
schwarze Musiker diese Musik nicht spielen wollen oder bekommen
sie keine Chance dazu?*

»Darum geht es eigentlich nicht. Zunächst einmal: Die haben es dort
sozusagen mit einem analytischen Ansatz zu tun. Was die dort
machen, hat nichts mit Kreativität zu tun. Alles ist fixiert. Diese
Studiomusiker tragen nun allerdings zur Verewigung des Rassismus
aus dem ganz einfachen Grunde bei, daß bei allen Gelegenheiten, wo
Jazz stattfinden soll, *sie* es sind, die spielen. Die meisten dieser Typen
spielen nebenbei in den besten Clubs der Stadt, wie zum Beispiel die
Band von Dave Remmington. Muhal (Richard Abrams) hat auch eine
Bigband, die AACM-Bigband. Aber die bekommen kein Bein auf die
Erde! Wenn du nun also in diese Stadt hier kommst und Jazz hören
willst, dann wirst du diese Typen (die Studiomusiker) hören. Das sind
hier die Jazzmusiker, die repräsentieren *unsere* Musik! Das sind die
Jazzmusiker! Und dann nimm einmal unseren Laden hier: Du würdest
davon niemals etwas erfahren haben, wenn du nicht mit Richard
Abrams gesprochen hättest. Diese Typen wollen niemanden von uns
dabeihaben. Sie wollen alles selbst unter Kontrolle haben. Sie wollen
sagen können: ›Wir sind die Jazzmusiker.‹ Und sie wollen es nicht auf
der Basis von schwarzen Erfahrungen machen, sondern auf der Basis
einer weißen Erfahrung. Und deshalb handelt es sich auch um eine
unterschiedliche Musik. Deshalb wird es immer eine andere Musik
bleiben. Sie wollen uns einfach keine Anerkennung gönnen. Es läuft
immer auf das gleiche hinaus: Unsere Musik wird ausgeschlossen!
Und wenn du deinen Fernsehapparat anstellst, dann werden sie dir
Schwarze Musik vorspielen, aber du wirst keinen schwarzen Musiker
sehen.«

Von Freeman

Der Tenorsaxophonist Von Freeman, geboren 1922 in Chicago, gehört heute zu den Veteranen der Chicagoer Jazzszene. Er stammt aus einer Familie, in der das Musikmachen zu den traditionellen Selbstverständlichkeiten gehört. Sein Vater war Amateurpianist, seine Mutter spielte in einem Kirchenensemble Gitarre, sein jüngerer Bruder George ist ein ziemlich populärer, zum Funky Jazz tendierender Gitarrist, sein älterer Bruder Bruz ein vielbeschäftigter Studioschlagzeuger in Kalifornien. Von Freemans Sohn Chico, ebenfalls Saxophonist, gehörte längere Zeit zum inneren Zirkel der New Yorker Loftszene und wurde vor allem durch seine Mitwirkung in der Gruppe von Elvin Jones bekannt.

Von Freemans musikalischer Werdegang begann in dem legendären Schulorchester der *Du Sable High School* unter der Leitung des nicht minder legendären Captain Walter Dyett.

1940 stieg Von Freeman in die Band von Horace Henderson ein (Bruder von Fletcher) und wurde damit professioneller Musiker. Während des Zweiten Weltkrieges spielte er in Marine-Bands Swing. Als er 1945 nach Chicago zurückkehrte, hatte sich das musikalische Klima in der Stadt von Grund auf verändert; Bebop lag in der Luft. Ab 1946 arbeiteten die drei Freeman-Brüder Bruz, George und Von im Pershing Hotel Ballroom, der bald als einer der heißesten Musikertreffpunkte der Chicagoer Szene bekannt wurde. Dort hatte Von Freeman Gelegenheit, mit so renommierten Einsteigern wie Charlie Parker, Dizzy Gillespie, Roy Eldridge, Max Roach und Lester Young zu spielen. Parker und Young wurden dabei zu seinen wichtigsten musikalischen Leitbildern.

Zu Anfang der 50er Jahre, nach einer dreijährigen Zusammenarbeit mit Sun Ra, begann Von Freeman auf Free Lance-Basis mit allen möglichen Musikern der Chicagoer Szene zu spielen, darunter auch Muhal Richard Abrams und Fred Anderson. Aber die Zeiten waren schlecht für Jazzmusiker in Chicago. Und um seine Familie über die Runden zu bringen, verdingte sich Von Freeman in Calumet City, einem als »Sündenbabel« berüchtigten Viertel am äußersten Südrand von Chicago, wo er für die musikalische Untermalung von Striptease-Shows zu sorgen hatte. Dies machte er alles in allem 15 Jahre. Zwischendurch machte er ein paar Schallplatten mit Bluesbands und ging mit Bluesleuten wie Gene Chandler, Jimmy Reed und Otis Rush auf Tour durch den Mittleren Westen.

1966 schloß sich Von Freeman der Showband von Milt Trenier an, die
in den Plüsch-und-Spiegel-Salons von Las Vegas und in den High-
Society-Nachtclubs auf den Bahamas und in Puerto Rico aufspielte. In
einem Interview für das Pariser *Jazz Magazine* sagte Freeman rückblickend auf diese Zeit: »Dort hab' ich alles mögliche gemacht, singen,
tanzen, Saxophon spielend an der Bar und zwischen den Tischen
herumspazieren, beim Spielen in die Knie gehen, die ganze Nacht *high
notes* spielen, die ganze Nacht *growl* spielen – was immer du willst.«
(Litweiler 1976)
1969 verließ Freeman die Tretmühle der Trenier-Showband und tat
einen entscheidenden Schritt: Er gründete ein eigenes Quartett und
beschloß, keine Kompromisse mehr einzugehen und nur noch *seine*
Musik zu spielen. Seine Musik, das ist swingender Mainstream-Jazz
mit einem kräftigen Schuß Bebop und jener unüberhörbaren Blues-
verbundenheit, wie sie für die Tenoristen des Mittleren Westens
charakteristisch ist.
Von Freemans bescheidener Ruhm, der es ihm erst 1972, also
50jährig, gestattete, seine erste LP unter eigenem Namen einzuspie-
len, dieser Ruhm eines Chicagoer Lokalmatadors, etablierte sich im
Underground der kleinen Nachtclubs und Eckkneipen im schwarzen
Ghetto der Chicagoer South Side. Sein musikalischer Werdegang ist
bis zu einem gewissen Grade symptomatisch für das Schicksal unzähli-
ger Jazzmusiker in der amerikanischen Provinz, all jener, die den
Sprung in das Rampenlicht der New Yorker Szene nicht geschafft oder
nicht gewagt haben, oder die ihn aus familiären Gründen nicht haben
tun können, und die sich dann aus Mangel an Jazz-Jobs in der eigenen
Stadt anderen musikalischen Bereichen zuwenden, in denen sie –
unbemerkt vom Jazzpublikum und Presse – ein mehr oder minder
frustriertes Musikersasein führen. Von solchen Musikern, die eigentlich Jazz spielen wollten, es jedoch aufgrund der ökonomischen
Verhältnisse nicht können, gibt es in den Groß- und Mittelstädten der
amerikanischen Provinz viele Tausende.
Daß Von Freeman schließlich den Sprung aus der Anonymität
schaffte, verdankt er nicht allein seinem einsamen Entschluß, sich
ausschließlich seiner *eigenen* Musik zuzuwenden, sondern *auch* der
Protektion seines großen Kollegen Rahsaan Roland Kirk, der ihn in
Kontakt mit der Schallplattenfirma *Atlantic* brachte und den Bemü-
hungen einiger Chicagoer Jazzjournalisten, die sich unermüdlich für
Von Freeman einsetzten.
Ich sprach Von Freeman am 10. April 1976. Wir hatten uns in meinem

Hotel verabredet, da er meinte, die South Side, *seine* South Side, sei
zu gefährlich für mich. Ich fragte ihn zunächst, wie er das Verhältnis
von Chicago zu New York einschätzt.

»Die Leute, die mit Jazz etwas zu tun haben, die Veranstalter und die
Schallplattenproduzenten, die hören hauptsächlich die Leute in New
York. Nun, diese Musiker in New York kommen aus der ganzen Welt,
die sind von überallher. Sie sind nach New York gegangen und rennen
dort um die Wette, um in New York an der Spitze zu sein. Es ist also
nur natürlich, daß in New York ein Niveau vorhanden ist, das kaum zu
schlagen ist. Denn es hungert sich leichter in New York als irgendwo
sonst auf der Welt. Und ich glaube, der durchschnittliche Musiker hier
übt z. B. nicht so viel, wie er es in New York tun würde.

Wenn du nach New York kommst und dort eine Band proben hörst,
dann magst du vielleicht denken, daß diese Typen jede Nacht arbeiten. Aber in Wirklichkeit haben sie den nächsten Job erst im nächsten
Jahr. Nur einen einzigen Job! Und dafür proben sie wie die Verrück-
ten. Wenn du diese Jungs dann also hörst, wann auch immer ihr Job
ist, vielleicht erst in zwei Jahren: sie werden auf alle Fälle sehr gut
klingen. Aber die Sache ist eben die, daß es in der ganzen Welt und in
diesem ganzen Land andere Musiker gibt, die gut spielen können,
aber über die keiner schreibt.

Für mich persönlich macht das keinen großen Unterschied. Aber
vielleicht liegt das an meiner persönlichen Eigenart. Siehst du, ich
komme als praktizierender Musiker klar. Ich habe mich vor Jahren
und Jahren dazu entschlossen, Jazz zu spielen. Und ich war mir von
vornherein darüber klar, daß das hart sein würde. Denn ich konnte
voraussehen, daß ich eine ganze Menge würde studieren müssen, um
all diese Akkordprogressionen zu lernen; besonders dann, wenn man
ohne Noten das ganze Zeug aus dem Kopf spielt. Dazu braucht man
ein gutes Gedächtnis: Akkordwechsel (changes), Umkehrungen,
Sequenzen, Obertöne . . . Weißt du, es gibt so viel zu lernen!
Besonders dann, wenn du deinen Standard aufrechterhalten willst,
und auch noch mit dem Schritt halten willst, was in New York passiert.
Denn jeder Kritiker in der ganzen Welt wird dich mit New York
vergleichen.

Insgesamt gesehen sieht das also so aus: Nimm einmal einen beliebigen Typen hier, der vielleicht aus Evanston ist, wo Herbie Hancock
herkommt. Er spielt da draußen, und kaum jemand kommt, um ihn zu
hören. Wenn er dann nicht ein ganz bestimmter Typ von Mensch ist,
wird er unter Umständen einfach das Interesse an der Musik verlieren

und zurückfallen. Und ich glaube, das ist die große Tragödie von
Chicago!
Ich bin mit einer ganzen Reihe von Musikern zusammen groß
geworden, die wirklich gut spielen konnten. Und von all diesen Typen
kann ich nur vielleicht zehn nennen, die berühmt wurden: Vielleicht
Gene Ammons – Tenorsaxophon, Benny Green – Posaune, Eddy
Harris – Tenorsaxophon, Johnny Griffin – Tenorsaxophon . . . Und
dann vielleicht noch Nat King Cole, Ruth Brown, Dinah Washington . . . Nun, das sind noch nicht einmal zehn Leute von den
tausenden von Musikern, die es hier gibt. Ich habe nun bloß die
schwarzen Musiker genannt. Von den weißen wären vielleicht zu
nennen Bud Freeman, Benny Goodman, die Leute aus der Austin
High School. Also nur eine Handvoll Musiker von hier sind erfolgreich geworden. Vielleicht noch Ira Sullivan . . . Viele Namen kann
ich nicht nennen. Und nimm einmal einen Typen wie den, der dir von
mir erzählt hat, Cy Touff. Cy Touff ist seit Jahren ein großer Musiker.
Aber niemand kennt ihn. Ich glaube, er spielt jetzt mit einer Gruppe
namens *Ears*.
Ich finde, das ist ein schrecklicher Zustand, es ist wirklich schrecklich!
Und es ist deswegen so, weil über uns nicht gesprochen wird. Denn
weißt du, die Schreibfeder ist mächtiger als das Schwert. Mit anderen
Worten: die Druckerschwärze ist weitaus mächtiger als irgend
jemand, der ein Instrument spielt. Denn siehst du, ein Typ mag so gut
spielen wie es nur geht: Wenn nicht irgend jemand ihn erwähnt, dann
hat sich's damit. Und man kann da nicht mal seine Schallplatten
verkaufen, denn wenn irgend jemand in einen Schallplattenladen
geht, dann kauft er nur Platten von den Leuten, die er schon kennt.«
   Wie sieht das aus mit den verschiedenen Jazzclubs in Cicago? Ich
   habe den Eindruck, da bringen sie hauptsächlich Musiker von
   außerhalb.
»Nun siehst du, das ist wieder das gleiche Syndrom. Das ist wieder der
gleiche Teufelskreis. Keiner hier in der Stadt ist bekannt genug, um
hier zu arbeiten. Und ich denke, wenn sie wirklich einmal ein paar von
unseren Typen hier auftreten lassen und sie eine Zeitlang spielen
lassen würden, dann würden die auch bekannt werden. Andererseits
ist das natürlich so: Wenn jemand hier bekannt geworden ist, dann
haut er meistens ab, dann geht er nach New York, verstehst du?
Das ist also das Syndrom. Niemand ist hier wirklich bekannt genug,
um hier arbeiten zu können, um hier ein Publikum anzuziehen. Und
auf der anderen Seite lassen sie niemanden hier lange genug auftreten,

damit er bekannt werden kann. Die einzigen Leute, die dabei wirklich
etwas bewirken könnten, wären die Schallplattenfirmen, das Fernsehen, der Rundfunk, die Zeitungen und die Zeitschriften. Diese fünf
Medien könnten wirklich etwas ausrichten. Aber bis jetzt haben sie
sich nicht sehr dafür engagiert.

Natürlich kommen zu mir schon eine ganze Menge Leute zum
Zuhören. Und ich bin ziemlich kompromißlos, ich *spiele* einfach. Und
ich versuche es nicht, irgend jemandem zu gefallen. Und das bringt es
natürlich mit sich, daß ich nur bis zu einem gewissen Grade kommerziell erfolgreich sein kann. Denn ich spiele einfach. Und wenn ich mich
wohl fühle, dann spielte ich auch so. Und wenn ich mich schlecht
fühle, dann spiele ich nicht viel. Denn ich versuche nicht, irgend etwas
zu erzwingen.

Und oft passiert es, daß mir Leute sagen, daß ich ungeheuer gut
geklungen hätte. Und ich bin dann vielleicht der Meinung, daß ich gar
nicht so gut geklungen habe. Und dann, wenn ich fand, daß ich ganz
gut gespielt habe, sagt mir irgend jemand, daß ich eineinhalb Stunden
lang verstimmt gespielt habe. Sie sagen halt irgend etwas! Verstehst
du?

Also bin ich zu der Überzeugung gelangt, daß *ich* überhaupt nichts
weiß. Also spiele ich immer so gut, wie es mir meine Fähigkeiten
erlauben. Ich habe natürlich bemerkt, daß es eine Menge Dinge gibt,
durch die man sich besser verkaufen kann, verstehst du? Aber ich
habe da niemals mitmachen wollen. Denn wenn ich mich auf so etwas
konzentriere, dann kann ich nicht spielen. Ich muß mich total auf die
Musik konzentrieren können; die erfordert all meine Aufmerksamkeit.«

In welchem Rahmen arbeitest du denn meistens?

»Nun, weißt du, die meisten Leute würden diese Bedingungen als
grauenhaft empfinden. Ich arbeite in zwei kleinen Jazzclubs. Einer ist
an der 75. Straße, Ecke Champlain Avenue, in der South Side. Er
heißt *Enterprise Lounge.* Und das ist wirklich nicht das größte Lokal in
der Welt, aber es ist auch nicht so klein. Und da spiele ich nur mit John
Young am Klavier, David Ship am Baß und Charles Walton am
Schlagzeug. Und nach den ersten paar Stunden steigen im allgemeinen
ein paar Typen ein. Und alles, was ich da mache, ist, meinen
Saxophonkoffer an einer Ecke der Bühne aufstellen, mich darauf
setzen und spielen. Das ist alles. Ich benutze niemals Mikrophone.
Die verwende ich allenfalls, wenn ein Sänger oder ein anderer Bläser
einsteigt. Ich sitze da einfach und spiele. Elektrisches Klavier, ver-

stärkter Baß und Schlagzeug. Und das Publikum sitzt still wie eine
Maus.«

Welche Bedeutung hat das Publikum für dich?

»Es ist so, als ob ich vom Publikum Vibrationen empfange. Es ist in
meinen Ohren und in meinem Kopf. Ich kann es genau sagen, wenn
die Musik einem Publikum mißfällt, ganz gleich, ob sie nun irgendwelche Geräusche von sich geben oder ob sie absolut still sind. Ich weiß,
daß die Leute manchmal ganz still sind, aber daß sie trotzdem
unaufmerksam sind. Aber um sich diese Fähigkeit zu erwerben,
brauchte ich Jahre. Aber ich spüre es ganz genau, einfach durch
verschiedene kleine Laute, die sie von sich geben, bestimmte Bemer-
kungen, die sie machen . . . Ich merke es ganz genau, ob ich ankomme
oder nicht. Aber es kann natürlich auch passieren, daß du stundenlang
mit geschlossenen Augen spielst und dieses Getrappel in Richtung Tür
hörst. Und wenn du die Augen aufmachst, ist die Hälfte der Leute
weg. Denn das ist ja beim Jazzpublikum häufig so: Sie haben nicht viel
zu sagen und bringen ihr Mißfallen in der Regel dadurch zum
Ausdruck, daß sie einfach gehen.

Es gibt natürlich Abende, an denen du nach deinem Urteil und nach
dem deiner Mitmusiker etwas zustande bringst, was du sonst vielleicht
nur alle zwei oder drei Jahre einmal schaffst. Solche Nächte gibt es
natürlich. So was kommt bei mir vielleicht ein bis zweimal in zehn
Jahren vor. Auf dieses hohe Plateau kommt man nur sehr selten. Und
dann ist es so, als ob es von ganz alleine kommt. Dann hast du gar nicht
den Eindruck, daß du ein Instrument spielst. Dann ist es so, als ob
jemand anderes auf dir spielt. Vielleicht irgendeine schöpferische
Kraft, was auch immer. Es gab schon Zeiten, wo ich den Eindruck
hatte, daß mein Horn von ganz alleine spielt. Das ist wirklich wahr!
Siehst du, und das versetzt einen immer wieder in Erstaunen. Das hält
einen bei der Sache. Dann sieht man, daß es wirklich passieren kann!
Und wenn man älter wird, dann sieht man, daß die wirkliche Kreativität nur hin und wieder passiert.«

*Hängen die Gefühle, die du in deine Musik einbringst, von der
Atmosphäre in dem Club ab, in dem du spielst?*

»Oh, ich glaube, das ist dabei sehr wesentlich. Aber es ist sehr
verzwickt, Jost. Ich habe darüber schon viele Gespräche geführt, und
mir ist das nie ganz klar geworden. Manchmal glaube ich, es liegt an
dem Publikum. Aber dann glaube ich wieder, es hängt mit den
Musikern zusammen. Und manchmal habe ich diese Erfahrung
gemacht, daß es passierte, wenn ich ganz alleine im Raum war und

übte. Dann habe ich mir gesagt, vielleicht liegt es an irgendwelchen Vibrationen, die irgendwoher kommen und irgendwie auf dich treffen. Es ist wirklich eine sehr schwer zu definierende Angelegenheit. Vor vielen Jahren ging ich öfters in einen kleinen Club. In Wirklichkeit war es eigentlich kein Club, sondern ein Friseurladen. Da gab es einen Musiker, von dem du vermutlich noch nie etwas gehört hast, ein Typ namens Curtis. Vor vielen vielen Jahren spielte er Schlagzeug. Und dann gab es einen anderen namens Shorts McConnel. Die machten beide zusammen eine Platte mit Billy Eckstine. Ich glaube, es war der Titel *Jelly Jelly* oder so etwas Ähnliches. Nun, ich komme nicht auf den Nachnamen von dem Schlagzeuger. Ich sollte mich eigentlich daran erinnern. Vor vielleicht 30 Jahren war er hier herum sehr bekannt. Aber Shorts war berühmt; er spielte mit Earl Hines und Billy Eckstine. Und er nahm diese Platte auf, *Jelly Jelly*, mit diesem ungeheuren Trompetensolo.*

Nun, wie dem auch sei. Wir gingen damals immer zu Curtis' Friseurladen hinunter, in dem Block zwischen der 400. und 500. Straße, in der Prerarian Straße (?). Ich war damals noch sehr jung. Wir gingen da also immer hin, um Shorts beim Trompetenspielen zuzuhören. Nun, Shorts liebte Roy Eldridge. Und Shorts konnte wirklich Trompete spielen! Curtis saß am Schlagzeug. Sonst spielte keiner mit, nur Schlagzeug und Trompete. Ich muß damals so ungefähr zehn bis elf Jahre alt gewesen sein. Marian Price, ein anderer Trompetenspieler, der mit mir zusammen auf die *Du Sable*-Schule ging, dann Roy, ein Saxophonist . . . Wir gingen also da immer hin und setzten uns hin und hörten zu. Nun mußt du dir vorstellen, in diesem Friseurladen war sonst niemand. Shorts saß auf einem dieser Frisierstühle und blies Trompete und Curtis spielte Schlagzeug dazu. Und wir saßen da und hörten zu.

Und obwohl ich damals noch sehr jung war, erinnere ich mich noch ganz genau daran, was die da – nur mit Trompete und Schlagzeug – machten. Und das allein lehrte mich etwas . . . Das brachte mich dazu, darüber nachzudenken, welch eine unheimliche Sache doch die Musik ist. Denn sieh mal, was war es, das sie so spielen ließ? Dieser Friseurladen schloß ungefähr um acht, und sie setzten sich hin und begannen zu spielen. Und sie spielten dann bis neun oder zehn. Sie spielten dann natürlich noch weiter; aber sie setzten uns vor die Tür und schickten uns nach Hause, denn wir waren ja alle noch sehr jung. Und sie spielten einfach weiter! Ich habe das ungefähr vier- oder

* Zu hören auf Savoy SJL 2214

fünfmal erlebt. Jedesmal hatte ich den Eindruck, daß die Vibrationen genau richtig waren und daß die Musik unheimlich wahr war. Ich war zwar nur ein Kind, aber ich konnte das genau spüren.

Ich kann mich heute an nur sehr wenige Situationen erinnern, bei denen ich so etwas erlebt habe; vielleicht das eine oder andere Mal bei ein paar ganz großen Leuten. Und ich glaube, daß es diese Momente sind, die die Musik so universal und so groß machen. Und ich glaube, daß jeder – ohne Rücksicht auf seine Hautfarbe, seinen Glauben oder seine Nationalität – dies fühlen kann. Und wenn er es *einmal* gefühlt hat, dann wird er niemals mehr der gleiche sein wie vorher. Ich will damit sagen, das ist etwas, was von irgendwoher kommt und irgendwohin geht. Und es macht dich wissend! Es ist so ähnlich, als wenn du Gott gesehen hast. Und du sagst vielleicht: Wenn ich ihn sehen kann, dann kann ich auch sein wie er. Aber vielleicht siehst du ihn niemals wieder! Verstehst du? All solche Sachen . . . Ich weiß auch nicht. Für mich ist diese Musik ein ähnliches Erlebnis wie wenn ich eine schöne Frau sehe. Und wenn ich *schön* sage, dann meine ich nicht notwendigerweise ihr Aussehen, ich meine eine Schönheit, die im Herzen ist. Und dann passiert es vielleicht, daß man sie trifft, aber nicht in der Lage ist, sie zu halten. Ich glaube, daß Jazzmusik etwas Ähnliches ist! Ich erinnere mich daran, daß ich ein paarmal in meinem Leben so gespielt habe, daß ich mir sagte: ›Wow, das möchte ich behalten!‹ Und am nächsten Abend gehe ich zum Job und kann nicht mal mein Instrument in die richtige Stimmung bringen. Also, ich weiß auch nicht!«

Würdest du sagen, das ist so etwas Ähnliches wie Magie?

»Das ist genau das Wort, das ich in diesem Zusammenhang immer benutze! Und viele Leute glauben, daß ich Witze mache. Aber das ist meine Erfahrung. Man muß den Trip einmal selbst machen. Und natürlich glaube ich, wenn man selbst spielt, dann ist es um so schwieriger. Nimm einmal ein Beispiel: Ich war einmal Schneider. Mein Großvater war ein meisterhafter Schneider. Und ich glaube, ich habe davon etwas abbekommen. Als ich soweit war, daß ich nähen konnte, daß ich wirklich gut nähen und gut zuschneiden konnte, da verlor ich jegliches Interesse an den üblichen Kleidungsstücken. Denn der durchschnittliche Anzug ist einfach nicht korrekt gemacht. Je mehr ich also über das Schneidern lernte, desto weniger konnte ich ein durchschnittliches Kleidungsstück von der Stange gut finden. Siehst du, das gleiche läuft mit der Musik, wenn du einmal in die höheren Regionen der Musik aufsteigst.

Siehst du, den Leuten wird ja soviel vorgemacht. All das, was hier
unter dem Namen Jazz herausgebracht wird! Sie nennen es Jazz! Aber
es ist alles andere als dies. Und dann ist da vielleicht ein anderer Typ.
Und der wippt nur mit dem Fuß. Und er ist genau drauf, verstehst du?
Ob das nun gut oder schlecht ist, weiß ich auch nicht. Ich will damit nur
sagen: Je besser du dich in der Musik auskennst, desto weniger kannst
du akzeptieren, was die meisten Leute machen. Siehst du, einen
wirklich *großen* Musiker kannst du immer akzeptieren. Aber dann
findest du sehr schnell heraus, daß es davon nur eine Handvoll gibt.
Eine Menge Leute werden große Musiker genannt. Man macht eine
Menge Reklame für sie und alles mögliche drum herum. Und vielleicht würden sie wirklich einmal groß werden, wenn man ihnen eine
Chance gäbe. Aber die meisten von ihnen bleiben im Geld-Syndrom
hängen. Und da wird nur nach Hit-Schallplatten gefragt oder gut
verkäuflichen Schallplatten. Und der durchschnittliche Typ, der will
ja schließlich auch essen. Nun, wenn er einmal mit all dem Ruhm in
Berührung gekommen ist, dann kann er vermutlich nicht mehr den
Schritt rückwärts machen und sich wieder daran gewöhnen, Bohnen
zu essen. Dafür kann man ihn nicht einmal tadeln! Ich meine, man
kann es natürlich schon; aber mindestens muß man sich dann auch
sagen, daß Musiker ebenso wie andere Menschen das Bedürfnis nach
guten Autos, schönen Kleidern, schönen Frauen, gutem Essen und
Trinken haben.

Aber ich glaube, wenn ein durchschnittlicher Typ da hineingerät und
wirklich erfolgreich ist, dann ist es wirklich schwer für ihn, umzukehren und dorthin zu gehen, wo die eigentliche Kreativität ist. Im
allgemeinen wirst du herausfinden, daß jeder, der etwas wirklich
Kreatives macht, welcher Hautfarbe er auch immer ist, in der Regel
ein armer Schlucker ist. Ich habe oft darüber nachgedacht, ob Armut
wirklich ein Teil davon ist? Ich weiß es einfach nicht. Denn arm sein
heißt sehr oft auch unglücklich sein. Und ich glaube nicht, daß
Jazzmusiker im allgemeinen unglücklich sind. Aber es läßt einen doch
nachdenklich werden.

Und dann hörst du einiges von dem Zeug, das die Spitzentypen
herausbringen. Und du weißt genau, daß sie das nur machen, um den
Schallplattengesellschaften und dem Publikum zu gefallen, vor allem
den Kindern, die Rock'n'Roll-Schallplatten kaufen, daß sie versuchen, einiges von diesem Markt zu erreichen. Und dafür kannst du sie
nicht einfach heruntermachen. Wenn du siehst, wie sie versuchen, ihre
finanzielle Situation zu verbessern, dann ist es wirklich schwer, sie

dafür zu kritisieren. Ich kritisiere also niemals irgend jemand, sondern ich mache einfach meine eigene Sache.«

Hast du jemals daran gedacht, nach New York zu ziehen?
»Nein, niemals! Ich meine, jeder hier sagt mir: ›Mann, was ist denn los mit dir?‹ Warum . . .? Nun, ich weiß auch nicht. Ich kenne hier Leute, die sind so großartig zu mir gewesen. Ich bin immer in der Lage gewesen, mich durchzuschlagen, wenn es manchmal auch etwas kümmerlich war. Aber ich hatte einfach Glück. Siehst du, mein Gehirn funktioniert wie eh und je. Und obwohl ich am 3. September 55 Jahre alt werde, fühle ich mich stärker als je zuvor, sagen wir vor 20 Jahren. Ich kann doppelt so kräftig spielen wie früher, ich rauche Zigaretten, trinke Whisky . . . Ich versuche natürlich, nichts zu übertreiben. Aber ich habe eine Menge Spaß, verstehst du? Und ich versuche, alles nicht so ernst zu nehmen . . . Ich weiß nicht einmal genau, *was* ich eigentlich versuche, wirklich! Wenn mich die Leute fragen, ob ich versuche, berühmt zu werden. Ich glaube nicht, daß es mir darum geht, berühmt zu werden. Ich hätte es ganz gern, wenn ich bekannt genug wäre, um halbwegs bequem leben zu können.
Eines meiner Ziele ist vielleicht, dafür respektiert zu werden, daß ich kein Schwindler bin. Ich hab' mich sehr hart darum bemüht, meine Musik zu lernen, verstehst du? Ich meine, ich habe auch keinen Grund, mir selbst leid zu tun. Denn ich kenne hier eine ganze Reihe von Typen, die genauso gut spielen wie ich und die überhaupt niemand kennt. Ich meine, ich bin auch nicht *sehr* bekannt; aber sie sind völlig unbekannt! Sie haben nicht einmal eine Schallplatte herausgebracht. Es fällt einem also hier wirklich sehr schwer, sich selbst leid zu tun. Denn hier ist man in einer großen Gesellschaft von Leuten, die kein Mensch kennt. Ich sehe das ganze ungefähr so: Mancher schafft es leicht, und mancher schafft es schwer, und macher schafft es niemals. Und ich glaube, im Grunde genommen ist das auch alles nicht so wichtig. Ich meine, wenn man in der Lage ist, den Leuten etwas zu geben, so daß sie etwas Gutes über die Musik sagen, dann hat man schon eine ganze Menge geschafft. Und das war immer meine Kiste, verstehst du? Ich mag es einfach, wenn ich sehe, daß Leute glücklich sind, denn dann bin ich auch glücklich.«

Cy Touff

Jüngeren Jazzhörern außerhalb von Chicago dürfte der Name Cy Touff heute wohl kaum noch etwas sagen. Dabei war er einmal – vor rund 20 Jahren – in jedem besseren Jazzlexikon zu finden. Jedoch schon in Leonard Feathers *Encyclopedia of Jazz in the Sixties* (von 1966) sucht man ihn vergeblich.

Cy Touff, geboren 1927 in Chicago, gelangte während der 50er Jahre zu internationalem, aber kurzfristigen Jazzruhm. Er verdankte dies einerseits der Tatsache, daß er in einer der renommiertesten Bigbands dieser Zeit mitwirkte, der *Third Herd* von Woody Herman, der er von 1953 bis zu deren Auflösung 1955 angehörte und mit der er auch in Europa auftrat. Darüber hinaus jedoch war für seinen – für einen Sideman relativ hohen – Bekanntheitsgrad vor allem das ungewöhnliche Instrument verantwortlich, das er spielte: die Baßtrompete.

Cy Touff spielt noch heute Baßtrompete, jedoch zum überwiegenden Teil in einem Kontext, welcher der Aufmerksamkeit des Jazzpublikums entzogen ist: Cy Touff ist Studiomusiker; sein Hauptbetätigungsfeld besteht in der Produktion von musikalischen Werbespots fürs Fernsehen, von sogenannten *jingles*. Daß Cy Touff gegenwärtig einer der erfolgreichsten (und das heißt hier: meistverdienenden) Studio-Professionals der Chicagoer Szene ist, liegt allerdings weniger an seinem ausgefallenen Hauptinstrument, der Baßtrompete, die ja im Studio jederzeit durch die Posaune ersetzbar ist, als vielmehr daran, daß er sich im Laufe der Jahre zum Mundharmonika-Virtuosen entwickelte. Mundharmonika-Virtuosen sind natürlich außerordentlich rar.

Nun wäre ein Musiker wie Cy Touff für eine Untersuchung zum Thema »Jazzmusiker« fraglos von sekundärem Interesse, würden sich seine Aktivitäten ausschließlich auf den Bereich der kommerziellen Studioarbeit beschränken. Aber Cy Touff spielt auch Jazz. Und was mehr ist, er repräsentiert einen – zumindest in quantitativer Hinsicht – durchaus bedeutsamen Teil der Chicagoer Jazzszene: die Community der Musiker, die *in* den Studios ihr Geld verdienen, nicht selten mit der Produktion von musikalischem Schwachsinn, und die außerhalb der Studios in Clubs, bei Partys und gelegentlich auch in Konzerten Jazz spielen, mehr zum Zeitvertreib als um des finanziellen Ertrages willen.

Die Problematik dieser musikalischen Doppelexistenz wurde mir deutlich, als ich Cy Touff zunächst zu einem seiner Studio-Gigs und

dann zu einem seiner Jazzauftritte begleitete. Da beide Situationen –
wie mir versichert wurde – keine Ausnahmefälle darstellten, sondern
symptomatisch waren, schildere ich sie etwas ausführlicher.

Situation 1: Der Studio-Job

Der Job ist für die Zeit von 12–13 Uhr in einem Tonstudio in der Nähe
der Michigan Avenue im Zentrum Chicagos angesetzt. Drei Musiker
treffen sich kurz vor 12 Uhr im Studio-Foyer: ein Gitarrist, ein Bassist
und Cy Touff, der in seinem schwarzen Lederkoffer ein gutes Dutzend
Mundharmonikas hat, in allen möglichen Stimmungen und Register-
lagen. Bis dahin wußten die Musiker weder mit wem noch was sie
spielen werden. Im Studio legt ihnen der Komponist die Noten vor. Es
handelt sich um eine Hintergrundmusik für einen Werbespot, in dem
ein Farmer im karierten Hemd irgendein Kosmetikum benutzt, dessen
Zweck mir verborgen bleibt. Die Musik ist im Westernstil und dauert
exakt 60 Sekunden. Eine Stunde Aufnahmezeit steht dafür zur
Verfügung.

Die Musiker bekommen das Tempo über einen sogenannten *click
track* vorgegeben, der auf den Film hin synchronisiert ist und ihnen
über einen Einohrhörer zugespielt wird.

Nach kurzen Vorbereitungen, Auswahl der passenden Mundharmonika, Stimmen der Instrumente, Einpegeln des Mischpultes und so
weiter, ist die erste Version etwa 10 Minuten nach Sessionbeginn »im
Kasten« – zufriedenstellend . . . denke ich mir. Doch 14 weitere *takes*
folgen, jeweils mit minimalen Veränderungen. Einmal ist Cy Touffs
Atem an der Mundharmonika zu laut, das andere Mal sticht die leere
D-Saite der Gitarre zu sehr hervor. Mir wird klar, daß dieses Team an
absoluter Perfektion interessiert ist, ohne Rücksicht darauf, daß die
Musik nachher durch einen winzigen und meist sehr schlechten TV-
Lautsprecher wiedergegeben werden wird. Aber man hat schließlich
das Studio und die Musiker für eine ganze Stunde gemietet. Kurz vor
13 Uhr ist die Session beendet. Cy Touf hat in dieser Stunde 75 Dollar
eingenommen; 50 Dollar tarifliche Normgage plus 25 Dollar, da es
sich um eine Besetzung unter fünf Spielern handelt. – Für 75 Dollar
arbeiten die schwarzen Bluesmusiker in den Clubs der Lincoln Street
drei lange Nächte.

Situation 2: Der Bigband-Job

Cy Touffs Bigband-Job, zu dem ich ihn eines Abends begleite, ist
eigentlich kein Job, sondern eine Freizeitbeschäftigung. Wie viele
andere Chicagoer Studiomusiker mit einem Jazzhintergrund spielt
auch Cy Touff in einer sogenannten Rehearsal Band, einer Bigband,

die wöchentlich einmal zu einer geselligen Probe oder – wenn die Gelegenheit sich bietet – zu einem öffentlichen Auftritt zusammenkommt. In diesem Fall handelt es sich um die Dave Remington-Bigband, die in einer Neighbourhood-Bar in einem nördlichen Vorort von Chicago auftritt. In ihr reproduzieren überwiegend ältere und ausschließlich weiße Musiker ihre jazzmusikalische Vergangenheit, indem sie Bigbandarrangements der 40er und 50er Jahre sowie einige in den Swingstil transformierte Beatles-Nummern vom Blatt spielen. Die Improvisationen sind durchweg mittelmäßig. Die Musiker, die zum Teil ihre Frauen mitgebracht haben, bekommen für diesen Auftritt, was an Eintrittsgeldern eingenommen wird. Ich schätze, daß jeder mit fünf bis sechs Dollar in der Tasche nach Hause gehen wird. Das Publikum ist zum großen Teil alkoholisiert und dabei entweder begeistert der Musik zugewandt oder durch Spielautomaten und lärmende Gespräche beansprucht. Der Auftritt der Band besteht aus drei Sets mit sehr langen Pausen dazwischen. Er ist um 24 Uhr zu Ende.

Die beiden musikalischen Welten, in denen Musiker wie Cy Touff sich bewegen, stehen in einem wechselseitigen Abhängigkeitsverhältnis zueinander. Die entfremdete Arbeit in den Studios wird erträglich durch die entlastende Wirkung des Freizeitjazz, der wiederum nur möglich ist auf der Basis der durch die Studioarbeit gewährleisteten ökonomischen Sicherheit. Beide Sphären – Studio und Rehearsal Band – bilden somit gleichsam die zwei Seiten *einer* Medaille, wobei es sich hier allerdings um eine Medaille handelt, an der die Mehrzahl der afro-amerikanischen Musiker in Chicago keinen Anteil hat.

Wie sieht Cy Touff die Situation der Jazzmusiker in Chicago?

»Ich würde sagen, daß es in Chicago nur sehr wenige Leute gibt, die sich ausschließlich dem Jazz widmen. Ich gehöre mit Sicherheit *nicht* dazu. Und auch all meine Freunde haben es mit anderen Aspekten der Musik zu tun, verstehst du? Aber damit keine Mißverständnisse aufkommen: Ich mache nichts anderes als Musik. Ich bin ein professioneller Musiker, und ich mache nichts anderes als Musik. Mir ist aber schon vor vielen Jahren klargeworden, daß es in ökonomischer Hinsicht unmöglich ist, einzig und allein vom Jazzspielen zu leben; ich meine, wenn man nicht gerade Miles Davis, Bird oder Coltrane oder jemand anderer von diesem Format ist.«

Und wo liegen im wesentlichen deine Aktivitäten?

»Nun, meine Hauptaktivitäten liegen in Studioaufnahmen aller Art, vor allem Werbemusik fürs Fernsehen und für den Rundfunk.«

Das, was man jingles nennt?

»Genau, jingles. So etwas mache ich sehr viel. Chicago ist ein wichtiges Zentrum für die Werbung. Wir machen hier in dieser Hinsicht mindestens genau so viel wie irgendwo sonst. In dieser Hinsicht sind wir hier außergewöhnlich aktiv. Und die Mehrzahl meiner besten Bekannten arbeitet auf dem gleichen Sektor. Was das Geldverdienen betrifft, die Aufrechterhaltung unseres Lebensstandards, ist dies unsere Hauptstoßrichtung.«

Mir fällt ein, daß während der 50er Jahre in Chicago einige musiksoziologische Studien durch Howard S. Becker und seine Schule durchgeführt wurden . . .

»Oh, Howie Becker? Das ist ein guter Freund von mir. Er machte auch Musik; er ist Klavierspieler.«

In den Artikeln, die Howard S. Becker in den 50er Jahren schrieb, hob er sehr stark den Konflikt hervor, in dem Jazzmusiker stehen, die sich mit anderen Arten von Musik abgeben müssen, mit Musik, die mit Jazz nichts zu tun hat . . .

»Nun, ich glaube, da gibt es keinen wirklichen Konflikt. Es gibt nichts, womit man sich nicht abfinden kann. Ich meine, wenn ich andere Musik spiele als Jazz, dann bedeutet das nicht zwangsläufig, daß mein Jazzspielen darunter leiden muß; vorausgesetzt, daß man genug darüber nachdenkt, genug hört, das Interesse aufrechterhält, verstehst du? Aber ich glaube, es ist absolut möglich, daß jemand in der Musik aufgeht und – einfach aufgrund der Notwendigkeiten – vielseitiger ist, weil er es sein *muß*, verstehst du? Das ist ohne weiteres im Bereich meiner Möglichkeiten und derer meiner meisten Freunde. Natürlich gibt es einige Leute, die sagen, wenn sie nicht genau das spielen können, was sie spielen wollen, dann spielen sie halt gar nichts. Kannst du dir vorstellen, was die jetzt machen?«

Und was machen sie jetzt?

»Sie spielen überhaupt nicht! Das ist es, was sie machen, gar nichts! Während Leute wie ich, die bereit sind, Kompromisse einzugehen . . . Ich habe mir schon vor vielen, vielen Jahren gesagt: Es macht keinen Unterschied, *was* ich spiele, solange ich nur spiele. Denn was es auch immer ist, solange sich dieses Horn an meinen Lippen befindet, kann es nicht so schlimm sein. Und diese Gedanken habe ich ständig im Kopf. Und wenn wirklich eine Gelegenheit zum Spielen kommt, wenn ich etwas spielen kann, an dem ich wirklich interessiert bin, das wirklich etwas für mich bedeutet, dann habe ich die Geläufigkeit und die Technik, die dafür nötig ist. Aber wenn ich nur rumlaufen würde und ein Jahr lang auf einen Job warten würde, der mir paßt, dann würde ich diese Technik über Nacht verlieren. Ich übe jeden Tag. Ich bin 49 und ich mache das immer noch. Und ich werde das auch immer weitermachen. Also, wie auch immer . . . Um nicht unseren Gedankengang aus den Augen zu verlieren: Die meisten meiner Freunde . . . mir fällt keiner ein, der ausschließlich als Jazzmusiker arbeitet. Es gibt vielleicht ein paar Leute, die in den Clubs arbeiten.«

Aber handelt es sich nicht dabei vor allem um Musiker von außerhalb?

»Es gibt schon ein paar kleine Läden, in denen vielleicht ein Trio fünf Nächte in der Woche arbeitet. Und die können sich vielleicht vermutlich als reine Jazzmusiker bezeichnen. Aber die Arbeitsbedingungen sind grauenhaft!«

In welcher Hinsicht?

»Nun, ich meine, die arbeiten mindestens sechs Stunden pro Nacht für ziemlich wenig Geld. Die spielen jede Nacht sechs bis sieben Stunden. Sie spielen ungefähr sechs Sets! Das ist harte Arbeit, das ist wirklich harte Arbeit!

Nun gibt es allerdings eine neue Bewegung, die sich in dieser Stadt formiert, und an der ich beteiligt bin. Es handelt sich um so etwas Ähnliches wie die Band von Thad Jones/Mel Lewis in New York. Wir haben eine Band, die wird von einem Typen namens Dave Remington geleitet. Wir haben regelmäßig auf der Lincoln Avenue gespielt, im *Wise Fools*. Wir waren da fünf Jahre lang. Und gerade vor ein paar Monaten haben wir diesen Laden verlassen und in verschiedenen anderen Lokalen gespielt. Heute abend starten wir ein Engagement in einem Club oben in den nördlichen Vororten, wo wir bisher niemals gewesen sind. Wir haben gerade aufgehört, einmal in der Woche in einem Club in Evanston zu spielen, genannt *Amazing Grace*. Das ist ein sehr netter Laden. Da ist Rauchen verboten, was natürlich für einen Bläser ausgesprochen gut ist, verstehst du? Da ist auch ein sehr nettes, einfühlsames Publikum. Ein wirklicher netter Laden. Wir versuchen nun also etwas Ähnliches in diesem anderen Lokal aufzubauen, ein wenig weiter im Norden. Und dann werden wir wahrscheinlich wieder im *Wise Fools* sein, einmal in der Woche.«

Ist das für dich so etwas wie ein Ausgleich oder ein Ventil?

»Genau, Geld spielt da keine Rolle! Wenn wir da spielen, dann nehmen sie vielleicht ein oder zwei Dollar Eintritt, die dann die Musiker bekommen. Und in einer ungeheuer guten Nacht werden wir dann vielleicht mal 20 Dollar verdienen, und in einer anderen ungeheuer guten Nacht sind das vielleicht 5 Dollar. Das Geld bedeutet dabei überhaupt nichts! Auf der anderen Seite bekommen wir allerdings so viel Wein und Bier zu trinken wie wir wollen, was natürlich für die Musik gar nicht so gut ist . . .

Und mit dieser anderen Gruppe, *Ears*, haben wir vor ungefähr einem Jahr angefangen, in einem anderen Club auf der Lincoln Avenue zu spielen, genannt *Orphans*. Und da läuft es ganz genau so. Wir spielen dort auch nicht fürs Geld. Es ist nur ein Ventil. Der Besitzer hatte einen unbesetzten Dienstag, und er fragte uns, ob wir Lust hätten, einzusteigen. Und natürlich taten wir das. Wir traten in diesem Club auf und hatten einen phantastischen Zuspruch von seiten des Publikums. Die Leute kamen in Mengen.

Ich könnte mir vorstellen, daß jüngere Musiker, die mit der Studioarbeit nichts zu tun haben, daß die, wenn sie in diesen Lokalen auf der Lincoln Avenue für das Eintrittsgeld arbeiten, daß das dann für sie so ziemlich alles ist. Und für die mag das Geld dann vielleicht wichtig sein. Für Leute wie mich ist es absolut unwichtig. Wir machen es einfach so.

Siehst du, ich betrachte mich als einen sehr, sehr glücklichen Menschen. Die Musik hat es sehr gut mit mir gemeint. Und das ist meine Art, einiges von dieser Güte zurückzuzahlen. Denn wenn ich da spiele, dann spiele ich ja tatsächlich für nichts. Aber ich habe Spaß daran, und den Leuten macht es Spaß, mir zuzuhören. Also, was will man mehr!

Also, wie ich schon sagte: Wir gingen in diesen Laden erst einmal für ein paar Jobs und jetzt, nach einem Jahr, spielen wir immer noch dort. Und es ist eine sehr gesunde Beziehung. Eine Menge Leute kommen, um uns zuzuhören. Und dann spielen wir auch noch viele Konzerte. Wir haben eine Fernsehshow gemacht, die an diesem Sonnabend gezeigt werden wird. Es ist wirklich eine ganz nette Sache! Und die Sache ist die: Wenn uns ab und zu Leute ansprechen und uns bitten, in einem Konzert oder auf einer Party oder so etwas zu spielen, Leute, die Jazzliebhaber sind, dann fordern wir schon einen gewissen Betrag. Dann müssen wir schon 100 Dollar pro Person bekommen. Wenn es sich also um etwas anderes als um den Club handelt, um Privatpersonen oder um Organisationen, dann müssen die uns schon nach dem gängigen Tarif bezahlen.«

Wie läuft das in den Studios? Ist das nicht eine extrem spezialisierte Art von Arbeit? Da muß man doch unwahrscheinlich schnell lesen können?

»Aber sicher. Absolut! Die Leute, die in diesem Kontext arbeiten, sind alle Supermusiker. Ich meine, es ist eine Ehre für mich, zu ihnen zu gehören, das kannst du mir glauben. Das sind alles hervorragende Musiker und großartige Notisten. Und die Mehrzahl von ihnen, du magst es glauben oder nicht, sind ausgezeichnete Improvisatoren. Sie alle sind in vielen musikalischen Bereichen hervorragend versiert. Weißt du, wir wissen ja niemals im voraus, was wir spielen werden. Wir setzen uns hin und bekommen die Noten. Dabei kann es sich um Rockmusik handeln, es kann sich um Jazz handeln, es kann sich um etwas Sinfonisches handeln, um einen Marsch, um Cowboymusik. Es kann alles mögliche sein. Und du mußt dich blitzartig dem anpassen, was auch immer es ist, und es spielen. Zeit kostet ja wahnsinnig viel Geld, besonders für ein großes Orchester. Und das Studio kostet einen Haufen Geld, vielleicht 150 bis 200 Dollar pro Stunde, nur für die Studiomiete und das Bandmaterial. Und dann die Musiker, die bekommen rund 50 Steine in der Stunde. Da kommt also wirklich einiges Geld zusammen. Also muß man in der Lage sein, schnell zu arbeiten, es schnell fertigzubekommen.«

Wie läuft der Prozeß des Anheuerns? Handelt es sich um feste Besetzungen oder werden die jeweils per Telefon zusammengestellt?

»Das läuft übers Telefon. Ich meine, die Leute, die die Musik schreiben, heuern auch meistens die Musiker an. Bei den meisten Komponisten handelt es sich um Leute, die seit vielen, vielen Jahren auf der Chicagoer Szene aktiv sind. Die wissen, wer verfügbar ist, und die haben natürlich auch ihre Favoriten. Es ist weitgehend eine Sache, die von Mund zu Mund geht. Es ist nichts, wo man Anzeigen aufgibt. Ich meine, es ist halt einfach so, wie es ist.«

Für einen Neuankömmling muß es ziemlich schwierig sein, da hineinzukommen.

»Ja, da gibt es Probleme. Aber ich bin da jetzt seit ungefähr 20 Jahren drin. Ich bin ein Veteran, weißt du? Und die meisten der Leute, mit denen ich arbeite, sind jünger als ich. Es findet also ein Austausch statt. Es kommen immer wieder jüngere Leute, die etwas zu bieten haben. Es ist sicher nicht leicht. Aber wenn jemand beharrlich ist, dann wird er sich auch durchsetzen. Aber davon abgesehen, es gibt ja auch noch andere Sachen in der Musik zu tun. Zum Beispiel spiele ich oft an Wochenenden. Wir spielen zum Tanz, bei Hochzeiten und so weiter.«

Mit einer kleinen Gruppe?

»Ja, im allgemeinen handelt es sich um eine kleine Gruppe. Und ich

hab' Spaß daran, weißt du, einfach mit meinen Freunden zusammen-
zukommen und ein paar Songs zu spielen. Und manchmal ist das
interessant allein schon aufgrund der Tatsache, daß wir Sachen
spielen, die wir in unserer Jazzarbeit nicht spielen.«

Interessant für dich?

»Für mich! Ich möchte bei den populären Stücken einfach auf dem
laufenden bleiben, möchte wissen, was zur Zeit gut ist. Es gibt gerade
einen Song, der heißt *Feelings*. Das ist ein sehr schöner Song. Er ist so
einfach. Es ist die Art von Song, die man einmal hört und kennt. Es
gibt nichts Kompliziertes daran, alles sehr durchsichtig, sehr einfach . . . Und das ist gut! Er geht dir einfach nicht mehr aus dem Kopf,
so einfach ist er.«

Bei solchen Gelegenheiten wie Partys oder Hochzeiten, gibt es da
Raum fürs Improvisieren?

»Aber sicher! Absolut! Gewiß!«

Die Leute wollen also nicht nur Tanzmusik, die geradeaus geht?

»Nun, diese Konzession muß man schon machen. Ich meine, ihre erste
Sorge ist: ›Kann ich danach tanzen!‹ Und meine erste Sorge ist: ›Kann
ich so spielen, daß sie danach tanzen können, ich aber immer noch
Spaß daran habe.‹ Und das ist ohne weiteres zu machen, daß ich nicht
nur ein Metronom bin, sondern meine persönlichen Dinge einbringen
kann. Das ist sehr leicht, kein Problem! Die Tatsache, daß die Musiker
Spaß an ihrer Musik haben, überträgt sich ja unmittelbar auf die
Leute. Die merken das sehr schnell, wenn da eine Bande von
gelangweilten Würmern auf der Bühne sitzt, die es nicht abwarten
können, nach Hause zu kommen und den Fernsehapparat anzudre-
hen. Natürlich gibt es ein Problem, wenn man diese Art von Musik
spielt, daß da ein bestimmtes Element enthalten ist . . .« (In diesem
Augenblick kam der Klempner und brachte alles durcheinander.)

Ich habe viele sehr gute Musiker in Chicago kennengelernt, die
außerhalb von Chicago absolut unbekannt sind. Man sagt ja oft, daß
man nach New York gehen muß, um erfolgreich zu sein. Siehst du
das auch so?

»Ich sehe, worauf du hinaus willst. Nun, das ist eine Vermutung. Und
ich weiß nicht, ob sie wahr ist oder nicht. Ich kann es dir ehrlich gesagt
nicht sagen, aber es ist ein durchlaufendes Thema in der Jazzmusik.
Wann immer man über Leute wie Roy Eldridge oder Lester Young
hört, es läuft immer darauf hinaus: ›Ich habe es endlich geschafft, nach
New York zu kommen.‹ Verstehst du, das war immer ihre große
Ambition. So ist es immer gewesen, so weit man zurückdenken kann.

Wenn man erfolgreich sein wollte, mußte man nach New York gehen. Die Sache hat also einen historischen Hintergrund. Es ist nichts Neues.

In Chicago ist die einzige Spitzenarbeit, die wir hier haben, genau genommen in der Werbemusik.«

In finanzieller Hinsicht?

»Genau! In finanzieller Hinsicht. Ich meine, wo wirklich Geld zu verdienen ist, wo für einen Musiker wirklich Geld zu verdienen ist! Mal abgesehen von solchen Fällen, wo du vielleicht Mitglied einer Rockgruppe bist und eine Hit-Schallplatte herausbringst und ganz plötzlich eine Million Dollar verdienst. Aber das ist etwas wie Blitz und Donner.

Der Alltag sieht so aus, daß du ein professioneller Musiker bist, daß du deine Arbeit gut machst, daß du ein bißchen Glück hast, und daß das, was du heute anfängst, der Beginn von dem ist, was du morgen machst. Nun, diese Situation ist hier sehr ausgeprägt. Und es gibt eine Menge Leute hier, wie ich selbst, die sich dessen bewußt sind, daß man einfach nicht mehr machen kann. Die Typen, die hier diese Arbeit machen und eine Menge Geld verdienen, könnten sonstwo hingehen, sie würden keinen Pfennig mehr verdienen.

Offen gesagt! Es gibt einfach nur so und so viel Stunden am Tag! Man kann einfach nur so und so lange arbeiten. Wenn mir also jemand sagt: ›Mensch, warum gehst du nicht nach New York oder Los Angeles‹ . . . Ich meine, für den jungen Typen, der sich einen Namen machen will, der nicht notwendigerweise Geld verdienen, sondern nur anerkannt werden will, für den mag das fein sein. Aber soweit es um das Verdienen des täglichen Brotes geht . . . Ich meine, wieviel kann man machen? Man kann doch einfach nicht mehr machen!

Der große Unterschied ist der: Ganz oben an der Spitze – und ich spreche nicht über das Niveau des Jazzspielens, ich spreche über das Niveau von wirklich einträglicher Arbeit, von massenweise Geld – ganz oben an der Spitze, bei den guten Spielern, sieht es so aus: Gesetzt den Fall, du planst in New York oder in Los Angeles eine Schallplattenaufnahme. Du brauchst eine Blechbläsergruppe, brauchst also drei gute Trompeter und drei gute Posaunisten. Okay! Du weißt also Bescheid, wer zur Verfügung steht. In New York hast du dann vielleicht aus 50 Trompetenspielern auszuwählen. Hier sind es vielleicht nur 12, die sich wirklich ums Geschäft kümmern. Aber diese 12 hier spielen absolut genauso gut wie die 50 in New York. Ich meine, man kann nur bis zu einem gewissen Grade gut spielen;

ebenso, wie man nur bis zu einem gewissen Grade Geld verdienen kann.

Ein Beispiel: Für mich ist hier in Chicago der beste Trompeter der Typ, der mit mir bei *Ears* spielt, Bobby Lewis. Er und ich leiten die Gruppe zusammen. Für meine Begriffe ist Bobby einer der vielseitigsten, abgerundetsten Trompeter, die ich kenne. Er hat ein Magisterdiplom in Musik; er komponiert sehr schön; er singt und er spielt alles. Er spielt Jazz sehr geschmackvoll, er kennt sogar das gesamte Dixieland-Repertoire. Es gibt *keinen* Zweig der Musik, in den er sich nicht vertieft hat. Er spielt wunderschön Trompete, was es auch immer sein mag! Du kannst hingehen, wo du willst, du wirst niemand finden, der besser spielt als er. Vielleicht wirst du jemanden finden, der genauso gut ist; und vielleicht wirst du auch ein paar mehr finden, die genauso gut sind. Aber hier ist er absolut einmalig. In Los Angeles gibt es vielleicht vier oder fünf Typen, die sein Kaliber haben. Es ist also eine Frage der Anzahl. In Los Angeles ist die Reserve vermutlich größer, denn dort gibt es mehr Arbeit. Hier gibt es weniger Arbeit, und hier gibt es weniger Musiker. Aber die Musiker, die hier arbeiten, sind genauso gut, und es geht ihnen finanziell genauso gut.«

Kennst du eigentlich die Leute von der AACM?

»Ja, die kenne ich ganz gut. Aber ich habe keinerlei künstlerischen Kontakt zu ihnen. Ich habe niemals mit diesen Typen gespielt. Ich meine, möglicherweise habe ich mal mit ihnen gespielt, aber mit Sicherheit nicht in *ihrem* Kontext. Wenn ich mit ihnen gespielt habe, dann muß das in einem völlig anderen Zusammenhang gewesen sein, vielleicht eine Schallplattenaufnahme mit black music oder etwas Ähnliches.«

Würdest du sagen, daß dies eine andere Art von Community als eure ist?

»Ja, ganz sicher. In diesem Sinne ganz eindeutig. Und ich muß sagen, daß ich mit ihrer Einstellung zum Jazz nicht ganz einverstanden bin. Aber natürlich ist es ihr Privileg, zu machen was sie wollen, genauso wie es meines ist, meinen eigenen Weg zu gehen. Schließlich handelt es sich hier ja um eine Demokratie!

Ich habe einfach meine eigenen Ansichten darüber, wo der Jazz herkommt und wo er hingeht und wo er jetzt ist. Und das hängt natürlich von meinen persönlichen Vorlieben und Abneigungen ab und davon, womit ich in Berührung gekommen bin.«

Gibt es also eine Art von stilistischer Trennungslinie zwischen euch? Oder ist das ein falscher Ausdruck?

»Ich weiß auch nicht. Es ist fast eine philosophische Trennungslinie, verstehst du? Unterschiedliche Philosophien!«

Handelt es sich vielleicht auch um eine Grenzlinie zwischen dem Norden und dem Süden der Stadt?

»Sprichst du jetzt über Rassen oder sprichst du über Geographie?«

Nun, ich glaube, das hängt in Chicago miteinander zusammen, Rassen und Geographie, nicht wahr?

»Ich bin jetzt durcheinander. Was hängt miteinander zusammen?«

Nun, die Schwarzen leben doch hauptsächlich im Süden der Stadt.

»Hauptsächlich ja. Aber das ändert sich! Ich meine, seit den letzten zehn Jahren ist das nicht mehr ganz wahr. Das wollte ich dir gerade sagen: Zum Beispiel gibt es einen jungen Typen, der mit Basie spielt, ein schwarzer Posaunist, der lebt ein paar Blocks hier um die Ecke.«*

Was ich dich eigentlich fragen wollte, ist, ob es hier nebeneinander so etwas wie eine weiße Jazz-Community und eine schwarze Jazz-Community gibt?

»Ich glaube schon, daß es eine gewisse Polarisierung gibt. Ich glaube, in den 40er Jahren, als ich so um 20 Jahre alt war, da war das nicht so eindeutig gegeneinander abgegrenzt. Damals verwandte ich jede wache Minute darauf, in der ganzen Stadt herumzurennen und zuzuhören und zu spielen und zu experimentieren. Ich glaube, in dieser Phase meines Lebens, in dieser Zeit wurde ich an der *South Side* eher akzeptiert als heute. Ich kann da natürlich nur für mich persönlich sprechen. Also wenn wir schon einmal in rassischen Kategorien denken und nicht in geographischen, dann würde ich sagen, daß ich damals bereitwilliger akzeptiert wurde, als das heute vermutlich der Fall wäre. Um ganz ehrlich mit dir zu sein: Es gibt heute Orte, an die ich einfach nicht mehr gehen möchte.«

Weil es zu gefährlich ist?

»Es ist sehr, sehr gefährlich. Früher ging ich oft in ein Schwarzes Theater, das *Regal Theatre*. Da hatten sie eine *stage show*. Ich kann mich daran erinnern, daß ich dort einmal in dem Orchester gespielt habe, das Nat Cole begleitete. Und die Band war natürlich gemischt. Dort spielte ich auch für Billie Holiday. In diesem *Regal Theatre* traten viele berühmte Namen auf. Eine Zeitlang gehörte ich sozusagen zur Hausband. Wir spielten da auch für Miles Davis. Er kam und brachte eine Partitur mit, die er selbst geschrieben hatte und die wirklich schön

---

* Gemeint ist der AACM-Posaunist George Lewis, der in dieser Zeit tatsächlich mit Count Basie »on the road« war.

war. Ich kann mich daran erinnern, daß wir zusammen essen gingen. Und da gab es einige Restaurants, in denen Weiße nicht bedient wurden. Es war nicht *Jim Crow*, es war *Crow Jim*!* Das alles ist also nichts Neues. Aber damals war es ohne Zweifel subtiler.

Aber heute . . . Wenn ich in dieser Gegend herumlaufen würde, dann würde ich vermutlich eins auf den Kopf bekommen. Das wäre dann also ganz eindeutig und kein bißchen subtil. Ich zögere also sehr davor, dorthinzugehen. Also glaube ich, daß eine Polarisierung stattgefunden hat. Und ich glaube nicht, daß das eine gute Sache ist. Es ist wie eine Überkompensation: Die Schwarzen glauben erklären zu müssen, daß sie unterdrückt worden sind und daß sie nun ihrerseits unterdrücken müssen. Und ich glaube, ein perfektes Beispiel für diese Art von Denkweise sind Leute wie Le Roi Jones und Cecil Taylor . . .«

Bunky Green

Der Altsaxophonist Vernice Green jr., genannt »Bunky«, stammt ursprünglich nicht aus Chicago, sondern aus Milwaukee, Wisconsin, wo er am 23. April 1935 geboren wurde. Das Saxophonspielen brachte er sich überwiegend selbst bei – durch die traditionelle Methode von Versuch und Irrtum und die Imitation der großen Meister, allen voran Charlie Parker. In Milwaukee spielte Bunky Green die verschiedensten Arten von Jobs in Jazzclubs, Shows und Nachtlokalen. 1960 war er auf Empfehlung des Altsaxophonisten Lou Donaldson zwei Monate mit Charles Mingus auf Tour und ließ sich im gleichen Jahr in Chicago nieder, wo er unter anderem mit Ira Sullivan, Andrew Hill und Red Saunders arbeitete. 1964 gewann er einen Wettbewerb beim Intercollege Jazz Festival der Notre Dame University und konnte dadurch eine von der US-Regierung finanzierte Konzertreise zum World International Trade Fair in Algier machen. 1965 leitete er in Chicago das Show-Orchester im Varieté *Gai Paris*.

Irgendwann um 1970, Bunky Green war mittlerweile auf der Chicagoer Jazzszene als ein gefragter Musiker etabliert, unternahm er einen radikalen Schritt. Er zog sich von der aktiven Musikausübung zurück und begann, an der Northwestern University zu studieren: klassisches Saxophon, Musiktheorie, Komposition und so weiter. Ein paar Jahre

---

* Bezeichnung für eine von Schwarzen gegen Weiße gerichtete Rassendiskrimminierung.

später unterrichtete er selbst; er leitete das Jazzprogramm an der
Chicago State University, an der – wie an vielen schulgeldfreien
Staatsuniversitäten – überwiegend afro-amerikanische Studenten ein-
geschrieben sind. Dort traf ich Bunky Green im April 1976 zum ersten
Mal. Er war glücklich, dem alltäglichen Trott und dem Existenzkampf
der Chicagoer Jazzszene entronnen zu sein, und er war dabei, ein – wie
er sagte – ganz neues Improvisationssystem für sich zu erarbeiten.
Als ich ihn 1980 wiedertraf, spielte er im *Jazz Show Case*, Chicagos
renommiertestem Jazzclub. Er war also wieder auf der Szene präsent.
Und er hatte tatsächlich eine neuartige Spielweise entwickelt, in der er
auf äußerst überzeugende Weise eine Synthese von traditionellen und
avancierten Materialelementen und Techniken herstellte.
Bei meinem Besuch in der Chicago State University sprach ich mit
Bunky Green zunächst über die Situation des Jazz in Chicago.
»Auf der Jazzszene hier ist zu Zeit einfach nicht genug Geld zu
verdienen. Es ist furchtbar! Man liebt seine Kunst, aber man ist das
Hungern allmählich leid. Die meisten Clubs hier haben eine Art von
Kompromiß geschlossen. Wenn die Leute hier in einen Club gehen,
dann setzen sie im allgemeinen voraus, daß dort irgendeine Art von
Rockjazz gespielt wird. Wenn das nicht so ist, wird sich der Club nicht
sehr lange über Wasser halten. In anderen Läden, die gut laufen wie
Joe Segals *Jazz Show Case*, da engagieren sie meistens Musiker von
außerhalb. Sie engagieren beispielsweise jemanden wie Sonny Stitt
und heuern dazu dann eine Rhythmusgruppe von hier an, die ihn
begleitet. Auf diese Weise bekommen dann unsere Leute ein bißchen
Arbeit; aber das passiert dann auch nur in dem speziellen Fall, wo der
Musiker von außerhalb nicht seine eigene Gruppe mitbringt. Und das
ist natürlich keine Lösung für *mich*. Die einzige Lösung, die ich für
mich herausgefunden habe, ist diese Lösung hier an der Universität.
Sie liegt in der Tatsache, daß ich hier unterrichten kann, daß ich auf
meinem Gebiet arbeiten kann und dabei genug verdiene, um bequem
leben zu können; und daß ich trotzdem noch Jazz spielen kann, aber
ohne all diesen ökonomischen Druck von außen. Das bedeutet für
mich, daß ich mich auf die Musik in einem Maße konzentrieren kann,
wie das früher niemals möglich war. Anstatt die ganze Zeit zu spielen,
ist es natürlich für mich wichtig, daß ich Zeit zum Nachdenken habe.
Und wenn man ständig auftritt, dann *spielt* man mehr als man denkt.
Dann fällt das Denken irgendwann völlig flach, und man reagiert nur
noch automatisch. Wenn ich zum Beispiel vier oder fünf Nächte in der
Woche spiele, dann spiele ich meistens in diesen vier oder fünf

Nächten das gleiche; das gleiche in jeder Nacht. Denn man kann es sich einfach nicht leisten, einmal etwas *Neues* auszuprobieren, denn man will sicher sein, daß es in jeder Nacht gut läuft.«

Auf der Bühne gibt es keinen Raum für Experimente?

»Keinen Raum dafür! Und das ist es, was mir die Universität ermöglicht hat.

Zu Anfang sagte mir jeder meiner Freunde und meiner Kollegen: ›Was, um Gottes willen, machst du denn in der Schule? Wieso vergeudest du deine Zeit in der Schule, während du hier draußen spielen solltest? Hier draußen passiert es! Aber du läßt deine Kunst sterben, das ist furchtbar. Du solltest hier draußen bei uns sein und spielen, Mann!‹

Und die Typen, die das damals zu mir sagten, ich nenne keine Namen, die spielen heute immer noch genauso wie damals. Die spielen heute immer noch das gleiche, was sie spielten, als ich vor fünf bis sechs Jahren mit ihnen gearbeitet habe. Aber ich habe die Zeit genutzt. Und als Resultat, daß ich zur Schule zurückgegangen bin und Zeit zum Nachdenken hatte, habe ich meine ganze Spielweise total verändert. Wenn ich *jetzt* auf die Szene zurückkomme und zu spielen anfange, sagt jeder: ›Hey, was ist los? Was ist mit ihm passiert? Was macht er da? Worauf will er hinaus?‹

Und siehst du, zu dieser Art von Entwicklung haben sie einfach keine Möglichkeit. Und die meisten von ihnen können wirklich nichts dafür, denn sie werden durch die ökonomischen Probleme in die Ecke gedrängt.

Was also die Chicagoer Szene betrifft, außer bei der AACM, also bei Richard Abrams und seiner Gruppe, passiert hier wirklich nicht viel Neues. Es gibt nichts Neues. Ich habe hier in der Universität ein paar Leute, die ich ein bißchen in meine Richtung zu lenken versuche . . . Aber ansonsten ist von neuen Wegen hier keine Spur; immer noch dasselbe wie immer schon. Und finanziell: Wenn man Glück hat, dann bekommt man vielleicht einen Job in den Studios.«

Aber das wirft einen wahrscheinlich musikalisch auch zurück, nicht?

»Aber ja. Die meisten Studiomusiker stagnieren. Die, die einmal gut gespielt haben, spielen weiter so, aber damit hat sich's dann auch. Ich meine, die spielen die gleiche Art von Jazz, wie sie auch vor zehn Jahren schon gespielt haben. Im allgemeinen spielen sie allerdings nicht mehr so gut wie früher, denn sie machen es sich bequem.

Und dann läuft es immer auf das gleiche hinaus: ›Hey, laß uns einfach mal zusammenkommen und jammen.‹ Verstehst du? Einfach mal zusammen spielen. Und dann rufen sie einen an, damit man mit ihnen spielt. Und unter Umständen zahlen sie dir gerade so den regulären Tarif. Oder sie fordern dich sogar dazu auf, für weniger zu spielen. Und sie sagen: ›Wir werden sicher eine Menge Spaß haben. Wir spielen aus Spaß an der Freude, denn wir *lieben* die Musik.‹

Aber, was zum Teufel, stellen die sich vor? Die verdienen 30 000 bis 40 000 Dollar im Jahr; und dann kommen sie zu dir und wollen, daß du aus *Spaß* mit ihnen spielst. Im allgemeinen mache ich da also nicht mehr mit. Ich spiele immer noch Konzerte und mache Workshops und so etwas. Aber am meisten konzentriere ich mich darauf, mein eigenes System weiterzuentwickeln.«

Aber ist es nicht auch wichtig, diese Interaktion innerhalb einer Gruppe zu erfahren, die daraus resultiert, daß man mehr oder regelmäßig spielt?

»Mit regelmäßig spielen meinst du da, daß man die ganze Zeit spielt?«

Ich meine folgendes: Ich glaube schon, daß man sich auch ganz alleine weiterentwickeln kann. Aber entsteht daraus nicht eine gewisse Isolierung? Ich meine, Jazz ist doch eine Gruppenmusik, nicht?

Jetzt verstehe ich, was du meinst. Ja, man muß auf der Hut sein! Aber man muß einfach das Opfer bringen und sich die Zeit nehmen; zumindest mußte ich das. Und ich mußte meine eigene Sache vorantreiben. Es war wie eine innere Berufung. Ich hörte einfach etwas anderes! Aber ich konnte das mit den Leuten, die jetzt auf der Szene sind, nicht zusammenbringen, denn die denken anders als ich. Sie denken anders als ich, und sie spielen anders als ich. Und auf diese Weise sind unsere Ideen nicht kompatibel.

Und wenn man sich nicht für eine Weile aus dieser Clique zurückzieht, dann passiert es, daß man den Wald vor lauter Bäumen nicht mehr sieht. Aber wenn man sich einmal von dieser Insider-Perspektive entfernt, dann sieht man ganz genau, was da vorgeht. Denn wenn man ein Teil davon ist, dann ist es wirklich schwer, dahinterzukommen. Aber jetzt, von hier aus, kann ich sehen, was läuft, kann ich darüber nachdenken und mir ein objektives Bild machen. Die Tatsache, daß ich mich von der Szene zurückgezogen habe, hat also bewirkt, daß ich meine Gedanken ein bißchen sammeln konnte und daß ich jetzt genau weiß, wo ich musikalisch hingehen möchte.

Wenn ich jetzt also wieder mit meinen alten Kumpanen zusammentreffe, dann kann ich ihnen ganz genau sagen, *wie* ich spielen will. Und ich kann ihnen auch sagen, wie sie sich dem, was ich mache, anpassen können, ohne dabei total ihre eigene Sache opfern zu müssen. Denn man muß sich selbst treu bleiben! Auf diese Weise läuft es jetzt. Und ich persönlich habe mit alledem keinerlei Schwierigkeiten gehabt. Ich glaube einfach nicht, daß man jede Nacht da draußen auf der Szene arbeiten muß, um auf Draht zu bleiben. Tatsächlich glaube ich, wenn man jede Nacht unterwegs ist und spielt, dann zieht einen das eher runter. Denn es bleibt keine Zeit zum Nachdenken. Man spielt und spielt und spielt.«

Die Musiker, mit denen du hin und wieder zusammen Konzerte spielst, sind vermutlich nicht in der gleichen Situation wie Du. Ich meine, sie haben nicht die Universität als ökonomischen Rückhalt. Wie bringen die es fertig, zu überleben?

»Nun, für die Rhythmusgruppen ist es nicht so schwer wie für die Bläser, denn Rhythmusgruppen werden immer gebraucht. Aber wir als Bläser sind hier sozusagen überflüssiges Material. Aber siehst du, wir möchten natürlich auch überleben! Und das war für mich einer der wesentlichsten Gründe, warum ich zur Universität gegangen bin. Denn es war ursprünglich natürlich nicht meine eigentliche Absicht, zur Universität zu gehen. Das tat ich zunächst einmal unter dem Druck der Notwendigkeiten.

Nun ist es allerdings bei vielen unserer Musiker so, daß sie über keinen ausreichenden Schulabschluß verfügen. Manche haben vielleicht nicht mal einen High School-Abschluß. Die müßten dann also zuerst einmal zurück in die Schule gehen, um ein High School-Diplom zu erwerben. Und erst dann könnten sie wiederkommen. Nun, mein Gott! Wir sprechen ja aber von Leuten, die 30 bis 40 Jahre alt sind. Einige von ihnen sind sogar schon über 50. Und für die ist es einfach viel zu schwer, umzukehren. Also arbeiten sie weiter! Und sie haben natürlich auch Arbeit. Die kommen also mit dem Überleben schon klar. Sie haben Jobs. Und du wirst dich wundern, wovon man leben kann, wenn man darauf angewiesen ist. Verstehst du? Ich persönlich weiß das, denn ich hab' das durchgemacht! Ich habe von 35 Dollar in der Woche gelebt. Und ich schäme mich nicht, das zu sagen. Ich habe von 35 Dollar in der Woche gelebt und es dabei fertiggebracht, die Miete zu bezahlen. Das bedeutet dann: Man geht nirgendwo hin, und weil man nirgendwo hingeht, bleibt man zu Hause und übt. Das ist so ziemlich das einzige, was man machen kann! Erholung und Unterhaltung, das kann man vergessen, denn Unterhaltung kostet Geld.

Da lernt man dann die kostenlosen Dinge des Lebens schätzen, Parks und Museen. Die liebe ich sowieso! Die können sich ihre verrauchten Nachtclubs an den Hut stecken! Aber laßt mir die Parks! Laßt mir die frische Luft! Verstehst du, das bedeutet für mich Schönheit. Mir hat das also niemals viel ausgemacht. Ich weiß also, wie sie leben, denn mir ging es genauso wie ihnen. Und ich weiß, daß sie von dem bißchen Geld, das sie verdienen, leben können. Sie bringen es einfach fertig, von 40, vielleicht auch 50 Dollar pro Woche zu leben. Sie kommen schon klar. Unter Umständen müssen sie den Gürtel etwas enger schnallen. Und in vielen Fällen sieht es so aus, daß nicht nur der Mann, sondern auch die Frau arbeitet. Sie steuert also etwas bei, und zusammen kommen sie klar. So sieht es aus. Wirklich, hier ist kaum Geld zu verdienen.«

Hast du den Eindruck, daß sich in Chicago etwas geändert hat? Denn ich meine, Chicago war doch dafür bekannt, daß es hier eine sehr lebendige Jazzszene gab, hier kommen doch schließlich all diese bedeutenden Ternorsaxophonspieler her.

»Ja sicher. Hier hat sich mit Sicherheit etwas geändert seit den Zeiten, als ›Jug‹ Gene Ammons und Sonny Stitt hier waren. Gegenüber den frühen Jahren, als Bird hier auf der Szene aktiv war, da hat sich mit Sicherheit etwas geändert.

Zunächst einmal ist es heute schon ungeheuer schwer, ein Lokal zu finden, wo man überhaupt spielen kann. Und wenn man ein Lokal zum Spielen gefunden hat, zum Jammen, dann ist das im allgemeinen zu kommerziell. Dann muß man also seine Musik so zurechtbiegen, daß sie in diese Situation hineinpaßt. Denn sonst würden sie dich wahrscheinlich gar nicht spielen lassen.

Und was die Lokale betrifft, wo man überhaupt jammen kann . . . Mein Gott, es gab einmal so viele Lokale, wo man hingehen und jammen konnte. Jetzt gibt es nur noch sehr wenige. Die Leute jammen einfach nicht mehr in der gleichen Weise wie früher. Ich meine, darauf läuft es einfach hinaus. Die Leute jammen überhaupt nicht mehr! Viele Musiker, besonders jüngere Musiker, sind heute vom Jazzrock beeinflußt. Und die hören einfach keine andere Art von Jazz mehr und entwickeln also auch keine Beziehung dazu. Siehst du, die hören halt Jazzrock, sie hören Donald Byrd, Herbie Hancock, Chick Corea. Ich meine das sind fantastische Musiker, aber vermutlich hatten sie keine Lust mehr, zu hungern. Ich kritisiere sie dafür keineswegs; ich kritisiere niemanden von diesen Typen! Ich meine, Chick hat vermutlich niemals gehungert; aber ich meine, es gibt andere Leute, die diesen Weg eingeschlagen haben. Verstehst du! Die hatten die ganze

Zeit kein Geld, und plötzlich macht es bei ihnen *klick*. Und sie sagen sich: ›Hey, ich hab' mein Lehrgeld bezahlt. Ich hab' es satt, all dies weiter durchzumachen. Ich will jetzt einen Haufen Geld verdienen.‹ Ich will also jemanden wie Donald Byrd keineswegs schlechtmachen. Aber da ich weiß, daß er so ein hervorragender Musiker ist und daß einige andere Leute ebenso hervorragende Musiker sind, da wünsche ich mir manchmal, daß sie hin und wieder ein bißchen von dem durchklingen lassen, was an Jazz in ihnen ist. Ich meine: Verdient nur weiter Euer Geld, aber laßt auch manchmal ein bißchen Jazz durchkommen. Das ist alles, worum ich bitte.«

Rufus Reid

Zu dem Zeitpunkt, als ich ihn (1976) interviewte, war der Bassist Rufus Reid einer der meistbeschäftigten Free Lancer auf der Chicagoer Musikszene. Er spielte in den Studios; er gehörte zur Hausrhythmusgruppe des *Jazz Show Case*, die immer dann angeheuert wurde, wenn ein gastierender Solist ohne eigene Gruppe auftrat; er spielte Konzerte in Colleges und Museen, mit Musikern wie Bunky Green, Eddie Harris und Ken Soderblom; und er unterrichtete in Jazzkursen und privat. Die von ihm verfaßte Baßschule *The Evolving Bassist* gehörte zu den erfolgreichsten Unterrichtswerken dieser Art, und sein Beitrag als Bassist auf den Play-Along-Schallplatten zu Jamey Abersolds Improvisationslehrgang *A New Approach to Jazz Improvisation* fand von seiten der Jazzpädagogik hohe Anerkennung.
Trotzdem war Rufus Reid alles andere als zufrieden mit seiner Situation in Chicago. Warum?
»Seit ich hier bin, war das ein ständiges Auf und Ab. Zuerst, als ich herkam, da gab es Sessions und eine Menge verschiedener Clubs sowohl in diesem nördlichen Teil der Stadt als auch in der South Side, wo die Mehrzahl der schwarzen Musiker lebt. Die Mehrzahl der besseren Musiker in Chicago ist an der South Side zu finden und arbeitet von dort aus. Aber es gab auch eine Menge Clubs in der South Side von Chicago, in denen sie arbeiteten. Und mit Von Freeman zum Beispiel, da gab es immer etwas zu tun, immer einen Ort, zu dem man gehen konnte. Aber in ökonomischer Hinsicht, was das Geld betraf, da war mit den Clubs dort nicht allzu viel los. Ich meine, niemand dort konnte es sich leisten, in die Clubs zu gehen. Und die Clubbesitzer

wollten nichts bezahlen, nicht mal den Tarif. Es ging also ständig bergab. Die Clubs machten einer nach dem anderen zu, und infolgedessen gab es weniger und weniger Lokale, in denen man spielen konnte.

Aber siehst du, was ich herausgefunden habe ist, daß hier nur ein ganz kleiner Prozentsatz der Musiker von ihrer Musik lebt oder zumindest von ihrer Musik zu leben versucht. Denn siehst du, ausgenommen von mir selbst und der Sängerin Jerry arbeiten *alle* Musiker, die du heute in diesem Konzert gehört hast, in den Studios. Ich meine, ich arbeite hin und wieder auch einmal in den Studios, aber ich hänge nicht davon ab. Die andern aber sind permanent in den Studios. Und konsequenterweise ist es für sie etwas ganz Besonderes, wenn sie hier in einem Konzert auftreten und sich einmal richtig ausspielen können, ohne sich um irgend etwas anderes kümmern zu müssen. Denn die müssen sich ja nicht abrackern und sich um ihr Überleben Sorgen machen. Die kommen einfach her und spielen. Das Geld ist bei dieser Angelegenheit hier sowieso nicht das größte. Aber weißt du, das ist auch nicht der Grund, aus dem *ich* hier spiele. Aber ich funktioniere trotzdem auf eine andere Weise als sie. Ich gebe ein bißchen Unterricht. Ich spiele mit vielen verschiedenen Leuten. Ich mache hauptsächlich Free Lancing. Und auf diese Weise komme ich klar.

Aber ich mache es lieber so, als daß ich mich total in die Studioarbeit verwickele und nur noch Musik für die Werbung spiele. Denn genaugenommen ist das eigentlich gar keine Musik! Man verdient da zwar ungeheuer viel Geld. Aber ich will einfach spielen, mindestens bis ich 50 bin oder so. Und es ist einfach so, daß nur ganz wenige von denen, die in den Studios arbeiten, nicht mit der Zeit musikalisch stagnieren. Denn dort wird man selbstzufrieden und gleichgültig, verstehst du? Man verdient einen Haufen Geld und sagt sich: ›Warum soll ich noch üben oder warum soll ich sonst etwas machen.‹«

Was ist denn der Hauptgrund für die Arbeit in den Studios? Liegt er in der Tatsache, daß es keine anderen Jobs gibt oder daß da soviel Geld drin ist?

»Oh, es ist eine unglaubliche Menge Geld in den Studios zu verdienen; vorausgesetzt, du bist glücklich genug, den richtigen Typen zu kennen, der wiederum den richtigen Typen kennt, der dir dann weiterhilft. Und wenn du einmal drin bist . . . Ich meine, man muß da schon spielen können!

Siehst du, ich hab' all diese Sachen schon gemacht. Ich weiß, daß ich das drauf habe. Aber es hat sich mir einfach gezeigt, daß ich das

machen muß, was ich wirklich machen *will*. Wenn mich also irgend
jemand wegen eines Jobs anruft und der paßt nicht in meinen
Terminkalender, dann sage ich ihm einfach ab. Konsequenterweise
werden sie deshalb irgendwann nicht noch einmal anrufen, wenn sie
nicht ungeheuer im Druck sind. Oder aber sie haben irgend etwas ganz
Spezielles für mich. Und das ist dann natürlich großartig, da bin ich
dabei! Aber wenn man sich völlig auf diese Studioszene einläßt, ich
weiß nicht! Siehst du, vermutlich könnte ich hier in Chicago bleiben
und Studioarbeit machen, um musikalisch zu überleben. Dazu müßte
ich dann versichern: ›Ich bin nicht auf Reisen. Ich sitze hier und stehe
für euch Typen zur Verfügung. Ruft mich an, wann immer ihr wollt!‹
Und dann muß ich hier sitzen, damit sie sich darauf verlassen können,
daß ich auch wirklich hier bin. Denn weißt du, bei denen geht es ja um
Tausende von Dollars. Es ist unglaublich.«

*Ich habe den Eindruck, daß die ökonomische Situation in Chicago
letzten Endes nur für die Studiomusiker günstig aussieht. Aber es gibt
doch noch ein paar andere Musiker, die nicht so sehr in das
Studiogeschäft verwickelt sind. Was machen die denn eigentlich?*
»Die meisten von ihnen haben Tagesjobs. Oder sie unterrichten ein
bißchen und machen dann noch ein paar Jobs hier und da, genug, um
die Miete zu bezahlen. Aber sie haben keine Chance, Fortschritte zu
machen. Sie halten sich geradeso über Wasser. Meistens machen sie
irgendeinen Tagesjob, wenn sie sich nicht irgendeiner Band anschlie-
ßen und irgendeine andere Art von Musik spielen, die mit Jazz nichts
zu tun hat. Das letztere machen viele. Ich meine, ich mache das auch.
Solange es sich um gute Musik und um gute Musiker handelt, spiele ich
jede Art von Musik, die man sich vorstellen kann.«

Was zum Beispiel?
»Ja nun, Tanzabende, Bar-Mizwas, jüdische Hochzeiten, alles mögliche . . . Aber ich wundere mich manchmal selbst, wie die Jungs hier
klarkommen, denn ich kenne ihre Einstellung.«

Glaubst du, daß in Chicago bestimmte Stilbereiche dominieren?
»Nein, ich glaube eigentlich nicht, daß irgendein bestimmter Stil hier
dominiert, vielleicht abgesehen davon, daß viele Musiker am Bebop
orientiert sind. Die jüngeren Musiker spielen mehr so die Sachen von
Chick Corea oder zeitgenössische Dinge. Aber im großen und ganzen
ist das hier eine Bebop-Stadt! Es gibt eine ganze Menge Musiker, die
in New York bekannt wurden und die dann hier in Chicago eine
Zeitlang arbeiten, ganz gleich, ob sie nun von hier sind oder hier nur
einige Zeit verbringen. Richard Davis zum Beispiel ist von hier. Joe

Farrell hat hier gearbeitet. George Coleman, Harold Mabern, die haben alle hier eine Weile gelebt. Bob Cranshaw ist von Evanston. Dann gibt es eine ganze Reihe von Pianisten. Das hier ist so eine Art von Stadt für Rhythmusgruppen!«

Die Chicagoer Tenorsaxophonisten sind auch ziemlich berühmt, nicht?

»Ja, das ist richtig. Und zwar, weil die Rhythmusgruppen hier immer sehr gut zusammenwaren, verstehst du? Die haben wirklich geswingt! Das hier ist wirklich eine swingende Stadt. Und an der South Side, da gab es Läden an allen Ecken. Das konnte sich um irgendeine kleine dreckige Kneipe handeln; aber die Leute dort wußten genau, ob einer spielen konnte oder ob er nur dummes Zeug machte. Gene Ammons, den liebten sie da unten! Die Leute haben sogar eine Sammlung veranstaltet, um ihn aus dem Gefängnis herauszubekommen. Wirklich stark! Johnny Griffin kommt dort auch her. Und wenn früher Bigbands wie Count Basie oder Duke Ellington nach neuen Spielern Ausschau hielten, dann sahen sie sich zunächst einmal hier um. Denn das hier war *die* Stadt für so etwas.

Aber das ist heute alles ganz anders, das ist längst nicht mehr so! Das war schon nicht mehr so, als ich herkam. Aber das war es, was man mir erzählte.«

War das in den 50er Jahren?

»Ja, und in den 60er Jahren. Aber danach . . . ich kam 1969 her. Und ich hörte mehr Geschichten als sonst irgend etwas. Ein bißchen davon habe ich noch selbst erfahren, aber nicht mehr viel. Ich war immerhin glücklich genug, mit Leuten wie Wilbur Campbell, John Young und Jody Christian zu spielen, so halt die Leute, die für Joe Segal* arbeiteten und ähnliche Läden. Aber die wirklich starken Jazzspieler kannst du dir heute an den 10 Fingern abzählen.«

Und du meinst, das liegt vor allem an den nicht so rosigen ökonomischen Bedingungen?

»Ja. Denn die meisten von ihnen wollen einfach keine kommerzielle Musik machen. Also haben sie einen Tagesjob angenommen. Und ein paar von ihnen spielen deshalb nicht mehr, weil sie es nicht richtig draufhaben. Siehst du, ich hatte ein paar Schüler, die wirklich gute Voraussetzungen besaßen. Aber es fehlten ihnen einfach ein paar Dinge, die sie gebraucht hätten, um diese anderen Arten von Jobs zu spielen, d. h. solche, die wirklich nichts mit Jazz zu tun hatten, sondern

* Besitzer des Jazz Show Case

nur mit einem guten musikalischen Handwerk.

Ich habe aber den Eindruck, daß sich in dieser Hinsicht in den letzten Jahren einiges geändert hat. Siehst du, ich liebe den Jazz, und deshalb werde ich auch vermutlich bis zum Ende meines Lebens Jazz spielen. Aber trotzdem bin ich in der Lage, alle anderen Arten von Musik zu spielen. Denn ich habe das studiert, verstehst du? Ich habe ein Diplom fürs Baßspiel, wofür das auch immer gut sein mag. Also ich habe studiert, ich habe mich ein bißchen mit klassischer Musik auseinandergesetzt, in einigen kleinen Amateurorchestern in der Schule gespielt. Ich habe elektrischen Baß gespielt und habe klassische Musik gemacht. Ich kann vom Blatt spielen, aber gleichzeitig brauche ich nicht unbedingt Noten zu haben, um spielen zu können. Ich habe mich also in einer Art und Weise ausgerüstet, daß ich als Musiker überall funktionieren kann. Andere Typen hier mochten diese Anstrengung vielleicht nicht aufbringen. Nun, dann müssen sie halt die Konsequenzen dafür tragen, daß sie nicht in der Lage sind, in unserer Gesellschaft zu funktionieren. Und dabei spielen sie vielleicht wie die Könige . . . Es gibt hier schon noch ungeheuer gute Musiker. Nimm einmal Bunky Green, ein unglaublicher Saxophonist!«

Er unterrichtet hauptsächlich, nicht wahr?

»Ja, aber er spielt auch. Aber du solltest ihn einmal hören. Er hat jetzt ein bestimmtes Alter erreicht, in dem er einfach nicht mehr bereit ist, die gleiche Lebensweise zu akzeptieren wie zu der Zeit, als er ein junger Bursche war. Das gleiche gilt für Eddie Harris. Viele Leute und Musiker mögen Harris nicht, denn er ist erfolgreich geworden.«

Meinst du, das ist der Grund?

»Nun, er ist ein bißchen anders als die anderen. Und das ist der Grund, weshalb ihn viele Leute nicht mögen. Denn sie können ihn mit niemand anderem vergleichen. Aber Eddie Harris ist ein Meister! Ich habe eine Menge von ihm gelernt. Und dabei ist er mit Leuten wie Gene Ammons aufgewachsen. Und die mochten ihn damals auch nicht, denn er hatte einen dünnen Ton usw. Aber er hat einfach etwas vom Geschäft verstanden. Und er ging mit einer völlig anderen Einstellung an die Dinge heran. Und natürlich hatte er keine Lust, zu hungern. Aber gleichzeitig war er in der Lage, wirklich etwas auf die Beine zu stellen. Und als jedermann in diese bestimmte Richtung ging, da ging er automatisch auch in diese Richtung. Aber dennoch brachte er es fertig, daß etwas Gutes dabei herauskam. Auch für ihn selbst! Mittlerweile hat er sich natürlich selbst in eine ganz bestimmte Ecke laviert. Mittlerweile muß er den kommerziellen Erfolg aufrechterhalten, muß ernten, was er gesät hat. Aber siehst du, er hat nun einmal seine Wahl getroffen. Dabei hätte er ohne weiteres einer wie Coltrane werden können, so gut spielt er. Er spielt wirklich so gut! Die Leute wissen das nur nicht. Aber er kann es! Aber er sagt: ›Scheiß drauf, ich habe keine Lust, all diese Mühseligkeiten durchzumachen. Warum sollen die Leute erst über mich sprechen, wenn ich schon tot bin. Sie sollen *jetzt* über mich sprechen.‹

Das hat er tatsächlich gesagt, als wir zu Beerdigung von Gene Ammons gingen. Der wog nur noch 90 Pfund, als er starb, und hatte keinen Groschen in der Tasche. So versuchte Eddie uns zu überzeugen: ›Seht einmal, warum das ganze Leben lang spielen, wenn man zum Schluß überhaupt nichts hat. Das einzige, was Gene Ammons für sich selbst gewonnen hat, war sein Name.‹ Und dann sagte er noch: ›Wir müssen uns einen Namen machen, solange wir noch jung sind, und dann davon profitieren, indem wir unsere Geschäfte vorantreiben.‹

Und ich glaube, daß sich unter den gegenwärtigen Umständen mehr und mehr Jazzmusiker schließlich dieser Problematik bewußt werden. Man kann sich nicht mehr einfach sagen: ›Ich will Musik spielen, und zwar vorzugsweise Jazz.‹ Ich glaube wirklich, die Einstellung der jüngeren Musiker hat sich in dieser Hinsicht geändert. Die meisten jüngeren Musiker heute verzetteln sich nicht mehr damit, Pot zu rauchen und Rauschgift und so etwas zu nehmen, sondern sie konzentrieren sich darauf, zu studieren und ihren Kram zusammenzubekommen. Denn die Konkurrenz ist unglaublich.

Ich selbst unterrichte oft in Jazzkursen. Und dann spiele ich vielleicht mit einem kleinen, 16 Jahre alten Schlagzeuger. Und du wirst es nicht glauben: Er spielt wie einer, der 35 ist. Wirklich wahr! Ich meine, in musikalischer Hinsicht. Technisch hat er das alles sowieso schon drauf. Und sein wirkliches Alter zeigt sich erst, wenn er über längere Zeitstrecken spielen muß, denn dann zeigt sich, daß er halt noch nicht so viel Durchstehvermögen hat. Aber technisch! Die Technik haben sie ihnen in den Schulen und Colleges beigebracht.

Und konsequenterweise erwächst aus alledem eine große Gefahr für den Musiker, der seit Jahren da draußen auf der Szene unterwegs ist und spielt. Denn da kommt dann vielleicht plötzlich ein kleiner Junge und spielt alle seine Soli. Er hat sie transkribiert und analysiert und dann spielt er sie genau wie du . . . Verstehst du? Das ist wirklich ein Ding!«

Man sagt im allgemeinen, daß man, um Erfolg zu haben, nach New

York gehen muß. Würdest du sagen, daß das stimmt?
»Nun, das hängt davon ab, was du unter ›Erfolg haben‹ verstehst. Ich persönlich glaube, Erfolg haben bedeutet, daß man anfängt, ein wenig Anerkennung zu finden, daß mein Name hin und wieder genannt wird. Und was mich betrifft, so bin ich in dieser Hinsicht erfolgreich, was auch immer das genau bedeuten mag. Aber dabei dann stehenzubleiben und einfach so weiterzumachen, das ist eine ganz andere Sache. Ich glaube, das ist einer der Gründe, weshalb ich Chicago verlassen will. Ich fürchte, daß ich hier ein bißchen bequem werde, denn der Energiepegel hier ist nicht hoch genug, um mich auf dem Niveau zu halten, das ich haben will. Siehst du, ich kann einfach nicht warten, bis der und der hier einmal im *Jazz Show Case* spielt, der mich wirklich zum Spielen inspiriert. Denn das kann unter Umständen Wochen oder Monate dauern, bis das einmal passiert. Von den lokalen Musikern hier gibt es einfach nicht genug, die dich dauerhaft auf diesem Niveau halten. Denn in New York, selbst wenn sie dort auch viel *funky* und so etwas spielen, da gibt es immer noch die besten.
Die haben natürlich auch ihre Schwierigkeiten.
»Sicher, sie haben auch ihre Schwierigkeiten, Arbeit zu bekommen. Aber trotzdem passiert dort immer noch mehr als irgendwo sonst hier im Lande. In Los Angeles ist das mehr eine industrielle Sache: Film, Fernsehen und so weiter. Als kreativer Musiker geht es dir dort fast genauso schlecht wie hier. Denn es gibt dort nicht genug Läden, und es ist so ungeheuer groß. Und das macht es sehr schwierig.
Ich glaube also, wenn jemand in der Lage ist, nach New York zu gehen und sich von dieser Stadt nicht geistig oder sonst durcheinanderbringen läßt, dann sollte er das machen. Ich gehe jedenfalls nach New York! Ich habe auch schon einen Job mit Thad Jones.«
Kurze Zeit nach diesem Interview ging Rufus Reid nach New York. Und kurze Zeit später war aus dem lokalen Chicagoer Free Lancer ein international renommierter Bassist geworden. Der Job im Orchester von Thad Jones kam zwar nicht zustande. Aber der große Dexter Gordon, Symbolfigur des blühenden Bebop-Revivals, heuerte Rufus Reid an. Reid machte Schallplatten mit Gordon, mit der Sängerin Etta Jones und dem einstigen Cool Jazz-Innovator Lee Konitz. Rufus Reid ›had made it‹, er hatte es *geschafft*.

KAPITEL 5

NEW ORLEANS

»In New Orleans ist alles anders.« – Zu dieser Erkenntnis gelangt der Beobachter der New Orleanser Jazzszene mit einiger Zwangsläufigkeit, wenn er die Situation von Jazzmusikern dort mit jener in anderen Städten der USA vergleicht.

In New Orleans gibt es kaum existenzielle Probleme für Jazzleute (vorausgesetzt, sie spielen Oldtime). In New Orleans fürchten sich die Musiker nicht vor dem Altwerden (vorausgesetzt, sie spielen Oldtime). In New Orleans ist immer ein Publikum da, und es ist immer begeistert (vorausgesetzt, es hört Oldtime). In New Orleans gibt es sogar Ansichtspostkarten mit Jazzmusikern darauf (sie spielen Oldtime).

Die Ursachen für diese Besonderheiten sind nicht schwer herauszufinden. In dieser Stadt, die sich als »Wiege des Jazz« in den Reiseprospekten anpreist, gehört Jazz – neben dem Creole Food und der Mississippi-Dampferfahrt – zu den wichtigsten touristischen Attraktionen. Und auf die gleiche Weise, wie der Homo zillertaliensis als Zitherspieler auftritt, ist der Homo new orleanensis ein Jazzmusiker. Daß dies für den Jazz in New Orleans und für die Situation der Musiker erhebliche Konsequenzen hat, liegt auf der Hand.

Die Vereinnahmung des alten Jazz durch das Tourismusgeschäft ist allerdings ein relativ junges Phänomen, für dessen Auftreten zwei Voraussetzungen wesentlich waren, eine – im weiteren Sinne – musikalische und eine rein ökonomische. Die erstere bestand im Dixieland-Revival (auch New Orleans-Renaissance genannt), der Wiederbelebung des durch Swing und Bebop in den Hintergrund gedrängten New Orleans Jazz (und seiner Ableger), die in den 40er Jahren zunächst von einigen Schallplattensammlern und -produzenten angekurbelt worden war und in deren Folge sich viele der alten, zum Teil bereits in Vergessenheit geratenen New Orleans-Musiker zu neuen Aktivitäten zusammenfanden. Die beiden Clubs, die diesem frühen Revival ihre Entstehung verdanken, sind die *Paddock Lounge* und die *Famous Door*, beide in der Bourbon Street im *Vieux Carré* gelegen. Dem Revival verdankte schließlich auch die *Preservation Hall* in der St. Peter Street ihre Existenz; sie wurde 1961 eröffnet und entwickelte sich im Laufe der Jahre zu einer Art Kultstätte des alten Jazz.

Dafür, daß das New Orleans Jazz-Revival *in* New Orleans jedoch nicht nur eine Angelegenheit von Fans blieb, sondern immense Erfolge feiern konnte, trug die zweite, die ökonomische Voraussetzung bei. Diese bestand in der Entwicklung von New Orleans zu einem Tourismus- und Kongreßzentrum ersten Ranges, was nicht nur durch das stets freundliche Klima der Stadt begünstigt wurde und ihren unamerikanisch mittelmeerländischen Charme, sondern vor allem auch durch die Errichtung des Louisiana Superdome, eines 27stöckigen, an Science Fiction-Filme erinnernden Kuppelbaus, der bei Bedarf mit rund 80 000 Sitzplätzen ausgestattet werden kann und der wiederum den Bau zahlreicher Hotels, Restaurants, Bars und Nachtclubs nach sich zog.

Das Zentrum des nächtlichen touristischen Amüsierbetriebes von New Orleans ist die Bourbon Street. Sie ist zugleich auch das Zentrum der jazzmusikalischen Aktivitäten. Auf einer Strecke von rund einer halben Meile findet sich hier, zwischen Iberville und St. Peter Street, neben zahlreichen Restaurants, Bars und Stripteaselokalen, die größte und dichteste Kollektion von Jazzclubs, die man sich vorstellen kann. All diesen Clubs, so unterschiedlich sie in Aufmachung, Eintritts- und Getränkepreisen auch sein mögen, ist eines gemeinsam: die Musik, die in ihnen zu hören ist. Denn ganz gleich, ob man sich in die lange Schlange derer einreiht, die in Abendkleidern und Smokings vor dem Club *Al Hirts* darauf warten, für 17 Dollar (1980) die Show des weltbekannten Trompeters zu erleben, oder ob man für nur einen Dollar Eintritt in der stets überfüllten, heißen und schmuddeligen *Preservation Hall*, auf harten Holzbänken sitzend oder stehend, dem Auftritt des Veteranen Kid Thomas entgegensieht: Der Abend steht unweigerlich unter dem Motto Dixieland.

Freilich gibt es beträchtliche Unterschiede innerhalb des Genres, Stil- und Qualitätsdifferenzen, die unschwer an dem Typus von Musiker oder Band festzumachen sind, der jeweils auf der Bühne steht.

Am unerfreulichsten ist es dort, wo junge bis mittelalterliche weiße Musiker in gestreiften Jacken und mit spaßigen Hüten eine »happy music« intonieren, mit der sie sich musikalisch nicht im geringsten identifizieren, die sie entweder lustlos und gelangweilt herunterspielen oder aber mit aufgesetzter Fröhlichkeit und großem Show-Aufwand vorführen. Viele dieser Musiker kommen von auswärts, haben lange in Bigbands oder als Studiomusiker gearbeitet und betreiben ihren neuen Job ganz so wie Studiomusiker – technisch kompetent, routiniert und offensichtlich mehr am Dollar interessiert als an der Musik.

Auf der entgegengesetzten Seite des Spektrums findet sich die Musik
der New Orleans-Veteranen: ältere Herren zwischen sechzig und
achtzig, die bis zum Jazzboom der 60er Jahre vielfach in andcren
Berufen gearbeitet hatten und daher, ebenso wie aus Altersgründen,
mit der Technik und dem Ansatz zum Teil einige Schwierigkeiten
haben. Sie bemühen sich, den alten Jazz so alt wie möglich zu spielen,
so, als hätte sich zwischen 1920 und heute nichts Nennenswertes
ereignet. Tatsächlich hat ihre Musik jedoch mit jener der 20er Jahre,
als sie selbst noch jung und kräftig waren, kaum noch etwas gemeinsam. Der Ton auf den Blasinstrumenten ist kraftlos geworden, der
Rhythmus holperig, und der Überraschungseffekt der Arrangements
von einst ist dem lähmenden Einerlei der immer gleichen, Tausende
von Malen gespielten Stücke gewichen.

Zwischen den beiden Extremen – emotionslosem Studioperfektionis-
mus und altersbedingter Unbeholfenheit – gibt es auf der Bourbon
Street hin und wieder einige Formationen zu hören, die sich aus New
Orleanser Musikern der jüngeren bis mittleren Generation zusam-
mensetzen und denen gemeinsam ist, daß ihre Musik – aus der Sicht
traditionsbewußter New Orleans-Puristen – nicht ganz stilecht oder
»stilistisch rein« ist. Es handelt sich dabei um Musiker und Gruppen,
die ihre in anderen stilistischen Bereichen gemachten Erfahrungen
nicht gänzlich verdrängt, sondern zum Teil für den traditionellen Jazz
nutzbar gemacht haben und die ihm damit jene Vitalität und Aktuali-
tät verleihen, die er vermutlich zum Überleben braucht. Von den
älteren Musikern dieser Kategorie waren während der 40er und 50er
Jahre viele in Swing- und Rhythm-and-Blues-Bands *on the road*. Ray
Charles, Earl Bostic, Roy Brown und Fats Domino rekrutierten ihre
Musiker stets bevorzugt in New Orleans (Broven 1974); die beiden
letzteren stammen übrigens auch aus der Stadt. Jüngere Musiker, die
in diesen, in stilistischer Hinsicht eher undogmatischen Gruppen
arbeiten, haben nicht selten einen Bebop- oder Hardbop-Hinter-
grund, einige von ihnen spielten in Rockbands.

1973 erschien ein Buch unter dem Titel *Bourbon Street Black*. Falls
seine Autoren, der Soziologe Jack V. Buerkle und der New Orleanser
Banjospieler Danny Barker, mit diesem Titel nahelegen wollten, die
Bourbon Street, Zentrum der jazzmusikalischen Aktivitäten in New
Orleans, sei »schwarz« in dem Sinne, daß dort überwiegend afro-
amerikanische Musiker arbeiteten, dann muß man feststellen, daß
dies – wenn es jemals galt – heute längst nicht mehr gilt. Ich habe
zweimal gezählt: Im Mai 1976 spielten in den sieben Clubs auf der

Bourbon Street 30 weiße Musiker, aber nur 9 schwarze ; im März 1980 spielten in 9 Clubs 34 weiße und 12 schwarze Musiker. Bei den Bandleadern waren 1980 acht von neun weiß. Auch die beiden renommiertesten, außerhalb der Bourbon Street regelmäßig auftretenden Dixielandformationen, die »Dukes of Dixieland« im *Hyatt Regency Hotel* und die Gruppe von Pete Fountain im *Hilton Hotel*, sind ausschließlich mit weißen Musikern besetzt. Lediglich die *Preservation Hall* in der St. Peter Street und die (inzwischen geschlossene) *Heritage Hall* in der St. Ann Street – beide schon vom Namen her als Stätten der Bewahrung und des Erbes ausgewiesen – präsentierten überwiegend afroamerikanische Musiker.

Doch nicht nur die Besetzungen der Bands auf der Bourbon Street sind überwiegend weiß, sondern auch das offizielle Image ist es, das die geschäftstüchtigen Vermarkter des alten Jazz diesem zu verleihen versuchen.

Zentrale Figur dieser Strategie ist Al Hirt, ein durchaus kompetenter Trompeter und Showman, der jedoch als Jazzmusiker keinerlei Bedeutung besitzt und sich selbst auch nicht als solcher versteht (Suhor 1969). Schon wenn man vom Flughafen aus über den Highway in die Stadt einrollt, verkündet eine riesenhafte Werbewand »Al Hirt is in Town«. Und über den Dächern der Canal Street prangt noch einmal ein großflächiges Schild mit dem Bild des Trompeters und der Aufschrift »Welcome To My Town«. Den Einband des repräsentativen Bildbandes »New Orleans – A Pictorial History« von Leonard V. Huber (1971) schmücken nicht etwa die Fotos von Louis Armstrong oder Jelly Roll Morton, wie man es aufgrund der musikalischen Verdienste dieser beiden Giganten des New Orleans Jazz vielleicht vermuten sollte, sondern das von Al Hirt.

Die Propagierung eines weißen Jazz-Images ist natürlich nicht isoliert zu sehen. Nicht nur sind die Besitzer, die Manager und zum überwiegenden Teil auch die Bedienung sämtlicher Jazzclubs entlang der Bourbon Street Weiße, auch das Publikum besteht fast ausnahmslos aus weißen Amerikanern und Europäern.

Dieses Publikum stellt die Musiker bisweilen vor einige Probleme. Zwar ist es gewöhnlich sehr zahlreich, jedoch handelt es sich im allgemeinen nicht um ein Jazzpublikum im herkömmlichen Sinne; etwa eines, das in einen Club geht, um einen bestimmten Musiker oder eine bestimmte Gruppe zu hören. Vielmehr ist es ein Touristenpublikum, das den Jazz in New Orleans als eine lokale Spezialität konsumiert; das heißt, auf die gleiche Weise, wie andere regionale, als

Touristenattraktionen ausgewiesene Besonderheiten konsumiert werden: der Aufmarsch der königlichen Garde vor dem Buckingham Palace in London, »Son et Lumière« vor dem Invalidendom in Paris oder Disneyland in Los Angeles. Diese touristische Rezeptionsweise des Jazz ist nun allerdings keineswegs voraussetzungslos, sondern schließt ganz bestimmte Erwartungshaltungen ein, die sich auf eine Klischeevorstellung von Jazz – oder genauer: von Jazz in New Orleans – gründen, wie sie in der weißen amerikanischen Mittelschicht dominant zu sein scheint. Diese Klischeevorstellung beinhaltet nicht nur, daß es sich bei diesem Jazz zwangsläufig um Oldtime-Jazz handeln muß (schon deshalb ist eine Bebopgruppe auf der Bourbon Street absolut unvorstellbar), sondern sie schließt darüber hinaus ein bestimmtes Repertoire und bisweilen auch bestimmte Präsentationsformen ein. So kommt kaum eine in der Bourbon Street auftretende Band darum herum, mehrmals am Abend Stücke wie »When the Saints Go Marchin' in«, »Bourbon Street Parade« oder »Way Down Yonder in New Orleans« zu spielen, wobei bei den ersteren beiden Titeln von den Musikern nicht selten erwartet wird, daß sie dabei spielend durch das Lokal paradieren. Lediglich die Veteranen-Musiker in der Preservation Hall haben sich gegen die übermäßige Darbietung der »Saints« zu schützen versucht: ein Schild über dem Bandstand zeigt an, daß dieses Stück nur auf besonderen Wunsch zu hören ist und den Besteller dann fünf Dollar kostet.

Die Clubs auf dem *Strip,* wie die Bourbon Street von den Musikern genannt wird, bilden den in ökonomischer Hinsicht gewichtigsten Teil der New Orleanser Jazzszene und zugleich jenen Teil, mit dem der Besucher von außerhalb am unmittelbarsten konfrontiert wird. Darüber hinaus jedoch gibt es für Jazzmusiker in New Orleans – jedenfalls für die einheimischen, alteingesessenen – jede Menge Arbeit in einer Reihe von anderen Bereichen, so daß es häufig vorkommt, daß manche Musiker zwei oder drei verschiedene Jobs an einem Tag spielen. Denn nach wie vor gehört Jazz (und das heißt auch hier immer: alter Jazz) zu den wichtigsten Formen von Gebrauchsmusik in der Stadt. »Music for all occasions« – Musik für alle Gelegenheiten – steht auf den Visitenkarten der meisten Bandleader.

Jazzgruppen spielen in kleiner, »dezenter« Besetzung zum Brunch (einer Kombination von Breakfast und Lunch) im noblen »Commander's Palace«. Jazzmusiker werden von den großen Hotels engagiert, um einer Gesellschaft von Kongreßteilnehmern das Abendessen musikalisch zu untermalen und ihnen anschließend zum Tanz aufzuspielen. Jazzmusiker spielen am Sonntagnachmittag im Jackson Square Park zur Unterhaltung der Spaziergänger und auf den Raddampfern zur abendlichen Mississippirundfahrt. Sie spielen in den Schulen Konzertprogramme, in denen den Schülern in pädagogisierter Form die Geschichte des Jazz von den Anfängen bis zum Swing (!) auf eine häufig sehr lebendige Art demonstriert wird. Sie spielen auf den Privatparties der »feinen Gesellschaft« von New Orleans, bei den Paraden und Bällen der Logen, Vereine und Karnevalsgesellschaften und bei den Beerdigungen von Musikern und ihren Angehörigen.

Hier, im letztgenannten Bereich, beim sogenannten Jazz-Funeral, kommt die Umfunktionierung des Jazz in New Orleans von einem einstmals integralen Bestandteil des sozialen Gefüges in ein nur mehr aufgesetztes folkloristisches Relikt mit Showcharakter am deutlichsten zum Ausdruck.

Wiewohl sich an der äußeren Struktur dieses auch als New Orleans-Function bekannten Rituals seit siebzig Jahren kaum etwas geändert hat, ist sein Inneres ausgehöhlt und morsch. Jazz-Funerals – und das bedeutet heute fast nur noch: Beerdigungen von Jazzmusikern – haben zunehmend den Charakter von Happenings angenommen, bei denen Respekt durch Neugier und Würde durch Krawall ersetzt werden. Schon Tage vor dem Begräbnis kündigt die Lokalpresse das »Ereignis« auf der ersten Seite an: Der Posaunist Soundso ist gestorben, er wird dann und dann zu Grabe getragen, der Zug mit drei Bands führt durch die und die Straßen. Am Morgen sammeln sich Hunderte vor dem Hause des Verstorbenen: schaulustige Touristen und Einheimische, Kameraleute vom Fernsehen, Hobbyfilmer, Tonbandfreunde und Amateurfotografen. Daß da jemand gestorben ist, interessiert in diesem großen Spektakel kaum jemand. Schon während des »ernsten« Teiles der Zeremonie, während man zur Kirche marschiert und die Bands ihre »Dirges« (»Just a Closer Walk With Thee« oder »What a Friend We Have in Jesus«) spielen, beginnt der Zug in Auflösung zu geraten. Fotografen stoßen sich herum, da jeder einen Schnappschuß von der weinenden Witwe machen möchte; Kinder, die ihre Eltern im Gedränge verloren haben, schreien; ein Halbwüchsiger intoniert auf einer alten Autohupe einen Hymnus (oder was er dafür hält) und wird verdroschen. Chaos kennzeichnet dann den zweiten Teil des Rituals, wenn der Zug vom Friedhof zurückkehrt (heute ist der Wendepunkt allerdings meist die Autobahnauffahrt, von wo aus der Wagen mit dem Sarg auf den 20 Meilen entfernten Friedhof gefahren wird). Nun tritt die sogenannte »second line« in Aktion, jene zweite Linie (hinter der Band) von swingenden und springenden schwarzen Ghettokindern, angezechten Arbeitslosen und wildgewordenen Touristinnen, deren Veitstanz eher verzweifelt anmutet als daß er – wie ursprünglich intendiert – der »Freude über die Himmelfahrt des zu Grabe getragenen« Ausdruck verleiht.

Don Lee Keith schrieb 1976 in der New Orleanser Wochenzeitschrift *The Courier* unter der Überschrift »Buried alive – The jazz funeral passes away«:

»So ketzerisch der Gedanke auch erscheinen mag, es wäre vielleicht besser, das New Orleans Jazz-Funeral würde sterben. Im Verlaufe seiner Entwicklung wurde es in seiner Form bastardisiert und seinem Zweck entfremdet. Sein ursprünglicher Sinn und Wert sind durch seine jüngste Popularität dermaßen entstellt worden, daß es nicht länger als ein Mittel angesehen werden kann, dem Verstorbenen die letzte Ehre zu erweisen. Statt dessen scheint seine einzige Existenzberechtigung darin zu bestehen, daß es zu einer Kombination aus kostenloser Massenunterhaltung und der Befriedigung öffentlicher Neugier dient.«

»Das Jazz Funeral begeht Selbstmord, indem es um den Beifall unbeteiligter Zuschauer wirbt, indem es versucht, die Erwartungen von Reiseschriftstellern zu erfüllen, indem es sich den unsensiblen Ansprüchen der Broschüren der Handelskammer beugt. Es begeht Selbstmord, weil es darauf aus ist, daß Touristen mit Blitzlicht-Polaroidfotos nach Hause fahren und sich ekstatisch darüber auslassen können, daß sie *es gesehen haben*, the real thing.«

Immerhin: so lange die Zeremonie – bei allen Symptomen von Dekadenz – noch mit dem »Ereignis« der Beerdigung selbst in Verbindung steht, ist auch für die sie begleitende Musik der Schein von Funktionalität zumindest oberflächlich gewahrt. Endgültig zur Show verkommt das Jazz-Funeral, wenn es an Sonntagnachmittagen im Jackson Square Park von der Olympia Brass Band sozusagen »aufgeführt« wird. Ansage des Bandleaders Harold Dejan: »Wir bieten euch jetzt eines jener guten alten Jazzbegräbnisse. Macht alle mit!« – Und dann geht es zweimal rund um den Park, und auch jene Touristen, die während ihres New Orleans-Aufenthaltes bisher das Pech hatten, kein Jazz-Funeral im Original zu erleben, bekommen nun doch wenigstens noch einen Ersatz geboten.

Wer in New Orleans vom Jazzspielen leben will, muß – ganz gleich wie gut und wie gerne – traditionellen Jazz machen; oder doch zumindest eine Art von Jazz, die beim Touristenpublikum noch als traditioneller

Jazz durchgeht. Dennoch werden auch neuere Stilbereiche des Jazz in New Orleans gespielt, gibt es – *Off Bourbon Street* – so etwas wie eine alternative Jazzszene.

Bereits in den 50er Jahren hatte sich um den Schlagzeuger Ed Blackwell (später bei Ornette Coleman) in einer »American Jazz Quintet« genannten Gruppe ein Kreis junger schwarzer Musiker formiert, die modernen Jazz im Spätbop-Stil spielten. Dazu gehörten der Saxophonist Harold Battiste, der später als R&B-Plattenproduzent bekannt wurde, der Klarinettist Alvin Battiste, der Pianist Ellis Marsailis und später noch der Schlagzeuger James Black und der Saxophonist Nat Perrilliat. Für diese Musiker bedeutete Dixieland *Uncle Tom*-Musik und die Bourbon Street ein Bezirk, den man als selbstbewußter Afro-Amerikaner zu meiden hatte.

»Wir hatten etwas dagegen, zur Bourbon Street runter gehen zu müssen und Dixieland zu spielen, denn das war etwas, was ›sie‹ wollten«, sagte Ellis Marsailis 1980 in einem Interview mit Valerie Wilmer. »Sie« waren offensichtlich die Weißen.

Es war, angesichts der soziomusikalischen Struktur der New Orleanser Jazzszene, selbstverständlich, daß die genannten Musiker von ihrer – seinerzeit »zeitgenössischen« – Art von Jazz nicht leben konnten. So arbeiteten sie als Studiomusiker für Rhythm-and-Blues-Sessions, vor allem für den Pianisten-Komponisten-Produzenten Allen Toussaint und für die von Harold Battiste gegründete Firma A.F.O. – »All For One« (Broven 1974, 161). Ellis Marsailis und Alvin Battiste verdienten ihr Geld auch als Musiklehrer.

In den 70er Jahren wurde der am Rande des Vieux Carré in der Rampart Street gelegene Club »Lu & Charlie's« zu einem wichtigen Zentrum für die alternative, d. h. nicht-traditionelle Jazzszene von New Orleans. Das Publikum setzte sich überwiegend aus Studenten zusammen. Im »Lu & Charlie's« arbeiteten Musiker unterschiedlichster stilistischer Orientierung: Folkleute, R&B-Musiker wie der Pianist James Booker, Ellis Marsailis mit seinem ELM-Music Quartet und der 1975 nach New Orleans zugezogene Detroiter Pianist Willie Metcalf (siehe Interview). Wenn der inzwischen zum Star avancierte Ed Blackwell seiner Heimatstadt einen Besuch abstattete, konnte man sicher sein, ihn bei »Lu & Charlie's« zu hören.

Ein Club wie »Lu & Charlie's«, so wichtig er für die Off Bourbon-Szene von New Orleans auch in musikalischer Hinsicht war, konnte natürlich niemals eine ausreichende ökonomische Basis für die dort auftretenden Musiker bereitstellen. Das gleiche gilt für die Studenten-

lokale am anderen Ende der Stadt, nordwestlich der Tulane University, wie die *Maple Leaf Bar* in der Oak Street, die heute an die Stelle
des inzwischen pleite gegangenen »Lu & Charlie's« getreten ist. Die
Musiker, die dort auftreten und – wie die Gruppe des Bassisten
Ramsey McLean – eine Art von post-Coltrane/modalen Jazz spielen,
müssen, um zu überleben, entweder in anderen Berufen oder aber in
den Nachtklubs und Diskotheken von »Fat City«, dem neuen Vergnü-
gungsviertel am Rande der Stadt ihren Lebensunterhalt verdienen.

Wo auch immer Jazzmusiker in New Orleans auftreten, sie haben es in
der Regel mit einer Organisation zu tun, die für die Jazzszene anderer
Städte der USA längst keine wesentliche Rolle mehr spielt: die
»American Federation of Musicians (AFM). Auch in dieser Hinsicht
ist also in New Orleans alles anders! Wie in den meisten Städten der
USA gab es auch in New Orleans früher zwei Sektionen (locals) der
Musikergewerkschaft: eine weiße, Local 174, die bereits 1902 gegründet worden war, und eine schwarze, Local 496, aus dem Jahre 1926. Im
November 1969 wurden dann die beiden Sektionen zu einer zusammengefaßt. Der integrierten AFM von New Orleans, Local 174–496,
gehörten 1976 insgesamt zirka 1500 Musiker an (Levy 1976, 114).
Die »Union«, die zunächst vor allem die Funktion hatte, die Musiker
gegenüber Willkürakten von seiten der Veranstalter und Clubbesitzer
zu schützen und ihnen eine Minimalgage (scale) zu garantieren,
entwickelte im Laufe der Jahrzehnte eine Reihe von restriktiven
Praktiken, die insbesondere bei den Jazzmusikern, aber auch unter
den Rhythm-and-Blues-Leuten einigen Widerwillen hervorriefen. So
findet sich bereits in den Gewerkschaftsregularien von 1941 ein
Passus, der besagt, daß »es Mitgliedern nicht gestattet ist, in *Guest
Appearances, Jam Sessions* und *Sitting In* aufzutreten« (Levy 1976,
114). Als besonders nachteilig wurde es von den Musikern empfunden, daß die AFM die Zusammenarbeit von Gewerkschaftsmitglie-
dern und Nichtmitgliedern nicht gestattet und mit hohen Geldbußen
belegte. Clubbesitzer und sonstige Veranstalter, die gewerkschaftlich
nichtorganisierte Musiker oder Gruppen engagierten, mußten damit
rechnen, von der AFM boykottiert zu werden. AFM-Mitgliedern
wurde untersagt, in solchen Lokalen aufzutreten.
Während nun in den meisten anderen Städten der USA der von der
AFM auf die Jazzmusiker ausgeübte Druck im Laufe der letzten zwei
Jahrzehnte weitgehend bis völlig nachgelassen hat, blieb er in New
Orleans unvermindert erhalten. Die Ursache dafür liegt offensichtlich

darin, daß der Jazz in New Orleans – anders als in anderen Regionen
der USA – an ökonomischer Bedeutung eher noch zugenommen hat
und daß die Jazzmusiker dort nach wie vor das größte Kontingent
potentieller Gewerkschaftsmitglieder stellen, während sie woanders
anderen Musikergruppen gegenüber eher eine Minderheit darstellen,
und eine für die AFM finanziell uninteressante dazu. Hinzu kommt in
New Orleans, daß die Szene außerordentlich kompakt und übersicht-
lich und – was die Fluktuation von Clubs und Musikern betrifft – eher
statisch ist. Die Bourbon Street mit ihren Clubs ist für die Gewerk-
schaftsfunktionäre wesentlich einfacher unter Kontrolle zu halten als
etwa die Loftszene im Greenwich Village von New York.

So kommt es, daß es für den Jazzmusiker in New Orleans – heute wie
gestern – praktisch obligatorisch ist, der AFM beizutreten und ihr drei
Prozent aller seiner tariflichen Einnahmen als Arbeitssteuern (work
dues) abzutreten, auch dann, wenn er – wie viele New Orleanser
Musiker – der festen Überzeugung ist, daß die AFM für ihn nicht das
geringste tut.

Louis Cottrell jr.

Viele Musiker in New Orleans nannten ihn *The Prez*, denn Louis Cott-
rell war einmal der Präsident der schwarzen Musikergewerkschaft der
Stadt, AFM Local 496. Als ich ihn im Mai 1976 interviewte, gab es diese
Sektion der AFM allerdings nicht mehr. Man hatte – wie in anderen
Städten der USA – die bis dahin getreu dem Grundsatz *seperate but
equal* voneinander getrennten weißen und schwarzen Gewerkschaften
zu einer zusammengefaßt. Die neue Institution hieß »Musicians Mutual
Protective Union, Local 174–496«. Cottrell wurde ihr Vizepräsident.
Der Präsident, David Winstein, war selbstverständlich ein Weißer.

Der Klarinettist und Bandleader Louis Cottrell wurde am 7. März
1911 in New Orleans geboren. Sein Vater, der Schlagzeuger Louis
Cottrell sr. (1879–1927), der noch im legendären Rotlichtbezirk von
Storyville arbeitete, in Brass Bands wie *Excelsior* und *Imperial*
marschierte und viele Jahre im Orchester von Armand J. Piron spielte,
gehörte zu den Pionieren des frühen Jazz (Wood 1976). Louis Cottrell
jr. studierte Klarinette bei Lorenzo Tio und später bei Barney Bigard.
1925 begann er, professionell Musik zu machen; zunächst in der
Golden Rule Band, dann bei den *Black Diamonds* des Klarinettisten

Paul Barnes und im Orchester des Trompeters Sidney Desvigne, das vornehmlich auf Riverboats spielte. 1929 schloß sich Cottrell, nunmehr als Tenorsaxophonist, für zehn Jahre der Band von Don Albert an, die schwerpunktmäßig in Texas arbeitete, jedoch auch im Norden der USA, in New York und Buffalo, sowie in Kanada und Mexiko auftrat. 1939 kehrte Louis Cottrell nach New Orleans zurück, spielte sporadisch bei Paul Barbarin und Sidney Desvigne und arbeitete, da die Zeiten für den Jazz in New Orleans schlecht wurden, als Versicherungsvertreter.

Mit dem Wiederaufblühen der Jazzszene in New Orleans nach 1960 nahmen auch die musikalischen Aktivitäten Louis Cottrells wieder zu. *Riverside Records* kamen nach New Orleans, um ihre *Living Legends*-Serie aufzunehmen; Cottrell spielte mit dem Posaunisten Jim Robinson in der 1961 eröffneten *Preservation Hall* und ging 1962 mit einer eigenen Band in die *Dixieland Hall* in der Bourbon Street. Seither ist er Bandleader.

Als ich ihn 1976 in New Orleans sprach, gehörte Louis Cottrell zu den vielbeschäftigsten Musikern der dortigen Jazzszene. Er leitete die *Heritage Hall Jazz Band*, die mehrmals wöchentlich in einem gleichnamigen Club in der St. Ann Street auftrat. Er spielte jeden Sonntagvormittag in einem Trio zum »Brunch« in einem der feineren Hotels des French Quarter. Er war Leader der *Onward Brass Band*, die vor allem bei Paraden und Beerdigungen spielte. Und er war – wie gesagt – Vizepräsident der schwarz-weißen Musikergewerkschaft.

Cottrells *Heritage Hall Jazz Band*, besetzt mit Teddy Riley – Trompete, Waldren »Frog« Joseph – Posaune, Walter Lewis – Klavier, Placide Adams – Kontrabaß und Freddie Kohlman – Schlagzeug, spielte eine Art von Jazz, die nicht nur retrospektiv auf die Reproduktion des Alten und Ältesten gerichtet war, sondern die – durchaus undogmatisch – auch gegenwartsbezogene Akzente zuließ, besonders dann, wenn es sich um Ellington-Kompositionen wie *Creole Love Call* oder *Mood Indigo* oder um Balladeninterpretationen wie *I can't get started* oder *Loverman* handelte. Als Louis Cottrell am 21. März 1978 in New Orleans starb, führte der Schlagzeuger Freddie Kohlman die Band weiter.

> *Ich habe bemerkt, daß deine Band eine der wenigen ist, die kaum »When the Saints« spielen.*

»Ja, das ist eine Nummer, wenn die nicht verlangt wird, dann spielen wir sie nicht. Denn diese Nummer ist dermaßen oft gespielt worden . . . Tatsächlich ist dies wohl das Stück, das mehr als jedes andere im

Jazz gespielt worden ist. Jeder kennt ›The Saints‹.«

Und man bekommt sie ein bißchen über?

»Genauso ist es. Und, zum Teufel, wenn man ›The Saints‹ hören will, dann muß man für diesen Hörerwunsch fünf Dollar herausrücken. Und das hält die Leute ein wenig zurück. Denn sonst würden sie nach jedem dritten Stück nach den ›Saints‹ fragen.«

Gibt es bestimmte Arten von Jobs, die du persönlich bevorzugst? Ich meine, spielst du gerne zu bestimmten Anlässen?

»Nein, für mich spielt das keine Rolle. Denn die Leute wollen überall das gleiche hören, ganz egal, ob du in einem Tanzsaal oder in einem Hotel spielst. In den Hotels läuft es meistens so, daß man etwa eine Stunde lang zum Cocktail spielt, und dann in der nächsten Stunde oder in den nächsten zwei Stunden zum Tanz. Und zum Tanz spielt man natürlich ein bißchen anders als beispielsweise in einem Konzert. In Konzerten gibt es vor allem einen kleinen Unterschied im Tempo, denn man hat ein Publikum, das *zuhört*. Zum Tanz kann man die Stücke nicht so schnell spielen, wie man sie in einem Konzert spielen würde. Das macht also schon einen kleinen Unterschied.«

Es ist also nicht so, daß du das eine lieber magst als das andere?

»Es geht bei dieser Art von Musik vor allem darum, daß man ein dankbares Publikum hat. Wenn das Publikum die Musik mag, dann gibt man einfach mehr. Wenn das Publikum sozusagen tot ist, dann gibt dir das natürlich ein anderes Gefühl. Aber wenn man beim Publikum ankommt, wenn das Publikum ein Gefühl dafür entwickelt, was du machst, oder wenn du ihm erst mal ein Gefühl dafür vermittelt hast, dann läuft alles hervorragend. Es kommt besonders darauf an, daß sie an dem, was du machst, irgendwie beteiligt sind. Wenn du zum Beispiel siehst, daß irgend jemand anfängt den Rhythmus mitzuklatschen, und wenn das Publikum das dann auf ganz natürliche Weise übernimmt, dann gibst du auch von dir aus mehr.

Wie sieht die ökonomische Situation der Musiker in New Orleans aus?

»Sie ist gut! Die ökonomischen Bedingungen für Musiker in New Orleans gehören zu den besten im ganzen Lande, sowohl was die Gagen betrifft, die sie bekommen, als auch die Zeit, die sie investieren müssen. Und davon abgesehen, haben einige Leute einfach eine Vorliebe für bestimmte Orte. Es gibt eine ganze Reihe von Musikern, die hier durchkommen, und nachdem sie die Bedingungen hier kennengelernt haben, lassen sie sich hier nieder; einfach, weil sie einen Riesenunterschied zwischen der durchschnittlichen Verdienstrate hier und anderswo sehen.«

Ich weiß, daß du der Vizepräsident der Musikergewerkschaft bist. Hat die Gewerkschaft hier höhere Tarife ausgehandelt, oder ist das eine spezielle Vereinbarung zwischen den Musikern und den Clubbesitzern?

»Es sind vor allem die Abmachungen mit der Musikergewerkschaft. Nimm zum Beispiel einmal die letzten Kampfmaßnahmen zu Anfang dieses Jahres. Im Februar gab es eine Auseinandersetzung mit den Clubbesitzern. Die Besitzer sagen natürlich immer, daß sie nicht mehr bezahlen können. Nun sieht es aber so aus, daß besonders in den Läden, wo Getränke verkauft werden, die Besitzer die Getränke permanent teurer machen. Also zahlt die Differenz in Wirklichkeit das Publikum. Und deshalb haben wir im Februar unsere Forderungen erhöht. Einige der Besitzer hatten zwischen Oktober und Dezember die Preise für Getränke zwischen 35 und 50 Cents pro Drink erhöht. Und natürlich sind die Lebenskosten für jeden hier höher geworden. Das betrifft ja auch den Musiker, wenn er in ein Geschäft geht. Wenn er in ein Geschäft geht, muß er die gleichen Preise bezahlen wie jedermann sonst. Die Besitzer trafen dann eine Vereinbarung, daß sie entweder überhaupt keine Musiker mehr engagieren oder daß sie die Gruppen reduzieren wollten.«

Reduzieren bedeutet, daß man zum Beispiel kein Quintett mehr engagiert, sondern nur ein Quartett?

»Genau. Anstatt ein Sextett zu engagieren, geht man vielleicht auf ein Quartett oder auf ein Trio herunter. Nun, uns hat das nicht allzu viel ausgemacht, solange sie dem einzelnen eine angemessene Gage bezahlten. Es gab, soweit ich mich erinnere, vier Clubs, bei denen das so lief: *Blue Angel* war der erste, *Maison Bourbon* der zweite, *Crazy Shirley* der dritte, und der vierte war die *Esplanade* unten an der Ecke Toulouse und Bourbon. Die Vereinbarung trat am 1. Februar in Kraft. Sie unterzeichneten Verträge, daß sie nicht mehr als vier Musiker anheuern wollten. Für uns war das in Ordnung. Aber schon in der ersten Nacht bemerkten sie den Unterschied und kamen an und veränderten die Vereinbarung wieder. Wir Musiker erzielten hier also einen wirklich guten Sieg. Insgesamt lief es also darauf hinaus, daß vielleicht ein bis zwei Musiker ein bis zwei Nächte lang keinen Job gehabt haben. Aber danach war es dann alles wieder so wie vorher, mit dem Unterschied, daß die Gagen angestiegen waren. Und heute ist jeder zufrieden. Jetzt sieht es so aus, daß in einigen Clubs nicht mehr sechs Stunden, sondern nur fünf Stunden gespielt wird. Denn da die Clubbesitzer nicht sechs Stunden bezahlen wollten, reduzierten sie die Arbeitszeit einfach auf fünf Stunden. Die Musiker waren damit natürlich zufrieden, denn nun spielten sie eine Stunde weniger und verdienten dabei mehr, als sie vorher für sechs Stunden bekommen hatten. Und die Clubbesitzer machten auch keinen Verlust, denn die gingen schließlich einfach mit den Preisen hoch.«

Wie hoch ist hier eigentlich der Tarif? Oder ist das ein Geheimnis?

»Nein, nein, das ist kein Geheimnis! Der Tarif ändert sich je nachdem, ob man zwei, drei, vier oder fünf Stunden spielt. Und in Lokalen, wo man jeden Abend spielt, gibt es wiederum eine spezielle Gage; da ist es anders, als wenn man nur einen einzelnen Job spielt. Bei Einzeljobs ist die Gage für zwei Stunden oder weniger 30 Dollar, der Bandleader das Doppelte. 3 Stunden kosten 36 Dollar, 3½ Stunden 40 Dollar, 4 Stunden 44 Dollar. Der Bandleader bekommt immer das Doppelte. Und dann gibt es noch 17 Prozent für die Pensionskasse.«

Gehen die an die Gewerkschaft?

»Ja, beziehungsweise sie gehen an den betreffenden Musiker. Wer immer in dem Job mitgespielt hat, erhält etwas in seine Pensionskasse bezahlt. Und wenn er 55 ist, kann er daraus eine Pension beziehen. Und diesen Beitrag muß der Lokalbesitzer zahlen, und zwar zusätzlich zur tariflich festgesetzten Gage. Nun wird man zwar hin und wieder für den Tarif spielen; aber sehr wenige Musiker arbeiten nur für den Tarif. Einige Musiker wissen einfach, daß sie mehr wert sind als den Tarif. Wenn sie zum Beispiel größere Publikumsmengen anziehen, dann können sie auch mehr fordern.«

Der Tarif wird also vertragsmäßig als Minimum garantiert?

»Genau, der wird vertraglich garantiert. Das ist das Minimum. Aber man kann auch einen Vertrag über mehr abschließen. Sagen wir mal, bei einem Engagement ist der Tarif 30 Dollar pro Person für zwei Stunden oder weniger und das Doppelte für den Bandleader. Nun ist aber manche Gruppe einfach nicht bereit, für 30 Dollar zu arbeiten; die Musiker wollen zum Beispiel 40 Dollar haben. Ob dies klappt, hängt dann von ihrer Popularität ab und davon, ob sie ein größeres Publikum anziehen. Wenn man kein Publikum anzieht und man nicht sehr populär ist, dann kann man nicht mehr verdienen.«

Ist es für einen Musiker in New Orleans eine Notwendigkeit, in der Gewerkschaft zu sein, oder kann man auch außerhalb der Gewerkschaft zurechtkommen?

»Man kann auch außerhalb der Gewerkschaft zurechtkommen. Aber was passiert, ist folgendes: Ein Clubbesitzer kann nicht in einer Nacht eine gewerkschaftlich organisierte Gruppe engagieren und in der nächsten Nacht eine Gruppe, die nicht in der Gewerkschaft ist.«

Haben denn die Besitzer einen Vertrag mit der Gewerkschaft?

»Nein, sie haben keinen Vertrag. Aber so ist es nun einmal! Wenn ein Lokal eine Gewerkschaftsgruppe zwei oder drei Nächte lang engagiert und dann eine Nichtgewerkschaftsgruppe, dann wird die Gewerkschaft es ihren Leuten untersagen, dort zu spielen, so lange da nicht nur gewerkschaftlich organisierte Musiker arbeiten.«

Die Gewerkschaft übt da also eine Art von Druck aus?

»Genau! Es ist so etwas wie Druck. Es ist nicht so, daß man als Lokalbesitzer dazu gezwungen wird. Aber man bekommt sonst einfach keine gewerkschaftlich organisierten Musiker mehr. Aber die Mehrzahl der besseren Musiker ist sowieso in der Gewerkschaft.«

Irgend jemand hier hat mir erzählt, daß die sogenannten Jazzbegräbnisse darunter gelitten haben, daß die Gewerkschaft den Tarif zu hoch angesetzt hat. Würdest du sagen, daß das stimmt?

»Nein, das stimmt nicht. Das ist nicht wahr! Siehst du, Begräbnisse im allgemeinen . . . Dieser Ausdruck Jazzbegräbnis kam ja erst in den 60er Jahren auf, denn im Grunde genommen handelt es sich einfach um Beerdigungsmusik. Einige Leute haben es irgendwann einmal Jazzbegräbnis genannt. Aber in Wirklichkeit ist es einfach ein Begräbnis mit Musik . . . Aber wie dem auch sei, Begräbnismusik gibt es hier seit Ewigkeiten; und die Preise waren immer sehr niedrig. Früher hat man bei Begräbnissen für nicht mehr als 1,5 Dollar pro Mann gespielt. Und die Preise gingen dann irgendwann auf fünf Dollar hoch, und dann auf 10 Dollar. Und jetzt bekommt man für eine Beerdigung 15 Dollar. Und das ist ein vernünftiger Preis. Und es ist keineswegs so, daß die Gewerkschaft die Preise hochgejagt hat. Siehst du, bei der Beerdigungsmusik hier unten im Süden handelt es sich ja um einen schwarzen Brauch. Natürlich passierte es in den vergangenen Jahren hin und wieder, daß auch auf weißen Beerdigungen Musik gespielt wurde. Aber es ist ein schwarzer Brauch. Und nachdem die schwarze und weiße Gewerkschaft zu *einer* Gewerkschaft zusammengefaßt wurden, da war die Beerdigungsmusik etwas, was sie nicht antasteten. Das war ein Brauch, und den ließen sie unberührt. Was aber nun die Paraden betrifft, da ist das anders. Da gehen die Preise natürlich hoch. Da ist es wie überall sonst. Da fordern sie jetzt schon einen bestimmten Tarif. Denn all die Jahre haben die Musiker ihre Dienste sozusagen für nichts bereitgestellt, beziehungsweise nur für eine sehr kleine Gage. Und dabei ist es sehr hart, so viel herumzumarschieren.«

In einem Artikel in »The Second Line« ist ein Zitat von dir wiedergegeben, in dem du sagst: In den 20er Jahren hatte man die Vorstellung, daß Musiker schwere Trinker sein müßten, um akzeptiert zu werden.

»So sahen es die Leute.«

Aber es war nicht so?

»Nein, so war es nicht. Ich habe in dieser Zeit viele Musiker gekannt, die weder tranken noch rauchten. Die Leute stellten sich das nur im allgemeinen so vor. Nimm einmal jemanden wie Manuel Perez, von dem du sicher schon gehört hast. Das war ein Mann, der niemals trank oder rauchte.

Es handelte sich also nur um ein Etikett, das den Musikern aufgeklebt wurde, so, wie sie den Versicherungsvertreter mit einem Etikett belegen, oder jeden anderen, der mit einem Publikum in Kontakt kommt. Es ist das gleiche als wenn man sagt, der Seemann hat in jedem Hafen eine Frau. Und heute sagt man von den Musikern nicht mehr, daß sie Trinker sind, sondern daß sie Rauschgift nehmen und Haschisch rauchen. Aber jeder Musiker ist einfach nicht so. Natürlich gibt es eine ganze Reihe, die das machen. Aber man kann doch nicht sagen, daß die Musiker im großen und ganzen so sind. Nein, nein, das ist eine falsche Behauptung.«

Du bist jetzt 65 Jahre alt. Hast du schon einmal daran gedacht, dich zur Ruhe zu setzen?

»Nein, denn zunächst einmal sehe ich meine Tätigkeit nicht als Arbeit an. Es ist für mich mehr ein Vergnügen, eine Ablenkung, verstehst du.«

Meinst du, daß du dich ohne das Musikmachen langweilen würdest?

»Ja, das würde ich ganz bestimmt. Denn allein die Tatsache, daß ich ständig mit Menschen zu tun habe, ist für mich sehr wichtig. Wann immer man spielt, man lernt immer jemanden Neues kennen. Wenn jemand vielleicht Menschen nicht mag oder sehr selbstsüchtig ist, dann mag das anders sein. In den beiden Berufen, die ich in meinem Leben hatte, Versicherungsmann und Musiker, stand für mich immer der Kontakt zu den Menschen im Vordergrund.«

John Henry McNeil

John McNeil, den man den »Präsidenten der Gewerkschaft der
gewerkschaftlich nicht organisierten Musiker« nannte (president of
the union of non-union musicians), wurde am 22. August 1916 in
Gloster, Mississippi, geboren. Erste musikalische Eindrücke vermit-
telte ihm sein Vater, der Klavier und verschiedene Zupfinstrumente
spielte und den Blues sang und der, wie John McNeil mir sagte, »ein
stolzer Schwarzer« war, zu stolz, um die Rassendiskriminierung im
ländlichen Süden Amerikas auf die Dauer zu ertragen; 1922 zog die
Familie nach Chicago. Man hatte sie wegen der Aufmüpfigkeit des
Vaters aus der Stadt vertrieben.

Als Elfjähriger kam John McNeil dann nach New Orleans, wo er in die
Lafon School eingeschult wurde, die in jenen Jahren über eine
renommierte Schülerband unter der Leitung von Valmore Victor
verfügte. In dieser Band, von der im folgenden Interview ausführlicher die Rede sein wird, lernte John McNeil das Trompetespielen.
Frühe Vorbilder waren Papa Celestin und Kid Rena.

Anfang der 30er Jahre begann McNeil in verschiedenen Bands zu
spielen, wurde jedoch niemals hauptberuflich Musiker, sondern arbeitete stets in sogenannten bürgerlichen Berufen, als Baumwoll-Inspi-
zient, Versicherungskassierer und schließlich als Besitzer eines Snow-
ball-Shops, eines kleinen Ladens im schwarzen Uptown nördlich der
St. Charles Avenue, in dem er klebrige runde Dinger, genannt
Snowballs, herstellte und an die Kinder der Nachbarschaft verkaufte.
Dort besuchte ich ihn im Mai 1976. Hinter dem Tresen hatte er einen
sehr modernen Plattenspieler installiert, auf dem er seinen jungen
Kunden alten Jazz vorspielte. »Damit sie« – wie er mir sagte – »die
wahre Musik nicht vergessen.«

John McNeil starb 1977.

»Ich bin vermutlich einer der letzten originalen Dixielandtrompeter
bzw. Jazztrompeter. Es gibt sonst nicht mehr viele, die noch den
wahren New Orleans-Jazz spielen. Ursprünglich stamme ich aus
Mississippi, aus einem kleinen Nest namens Braxton. Mein Daddy war
ein sehr talentierter und begabter Musiker, der allerdings keinerlei
formelle Ausbildung hatte. Aber er konnte fast jede Art von Saitenin-
strument spielen. Und er war ein Meister auch am Klavier. Er war
wirklich sehr begabt und talentiert.«

Hat er dich unterrichtet?

»Nein, er hat mich nicht unterrichtet. Ich fing erst mit der Musik an, nachdem wir nach New Orleans gezogen waren. Das war 1927. Ich kam hier in die Lafon Schule, aus der die meisten jüngeren Musiker hervorgegangen sind. Und ich wurde von dem berühmten Professor Victor unterrichtet. Das war ein Genius. Für mich war das einer der größten Musiker, die jemals lebten. Er hat niemals die Anerkennung gefunden, die er verdient hätte, denn er ist niemals aus den Vereinigten Staaten herausgegangen. Aber er hat zahllose andere Typen unterrichtet, die dann erfolgreich wurden. Und ich würde sagen, er war einer der größten Musiker; er war wirklich kreativ. Und er beherrschte jedes Instrument bis zur Perfektion. Er konnte arrangieren und komponieren. Er konnte alles. Und er war der erste Neger, der im öffentlichen Schulsystem Negern Musikunterricht gab. Und wir waren die erste Negerband in den Schulen von New Orleans. Ich war ein Mitglied dieser Gruppe, dieser ersten Band. Und das war in den 30er Jahren. Er hatte damals eine wirklich gute Gruppe zusammen. Wir kamen voran, wurden Musikmeister (music masters), spielten bei Tanzveranstaltungen, bei Paraden und in kirchlichen Programmen. Sie hatten dort spezielle Programme, zum Beispiel bei Jubiläumsveranstaltungen und solchen Dingen. Also nicht im regelrechten Gottesdienst, sondern zu speziellen Anlässen. Da lud man uns zum Spielen ein und gab uns hinterher eine Spende, so daß wir uns Uniformen und Instrumente kaufen konnten. Siehst du, so bauten wir die Sache auf, denn von unserer Schulverwaltung bekamen wir für solche Zwecke nicht sehr viel Geld. Victor war in dieser Beziehung sehr unternehmungslustig, um so etwas in Gang zu bringen. Es gab verschiedene andere Bands, die mehr Geld und daher bessere Uniformen und bessere Instrumente hatten als wir. Aber in musikalischer Hinsicht waren wir die beste Band! Dann gab es natürlich noch die *Jones Home Band**, aus der Louis Armstrong kam. Nun, in der Zeit war das die einzige Marschkapelle mit Jugendlichen. Und die waren großartig! Man kann das schon an den Namen der Musiker sehen, die durch diese Band hindurchgegangen sind. Und die waren unsere größte Konkurrenz. Es war so etwas wie ein Wettstreit. Wo immer wir zum Spielen eingeladen waren, sie waren auf der Szene, und wir spielten sozusagen gegeneinander. Genau wie in den alten Tagen, wenn die Jazzmusiker ihre Tanzveranstaltungen ankündigten. Dann trafen sich zwei Bands an der Ecke . . . Du kennst diese Story sicher. Und eine versuchte, die

---

* Gemeint ist die Band des »Colored Waifs' Home for Boys«, eine sog. »Besserungsanstalt« für schwarze Jugendliche.

andere an die Wand zu spielen. Mit uns und der *Jones Home Band* war
das die gleiche Situation.

Aber schließlich brachte es Victor mit all seinem Wissen zustande, daß
wir die Home Band besiegen konnten. Das lag an der Art und Weise,
wie er die Musik arrangierte, denn er brachte so viel Harmonie in die
Musik. Ich meine, ich war zunächst sehr kritisch, als er C-Melody-
Saxophone kaufte. Ich sagte, um Gottes willen, wer will denn solche
Saxophone sehen. Aber er verwendete sie hauptsächlich fürs Harmo-
niespielen. Und er konnte drei- oder vierstimmige harmonische Sätze
für diese Saxophone schreiben. Und wenn wir mit diesen Saxophonen
und unseren Baßtuben auf die Straße kamen, dann klang das wie eine
Orgel. Wir wurden also dadurch sehr erfolgreich. Und es war wirklich
ein Vergnügen zu spielen. Wenn wir rauskamen und losplatzten, das
war großartig.

Danach (nach der Schulband) unternahm ich dann allerhand andere
Sachen, spielte ein bißchen hier und ein bißchen da, spielte so halb
professionell in der Gegend herum. Ich bin niemals *richtig* Berufsmusiker geworden, weißt du. Meistens war ich halbberuflich. Ich spielte
in verschiedenen Gruppen und dann später in meinem Leben mußte
ich ein paarmal die Musik ganz aufgeben. Als ich dann wieder zur
Musik zurückkehrte, schloß ich mich der *Gibson Band* an, mit
Reverend Spears. Der predigte in der Kirche auf der anderen Straßenseite. Und er fragte mich ständig, ob ich nicht einmal zu den Proben
kommen wollte. Ich ging also hin und spielte dann ein paar Jobs mit.
Und das führte dann so weit, daß ich einige Bands organisierte.«

Und wie kam das?

»Halt wegen der Schwierigkeiten, die wir hatten, denn wir waren nie
in der Gewerkschaft. Wir haben uns nie der Gewerkschaft angeschlossen. Als sie damals mit der Gewerkschaft anfingen, da lief alles ganz
gut. Aber dann versuchten sie, die Gruppen zum Eintreten zu
zwingen. Aber da ich mich nicht als Professioneller ansah, sah ich
keinen Sinn darin, der Gewerkschaft beizutreten, für etwas, was ich
mehr oder weniger als Hobby betrieb, einfach weil ich es gerne tat.
Denn ich habe eigentlich niemals ausschließlich um des Geldes willen
gespielt. Also war ich doch niemals wirklich Berufsmusiker.

Aber wovon hast du denn gelebt?

»Oh, ich hatte immer einen Beruf. Das war immer eine schwierige
Situation für die meisten Neger oder sonstwen in dieser Stadt. Man
konnte sich niemals darauf beschränken, ausschließlich Musik zu
spielen, denn es gab niemals genug Arbeit, um davon leben zu

können.«

Zu allen Zeiten?

»Ja. Selbst in den Tagen der Großen, Louis Armstrong und solcher Leute. Tatsache ist, wenn man nicht sehr erfolgreich war, dann konnte man sich als Berufsmusiker zu Tode hungern. Man verdiente einfach zu wenig Geld. Man mußte herumlaufen und sehen, wer einen anheuerte. Man mußte ungeheuer herumrennen, wenn man ausschließlich Musik machen wollte. Ich habe mit 20 Jahren geheiratet und habe eine Familie gegründet. Für mich war es also das wichtigste, zunächst einmal für meine Familie ein ausreichendes Einkommen zu haben. Ich hatte einen sehr guten Job. Ich habe im Baumwollexport gearbeitet. Ich war Qualitätsprüfer in einer Firma, die Baumwolle exportierte.«

Du hast nebenher also Orchester organisiert?

»Ja, wegen der Gewerkschaft. Siehst du, wir gelangten zu einem Punkt, wo wir ziemlich gut spielten und eine Menge Arbeit bekamen; viel mehr Arbeit, als die gewerkschaftlich organisierten Bands. Also versuchten sie, einen Weg zu finden, um uns auszuschalten. Ich meine, sie fingen an, Druck auf die Clubbesitzer auszuüben. Und dann gab es zum Beispiel manchmal Situationen, wo uns jemand einen Job anbot und sagte, wir brauchen drei Bands. Nun gut, es gab aber zu diesem Zeitpunkt nur zwei Bands, die nicht in der Gewerkschaft waren. Das waren die *Gibson Band* und die von Doc Paulin. Wenn wir da nun eine gewerkschaftlich organisierte Band dazu engagiert hätten, dann hätte das einen Konflikt gegeben. Wann immer wir also drei Bands brauchten, dann organisierte ich die dritte Band. Und so kam es dann, daß ich die *Excelsior* neu organisierte, die ich dann jahrelang managte. Ich wurde also zu so einer Art von Organisator von nicht gewerkschaftlich organisierten Gruppen. Alvin Alcorn, der, wie du weißt, einer der ganz Großen hier ist, pflegte mich den ›Präsidenten der Gewerkschaft der nicht gewerkschaftlich organisierten Bands‹ zu nennen.

Anfangs sagten sie übrigens von uns, daß wir nur deshalb so viel spielten, weil wir weniger verlangten. Aber bei vielen Gelegenheiten habe ich herausgefunden, daß ich für meine Musiker sogar mehr forderte, als die gewerkschaftlich organisierten Gruppen bekamen. Also sagte ich mir, was, zum Teufel, tut die Gewerkschaft eigentlich für einen. Denn ich bekam einen besseren Preis.

Manchmal fragten mich Veranstalter, warum verlangst du so viel? Ich darauf: Magst du die Band? Er: Ja. – Und ich: Wenn du gute Musiker

haben willst, die gut spielen, dann mußt du sie auch bezahlen. Und
also fordere ich diesen oder jenen Preis von dir.

Das sprach sich dann rum, weißt du. Scherzhaft nannten sie mich
›Präsident‹! Ich war der ›Präsident der Gewerkschaft der nicht gewerkschaftlich organisierten Bands‹!«

*Gab es denn keine Schwierigkeiten für Bands außerhalb der Gewerk-
schaft? Ich habe ursprünglich immer gedacht, daß in New Orleans
alle Jazzmusiker in der Gewerkschaft seien.*

»Nein, es waren keineswegs alle Jazzmusiker in New Orleans in der
Gewerkschaft. Damals, als sie die Gewerkschaft in Gang brachten, da
gaben sie einigen von den älteren Musikern Gewerkschaftsausweise,
ohne daß die jemals ihre Aufnahmegebühr bezahlt hatten. Und
gerade diese Typen, die keinen oder nur geringe Beiträge zahlten, das
waren immer diejenigen, die Druck auf uns auszuüben versuchten.
Denn meistens wurden die von der Gewerkschaft genau für diesen
Zweck eingesetzt, verstehst du?«

*Welche Gründe gab es denn für Musiker, nicht in die Gewerkschaft
einzutreten, ging es da um die Aufnahmegebühr?*

»Nein, nein! Wie ich schon sagte: Wozu braucht man eine Gewerkschaft, wenn man vielleicht fünf oder sechs Paraden im Jahr spielt und
dann noch vielleicht drei oder vier Tanzjobs. Ich meine, das machte
man so nebenbei, damit verdiente man nicht seinen Lebensunterhalt.
Das war etwas anderes, als wenn man als Berufsmusiker gearbeitet
hätte. Denn, wie ich schon sagte: Ich habe mich niemals als professionellen Musiker betrachtet, denn ich habe niemals ausschließlich für
meinen Lebensunterhalt gespielt. Für mich war es mehr eine Freizeitbeschäftigung. Also wozu, zum Teufel, brauche ich eine Gewerkschaft. Und ich kann mir nicht vorstellen, was die Gewerkschaft für
mich hätte tun können. Denn ich habe schließlich meistens mehr Geld
verlangt, als es ihrem Tarif entsprach. Und wenn irgend jemand mich
um meine Gage betrogen hätte, dann hätten sie genauso viel Schwierigkeiten gehabt, mein Geld einzutreiben wie ich selbst. Und es gibt ja
immer noch das Arbeitsgericht, an das man sich wenden kann. Und es
gibt andere Institutionen, die einen stützen.

Und die Leute, für die wir spielten, waren auch meistens Kirchenmit-
glieder oder karitative Vereine. Wenn man in einem Nachtclub spielt,
dann hat man vielleicht Schwierigkeiten, sein Geld zu kassieren. Aber
die Leute, für die wir spielten, waren meistens Gemeindemitglieder.
Und bei denen hatten wir niemals Schwierigkeiten, unser Geld zu
bekommen. Wozu also, zum Teufel, brauchten wir eine Gewerk-

schaft. Denn in gewissem Sinne waren wir ja auch organisiert. Denn wie ich schon sagte: In den nicht gewerkschaftlich organisierten Gruppen hielten wir alle zusammen.

Aber nachdem wir dann ziemlich populär geworden waren, da ging es damit los, daß man Druck auf uns auszuüben begann. Ich kam damals z. B. in ziemlich große Schwierigkeiten, als wir Tanzjobs zu spielen begannen. Das ging damit los, als die *Crystals* sich zu einer Jazzgruppe entwickelte, die zum Tanz spielte. Ich hatte damals drei Gruppen. Ich hatte die Blaskapelle, die Combo und das Orchester. Und wenn wir zum Tanz spielten, dann setzte ich gewöhnlich die *Crystals* ein. Einige Säle, in denen wir spielten, gehörten aber einer gewerkschaftlichen Organisation, zum Beispiel der Hafenarbeitergewerkschaft. Und da passierte es manchmal, daß gewerkschaftlich organisierte Musiker hereinkamen und zu mir sagten: Du spielst hier mit gewerkschaftlich nichtorganisierten Musikern, aber das hier ist eine Gewerkschaftshalle. Ich war dann sozusagen ihre Hauptzielscheibe.

An einem Abend kamen sie dann an und drohten mir, die ganze Kapelle zusammenzuschlagen. Das war in der Halle der Hafenarbeitergewerkschaft. Der Manager der Halle kam zu mir und sagte: ›Ich fürchte, ihr werdet diesen Job nicht zu Ende spielen können.‹ Ich sagte: ›Warum?‹ – ›Weil sich die Musiker von der Gewerkschaft beschweren.‹ Und ich sagte: ›Ihr habt doch da drei Polizisten da drüben. Dann sag' doch den Polizisten, daß sie uns rauswerfen sollen.‹ – Die dachten dann eine Weile darüber nach, und dann sagten sie zu uns: ›Laßt uns noch mal darüber reden.‹ – Es stellte sich dann heraus, daß sie von mir ein Bestechungsgeld haben wollten. Ich spielte da mit einer zehnköpfigen Band. Und sie wollten von mir zwei Dollar pro Mann, dann wäre schon alles in Ordnung. Aber ich sagte ihnen: ›Euch zwanzig Dollar geben? Den Teufel werde ich tun.‹

Die versuchten mich dann unter Druck zu setzen, aber ich kannte meine Rechte. Denn ich spielte ja schließlich nicht für die Gewerkschaftshalle, ich spielte für eine Organisation, die diese Halle gemietet hatte. Ich sagte also zu ihnen: ›Was denkt ihr eigentlich, mit wem ihr sprecht. Ich spiele doch hier nicht für euch.‹ – Dazu kam dann noch, daß mein Onkel, also der Mann meiner Tante, eine ziemlich hohe Funktion in der Hafenarbeitergewerkschaft hatte. Als also dieser Typ loslegte, da sagte ich: ›Kann ich mal dein Telefon benutzen?‹ – Er sagte: ›Wozu?‹ – Und ich sagte: ›Ich will meinen Onkel Albert anrufen!‹ – Und er: ›Welchen Albert?‹ – Ich sagte: ›Mex.‹ – Weißt du, sie nannten ihn Mex, denn er sah wie ein Mexikaner aus. – Ich sagte also: ›Ja, das ist mein Onkel.‹ – Er sagte: ›Oh, wart mal einen kleinen Moment, wart mal einen Moment!‹ – Und damit hatte sich's dann, verstehst du. Siehst du, dieser Typ versuchte die Gewerkschaft dafür einzusetzen, ein bißchen Geld nebenher zu verdienen.

Aber dann fingen sie mit einer anderen Sache an: Die Gewerkschaft besorgt den Musikern ja nicht viel Arbeit. Wenn irgend jemand hier Arbeit haben will, dann . . . In meiner Gruppe spielten oft gewerkschaftlich organisierte Musiker, weißt du. Wenn mir ein Trompeter oder ein Saxophonist oder irgend jemand fehlte, dann fand ich immer jemanden, der mit mir spielte. Und dann kam jemand von der Gewerkschaft und zeigte ihn an.«

Und was bedeutete das?

»Die mußten ein Bußgeld bezahlen, wenn man sie dabei erwischte, wenn sie mit einer gewerkschaftlich nicht organisierten Gruppe spielten. Die unternahmen also alles mögliche, um mich in die Gewerkschaft hineinzuzwingen. Und dann entschloß ich mich, irgendwann in die Gewerkschaft einzutreten, weil ich gehört hatte, daß sie so eine Art Altersversicherung hätten. Ich dachte, das könnte ganz gut sein, so eine Versicherung abzuschließen – 2000 Dollar für die Familie, wenn man stirbt, oder so etwas Ähnliches. Aber dann fand ich heraus, daß sie keinen Musiker versichern wollten, der über 50 Jahre alt war. Also sagte ich ihnen: ›Behaltet es, ich brauch's nicht.‹ Ich werde doch nicht die Aufnahmegebühr an die Gewerkschaft bezahlen, wo die Gewerkschaft mir keinen einzigen Job vermittelt.«

Die Jazzszene im Touristengeschäft auf der Bourbon Street und so weiter, läuft das schon lange?

»Nein. Sie hatten früher einige Lokale im French Quarter, in denen sie schwarze Musiker beschäftigten; aber die waren begrenzt. Das war übrigens eine andere Sache, die mich an der Gewerkschaft geärgert hat, daß sie nichts für die Neger taten. Denn man boykottierte die Negermusiker im French Quarter.«

Aber die Gewerkschaft war doch schwarz?

»Nein, nein, die Gewerkschaft gehörte den Weißen.«

Ich dachte, es gab zwei Gewerkschaften.

»Das ist richtig! Aber die schwarze Gewerkschaft konnte nichts für einen tun, da die Bourbon Street den Weißen gehörte. In der ganzen French Quarter-Gegend spielten überwiegend weiße Gruppen. Es gab vielleicht zwei oder drei Lokale, wo sie Negermusiker hatten. Deshalb ist ja die *Preservation Hall* so berühmt, weil es eines der Lokale war, wo sie echte Dixieland Jazz-Musiker anheuerten. Die

Paddock war das andere. Siehst du, so sah es auf der Bourbon Street aus. Es gab die *Paddock* und den *Dream Room.* Später dann wurde die *Preservation Hall* gegründet. Aber früher arbeiteten die schwarzen Musiker vor allem in der *Paddock* und im *Dream Room.* Frogman Henry spielte da immer. Er hatte eine sehr losgehende Gruppe, so etwas zwischen Rock und Jazz.

Und siehst du, in den meisten Clubs auf der Bourbon Street, da hatten sie Mädchen, die tanzten. Und aus irgendeinem seltsamen Grund – nein, eigentlich nicht seltsam, das ist ja bekannt –, da wollten sie keine Negermusiker in diesen Lokalen haben. Ganz besonders, nachdem diese Bürgerrechtsbewegung in Gang gekommen war, weißt du. Und ich glaube, das ist einer der Gründe, warum die Gewerkschaft es zuzulassen begann, daß sie dann da mit Tonbandgeräten arbeiteten. Verstehst du, wenn diese Mädchen auf der Bühne tanzten, dann brauchten sie keine Band mehr. Früher hatten sie Bands in all diesen Clubs, aber es mußten weiße sein. Die hatten da normalerweise Combos, die zur Begleitung der Tanzerei dieser Mädchen spielten. Combos mit vier oder fünf Mann. Und die waren alle weiß. Die ließen es nicht zu, daß Neger für sie spielten. Und es mag unglaublich klingen, aber in der *Paddock* sah es so aus, daß die Musiker, die dort spielten, während der Pause im hinteren Teil des Lokals zu verschwinden hatten. Verstehst du, wenn die Pause hatten, dann konnte man nicht zu ihnen sagen: Kommt, laßt uns mal einen zusammen trinken. Man konnte ihnen allenfalls ein Getränk kaufen und es ihnen nach hinten bringen.«

Gehören diese Clubs meistens Weißen?

»Ja, die gehören alle Weißen. Siehst du, den Negern gehört auf der Bourbon Street überhaupt nichts. Es gehört alles den Weißen und die behandeln die Musiker wirklich unfair. Ich hab' da einmal gespielt, als wir diese Platte machten. Das war ein weißer Club. Und die engagierten hin und wieder eine schwarze Band. Und eines der Dinge, die ich da bemerkte, war, daß sie drei Toiletten hatten: eine für Frauen, eine für Männer und eine, auf der stand: ›Für die Band.‹ Weißt du, was das bedeutete? Das bedeutete, daß Neger nicht in die weiße Toilette gehen sollten. Und ich meine, die Frau, der die *Paddock* gehört, das ist auch so eine . . . Die sind da auch so. Die Jungs, die da arbeiten, verdienen ganz gutes Geld. Aber es herrscht soviel Rassentrennung unter ihnen. Weißt du, und die Leute mögen die Musiker und sie wollen mit ihnen sprechen. Aber die müssen hinten sitzen. Aber wer geht schon gerne auf die Bourbon Street.«

Teddy Riley

Der Trompeter Theodore »Teddy« Riley, obschon 1924 in New
Orleans geboren und seit seinem 17. Lebensjahr professioneller
Musiker, empfindet sich auf der Jazzszene von New Orleans noch
immer als eine Art von Newcomer. Der Grund dafür liegt darin, daß
Riley die längste Zeit seines Musikerlebens *On the Road* verbracht
hat. Von den frühen 40er bis in die späten 60er Jahre war Teddy Riley
unterwegs, spielte überwiegend in Rhythm-and-Blues-Bands, darunter so prominente wie die von Roy Brown, Earl Bostic, Ray Charles
und Fats Domino.
Ende der 60er Jahre ließ Teddy Riley sich dann in seiner Heimatstadt
nieder. Er mußte erst einmal – nach Schallplatten – das alte Repertoire
lernen, bevor er sich in die Jazzszene der Stadt integrieren konnte.
Nachdem er einige Zeit mit einer eigenen Band in den Clubs der
Bourbon Street aufgetreten war, schloß er sich 1971 der Storyville Jazz
Band an, einer Gruppe von jüngeren New Orleanser Musikern, die
sich vom traditionellen Jazz über Hardbop bis hin zu Soul und Rock
quer durch die Stilbereiche spielte und der unter anderem der durch
seine Zusammenarbeit mit Cannonball Adderley bekannt gewordene
Pianist Ellis Marsailis sowie die Brüder Bob und George French
(Schlagzeug und Baß) angehörten.
1975 stieg Teddy Riley in die *Heritage Hall Jazz Band* des Klarinettisten Louis Cottrell ein, der er noch heute (1980) angehört.
Teddy Rileys Stilistik ist geprägt durch die vielfarbigen musikalischen
Erfahrungen von mehr als 20 Jahren *On the Road*. Seine Phrasierung
besitzt einen beträchtlichen Drive, seine Improvisationen sind swing-
orientiert mit leichten Bebopanklägen in der Intervallstruktur. Als
seine wichtigsten direkten Einflüsse nennt er Red Allen, Punch
Miller, Louis Armstrong, Roy Eldridge und Miles Davis – ein
wahrhaft breites Spektrum unterschiedlicher Trompetenspielweisen
und Mentalitäten.

Was für eine Art von Erfahrung ist es, so lange Zeit »On the Road« zu
sein?

»Nun, ich kann dir sagen! Unterwegs . . . In der Zeit, als ich
unterwegs war, war das fein. Es war ein Spaß. Tatsächlich merkt man
gar nicht, wie die Tage vergehen. Jeder Tag schien ein Sonntag zu sein.
Man kann einen Tag nicht vom anderen unterscheiden, denn das
Leben wird zu einer Art von Routine. Man hat nichts Besonderes vor,
man macht nichts als Musik. Also insofern bedeutete das eine Menge

Spaß. Und man trifft permanent Leute. Man trifft Musiker, die man hier nicht zu sehen bekommt. Wenn man nicht herumziehen würde, würde man sie niemals sehen. Wir haben ziemlich oft in Las Vegas gespielt und da hatte ich die Chance, mit den besten Musikern zusammenzuarbeiten.

In jener Zeit, als ich *On the Road* war, war es so, daß man mit dem Auto reiste. Das bedeutete viele, viele Stunden auf der Autobahn. Häufig mußten wir uns im Auto umziehen, um rechtzeitig zum Job zu kommen. Und wir kamen dann gerade zur rechten Zeit an, um auf die Bühne zu springen. Wenn man in dieser Zeit auch nur eine Minute zu spät kam, wurde man von dem Veranstalter angeschnauzt, denn man hatte den Vertrag gebrochen. Oder aber er sagte überhaupt nichts, sondern zog einem einfach etwas von der Gage ab. Aber es war trotzdem ein großer Spaß.«

War es nicht ziemlich aufreibend, die ganze Zeit unterwegs zu sein?
»Es war schon ziemlich hart. Und in diesen Tagen damals war es besonders für die Schwarzen hier unten ziemlich rauh. Ich meine, wir sprechen ja über die Vereinigten Staaten. Man konnte als Schwarzer zum Beispiel nicht überall übernachten. Viele Hotels waren uns verschlossen. Deshalb mußten wir manchmal in die nächste Stadt fahren, um überhaupt ein Hotel zu bekommen. In den 40er Jahren hatten sie in einigen Orten manchmal gar kein Hotel. Dann haben wir privat übernachtet. Drei oder vier Typen wohnten da, zwei quer über die Straße und einer um die Ecke. Aber das war ganz schön, privat zu wohnen; denn das war dann so, als ob man zu Hause ist. Im Hotel hat man ja immer nur aus dem Koffer gelebt. Und dann das Gedränge im Restaurant. Aber wenn wir in Privathäusern wohnten, dann waren die Leute meistens sehr nett zu uns, machten uns Essen, machten uns unsere Wäsche. Also das war fein, das hat Spaß gemacht!«

Handelte es sich da meistens um Einzeljobs (one-nighters)?
»Ja, wir spielten in dieser Zeit hauptsächlich *one-nighters*. Einen Abend waren wir hier, und dann mußten wir vielleicht 500 Meilen fahren, um zum nächsten Job zu kommen. Oder man hatte vielleicht zwei Tage Zeit, um von hier nach Kalifornien zu kommen. Und ich saß meistens hinter dem Steuer. Ich fuhr die ganze Zeit von Kalifornien bis nach Oklahoma City. Das sind ungefähr 1700 Meilen. Die einzigen Stops, die wir machten, waren für einen Hamburger oder einen Hot Dog oder einen Drink. Wir hatten keine Zeit zu schlafen. Und ich glaube, einer der Gründe, weshalb ich jetzt eine Brille trage, ist, weil ich mir damals die Augen überanstrengt habe. Ich hab' die ganze Zeit

am Steuer gesessen und bin gefahren. Und ich war immer zu skeptisch,
um im Auto zu schlafen. Ich schlief niemals, wenn irgend jemand
anderes fuhr. Jeder sonst konnte schlafen . . . Weißt du, das war ein
gefährliches Leben.«

Hattest du auch mit Rockmusik zu tun?

»O ja, ich habe in einer Rockband gespielt. Bevor ich mit Fats Domino
gearbeitet habe, habe ich ungefähr drei Jahre lang in einer Rockband
gespielt. Der Typ hieß Danny White.«

*In einer normalen Rockbesetzung hat man als Trompeter ja nicht so
viel zu tun, nicht?*

»Genau, da spielt man nichts als *backgrounds*. Eigentlich bräuchte
man gar nicht da zu sein. Verstehst du, was ich meine? Die brauchen
dich eigentlich gar nicht. Ist ja doch alles nur Gitarren und so ein Müll.
Aber man ruiniert seine Lippen, wenn man in einer Rockband spielt.«

Wieso?

»Wegen des Ansatzes, den man verwenden muß. Man muß jede
Menge *riffs* spielen, unaufhörlich, weißt du. Und das zieht einem den
Ansatz herunter, weißt du. Ganz anders als ein Trompeter in einer
Bigband. Der baut seinen Ansatz nach oben hin auf, um die erste oder
zweite Stimme zu spielen, um hoch genug zu spielen. Aber in diesen
Rockbands, da spielt man nicht hoch, da spielt man die ganze Zeit tief.
Und man spielt am laufenden Band. Manchmal hat man es wirklich
satt, ewig irgendein *riff* zu spielen, aber man muß es machen. Aber
was soll's! Für ein paar Dollar, da macht man alles mögliche mit, wenn
man Musik spielt. Es ist ein rauhes Leben, Mann!

*Als ich dich in der Heritage Hall hörte, habe ich bemerkt, daß du –
bezogen auf diesen speziellen New Orleans Jazz hier – ziemlich
modern spielst. Kommt das daher, daß du so verschiedene stilistische
Phasen durchgemacht hast?*

»Weißt du, die Art und Weise, wie ich es damals gelernt habe (das
Spielen von New Orleans Jazz), war, daß ich mir ein paar alte
Schallplatten besorgte und mir anhörte, wie die Typen früher gespielt
haben, um auch so spielen zu können. Aber es wäre völlig reizlos
gewesen, etwas gegen den eigenen Willen zu tun, nur um ein paar
Dollar zu verdienen.«

*Du hast es also niemals versucht, diesen speziellen New Orleans-Stil
wirklich nachzuahmen?*

»Doch, das habe ich schon gemacht. Ich mußte es machen. Bei einigen
Jobs *muß* man das einfach machen. Mit einigen Musikern oder
Gruppen, mit denen man spielt, muß man so spielen, denn anders

würde man nicht hineinpassen. In einigen Bands kommst du einfach nicht drum herum; wenn der Pianist hinter dir diese Humpta-Humpta-Akkorde spielt und der Bassist die Saiten knallen läßt – wie sollst du *gegen* so etwas anspielen? Du mußt da einfach mitmachen, mußt dich einfügen. Wenn du aber einen Klavierspieler hast, der nur ein paar Akkorde einwirft . . . Oder nimm zum Beispiel unsere Gruppe: Die Art, wie unser Bassist Placide spielt, das gibt dir Auftrieb und du fühlst dich inspiriert, ein bißchen moderner zu spielen. Nicht zu modern, Musik der letzten 20 Jahre. Diese Art von Musik! Die Leute hier nennen das progressiv, was natürlich falsch ist. Es ist einfach Jazz, der ein bißchen fortschrittlicher ist als sie selbst.

Die meisten Leute versuchen es gar nicht erst, irgend etwas Neues zu kapieren. Die Leute, die hierherkommen, um Jazz zu hören, sind meist ältere Leute, welche die Musik aus ihrer Jugendzeit hören wollen. Bei anderen Dingen hören sie einfach nicht hin. Und wenn du mal der Sache auf den Grund gehst, findest du, daß sie keine Ahnung davon haben, was du eigentlich spielst, keine Ahnung! Aber wenn du einmal den Ruf hast, daß du traditionellen Jazz spielst, dann kannst du alles auf deinem Horn spielen, was dir einfällt, und die werden es für das größte halten.

Mir ist es schon passiert, daß sie zu mir sagten: ›Du wirst immer besser!‹ Was, zum Teufel, soll das bedeuten? Ich spiele einfach so wie ich spiele! Häufig sagen sie auch: Ted Riley ist ein guter Trompeter, aber er ist ein bißchen zu modern.«

Wer sagt das?

»Irgendein Jazzkritiker. Aber Louis Cottrell denkt da ganz wie ich. Er will keineswegs, daß ich so spiele wie Bunk Johnson oder irgend jemand aus dieser Zeit. Die sind ja damals mit ihrem Horn gar nicht so richtig klargekommen, glaube ich. Die spielten einfach so gut sie konnten. Wenn sie es besser gekonnt hätten, dann hätten sie's gemacht. Aber die Leute haben einfach ein falsches Verständnis vom Jazz.

Musik ist Musik, wenn sie gut gespielt ist. Und ich glaube, alle Phasen der Musik sollten akzeptiert werden. So denke ich jedenfalls darüber. Ich bin kein Extremist; ich versuche nicht, in Extreme vorzustoßen wie Coltrane oder – wie heißt noch mal dieser Trompeter, einer der wildesten heute – Fred Hubbard; in diese Ecke versuche ich nicht zu gehen. Aber wenn man auf einer Platte eine gewisse Anzahl von Stücken spielt, die die Leute mögen, dann kann man immer auch ein paar Dinge hineinbringen, die einem selbst am Herzen liegen.

Aber du mußt nicht denken, daß ich, weil ich ein paar moderne
Phrasen spiele, das Gefühl für den Dixieland nicht habe. Ich kann in
jeder beliebigen Band spielen, die es hier herum gibt. Ich kann mit den
gleichen Empfindungen und dem gleichen Sound spielen wie sie. Ich
kann das, wenn ich will! Verstehst du, was ich meine? Aber ich werde
doch ein bißchen davon abweichen und einige von den Dingen
machen, die ich gerne machen will. Denn ich werde meine Spielweise
nicht regulieren lassen.

In den meisten dieser Jazzbands hier halten sie sich ziemlich eng an die
Melodie, jedenfalls die Trompeter. Sie gehen kaum jemals von der
Melodie weg. Und sie machen auch nicht allzu viele Läufe. Sie
benutzen immer noch die gleichen traditionellen Phrasen, und zusätzlich einige von denen, die Louis (Armstrong) spielte. Nun, ich hab'
mir niemals viel aus den Phrasen von anderen Leuten gemacht. Die
haben für mich niemals eine große Rolle gespielt. So fühle ich das
jedenfalls. Ich meine, als Louis damals anfing, da war das wie ein
neuer Tag. Und manches, was danach kam . . . Nun, das brachte es
einfach nicht. Mal abgesehen von Leuten wie Diz, Fats Navarro und
Miles Davis. Die ließen auch einen neuen Tag anbrechen mit ihrer Art
zu spielen. Und Louis sagte ihnen genau das gleiche. Denn er hielt
eine Menge von den Progressiven. Er war nicht dagegen. Er mochte
es. Ich hab' mit Louis gesprochen und er sagte: Mann, gute Musik ist
gute Musik! Und wenn sie einen beat hat, wenn man den Fuß dazu
wippen und die Hände klatschen kann, dann ist das gute Musik. Aber
wenn einer so spielt, daß dir die Ohren weh tun, dann läuft gar nichts.
Ich habe diese Art von Musik niemals gemocht.«

Können die jungen Musiker hier im allgemeinen die traditionelle Art
von Musik spielen?

»Nun, einige können es. Ich sag dir eins: Die können spielen! Aber,
um die traditionelle Musik spielen zu können, da muß man eine
bestimmte Anzahl von traditionellen Stücken beherrschen. Die muß
man kennen. Man muß die einzelnen Teile kennen, wissen, wie sie
laufen, den formalen Aufbau und alles. Und wenn du diese Stücke
kennst und vielleicht ganz gut im Solospielen bist, dann gibt es keine
Probleme, da einzusteigen. Aber man muß diese Stücke lernen! Und
man muß ein Gefühl dafür entwickeln, muß jemanden hören, um zu
erfahren, wie sie es früher gemacht haben. Denn man darf sich ja nicht
allzuweit davon entfernen, was sie machen. Aber zur gleichen Zeit
kann man versuchen, sich selbst in die Sache einzubringen. Und auf
diese Art und Weise kommt man hier ganz gut klar.

Kann man in New Orleans eigentlich davon leben, wenn man Musik außerhalb des New Orleans Jazz spielt?

»Oh, oh! Kann man davon leben? Nun, es ist ziemlich schwierig, in New Orleans von einer Musik außerhalb des traditionellen Jazz zu leben. Es gibt ein paar Gruppen, feste Gruppen, die ziemlich populär hier unten sind; die spielen Rock. Und die spielen für all diese Vereinsfeste und für die Schulen. Und an Wochenenden spielen sie in kleinen Lokalen. Es gibt eine Menge Arbeit hier in New Orleans und Umgebung. Du würdest staunen. Es gibt vielleicht 50–75 Kneipen, in denen Freitag, Sonnabend und Sonntag eine kleine Gruppe spielt. Aber die können davon nicht leben. Das ist meistens eine Nebenbeschäftigung. Die verdienen da vielleicht 75 bis 80 Dollar am Wochenende. Einige von ihnen gehen noch zur Schule. Und für die ist es natürlich ganz gut; denn wenn sie eine andere Arbeit hätten, dann würden sie wahrscheinlich für sonst nichts Zeit haben als für die Schule und den Tagesjob. Aber auf diese Weise können sie ein paar kleine Jobs spielen . . . Einige von diesen Typen spielen tatsächlich sechs Nächte in der Woche und gehen dabei zur Schule. Das ist natürlich hart.«

Im allgemeinen ist, glaube ich, die ökonomische Situation für Musiker in New Orleans ganz gut, nicht wahr?

»Die ist wirklich ganz gut. Ich glaube, dies hier ist die einzige Stadt, in der man als Musiker von seiner Musik leben kann. In anderen Städten, wenn man nicht gerade im Studio arbeitet, wie in Kalifornien . . . Selbst mit der Arbeit in Clubs in New York ist nicht mehr viel los. In Chicago – absolut nichts! Aber hier . . . ich kann sagen, daß ich immer meinen Lebensunterhalt mit meinem Horn verdient habe. Ich brauchte wirklich niemals etwas anderes zu machen, es sei denn, ich wollte es. Ich meine, ich habe schon andere Sachen gemacht. Ich habe nämlich schon einmal für einen Blumenhändler gearbeitet. Ich wollte einfach lernen, Blumenschmuck zu entwerfen, Arrangements von Blumen zu machen. Und zu einer Zeit, als ich mal keine Musik machte, da konnte ich einen Job bei einem Blumenhändler bekommen.

Jetzt habe ich aufgehört, sechs Nächte in der Woche zu spielen, denn es wurde mir allmählich zu langweilig, jede Nacht zu spielen. Ich habe mich also Louis (Cottrell) angeschlossen, wo ich mindestens zwei Nächte in der Woche frei habe. Aber manchmal spielen wir auch zwei oder drei Jobs an einem Tag, so zum Beispiel am Sonntag, da habe ich vier Jobs gespielt.«

Wie hast du denn das gemacht?

»Erst habe ich bei einem Empfang bei einer Hochzeit gespielt; dann habe ich bei einer Parade gespielt, dann mit Papa French im Royal Celestion Hotel und dann schließlich noch in der Heritage Hall, sozusagen zu Hause. Nun, das war alles in allem ganz gut! An dem Tag habe ich vielleicht so 150 Dollar verdient. Das war also ein guter Tag. Andere Leute müssen dafür eine ganze Woche arbeiten . . . Aber wenn man das verdient, dann muß man sich auch schon einmal etwas auf die Seite legen, denn manchmal geht der Zug natürlich auch bergab. Als die Hall (Heritage Hall) vor einiger Zeit für uns ganz unerwartet zumachte, da hatten wir plötzlich gar nichts sonst, denn die Hall war mehr als nur eine Basis für uns, verstehst du?«

Habt ihr da feste Termine?

»Nun, wir wechseln mit einer anderen Band ab. An diesem Wochenende zum Beispiel spielen wir außerhalb. Wir werden also Freitag und Sonnabend nicht da sein und wir werden heute nicht arbeiten, denn heute haben wir einen Job im International Hotel. Also müssen wir uns sozusagen frei nehmen. Aber im großen und ganzen kommen zwei Bands mit dieser Arbeitsaufteilung ganz gut klar. Wenn wir nicht können, dann springen die anderen für uns ein. Und wenn sie an ihrem regulären Abend irgendwo anders einen Job haben, dann springen wir für sie ein. Und wenn beide Bands gleichzeitig zwei gutbezahlte Jobs haben, dann finden wir schon irgend jemand anderes. Normalerweise macht man das dann so, daß man vielleicht den einen oder anderen aus der Band da läßt und dazu ein paar andere Typen engagiert, die wissen, wie die Sache läuft. Und auf diese Weise geht es schon.«

Ist es eigentlich wichtig, daß man eine feste Besetzung zusammenbehält?

»Ja, man muß die gleiche Besetzung behalten. Wenn man zu oft wechselt, dann hat man praktisch keine Band.«

Ich habe aber bisweilen den Eindruck, daß es in New Orleans eine Menge kurzfristig zusammengestellter Bands gibt.

»Nun, im Jazz ist das hier, glaube ich, so ziemlich der einzige Ort, an dem man ans Telefon gehen kann und sechs Leute anrufen und ihnen sagen kann: ›Komm dann und dann dort und dort hin, zieh dir einen schwarzen Anzug und einen roten Schlips an.‹ Und die Typen kommen dorthin, und wenn du traditionelle Musik spielst, dann spielen sie mit dir so zusammen, als ob sie schon jahrelang mit dir gespielt haben. Denn die kennen einfach die Stücke. Ärger gibt es allerdings häufig mit der Rhythmusgruppe. Manchmal swingt der

Rhythmus einfach nicht. Oder sie spielen nicht richtig zusammen, verstehst du, was ich meine? Und das kann dann natürlich ein Handikap sein. Aber die Bläser kommen normalerweise miteinander klar. Aber wenn du eine schlechte Rhythmusgruppe hast, zum Beispiel einen Schlagzeuger, der zu laut spielt und entweder treibt oder schleppt, dann sitzt du natürlich in der Tinte. Aber wenn du einen guten Schlagzeuger hast, wie Freddie Kohlman, unser regulärer Schlagzeuger, so einer kann natürlich immer als Ersatzmann einsteigen. Es ist halt wichtig, daß man vorher schon einmal zusammen gespielt hat. Denn wenn man jemanden anruft, den man überhaupt nicht kennt, dann ist das sehr riskant. Aber wenn man einen guten Trompeter hat, jemand, der im Vordergrund steht und sich gut präsentiert, dann kommt man ganz gut über die Runden.«

Sind Schallplatten eigentlich ein wesentlicher Faktor für dich?
»Sie sind eher unerheblich. Ich bräuchte eine Schallplatte, wenn ich die Absicht hätte, mich selbständig zu machen und unter meinem Namen, Teddy Riley, aufzutreten. Erstens würde es helfen, einen Job in einem Lokal wie der *Heritage Hall* zu bekommen. Und dann verkaufen sie natürlich dort auch deine Platte. Und wenn du gut spielst, dann kannst du deine Platte ganz gut verkaufen. Ich mache zwar keine besonderen Tricks auf der Trompete. Aber ich könnte ein Publikum gefangenhalten, mit Dingen, die ich niemals in der *Hall* spiele. Wenn ich einige von diesen Sachen spielen würde und eine Schallplatte auf dem Markt hätte, Mann, die würden alle meine Schallplatten kaufen. So sind nun mal die Leute. Falls du weißt, was ich meine.«

Eine Schallplatte ist also vor allem gut für den persönlichen Ruf?
»Nun, für den Ruf und für die Arbeit. Wenn ich eine Schallplatte draußen hätte, dann würde ich vielleicht in der *Preservation Hall* arbeiten. Ich hab' in der Preservation Hall gespielt, als die damals aufmachten. Da habe ich da täglich gespielt. Aber die haben dann herausgefunden, daß das Alter der Musiker für sie wichtiger war als deren Musik. Und da haben sie mich rausgeschmissen, denn ich war erst Ende 30 oder Anfang 40. Die haben also festgestellt, daß ich zu jung für sie war. Ich meine, ich hatte die Musik drauf, zum Teil besser als sie selber. Denn ich hatte all das hinter mir. Ich hatte in Marsch-kapellen gespielt und in Dixielandbands. Tatsächlich kam ich ja aus einer Marschkapelle. Und alles, was die dort machten war, die Marschmusik von der Straße zu nehmen und sie in die Halle zu verpflanzen . . .«

Wie denkst du eigentlich über den Erfolg der bekanntesten Dixie-landbands hier, wie über den von Al Hirt oder den der Dukes of Dixieland?

»Nun, Al Hirt ist ein guter Trompeter. Er hat eine gute instrumentale Ausbildung, er ist Konzertmusiker und er ist ein ziemlich guter Improvisator. Er hat also viele Vorzüge, ganz klar! Und dann gibt es da einen Typen namens Don Levy, ein reicher jüdischer Typ mit einem Haufen Geld. Der legte sein Geld in Al Hirt an. Al Hirt war damals völlig unbekannt. Und dieser Typ investierte also dann sein Geld in Al Hirt und brachte ihn nach oben. Er machte seinen Namen bekannt. Die Reporter spürten ihn überall auf, am Flughafen und wo auch immer. Sie nahmen 19 Schallplatten mit ihm auf, sie machten ihn zu etwas!

Es gibt einen anderen Typen, der heißt George Gerard. Vielleicht hast du von ihm gehört. Er starb mit 26 Jahren. Und dieser Junge war wirklich ein Jazzidol. Er war unglaublich! Wenn er noch leben würde, er wäre niemals in seinem Leben ein Al Hirt geworden. Er hätte sich niemals einen solchen großen Namen gemacht, denn er war schwarz. Denn wann immer sie hier in der Stadt nach Spitzentypen suchen, dann sind das Weiße. Und wenn sie jemanden zur Nummer eins erheben wollen, dann wird das niemals ein Schwarzer sein. Dann werden die Al Hirt oder Pete Fountain heißen; Trompete und Klarinette. Man kann sagen, daß das die beiden hervorstechendsten Instrumente im Jazz sind, Trompete und Klarinette. Und da widmen sie all ihre Aufmerksamkeit Leuten wie Al Hirt und Pete Fountain. Und ich kenne hier Klarinettisten, die Pete hundertmal in die Tasche stecken. Aber so geht es nun mal.«

Mir ist aufgefallen, wenn hier ein Jazzmusiker stirbt, dann steht das in der Zeitung auf der ersten Seite. Das würde in New York nie passieren, nicht?

»Nun, die wollen das hier nicht verlieren. Das ist alles, was New Orleans hat, den Jazz! Die einzige Art und Weise, wie sie dies hier am Leben erhalten können, ist, diese Sache irgendwie zu propagieren. Aber davon abgesehen: Die einheimischen Leute, die Leute, die hier wohnen, unterstützen den Jazz überhaupt nicht. Das sind hauptsächlich die von außerhalb. Weißt du, hier leben eine Menge Leute, die niemals in ihrem Leben auf der Bourbon Street gewesen sind.«

In gewisser Weise kann man ihnen das ja auch nicht übelnehmen, nicht?

»Das kann man ihnen auch nicht übelnehmen, denn es gibt wirklich

kaum noch Jazz auf der Bourbon Street. Es gibt so viel Mist.«
Ich habe von euch die ganze Nacht lang nicht ein einziges Mal »The
Saints« spielen gehört.
»Nein, das spielen wir niemals! Ich hoffe, daß wir das niemals wieder
spielen werden. Deshalb haben wir auch dieses Schild aufgehängt:
›When the Saints = 5 Dollar‹. Und wir sagen immer: ›Laß uns das auf
10 Dollar oder 20 Dollar erhöhen.‹ Aber einige von den Leuten zahlen
das trotzdem. Wie kann man nur so engstirnig sein, so ein Stück so zu
lieben. Aber das ist Jazz für sie! Das ist für sie Jazz! Bevor sie dann
gehen, wollen sie dich manchmal küssen, weil dies – wie sie sagen – das
Beste gewesen sei, was sie jemals gehört hätten. Und dabei kann es
eine deiner schlechtesten Nächte gewesen sein, in der du überhaupt
nicht in Form warst und nichts als Scheiße gespielt hast . . . Aber so
geht's.«

Willie Metcalf

Der Pianist Willie Metcalf ist ein Außenseiter auf der Jazzszene von
New Orleans. Er kommt von außerhalb, aus der Automobilstadt
Detroit, und spielt eine Musik, die in New Orleans den Status einer
Randerscheinung hat: Modern Jazz oder Bebop, den die älteren New
Orleanser Musiker immer noch als »Progressive Jazz« bezeichnen.
Willie Metcalf wurde 1931 in Detroit geboren, lernte autodidaktisch
Klavier spielen und begann mit 15 Jahren als professioneller Musiker
zu arbeiten. Zur gleichen Zeit wurde er drogenabhängig, was ihn in
den folgenden Jahren immer wieder in große Schwierigkeiten brachte.
Zu Anfang der 70er Jahre gründete Metcalf in Detroit seine *Academy*
of Black Arts, eine Institution, die ähnliche Ziele verfolgte wie die
Chicagoer AACM, die jedoch aufgrund organisatorischer und persönlicher Probleme nach einigen Konzerten im *Detroit Institute of Arts*
ihre Aktivitäten wieder einstellte.
Als ich Willie Metcalf 1976 in New Orleans kennenlernte, hatte er
gerade ein Rehabilitierungsprogramm für Drogenabhängige hinter
sich gebracht. Zwar wohnte er noch im Rehabilitation Center, jedoch
war seine ganze Energie auf einen musikalischen Neuanfang gerichtet.
Mit einem Trio arbeitete er »Off-Bourbon Street« in einem Studen-
tenlokal in der Rampart Street. Er leitete einen Jazzworkshop an der
Southern University of New Orleans. Er plante – in Zusammenarbeit

mit einer Sozialbehörde – eine Konzertreihe in den Gefängnissen von Louisiana. Und er war im Begriff, seine *Academy of Black Arts* wieder zum Leben zu erwecken.

»Ich bin Klavierspieler. Mein Name ist Willie Metcalf. Okay, ich bin etwas, was man als Jazzklavierspieler bezeichnet. Ich mag diese Begriffe allerdings gar nicht. Nun, mein musikalischer Ansatz ist, das Gefühl habe ich, auf dem höchsten intellektuellen Niveau. Er ist kreativ und blablabla . . . Das wird später noch zu diskutieren sein. Das ist nur meine Meinung. Okay also: Damit ich einen Job spielen kann, einen angemessenen Job, zwingen mich die Notwendigkeiten, mich an eine Organisation zu binden. Wenn ich also zu den Leuten gehe und sage: ›Mein Name ist Willie Metcalf, Gründer und geschäftsführender Direktor der *Academy of Black Arts*‹, dann hören sie mir zu. Aber wenn ich nur Willie Metcalf bin, ein Klavierspieler . . . Musiker gibt es wie Sand am Meer.

Nun, warum ist das so? Jazz, das Wort Jazz bezeichnet eine der wertvollsten musikalischen Ausdrucksformen. Es ist die Klassische Musik der Vereinigten Staaten. Also gut. Ich bin 46 Jahre alt. Aber trotzdem kann ich nicht vom Musikmachen leben. Was nun meine Vergangenheit betrifft . . . ich mache Musik, seit ich fünf Jahre alt war. Professionell spiele ich, seit ich 15 Jahre alt war.«

Wo hast du denn angefangen zu spielen? Ich meine, du bist doch nicht aus New Orleans, nicht wahr?

»Nein, ich bin aus Detroit. Ich wurde in Detroit geboren und bin dort auch aufgewachsen. Ich erinnere mich noch, als ich fünf Jahre alt war, da klimperte ich auf dem Klavier herum. Und mir gefiel das und ich sagte mir: Das ist es! Und mit der Zeit versuchte ich, immer besser zu werden. Ich habe mir dann die Musik selber beigebracht. Aber mittlerweile habe ich mir so viel beigebracht, daß ich auf einem Universitätsniveau Improvisation unterrichten kann.

Kommen wir also zur *Academy*. Ich unterrichte gerne. Als ich jung war, Mann, da gingen all die Musiker bei uns zu Hause ein und aus und wir gründeten ständig neue Gruppen. Und ich war meistens der einzige Typ unter ihnen, der sagte: Nun laß uns mal dieses oder jenes Stück spielen. Und dies und das geht so und so und so weiter. Ich hatte einfach Spaß an diesem Gefühl. Ich sagte: Laß uns dann und dann mal eine Probe machen. Und dann dachte ich darüber nach, was wir in dieser Probe spielen könnten. Manchmal übte ich acht Stunden am Tag, bevor wir eine Probe hatten. Denn all diese Typen konnten Noten lesen, ich aber nicht. Aber ich konnte ihnen was vorspielen.

Und gewöhnlich mochten sie das, was ich spielte, und spielten es dann auch. Und wenn wir zusammen spielten, dann klang das wirklich wie eine Band.

Ich wurde dann sehr früh drogenabhängig, mit 15 Jahren. Aber das war genau die Lebensweise, die ich anstrebte. Und das ging bis vor ein paar Jahren. In der Zwischenzeit brachte ich es fertig, zu heiraten; ich hab' sogar Kinder. Ich bin Großvater! Eine Zeitlang war ich auch im Gefängnis. Aber im Gefängnis lief es ganz genau so, ich meine musikalisch. Ich war ständig im Musikraum und ich lernte dort auch Notenschreiben. Ich war insgesamt 12 Jahre im Gefängnis; ich meine, nicht auf einmal, sondern insgesamt. Einmal, als ich wieder ins Gefängnis kam, hatte es sich dort herumgesprochen, daß ich keine Noten lesen konnte, was ich auch wirklich nicht konnte. Aber ich konnte doch spielen! Ich spielte alles, was sie spielen wollten. Was sie nach Noten spielten, konnte ich auch spielen. Sie sagten also, Willie kann keine Noten; wir wollen ihn nicht in der Band haben. Und dann kam noch dazu, daß ich dem Typen, der die Band leitete, ein Bestechungsgeld zahlen sollte.

Siehst du, viele Leute hören Musik und empfinden sie als einen Kampf. Musikmachen ist für sie ein Kampf. Viele Leute haben fürs Spielen negative Motive. Einige Typen klettern auf die Bühne und spielen, damit sie von den Leuten gelobt werden. Nun, vielleicht haben sie einen Komplex, vielleicht sind sie unsicher. Die Leute haben alle ganz unterschiedliche Motive. Mein Motiv zum Spielen besteht in der Musik selber. Und dann bestehen meine Motive zum Spielen vielleicht darin, daß ich zum Beispiel einen Club auftun kann, wo ich mit vielen Leuten zusammenarbeiten kann. All die Jungs zum Beispiel, die du gestern gehört hast, das waren alles Schüler von mir. Und die haben dort Dinge ausprobiert, die wir zusammen in der Universität gelernt haben. Musik muß man spielen. Musik kann man nicht kontrollieren. Ich kann sie jedenfalls nicht kontrollieren, ich muß spielen. Und die einzige Art und Weise, in der ich in dieser Phase meines Lebens spielen kann, ist *für* eine bestimmte Sache zu spielen. Mein persönliches Bedürfnis ist es, für eine Sache zu spielen. Und diese Sache besteht für mich zur Zeit darin, daß ich dafür sorge, daß das, was die Menschen afrikanischer Herkunft in diesem Lande hier musikalisch geleistet haben, nicht in Vergessenheit gerät. Und deshalb geht es mir darum, bei den jüngeren Musikern ein Bewußtsein dafür herzustellen.«

Hast du bereits in Detroit professionell Musik gemacht?

»Ja, seit ich 15 Jahre alt war. Aber ich sag' dir noch etwas anderes über mich. Ich bin zwar einer von denen, von denen man so gut wie nichts gehört hat. Aber immer, wenn ich in die Stadt kam, habe ich die jüngeren Typen um mich versammelt. Und die haben sich dann später auf ihre eigenen Füße gestellt. Und wenn ich wieder in die Stadt zurückkam, dann trieb ich ein paar neue auf. Eine Menge junger Typen sind so durch meine Lehre gegangen. Und das mache ich heute immer noch so.«

Besteht deine Hauptaktivität heute im Unterrichten?

»Ja, und darin, die *Academy of Black Arts* voranzubringen.«

Kannst du mir darüber etwas erzählen?

»Okay, ich erzähle dir jetzt einiges über die Projekte, mit denen wir uns befassen. Die *Academy of Black Arts* ist eine einzigartige Organisation, geboren aus dem Geist von Musikern und von Musikern zusammengesetzt. Ein dringend notwendiges Erfordernis für die Musiker ist es, selbst in den Geschäftsbereich vorzustoßen. Ich meine, wie kann man es verantworten, daß ein Kneipenbesitzer, der nichts von Musik versteht, darüber entscheidet, was für die Leute musikalisch gut ist und was nicht. Damit hat er einfach zu viel Macht in seiner Hand. Nun, die Musikergewerkschaft ignoriert die schwarzen Lokalbesitzer weitgehend. Dabei sollten sie wesentlich mehr an den schwarzen Lokalen interessiert sein, um das musikalische Niveau aufrechtzuerhalten. Siehst du, ich bin jetzt 45 Jahre alt. Ich kann in diesem Kreislauf nicht mehr arbeiten. Ich habe das 12 bis 15 Jahre lang gemacht. Ich weiß, daß ich irgendwo Tischmusik spielen könnte. Aber es wäre sinnlos für mich, in dieser Umgebung zu arbeiten. Ich wäre dort nicht ich selbst. Musiker, die für ihren Lebensunterhalt spielen, müssen in der Regel die Entscheidung treffen, entweder ganz aus der Musik auszusteigen und sich einen guten Job zu suchen, oder in diesem Schlauch zu spielen. Zum Beispiel auf der Bourbon Street, wo die Musik ein einziger Witz ist. Der einzige Grund, weshalb die Touristen dorthin gehen, ist ja die Dixielandmusik, die sie da verkaufen.

Reden wir also einmal vom Dixieland. Dixieland war lediglich eine bestimmte Epoche. Es war ein musikalischer Ansatz zu einer bestimmten Zeit. Ich respektiere die alten Musiker; ich respektiere sie deshalb, weil ich ohne sie nicht dort wäre, wo ich bin. Aber was ich in der *Academy* an diesem Punkt bezwecke, ist vor allem, Jobs für die jungen Musiker zu finden, damit die sich musikalisch ausdrücken können. Und zwar Jobs, wo sie nicht gezwungen sind, Rock zu spielen oder irgendwelche dumme und zurückgebliebene Musik, mit der die Medien uns heute vollstopfen und die in den Musikboxen ist. Die machen ja nichts, als die Entwicklung zahlloser Musiker zu bremsen. Es gibt eine Menge Typen, die diese zurückgebliebene Musik spielen und die ein natürliches Talent besitzen, das man nur entwickeln müßte, damit sie etwas künstlerisch Wertvolles beisteuern könnten – für dieses Land, für sich selbst, möglicherweise für die ganze Welt. Keiner kann sagen, wie viele John Coltranes und Charlie Parkers und Sarah Vaughans wir hier haben. Das ist es, worum es uns in der *Academy* geht.

Ich will dir einmal ein Beispiel geben: Wir haben gerade ein Projekt in Gang gebracht, in dem die *Academy* musikalische Aktivitäten koordinieren wird, die im Gemeindegefängnis stattfinden werden. Wir werden da in einer Folge von Konzerten ein paar Bands spielen lassen. Ich meine, es ist nicht so, daß die Gefängnisinsassen dazu gezwungen werden, uns zuzuhören. Darum geht es nicht. Aber die Musiker werden eine Chance haben, sich selbst ehrlich auszudrücken. Und darum geht es vor allem, um Ehrlichkeit und Wahrheit. Und die Insassen werden Gefallen daran finden, weil es um die Wahrheit geht. Und sie werden die Wahrheit fühlen. Ich hoffe, daß wir für diese Sache Unterstützung bekommen, damit es eine regelmäßige Angelegenheit wird.

Und dann läuft da ein anderes Projekt in der *Academy*. Da geht es darum, daß wir Geld auftreiben wollen, um den Leuten im Gefängnis Instrumente zu kaufen. Ich habe mich da mit ein paar Sozialarbeitern zusammengetan, mit einer Gruppe von Leuten, die denen im Gefängnis helfen wollen. Und die werden so etwas wie ein Wohltätigkeitskonzert organisieren.«

Du spielst ja in der letzten Zeit häufig bei »Lu and Charlie's«. Kannst du davon leben?

»Nun, siehst du, Mann, ich denke über das ganze folgendermaßen: Was ich tue, ist gut. Ich kann nicht Pleite machen. Und ich brauche nicht zu hungern. Das wäre das einzige, was mich zur Zeit irritieren würde. Aber ich brauche nicht zu hungern. Ich kann meine Kleidung sauberhalten, ich kann mich rasieren, ein Bad nehmen, und das ist alles, was ich brauche. Meine Kinder sind erwachsen, und ich habe für nichts Verantwortung als für mich selbst. Und ich selbst, das heißt zur Zeit soviel wie die *Academy of Black Arts*. Und obendrein werden wir dann einmal Gelder für das Gefängnisprojekt zusammenbekommen, und wir werden Gelder für dies und für das bekommen. Dies alles sehe ich vor mir . . .«

Seit wann bist du schon hier?

»Seit August. Ich kam hierher durch ein Rehabilitierungsprogramm für Drogenabhängige. Wie ich schon sagte, das war das Problem, das ich hatte. Mein Problem war es, das durchzustehen, und die Stärke und Energie zu erlangen, die ich brauchte, um das zu tun, was ich jetzt tue. Siehst du, ich bin ein Fachmann in vielen Dingen. Und ich bin Großvater. Und ich kann all meine Erfahrungen verwenden. Ich betrachte mich als zu einem neuen Typ von Schwarzen gehörig. Ich habe Erfahrungen mit dem Leben im Gefängnis, ich habe Erfahrungen mit diesem und jenem. Und ich kann meine Erfahrungen anderen Leuten weitergeben.«

Ich weiß, daß die Drogen in den 40er und 50er Jahren in der Jazzszene ein großes Problem darstellten. Nach meinen Erfahrungen in New York und Chicago scheint es mir, daß das vielleicht nicht völlig aufgehört hat, aber doch wohl wesentlich geringer geworden ist. Ist das richtig?

»Genau richtig! Aber wir müssen zur Ursache des Problems zurückgehen. Ich meine, man weiß, daß Musiker eine leichte Beute sind. Man weiß, daß Musiker immer ausgebeutet wurden, daß sie kein Vertrauen in die Welt haben und unsicher sind. Also gibt es eine Menge unterschiedlicher Gründe dafür, daß er eine leichte Beute ist. Das soll aber keine Entschuldigung sein. Nimm einmal Charlie Parker. Charlie Parker hatte eine Mission im Leben zu erfüllen. Charlie Parker beeinflußte die gesamte musikalische Sprache. Ich meine nicht nur Saxophonisten, sondern auch Schlagzeuger, Sänger, Tänzer, sogar Poeten. Charlie Parker hatte zweifellos eine Mission zu erfüllen. Und siehst du, worauf es ankommt, ist dies: der Musiker muß selbst die Kontrolle über seine Musik erhalten.«

Als ich Willie Metcalf im Frühjahr 1980 wiedertraf, war er verheiratet und hatte ein Haus in der St. Bernard Avenue, in einem rein schwarzen Bezirk nördlich des Vieux Carré. Über der Tür des Hauses prangte ein großes Schild: »Academy of Black Arts«. Und an einer Wand seines Musikraums hing eine Urkunde, ausgestellt vom Bürgermeister von New Orleans, für seine Verdienste um die musikalische Betreuung von Gefängnisinsassen und die Förderung der Musikkultur. Sein Geld verdiente Willie Metcalf im superfeinen Royal Bourbon Hotel. Er spielte Barmusik in einer halbdunklen Lobby, in der mittelalterliche weiße Touristen ihre Cocktails schlürften.

Orjan Kellin

Der Klarinettist Orjan Kellin, der in New Orleans Orange genannt wird, ist Schwede. Er gehört zu jener Handvoll junger europäischer Musiker, die sich auf Dauer in New Orleans niedergelassen haben und mittlerweile fest in die Musikszene der Stadt integriert sind. Andere Einwanderer aus der alten Welt kommen vor allem aus England, darunter der Schlagzeuger Andrew Hall, die Banjospieler Les Muscatt und Ron Simpson und der Trompeter Clive Wilson. Aus der Bundesrepublik stammt der Posaunist Frank Naundorf und aus Schweden – neben Kellin – der Pianist und Multi-Instrumentalist Lars Ivar Edegran. Mit dem letzteren spielte Kellin in der Gruppe *New Orleans Joymakers* zusammen, in der neben den beiden jungen schwedischen Expatriates ausschließlich Veteranen des New Orleans Jazz mitwirkten: Percy Humphrey – Trompete (* 1905), Louis Nelson – Posaune (* 1902), »Father Al« Lewis – Gitarre und Banjo (* ?), Chester Zardis – Baß (* 1900) und Louis Barbarin – Schlagzeug (* 1902).

Orange Kellin wurde 1944 geboren. 1966 kam er nach New Orleans, keineswegs – wie er mir versicherte – mit der Idee, sich dort dauerhaft niederzulassen oder gar Berufsmusiker zu werden. In Schweden hatte er etwa fünf Jahre lang als Amateur Dixieland Jazz gespielt. Und nach New Orleans war er vor allem gekommen, »um ein bißchen gute Musik zu hören«. Aber dann blieb er. Und er ist noch heute dort.

War es eigentlich für dich ein Problem, hier auf der Szene Fuß zu fassen?

»O ja, sicher, es war ein großes Problem. Die Musikszene hier in New Orleans ist ein sehr eng geknüpftes Netz. Die Leute hier spielen mit Freunden zusammen, mit denen sie schon ihr ganzes Leben lang zusammengespielt haben.«

Ist es so eine Art Clique?

»Genau. Und es ist sehr familienorientiert. Die Typen hier sind alle miteinander verwandt, Väter und Söhne und Cousins. Und alle spielen miteinander. Es ist also schon sehr schwierig, hier hineinzukommen. Ich meine, es ist nicht einfach so, daß es hier nur *eine* Clique gibt; es gibt verschiedene Cliquen von Musikern, die zusammenarbeiten. Aber ich glaube, ich habe sehr viel Glück gehabt. In den letzten sechs oder sieben Jahren war es für mich kein Problem, von der Musik zu leben.

Ich kam 1966 her. Und in den ersten drei Jahren, zwischen 66 und 69, war es sehr schwierig für mich. Ich spielte dann und wann mal in Clubs. Ich machte praktisch jede Arbeit, die ich bekam, Fußboden aufwischen oder was auch immer. Damals habe ich alles mögliche mitgemacht. Aber seit 69 geht's mir eigentlich ganz gut.«

Geht es dir besser, weil du besser auf der Szene Fuß gefaßt hast, oder liegt es daran, daß sich die Szene hier insgesamt verändert hat?

»Nun, es ist eine Kombination von verschiedenen Faktoren, glaube ich. Die Szene ändert sich natürlich ständig. Ältere Musiker sterben und die jungen treten auf den Plan. Das ist die eine Sache. Und das andere ist, daß ich die Szene besser kennengelernt habe und daß die Leute mich besser kennengelernt haben. Und ich hoffe, daß ich auch als Musiker besser geworden bin. Ich habe mehr Stücke gelernt und all so etwas.«

Hast du bemerkt, ob sich die Szene auch in ökonomischer Hinsicht geändert hat? Gibt es heute mehr Arbeit als früher?

»Ja, ganz sicher.«

Wann hat all dies hier auf der Bourbon Street eigentlich angefangen?

»Mit der Bourbon Street fing es in den 40er Jahren an, so ungefähr in dieser Zeit. Aber es ging damals nicht um die Musik auf der Bourbon Street. Das fing erst an, nachdem ich schon eine Weile hier war. Als ich herkam, gab es lediglich die *Famous Door* und die *Paddock Lounge*. Das waren die einzigen Clubs auf der Bourbon Street. Und das waren die alten Clubs, die es schon seit den 40er Jahren gegeben hatte. Die *Preservation Hall* machte ungefähr 1961 auf. Und ich glaube, mit der *Preservation Hall* fing so eine Art von Revival an. Zu dieser Zeit begann sich das Interesse der Touristen für den New Orleans Jazz zu entwickeln.

Und die Leute von der *Preservation Hall* machten das zunächst gar nicht einmal um des Geldes willen. Sie setzten da einfach mal eine Band rein und ließen sie spielen, um zu sehen, was passieren würde. Und dann bekamen sie mit der Zeit mehr und mehr Zuspruch. Und sie starteten Tourneen durch die ganzen Vereinigten Staaten und über die ganze Welt. Und dann zu Ende der 60er Jahre, vielleicht auch zu Anfang der 70er, fingen auch andere Clubs mit New Orleans Jazz an, mit der einen oder anderen Art von New Orleans Jazz. Und was ich hier sage, hat zunächst einmal gar nichts mit Qualität zu tun. Ich persönlich glaube, daß es in qualitativer Hinsicht kaum etwas auf der Bourbon Street gibt, was das Zuhören lohnt. Aber man kann sagen, daß in rein quantitativer Hinsicht heute dort mehr Musik passiert als jemals zuvor. Und das ist schon deshalb gut, weil es den Musikern eine

Chance zum Spielen gibt. Ob die Musik dann gut oder schlecht ist, das ist eine andere Sache. Aber einiges Gute kommt schon dabei raus.«

In einigen Clubs auf der Bourbon Street hat es den Anschein, daß die Musiker New Orleans Jazz vor allem deshalb spielen, weil es die einzige Musik ist, die man dort spielen kann. Ist das richtig?

»Genau. Das ist das einzige, was sich dort verkauft. Die spielen diese Musik ausschließlich fürs Geld. Das ist wahr! Und das gilt insbesondere für die jüngeren Musiker. Für das Geld würden die auch Rock 'n' Roll spielen oder was auch immer. Und die Musik leidet natürlich unter dieser Situation. Deshalb ist es auf der Bourbon Street so schlimm. Es gibt da nur noch ganz wenige Musiker, die ehrlich und unverfälscht sind. Thomas Jefferson* zum Beispiel, der ist sehr gut, aber der Rest ist grauenhaft.«

Aber du spielst doch da trotzdem, nicht wahr?

»Ja nun. Man spielt da aus zwei Gründen: um in Übung zu bleiben und um Geld zu verdienen. Und darüber hinaus, ich meine, ich spiele da längst nicht mehr so viel wie früher. Früher habe ich dort sechs Nächte in der Woche gespielt. Aber seit ein paar Jahren versuche ich, diese Art von Jobs zu vermeiden. Denn man bekommt einfach nicht mehr genug gute Musiker, mit denen man solche Jobs machen kann. Ich spiele am liebsten mit den Alten. Und die spielen diese Jobs nicht, weil sie ihnen einfach zu hart sind. Sechs Stunden, das ist zuviel für sie. Also spiele ich nur ungefähr zweimal in der Woche dort.«

Spielst du regelmäßig?

»Regelmäßig zweimal in der Woche spiele ich in der *Paddock*. Die Band, mit der ich dort spiele, ist besser als die meisten anderen Bands auf der Bourbon Street. Und dann spiele ich noch einzelne Jobs außerhalb der Band. Gewöhnlich spiele ich ein- oder zweimal in der *Preservation Hall* mit einer der Bands, die da regelmäßig spielen.«

Spielst du auch in einer der Marschkapellen?

»Nicht mehr so viel wie früher. Als ich damals herkam, spielte ich da ständig mit, ganz egal, ob ich angeheuert war oder nicht. Aber diese Szene hat sich heute auch geändert. In sozialer Hinsicht ist es immer noch das gleiche, was es immer schon gewesen ist. Ich meine, was die Funktion der Musik betrifft. Aber der Sound der Musik ist längst nicht mehr das, was er früher einmal war.«

Hat sich sogar die Musik bei den Beerdigungen geändert?

»Ja, ich glaube schon. Einige der langsamen Trauermärsche sind

* Schwarzer Trompeter, geb. 1923

vielleicht noch in Ordnung. Aber der Rest hat nichts mehr damit zu tun, wie es früher einmal war. Ich meine, du hast vielleicht einmal diese Schallplatten der Eureka Brass Band gehört. Da siehst du den Unterschied. Die spielen eine Musik, in der kaum noch viel mehr als der Trommelschlag in Ordnung ist.«

Beeinflußt es eigentlich dein Spiel oder deine Gefühle, wenn du bemerkst, daß du auf der Bourbon Street für Leute spielst, die hauptsächlich da sind, um »When the Saints« zu hören?

»Nun, mit den Touristen ist das tatsächlich gar nicht so schlimm. Natürlich haben die ein paar Lieblingsstücke. Aber man kann natürlich auch alles mögliche andere spielen. Die meisten Bands versuchen das allerdings nicht! Aber wir machen es, weißt du. Wir können diese alten populären Stücke aus den 30er und 40er Jahren wirklich spielen. Und die Leute erkennen diese Stücke, denn die Amerikaner sind ja mit dieser Musik aufgewachsen. Es ist nicht so wie in Europa. Ich glaube, das europäische Publikum oder das amerikanische ›Jazz-Club-Publikum‹, Leute, die sich als Fans oder affecionados bezeichnen, das ist die schlimmste Art von Publikum.«

Warum?

»Weil sie so viele Vorurteile haben. Wenn es nach denen geht, dann muß man bestimmte Stücke genauso spielen, wie sie von bestimmten Bands einmal auf Schallplatten aufgenommen wurden. Und wenn man das nicht macht, dann taugt es nichts. Im allgemeinen ist das Publikum in Amerika ziemlich ungebildet, aber sie reagieren auf die Musik spontan. Und das mag ich an ihnen. Sie erkennen die Melodie, das finde ich gut, verstehst du? Und wenn dann noch ein Beat vorhanden ist, was will man mehr! Dann ist alles so, wie es sein sollte. Ich meine, es gibt einfach keinen Sinn, wenn man versucht, wie eine andere Band zu klingen, wie etwas, das vor 50 Jahren einmal passiert ist.«

Das habe ich eigentlich auch nicht gemeint. Ich meinte vor allem folgendes: Ich habe bemerkt, daß die andere Band, die in der Paddock spielt, an jedem Abend die gleiche Routine abzieht: Wenn sie »When the Saints« spielen, dann marschieren sie in der Bar herum. Und das passiert jeden Abend und an manchem Abend gleich zweimal.

»Richtig. Aber die machen ja ihre eigene Musik kaputt. Man *muß* das ja nicht so machen. Ich hab' das niemals gemacht und ich werde es auch niemals machen. Dafür gibt es überhaupt keinen Grund. Die Leute bitten ja schon längst nicht mehr darum. Und man selbst spielt es mit Sicherheit nicht mehr gerne.

Für mich besteht das einzige Prinzip darin, daß ich das spiele, was ich selbst mag. Ich meine, man muß natürlich schon mal ein paar Konzessionen machen. Man muß die *Saints* ein- oder zweimal pro Abend spielen, wenn man darum gebeten wird. Und man muß auch schon einmal *Muskrat Ramble* und *Bourbon Street Parade* und all so etwas spielen. Aber für den Rest der sechs Stunden spielt man dann die Sachen, an denen man selbst Spaß hat. Und wenn man selbst Spaß daran hat, dann macht es auch den Leuten Spaß.«

Ist es eigentlich wichtig, daß man in der Gewerkschaft ist?

»Ja, das ist notwendig. Die Gewerkschaft kontrolliert die ganze Musikszene hier.«

Aber sie vermitteln dir keine Jobs, nicht?

»Nein, nein! Sie nehmen dir nur dein Geld ab, das ist alles. Die Gewerkschaft tut überhaupt nichts für einen. Man tut allenfalls etwas für sie. Es läuft ungefähr so: Frage ja nicht, was die Gewerkschaft für dich tun kann, frage, was du für die Gewerkschaft tun kannst.«

Haben sie nicht eine Pensionskasse?

»Ja, irgend so etwas. Ich habe aber noch niemanden kennengelernt, der von ihnen jemals etwas bekommen hat. Aber von allem, was man verdient, muß man sieben Prozent in die Pensionskasse bezahlen. Und man bezahlt drei Prozent Arbeitsgebühren. Von allem, was man verdient, muß man der Gewerkschaft drei Prozent abgeben. Dafür, daß man arbeitet, muß man Gebühren bezahlen, um die Gewerkschaft glücklich zu machen, damit sie sich ihre Gehälter auszahlen können, dafür, daß sie nichts tun.

Die Gewerkschaft ist Scheiße, verstehst du? Ich weiß nicht, ob alle Bezirksverwaltungen (locals) gleich sind. Aber in New Orleans behandeln sie einen, als ob man ihr Angestellter ist. Dabei ist es in Wirklichkeit genau umgekehrt. Sie sind *unsere* Angestellten. Aber die würden dir niemals einen Dienst erweisen oder so etwas. Wenn du eine Frage hast, dann gibt es da kaum jemanden, der sie dir beantwortet. Sie sind sehr grob und sehr wenig hilfsbereit. Die kümmern sich um überhaupt nichts. Das einzige, worum sie sich kümmern, ist dein Geld. Und mir kommt es so vor, als ob sie mehr mit den Clubbesitzern zusammenarbeiten als mit den Musikern. Verstehst du, die Clubbesitzer haben mehr Einfluß auf die Gewerkschaft als die Musiker. Denn wenn die Clubbesitzer irgend etwas wollen, dann bekommen sie das auch durchgesetzt. Ich weiß auch nicht, ob sie den Gewerkschaftlern eine Pistole an den Kopf setzen oder ob sie den Präsidenten einfach bestechen. Aber wie auch immer: die Gewerkschaft ist ihnen gegenüber wesentlich zuvorkommender als den Musikern gegenüber.«

Macht die Gewerkschaft mit den Clubbesitzern nicht einen bestimmten Tarif aus?

»Ja, genau. Es gibt einen bestimmten Tarif, eine Vereinbarung, daß man für so und so viele Stunden so und so viel Geld verlangen muß.«

Man darf diesen Tarif also nicht unterschreiten?

»Richtig.«

Aber man kann höhergehen?

»Richtig.«

Ist es normal, daß man über dem Tarif arbeitet?

»Nein, das ist es nicht. Jedenfalls nicht in dieser Stadt. Wenn man auf Tour ist, dann passiert das schon. Aber hier in der Stadt bezahlen sie normalerweise das Minimum. Es kommt schon vor, daß ein paar Musiker mehr bekommen. Aber das ist relativ selten.«

Und wovon hängt das ab?

»Das hängt vom Namen ab und davon, was sie glauben, wieviele Gäste du anziehst.«

Wenn also die Gewerkschaft nichts für die Musiker tut, warum ist es dann nicht möglich, außerhalb der Gewerkschaft zu funktionieren?

»Nun, es sieht einfach so aus, daß alle Musiker der Gewerkschaft angehören. Musiker, die der Gewerkschaft angehören, dürfen aber nicht mit Musikern spielen, die ihr nicht angehören. Und Lokale, die gewerkschaftlich nicht organisierte Musiker engagieren, kommen bei der Gewerkschaft auf die schwarze Liste.«

Und die bekommen dann keinen gewerkschaftlich organisierten Musiker mehr?

»Genau. Die dürfen dann keine Musiker mehr engagieren, die in der Gewerkschaft sind. Es kann sogar so weit kommen, daß sie dann Ärger mit den anderen Gewerkschaften bekommen, verstehst du? Wer sich gegen die Gewerkschaft stellt, kann wirklich in schlimme Situationen geraten. Dann kann es zum Beispiel passieren, daß die Fernfahrergewerkschaft, die den Schnaps liefert, plötzlich keinen Whisky mehr liefert. Wer weiß, es gibt alle möglichen Arten . . .«

Das klingt für mich ziemlich nach Maffia.

»Ja, genau das ist es ja auch.«

Ich habe mit John McNeill gesprochen. Ich glaube, das ist einer der wenigen Musiker, die außerhalb der Gewerkschaft arbeiteten.

»Richtig, das tat er. Aber es gibt heute keine guten Musiker mehr außerhalb der Gewerkschaft. Die guten Musiker sind alle in der

Gewerkschaft. Das ist ja der Jammer. Denn wenn man mit guten Musikern spielen will, dann tut man besser daran, in die Gewerkschaft einzutreten. Ich meine, das ganze System sieht doch so aus: Wenn man nicht in der Gewerkschaft ist, kann man zum Beispiel nicht in den Hotels spielen. Denn wenn man in den Hotels spielt, dann kann es sein, daß plötzlich jemand aufsteht und einen nach dem Gewerkschaftsausweis fragt. Und wenn man keinen Mitgliedsausweis hat, dann kann man da nicht spielen.«

Kennst du das Buch »Bourbon Street Black«?

»Ja.«

Meinst du, daß das Bild, das da von New Orleans gezeichnet wird, richtig ist?

»Dieses Buch ist absoluter Mist! Das ganze Buch ist eine einzige Verherrlichung, ist nichts als Erfindung.«

Und was meinst du, was daran falsch ist?

»Nun, da wird ein sehr einseitiges, ideales Bild der Musiker in New Orleans gegeben, das mit der Wahrheit nicht ganz übereinstimmt. Und davon abgesehen: der Horizont einer Schwarzen Bourbon Street ist viel weiter, als der Autor es glaubt. Denn hier gibt es viel mehr unterschiedliche Typen von Leuten. Die sind sich doch nicht alle gleich. Weißt du, so zu tun, als ob alle schwarzen Musiker gleich sind, das ist einfach lächerlich. Keiner gleicht dem anderen. 700 Leute! Wie können die denn gleich sein? Das läuft auf das gleiche hinaus wie der Rassismus des Ku-Klux-Clan, verstehst du? Das ist einfach eine vorurteilsbeladene Sichtweise, ganz gleich, ob man nun dafür oder dagegen ist. Das Buch ist nun zufällig *für* die schwarzen Musiker auf der Bourbon Street. Aber es ist trotzdem genauso voll von Vorurteilen, als wenn es gegen sie wäre. Es ist einfach einseitig.«

In der Literatur über New Orleans, wie zum Beispiel »Hear me talking to you«, da liest man immer wieder über diese wilden, alten Burschen, gewaltige Trinker und so weiter. Und dieses Buch zeigt nun genau das Gegenteil. Liegt die Wahrheit irgendwo in der Mitte?

»Nun, beide Extreme gibt es. Und das, was dazwischen liegt, gibt es ebenso. Es gibt alle Arten von Leuten, verstehst du? Ich meine, der Alkohol floß hier früher ziemlich reichlich. Und ich meine, es war früher eher üblich, daß ein Musiker – die meisten sind ja heute schon tot – ein großer Trinker war, als daß er es nicht war. Der nüchterne Familienvater ist hier vermutlich schwerer aufzufinden als der schwere Trinker. Aber natürlich haben die meisten Musiker in New Orleans eine Familie, ob sie nun familienorientiert sind oder nicht.«

Oder zwei Familien?

»Ja, oder zwei. Es ist hier für einen Mann durchaus üblich, daß er nebenher eine zweite Frau hat. Das ist durchaus üblich. Ich glaube, das ist bei den meisten von ihnen so. Einer, der seiner Familie treu ist, ist eine ausgesprochene Rarität. Ich meine, von dem wird fast angenommen, daß er krank ist. Das ist eines der Dinge, von denen in dem Buch überhaupt nicht die Rede ist. Dabei handelt es sich um eine durchaus übliche Angelegenheit. Weißt du, das ist einfach eine andere Einstellung gegenüber der Frau und der Familie, als wir sie von Europa her gewöhnt sind. Du findest hier eine Situation, in der die Ungleichheit ausgeprägter ist, in der die Frau zu Hause bleibt und auf die Kinder aufpaßt, während man es beim Mann fast für selbstverständlich hält, daß er nebenher eine andere Frau hat.«

Ich nehme an, daß das gar nicht einmal nur speziell für die Jazzszene gilt?

»Nein! Es ist nicht einmal spezifisch für New Orleans. Es hängt vermutlich eher damit zusammen, daß wir uns hier im südlichen Teil der Welt befinden, in einer romanischen Kultur. Ich glaube, es hängt eher damit zusammen. Dieses Buch ist also wirklich reiner Müll. Jeder, der es gelesen hat, und der auch nur irgend etwas über die Jazzszene hier weiß, lacht nur darüber.«

Ich wollte dich noch etwas im Hinblick auf die Musik fragen. Ich weiß natürlich, daß in der New Orleans-Musik nicht sehr viel arrangiert ist. Nichtsdestoweniger sind bei einigen Gruppen bestimmte Stücke ziemlich stark fixiert. Kommt das daher, daß man ständig zusammen spielt?

»Ja, gewöhnlich sieht es so aus: Sie spielen eine ganze Weile zusammen und irgendwie kristallisieren sich diese Dinge dabei heraus.«

Es wird also nichts aufgeschrieben?

»Nein, normalerweise nicht. Das ›New Orleans Ragtime Orchestra‹ ist so ziemlich die einzige Band im traditionellen Bereich, die geschriebene Arrangements hat. Bei den anderen ist allenfalls mal ein Stückchen hier und ein Stückchen da festgelegt. Aber hauptsächlich ist es improvisiert.«

Und jeder kennt jedes Stück?

»Nun, das Repertoire ist sehr begrenzt. Das Repertoire ist unglaublich zusammengeschrumpft.«

Ärgert dich das?

»Das ärgert mich sehr!«

Und versuchst du, irgend etwas daran zu ändern?

»Ja, wenn ich eine Band zusammenstelle, dann spielen sie alle
möglichen Arten von Stücken. Aber wenn ich in einer Gruppe von
jemand anderem spiele, dann kann ich nichts daran machen. Und
während der zehn Jahre, die ich hier bin, habe ich gesehen, wie das
Repertoire jedes Jahr kleiner wurde.«

Und wie kommt das?

»Nun, ich glaube, das liegt daran, daß eigentlich an der Musik selbst
kaum noch ein Interesse besteht. Die Musiker fühlen sich ihrer Musik
gegenüber nicht mehr verantwortlich. Die meisten von ihnen spielen
sowieso nur noch fürs Geld und gehen dann möglichst schnell nach
Hause. Wenn das Publikum die Musik mag, um so besser! Verstehst
du, die machen es sich so leicht wie möglich. Je müheloser man eine
Nacht herumbringt, um so besser! Je weniger man spielen muß, um so
besser!«

Das klingt etwas deprimierend.

»Das ist *sehr* deprimierend. Es gibt natürlich Ausnahmen, aber bei
den Oldtimers, speziell bei denen, die nie einen großen Namen hatten,
sieht es einfach so aus. Sie sind einfach mittlerweile ziemlich alt
geworden und sind immer noch nicht berühmt und bekannt. Und da
haben sie das Interesse daran verloren. Die wollen also einfach so
schnell wie möglich nach Hause gehen und den Fernsehapparat
andrehen. Und die jüngeren, die nach ihnen kommen, die spielen nur
fürs Geld. Die interessieren sich für die Musik selbst überhaupt nicht.
Es ist also fast so, als wenn man auf einem sinkenden Schiff sitzt. Es
wird hier niemals mehr bergauf gehen. Die einzigen jungen Leute, die
sich noch für diese Musik interessieren, sind die außerhalb von New
Orleans; in Europa oder Japan, Australien, oder sogar oben im
Norden, Minneapolis und Boston. Aber sonst – absolut nichts! In New
Orleans stirbt die Musik wirklich langsam aus. Es sind nur noch ein
paar von den Alten übrig, die noch Funken sprühen, wie Kid Thomas,
Percy Humphrey, Jim Robinson, der gerade gestorben ist. Aber die
werden alle bald verschwunden sein. So sieht heute die Situation im
New Orleans Jazz aus. Ich meine, vielleicht werden sich die Dinge
noch einmal ändern. Vielleicht passiert in zehn Jahren noch einmal
etwas anderes.«

Und was sind deine Konsequenzen aus alledem?

»Das ist eine gute Frage. Ich weiß es auch nicht.«

Weggehen?

»Ja, das würde ich schon ganz gerne machen, wenn es irgendeine
andere Möglichkeit gäbe. Aber für diese Art von Musik gibt es die

nicht. Das hier ist der einzige Ort in der Welt, in dem man von dieser Musik leben kann. Und so schlecht es auch sein mag, ich glaube, es ist immer noch besser als sonst irgendwo. Es ist besser als in Europa oder in New York.«

LITERATURVERZEICHNIS

Adderley, Julian: Paying dues. The education of a combo leader, in: Martin Williams (Hrsg.): Jazz Panorama, London 1965, 258–263

Becker, Howard S.: The professional dance musician and his audience, in: American Journal of Sociology 57 (1951), 136–144

Becker, Howard S.: Some contingencies of the professional dance musician's career, in: Human Organization 12 (1953), 22–26

Becker, Howard S.: Outsiders. Studies in the sociology of deviance, Glencoe 1963

Broven, John: Walking to New Orleans. The story of New Orleans rhythm and blues, Bexhill-on-Sea 1974

Buerkle, Jack V., und Danny Barker: Bourbon Street Black. The New Orleans Black jazzmen, New York 1973

Bushell, Garvin: Jazz in the twenties. Interview mit Nat Hentoff, in: Martin Williams (Hrsg.): Jazz Panorama, London 1965, 71–90

Cameron, William Bruce: Sociological notes on the jam session, in: Social Forces 33 (1954), 177–182

Charters, Samuel, und Leonard Kunstadt: Jazz. A history of the New York scene, New York 1962

Coppens, George und Frits Lagerwerff: Lester Bowie (Interview), in: Coda 164/165 (1979), 12–15

Cruse, Harold: The crisis of the Negro intellectual, New York 1976

Faulkner, Robert R.: Hollywood studio musicians. Their work and careers in the recording industry, Chicago/New York 1971

Feather, Leonard und Ira Gitler: The encyclopedia of jazz in the seventies, New York 1976

Figi, J. B.: Albentext zu *Joseph Jarman*: *Song For,* Delmark 410

Frazier, E. Franklin: Black Bourgeoisie. The rise of a new middle class in the United States, New York 1957

Gitler, Ira: Jazz masters of the forties, New York 1966

Hadlock, Richard: Jazz masters of the twenties, New York 1965

Harvey, Edward: Social change and the jazz musician, in: Social Forces 46 (1967), 34–42

Hauser, Arnold: Soziologie der Kunst, München 1974

Hawkins, Coleman: The Hawk talks, in: Dom Cerulli (Hrsg.): The jazz word, London 1963, 142–143

Hentoff, Nat: The jazz life, New York 1961

Hentoff, Nat: Whose art form? Jazz at mid-century, in: Nat Hentoff und Albert J. McCarthy: Jazz – New perspectives of jazz by twelve of the world's foremost jazz critics and scholars, New York 1975, 325–342

Horowitz, Irving und Charles Nanry: Ideologies and theories about American jazz, in: Journal of jazz studies 2/2 (Juni 1975), 24–41

Huber, Leonard V.: New Orleans. A pictorial history, New York 1971

Jost, Ekkehard: Free Jazz. Stilkritische Untersuchungen zum Jazz der sechziger Jahre, Mainz 1975

Keith, Don Lee: Buried alive, The jazz funeral passes away, in: The Courier (New Orleans), 13. Mai 1976, 4–6

Kuczynski, Jürgen: Die Geschichte der Lage der Arbeiter unter dem Kapitalismus, Band 30 (Darstellung der Lage der Arbeiter in den Vereinigten Staaten von Amerika seit 1898), Berlin 1966

Leonard, Neil: Jazz and the white Americans. The acceptance of a new art form, London 1964 (1. Aufl. Chicago 1962)

Leonard, Neil: Some further thoughts on jazzmen as romantic outsiders, in: Journal of jazz studies 2/2 (1975), 42–52

Leonardi, Angelo: Covertext zu »Bill Dixon in Italy«, Vol. 1, Soul Note SN 1008

Levy, Louis Herman: The formalisation of New Orleans jazz musicians. A case study of organizational change, Ph. D. (Sociology), Virginia Polytechnic Institute and State University, 1976

Litweiler, John B.: Chicago's Richard Abrams. A man with an idea, in: Down Beat, 5. Okt. 1967, 23 ff.

Litweiler, John B.: Von Freeman. Underrated but undaunted, in: Down Beat, 4. Nov. 1976, 16–17, 36

Maletzke, Gerhard: Psychologie der Massenkommunikation, Hamburg 1963

Means, Richard L., und Bertha Doleman: Notes on Negro jazz 1920–1950. The use of biographical materials in sociology, in: Sociological Quarterly 9 (1968), 332–342

Mezzrow, Milton Mezz, und Bernard Wolfe: Jazz-Fieber, Zürich 1956

Nanry, Charles: Jazz and all that sociology, in: Nanry, Charles (Hrsg.): American music from Storyville to Woodstock, New Brunswick 1972, 168–186

Newton, Francis: The jazz scene, London 1960

Owens, Jimmy: Monies due to the creative musician, in: Expansions, Winter 1975, 3–5

Peterson, Richard A.: Artistic creativity and alienation. The jazz musician vs. his audience, in: Arts in Society 3, (1965), 244–248

Rose, Al: Storyville – New Orleans, Alabama 1974

Schafer, William J.: Brass bands and New Orleans jazz, Baton Rouge 1977

Stebbins, Robert A.: The jazz community. The sociology of a musical subculture, Ph. D. Thesis (Sociology), University of Minnesota 1964

Stebbins, Robert A.: Role distance, role distance behaviour, and jazz musicians, in: British Journal of Sociology 20 (1969), 406–415

Steiner, John: Chicago, in: Nat Hentoff und Albert J. McCarthy (Hrsg.): Jazz, New York 1975, 137–170

Sterkx, H. E.: The free Negro in ante-bellum Louisiana, Rutherford/Madison/ Teaneck 1972

Suhor, Charles: Straight talk from Al Hirt, in: Down Beat 4. Sept. 1969, 14, 31

Tristano, Leonard: What's wrong with Chicago jazz?, in: Jazz Quarterly 2/3 (1943), 23–26

Underwood, Lee: Oscar Brashear. Profile, in: Down Beat 18. Dez. 1975, 42

Weil, Susanne, und Barry Singer: Steppin' out. A guide to live music in Manhattan, Charlotte 1980

Wells, Dicky: The night people. Reminiscences of a jazzman, as told to Stanley Dance, London 1971

White, Christopher: Check Yourself!, in: The black perspective in music 1/2 (1973), 129–135

Wilmer, Valerie: As serious as your life. The story of the new jazz, London 1977

Wilmer, Valerie: Alvin Batiste and Ellis Marsalis, in: Coda 173 (1980), 8–12

Wood, Harlan: Louis Cottrell. The man: the son, in: The Second Line (New Orleans Jazz Club), Vol. 28, Spring 1976, 3–8

DISKOGRAPHISCHE HINWEISE
ZU DEN INTERVIEWTEN MUSIKERN
(In alphabetischer Reihenfolge)

Abrams, Muhal Richard
Unter eigenem Namen:
Levels And Degress of Light (1968), Delmark DS-413
Young at Heart, Wise in Time (ca. 1970), Delmark DS-423
Creative Construction Company Vol. 1 (1970), Muse MR 5071
Creative Construction Company Vol. 2 (?), Muse MR 5091
Sightsong (1975), Black Saint BSR 0003
Mama and Daddy (1980), Black Saint BSR
Weiter Einspielungen u. a. mit Anthony Braxton, Barry Altshul, Chico
Freeman, George Lewis, Roscoe Mitchell.

Adams, Pepper
Unter eigenem Namen:
Ten to Four at the Fivespot (1958), Riverside SMJ 6129
Epherma (1973), Spotlite SPJ 6
Julian (1975), Enja 2060
Twelfth & Pingree (1975), Enja 2074
Live in Europe (1977), Sun Records SR 115
Weitere Einspielungen u. a. mit Benny Goodman, Bill Perkins, Charles
Mingus, Curtis Fuller, Mickey Tucker, Nick Brignola, Philly Joe Jones,
Donald Byrd, Red Garland, Thad Jones/Mel Lewis, Thelonious Monk, Walter
Bishop jr.

Anderson, Fred
Unter eigenem Namen:
Live at Moers Festival (1978) Moers Music 01058
Mit Joseph Jarman:
As If It Were The Seasons (1968), Delmark 900251
Mit den »Neighbours« (Dieter Glawischnig):
Accents (1977), MRC/EMI 066-32854

Berger, Karl
Unter eigenem Namen:
Tune In (1969), Milestone MPS 9026
We Are You (1971), Calig 30607
With Silence (1972), Enja 2022
The Peace Church Concerts (1974), CMC 1
All Kinds of Time (1976), Sackville 3010
Interludes (1976), FMP 0460

Weitere Einspielungen mit Albert Mangelsdorff, Don Cherry, Lee Konitz u. a.

Cottrell, Louis
Mit Wallace Davenport:
Way Down Yonder in New Orleans, MY Jazz Records 133
Wallace Davenport with Jim Robinson, MY Jazz Records 134
Mit Teddy Riley:
Smile (1977), Kon-Ti Records KR914
Mit der Olympia Brass Band:
Olympia Brass Band (1962), M.O.N.O. Records LP 5
Mit der Onward Brass Band:
Onward Brass Band (1968), Connecticut Jazz Club SLP 5

Crouch, Stanley
Unter eigenem Namen:
Ain't No Ambulances fo No Nigguhs Tonight, Flying Dutchman 105
Mit David Murray:
Penthouse Jazz (1977), Circle Records RK 18877/4
Holy Siege on Intrigue (1977), Circle RK 18877/8

Freeman, Von
Unter eigenem Namen:
Doin' It Right Now (1972), Atlantic SD 1628
Have No Fear (1975), Nessa N-6
Mit George Freeman:
New Improved Funk (ca. 1971), Groove Merchant GM 519

Green, Bunky
Unter eigenem Namen:
Places We've Never Been (1979), Vanguard VSD 79425
Weitere Einspielungen mit Paul Serrano, MJT Plus 3.

Holland, Dave
Unter eigenem Namen:
Conference of the Birds (1972), ECM 1027
Emerald Tears (1977), ECM 1109
Mit Miles Davis:
Filles de Kilimanjaro (1968), CBS 63551
In A Silent Way (1969), CBS 63630
Live Evil (19?) CBS 67219
Bitches Brew (1969), CBS 66236
Big Fun (1974), CBS 88024
Mit Anthony Braxton:
The Complete Braxton (1971), Freedom 182300

At Moers Festival (1975), Ring Records 1010
Creative Orchestra Music (1976), Arista AL 4080
Weitere Einspielungen mit Barre Phillips, Derek Bailey, Barry Altshul, Chick
Corea, Circle, Joe Henderson, Kenny Wheeler, Nick Brignola, Sam Rivers,
Spontaneous Music Ensemble u. a.

Kellin, Orjan
Unter eigenem Namen:
Orange Kellin in New Orleans (ca. 1976), Biograph Records CEN 7

Lake, Oliver
Unter eigenem Namen:
NTU: Point From Where Creation Begins (1971), Arista AL 1024
Heavy Spirits (1975), Arista AL 1008
Holding Together (1976), Black Saint BSR 0009
Mit Michael Gregory Jackson:
Clarity (1976), Bija Records MJ-1000
Karmonic Suite (1978), Improvising Artist IAI 373857
Weitere Einspielungen u. a. mit Sunny Murray's Untouchable Factor, World
Saxophone Quartet, Billy Hart.

McCall, Steve
Mit »Air«:
Air Song (1975), Whynot PA-7120
Air Raid (1976), Whynot PA-7156
Air Time (1977), Nessa N-12
Air – Montreux Suisse (1978), Arista Novus AN 3008
Mit Marion Brown:
Gesprächsfetzen (1968), Calig 30601
Marion Brown in Sommerhausen (1969), Calig 30605
Mit Gunther Hampel:
The 8th of July 1969 (1969), Birth 001
Cosmic Dancer (1975), Birth 0024
Weitere Einspielungen u. a. mit Anthony Braxton, Cecil McBee, Chico
Freeman, Ted Curson, Dexter Gordon, Gene Ammons.

McNeil, John Henry
Unter eigenem Namen:
John Henry McNeil's City Crystals (1963), Non Union Musicians, Vol. 3
MNLP 8A-W201-1
Mit E. Gibson Brass Band:
E. Gibson Brass Band (1963), M.O.N.O. Records MNLP 6

Owens, Jimmy
Mit Gary Bartz:
Libra (1967), Milestone 9006
Mit Archie Shepp:
The Way Ahead (1968), Impulse AS 9170
Mit Heiner Stadler:
Brains on Fire Vol. 1 (1966), Labor Records 7001
Brains on Fire Vol. 2 (1973), Labor Records 7002
Mit Billy Cobham:
Spectrum (ca. 1973), Atlantic 40506
Inner Conflicts (?), Atlantic 50475
Weitere Einspielungen mit Booker Ervin, Dizzy Gillespie, Herbie Mann, Billy
Taylor, Leon Thomas u. a.

Rava, Enrico
Unter eigenem Namen:
Quotation Marks (1973), Japo 60010
Pupa O Crisalide (1974), Vista TLP 1 1116
The Pilgrim and the Stars (1975), ECM 1063
Quartet (1978), ECM 1122
Ah (1979), ECM 1166
Weitere Einspielungen mit dem Globe Unity Orchestra, Dollar Brand, Steve
Lacy, Marcello Mellis u. a.

Reid, Rufus
Mit Gene Ammons/Dexter Gordon:
The Chase (1970), Prestige 10010
Mit Lee Konitz:
Lee Konitz Nonet (1976), Roulette 5006
Mit Dexter Gordon:
Sophisticated Giant (1977), CBS 82340

Riley, Teddy
Unter eigenem Namen:
Smile (1977), Kon-Ti Records KR 914
Mit Bob French:
The Original Storyville Jazz Band (ca. 1974), Second Line 0111

Rivers, Sam
Unter eigenem Namen:
Contours (Ende der 60er), Blue Note BST 84206
Crystals (ca. 1973), Impulse 9286
Streams (1973), Impulse 9251
The Quest (1976), Red Record VPA 106

Essence (1976), Circle 2976/1
The Tuba Trio (1976), Circle 2976/2 und 2976/3
Contrasts (1979), ECM 1162
Weitere Einspielungen mit Barry Altshul, Cecil Taylor, Dave Holland, Don
Pullen, Jeanne Lee u. a.

Tyler, Charles
Unter eigenem Namen:
Charles Tyler Ensemble (1967), ESP 1029
Charles Tyler Quartet (1967), ESP 1059
Voyage From Jericho (1974), AkBa Records 1000
Saga of the Outlaws (1976), Nessa N-16
Sixty Minute Man (1979), Adelphi Records AD 5011
Weitere Einspielungen mit Albert Ayler und John Fischers »Interface«.

Waters, Monty
Mit Joe Lee Wilson:
Hey Look At You (1969), East Wind Records EW-8034
What Would It Be Without You (1975), Survival SR-110
Mit Errol Parker:
African Samba (1976), Sahara 1006

White, Chris
Mit Andrew Hill:
Invitation (ca. 1974), Steeplechase SCS 1026
Divine Relation (1975), Steeplechase SCS 1044
Mit Mary Lou Williams:
Mary Lou's Mass (1970), Mary Records 102

FOTONACHWEIS (chronologisch)

E. Jost
E. Jost
H. Kumpf
E. Jost
E. Jost
W. Kuster
H. Kumpf
R. Quinke
R. Quinke
R. Quinke
R. Quinke
H. Kumpf
H. Kumpf
E. Jost
E. Jost
R. Quinke
E. Jost
E. Jost
E. Jost
E. Jost
E. Jost
E. Jost

Es sei den Fotografen für die freundliche Abdruckgenehmigung sehr herzlich gedankt.